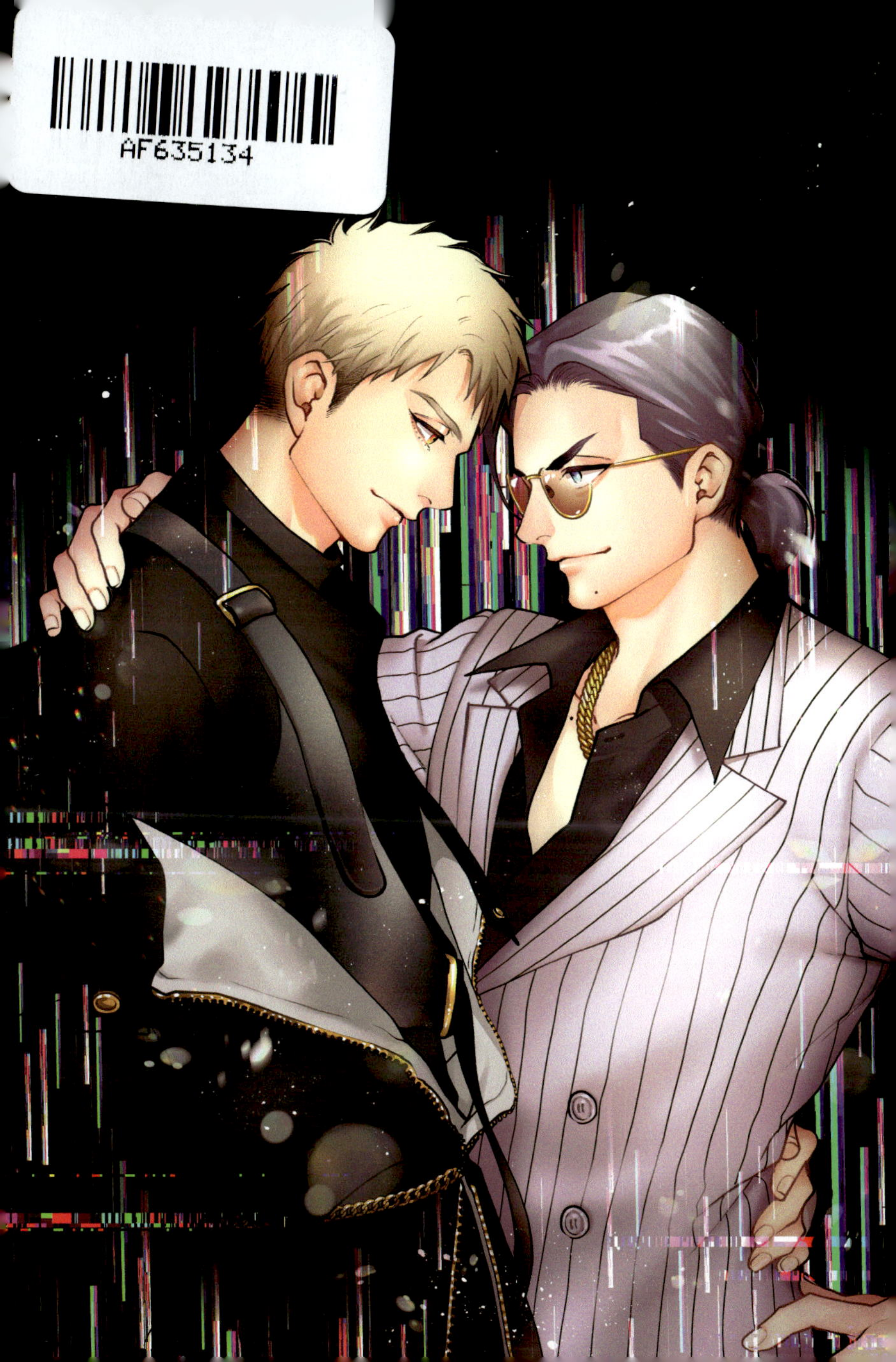

Atami Michinoku

Yakuza Angel

Inhalt

Aus dem Japanischen von Gandalf Bartholomäus

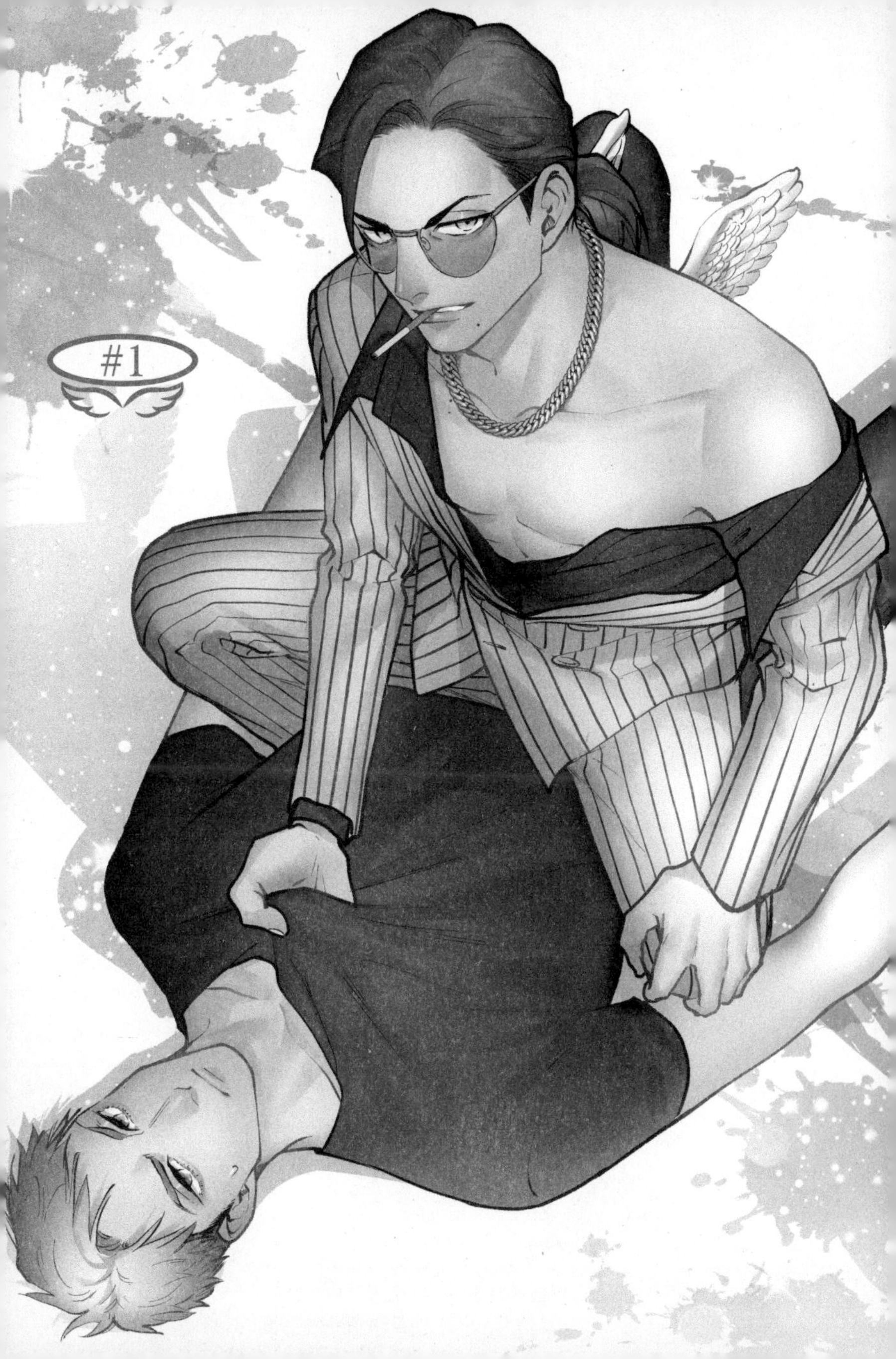
#1

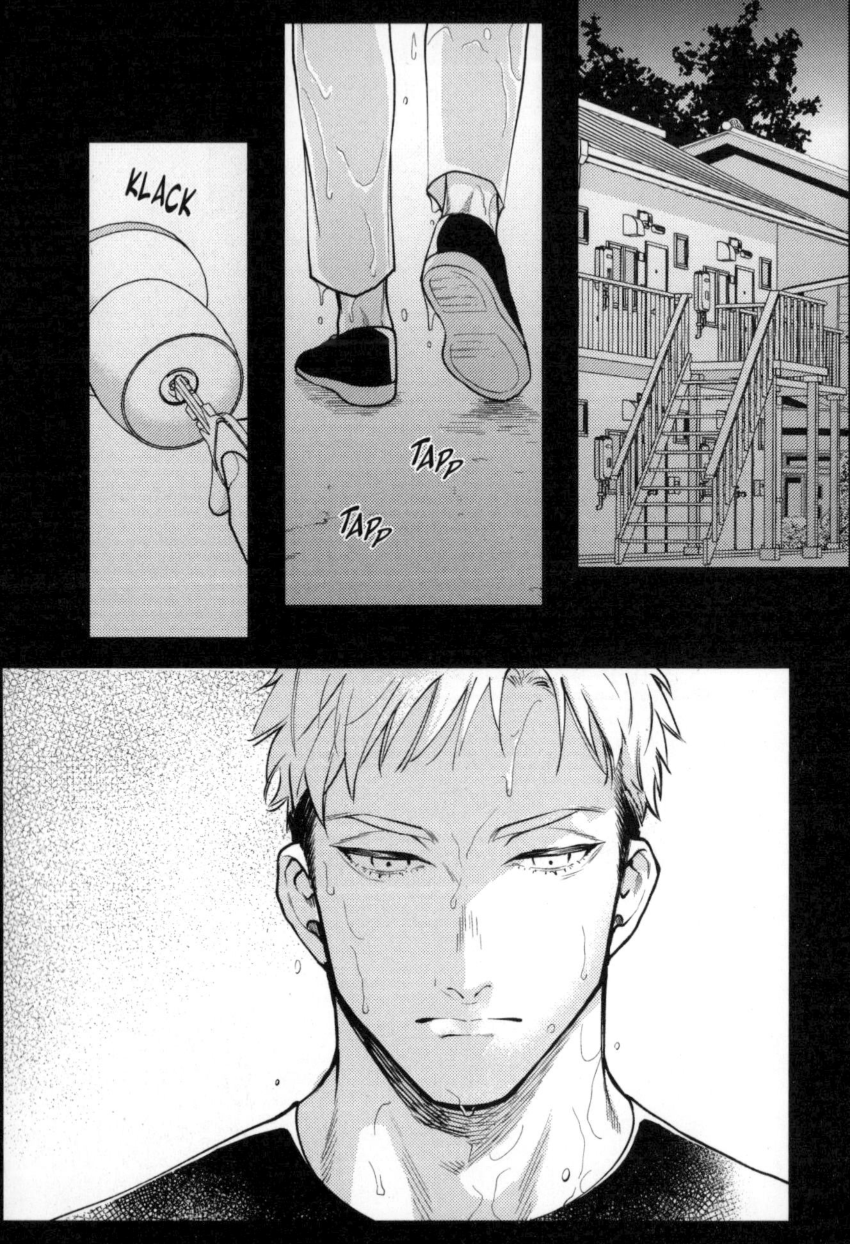
TAPP
TAPP
KLACK

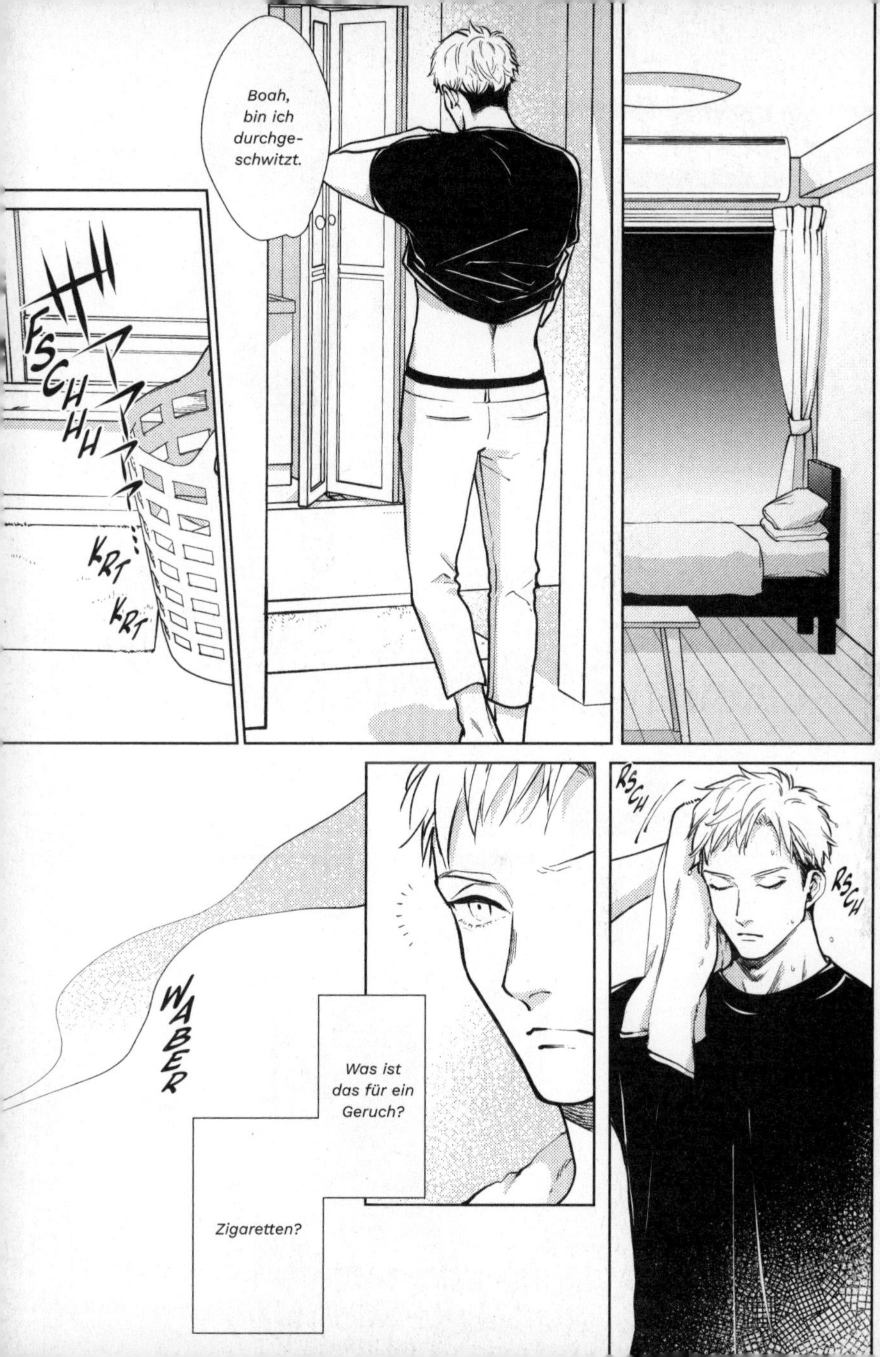
Boah, bin ich durchgeschwitzt.
FSCHHH
KRT KRT
RSCH
RSCH
WABER
Was ist das für ein Geruch?
Zigaretten?

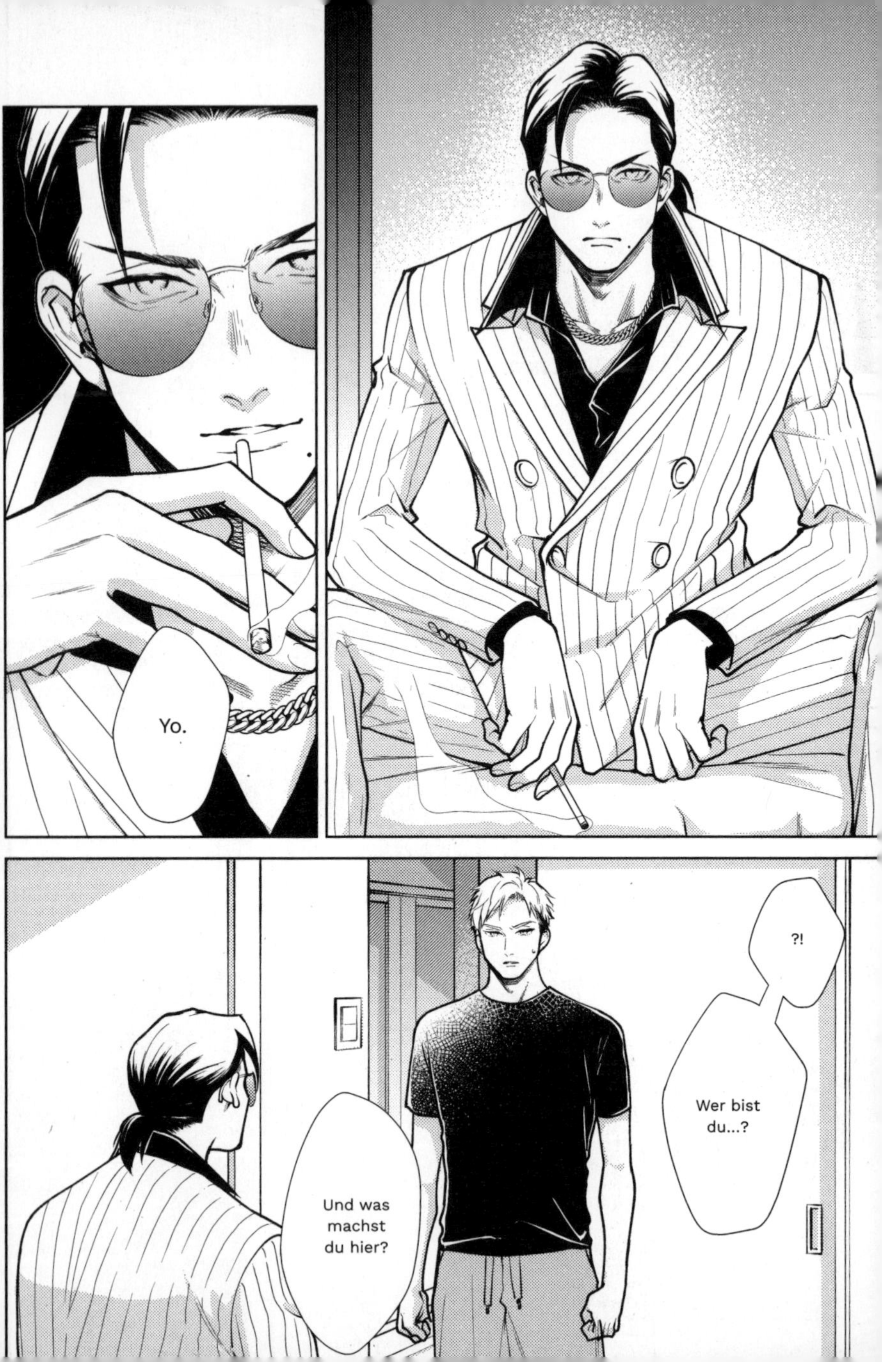
Yo.
?!
Wer bist du...?
Und was machst du hier?

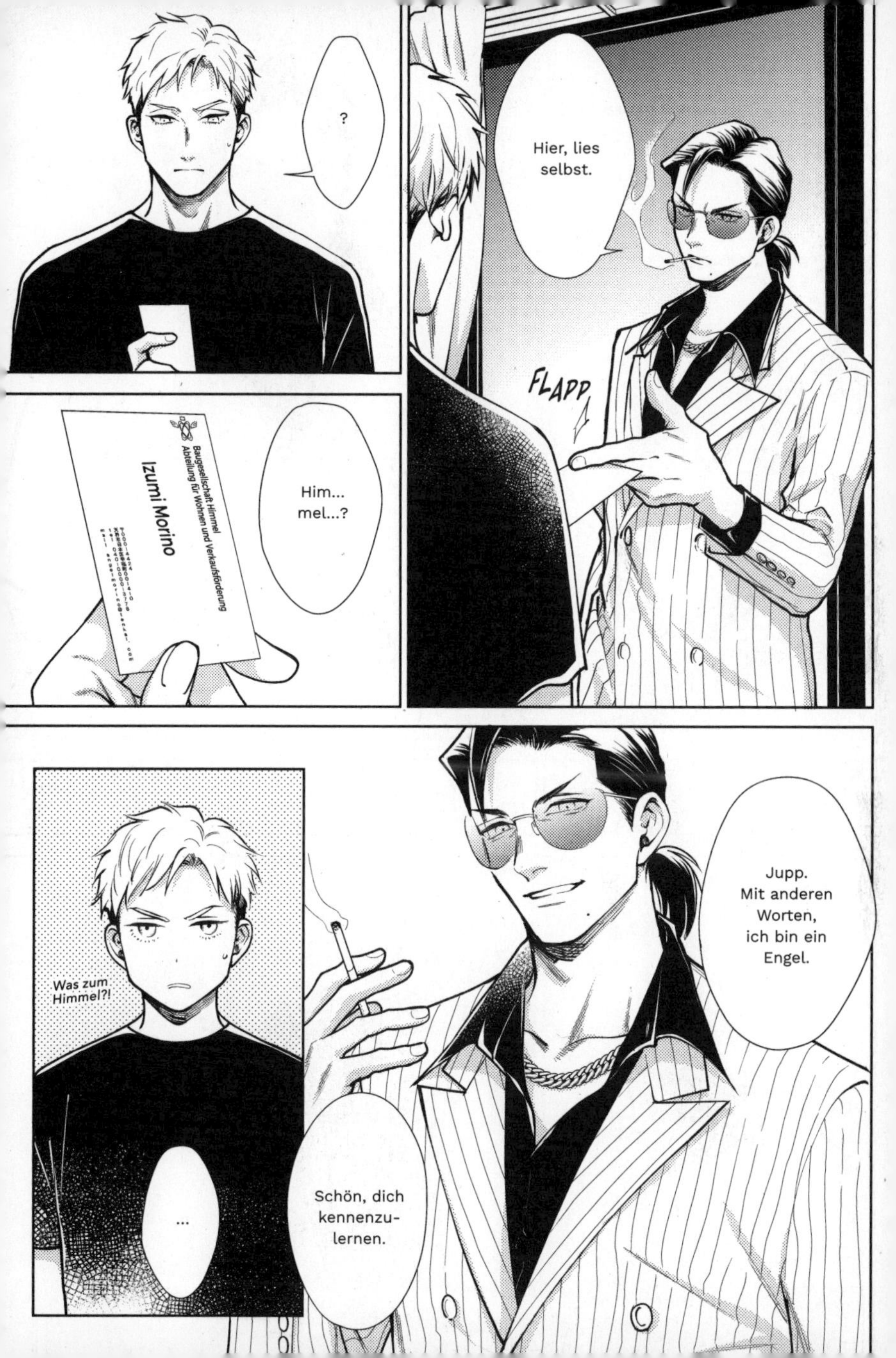
Hier, lies selbst.
FLAPP
?
Baugesellschaft Himmel
Abteilung für Wohnen und Verkaufsförderung
Izumi Morino
Him... mel...?
Jupp. Mit anderen Worten, ich bin ein Engel.
Schön, dich kennenzulernen.
Was zum Himmel?!
...

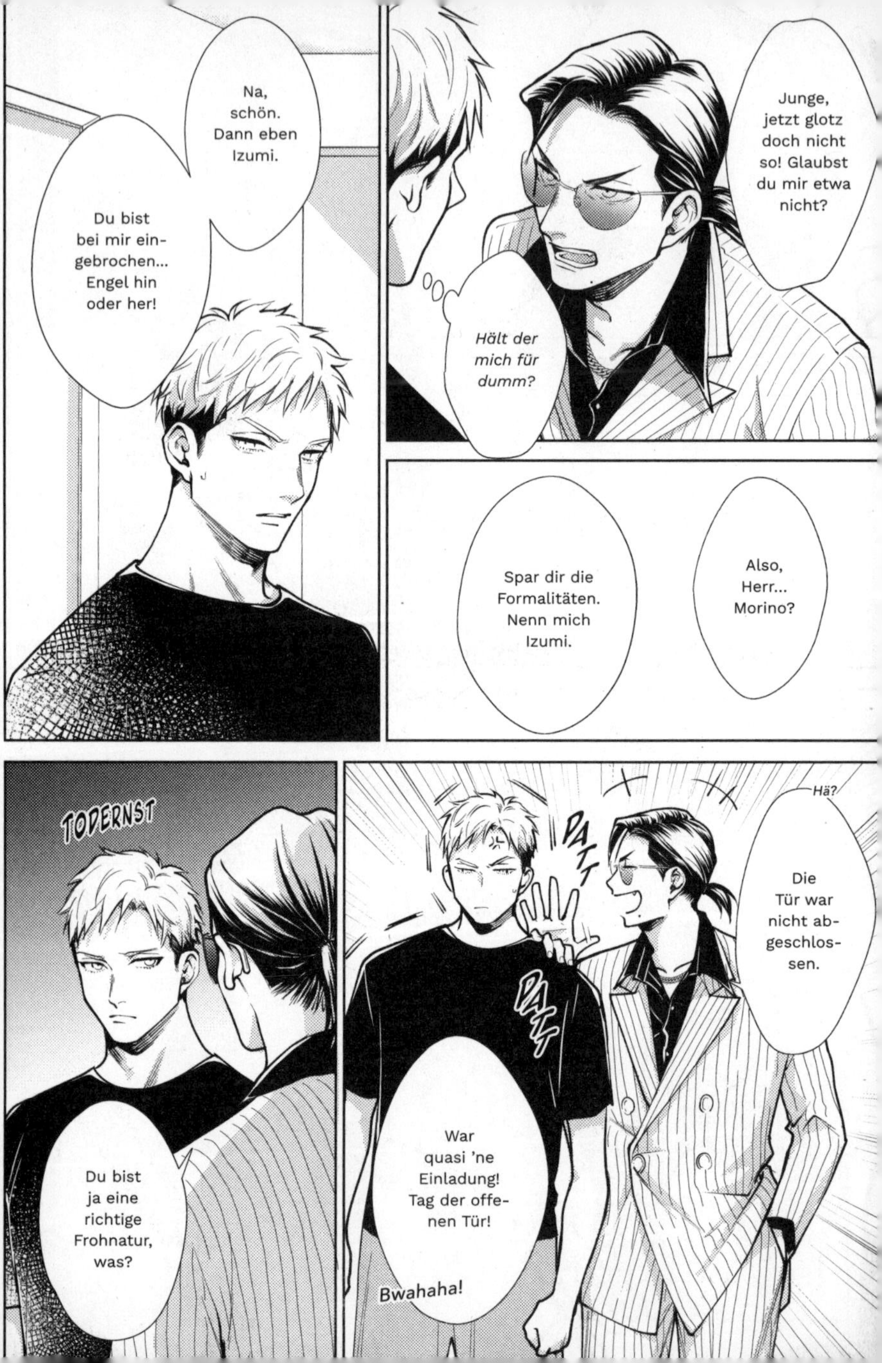
Junge, jetzt glotz doch nicht so! Glaubst du mir etwa nicht?
Hält der mich für dumm?
Also, Herr... Morino?
Spar dir die Formalitäten. Nenn mich Izumi.
Na, schön. Dann eben Izumi.
Du bist bei mir eingebrochen... Engel hin oder her!
Hä?
Die Tür war nicht abgeschlossen.
DATT
War quasi 'ne Einladung! Tag der offenen Tür!
Bwahaha!
TODERNST
Du bist ja eine richtige Frohnatur, was?

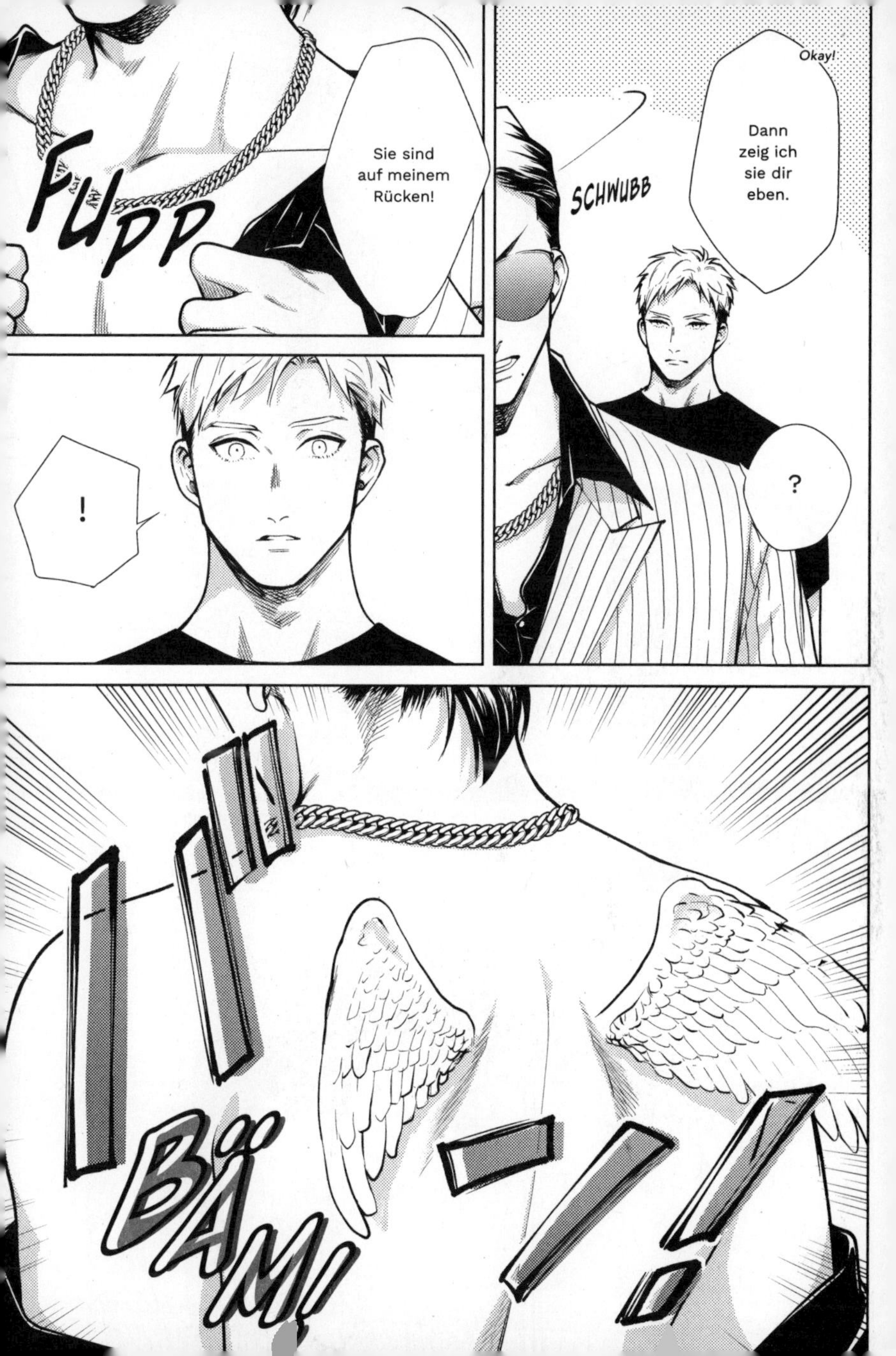

Okay!
Dann zeig ich sie dir eben.
SCHWUBB
?
Sie sind auf meinem Rücken!
FUPP
!
BÄM!!

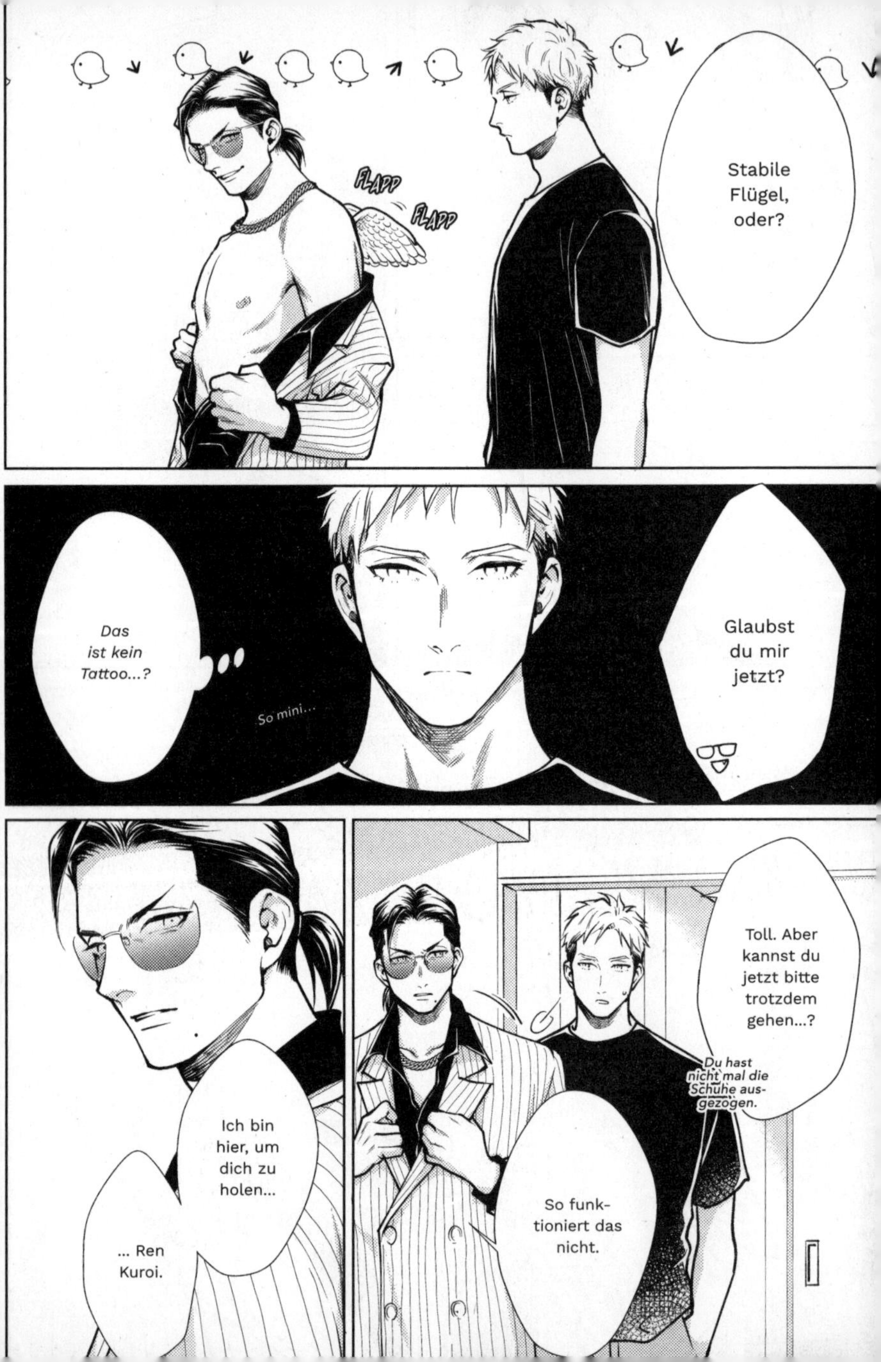
FLAPP
FLAPP
Stabile Flügel, oder?
Glaubst du mir jetzt?
Das ist kein Tattoo…?
…
So mini…
Toll. Aber kannst du jetzt bitte trotzdem gehen…?
Du hast nicht mal die Schuhe ausgezogen.
So funktioniert das nicht.
Ich bin hier, um dich zu holen…
… Ren Kuroi.

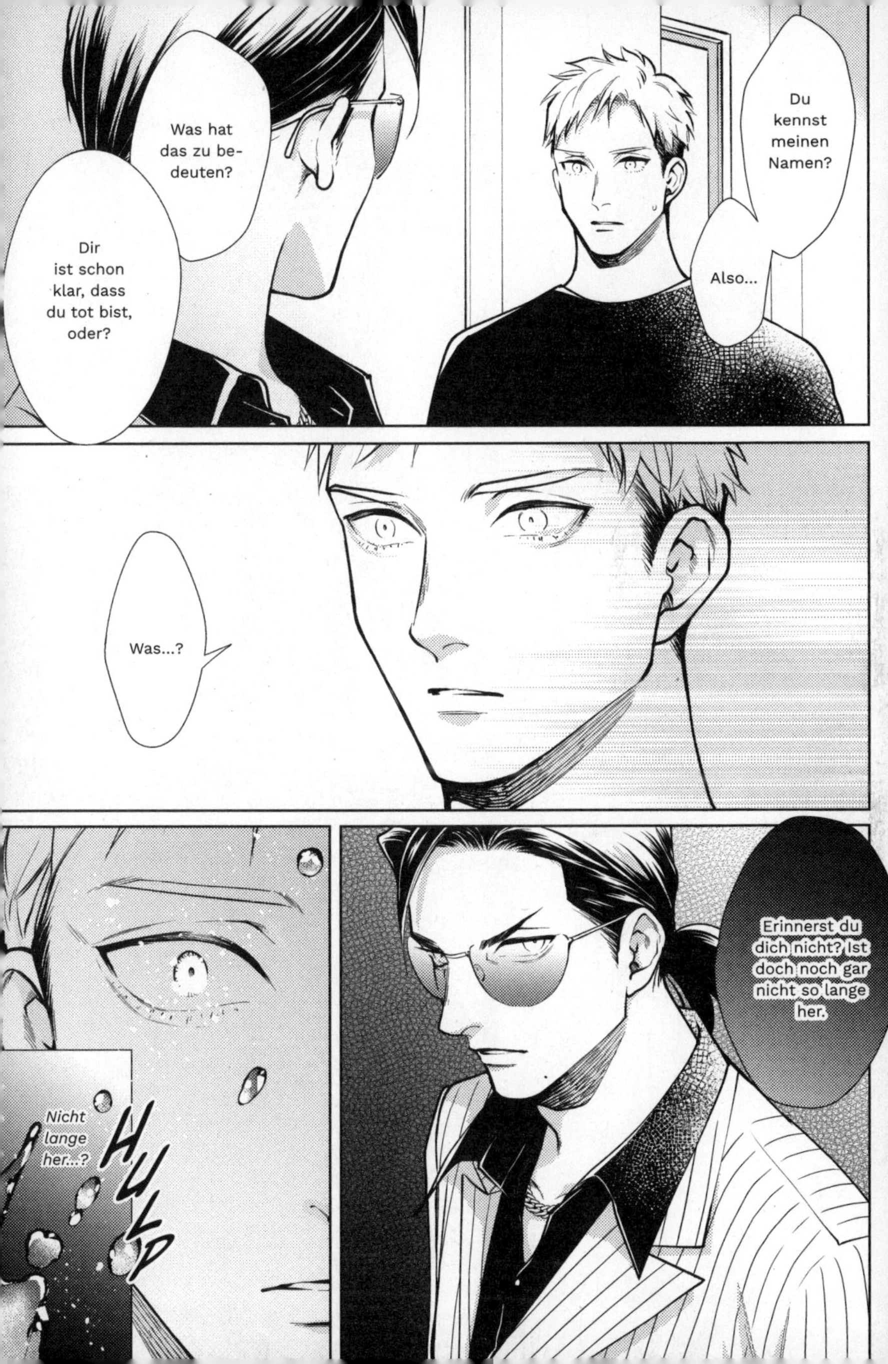
Du kennst meinen Namen?
Also...
Was hat das zu bedeuten?
Dir ist schon klar, dass du tot bist, oder?
Was...?
Erinnerst du dich nicht? Ist doch noch gar nicht so lange her.
Nicht lange her...?
HULP

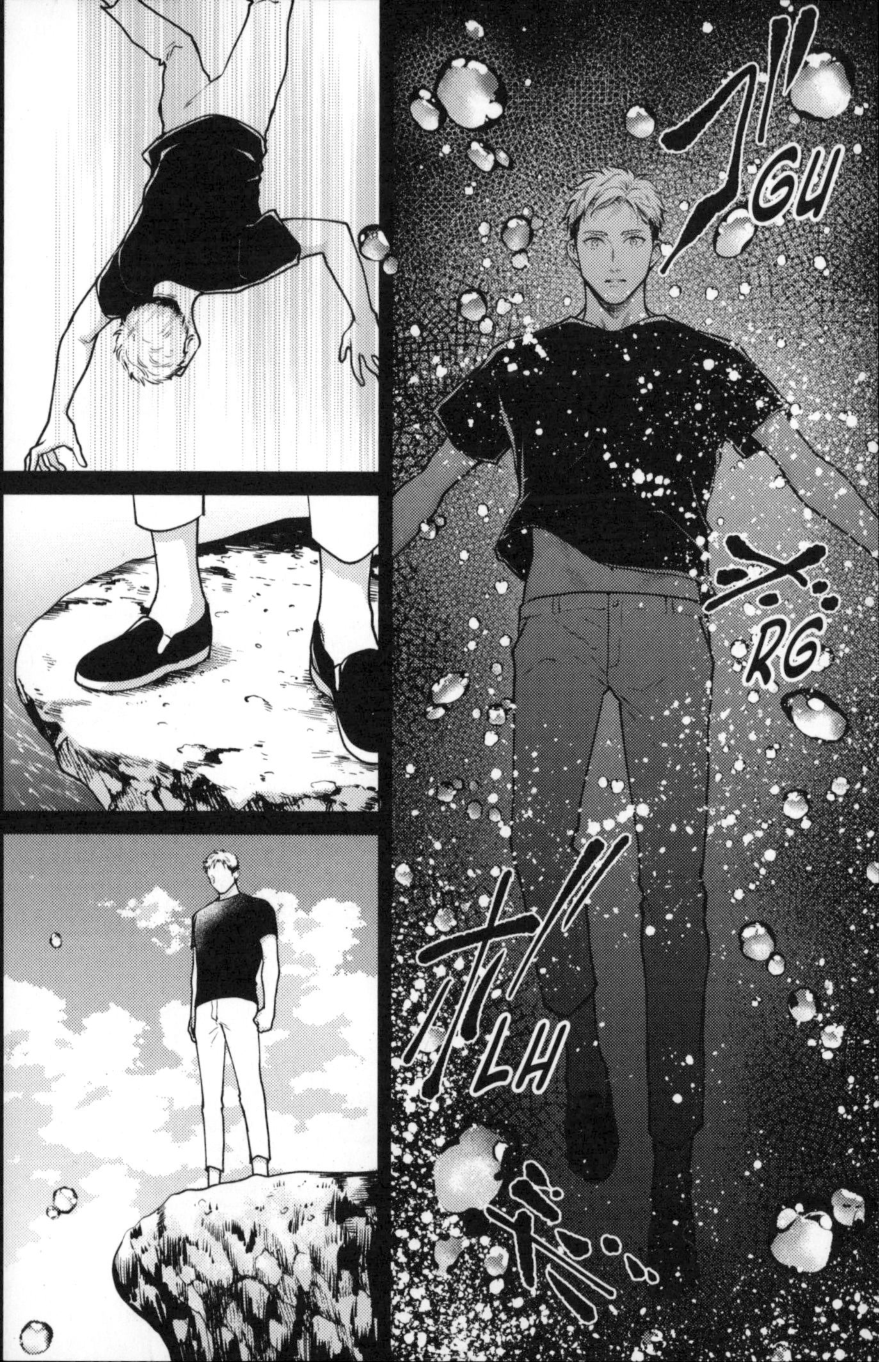
GU
RG
LH

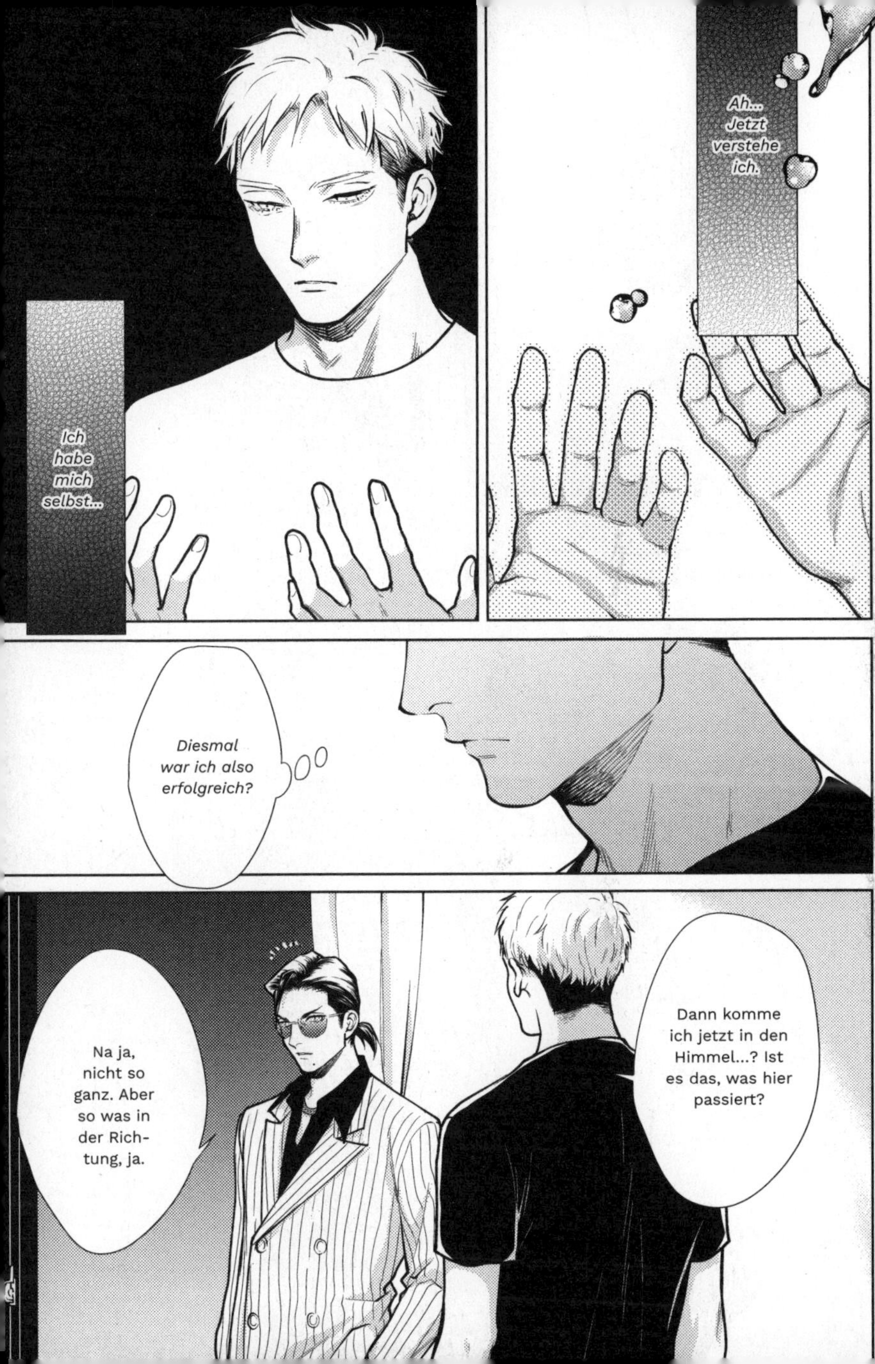
Ah... Jetzt verstehe ich.
Ich habe mich selbst...
Diesmal war ich also erfolgreich?
Dann komme ich jetzt in den Himmel...? Ist es das, was hier passiert?
Na ja, nicht so ganz. Aber so was in der Richtung, ja.

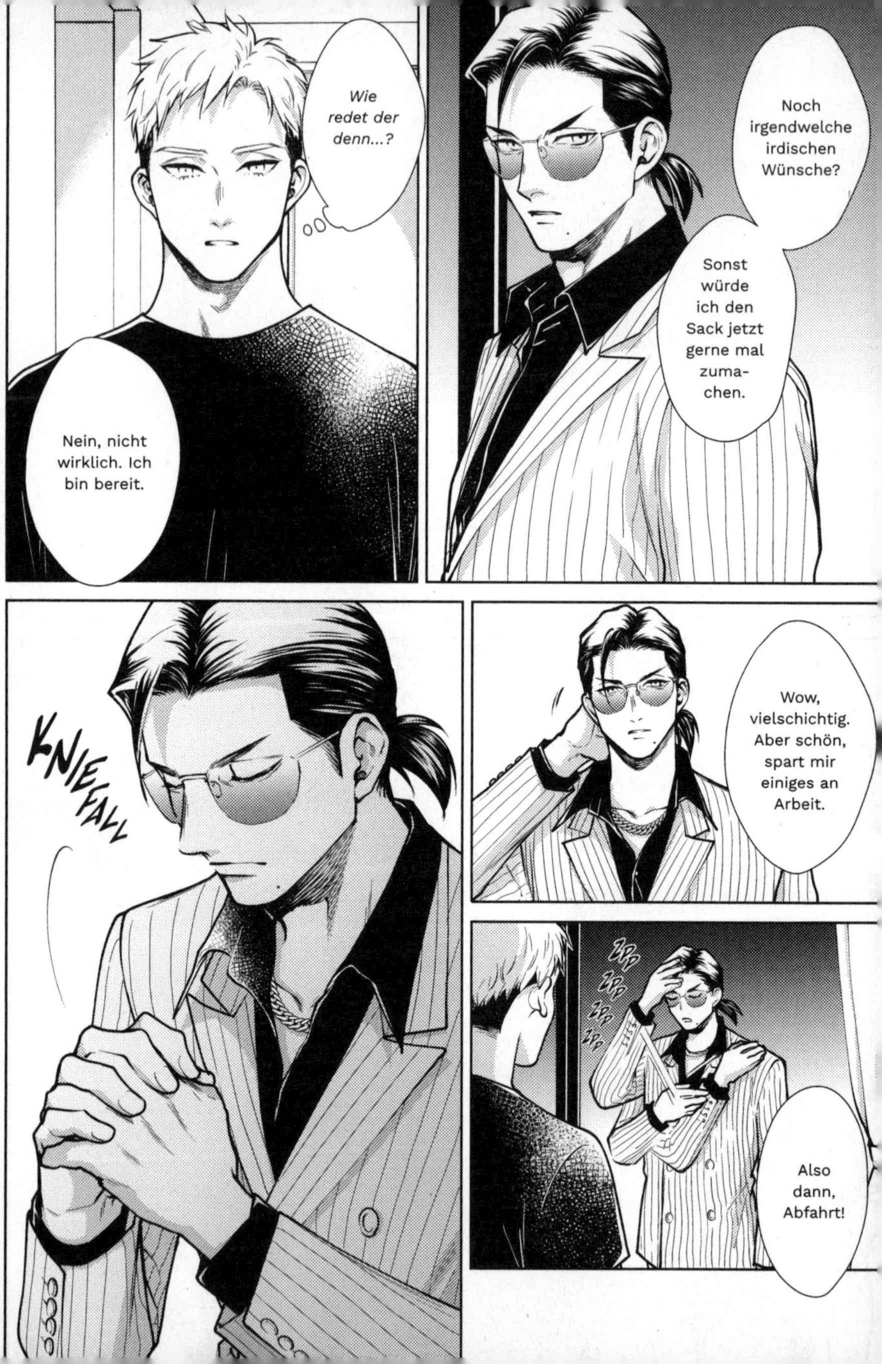
Noch irgendwelche irdischen Wünsche?
Sonst würde ich den Sack jetzt gerne mal zumachen.
Wie redet der denn...?
Nein, nicht wirklich. Ich bin bereit.
Wow, vielschichtig. Aber schön, spart mir einiges an Arbeit.
ZPP ZPP ZPP ZPP
Also dann, Abfahrt!
KNIEFALL

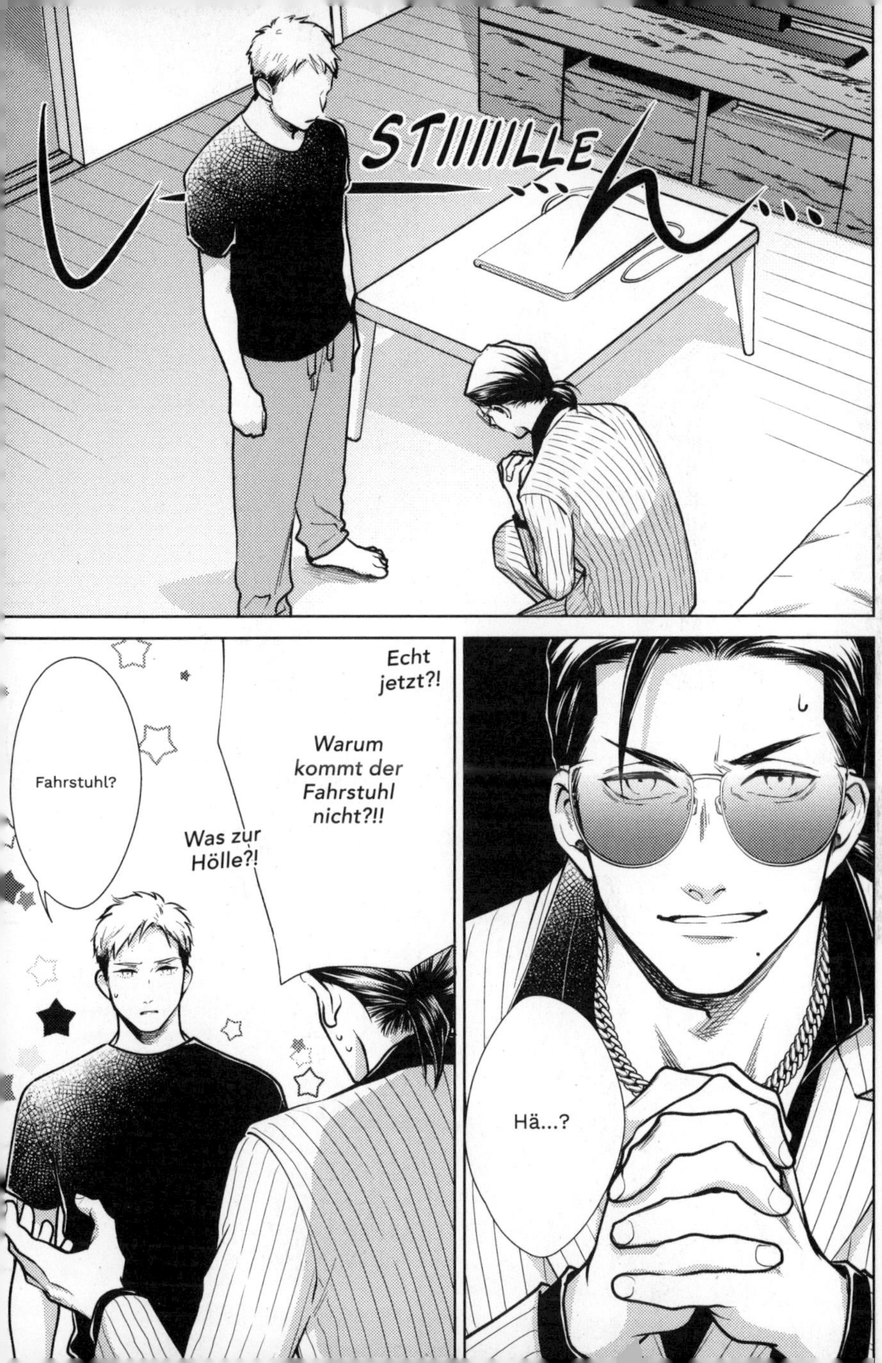
STIIIIILLE
Echt jetzt?!
Warum kommt der Fahrstuhl nicht?!!
Was zur Hölle?!
Fahrstuhl?
Hä...?

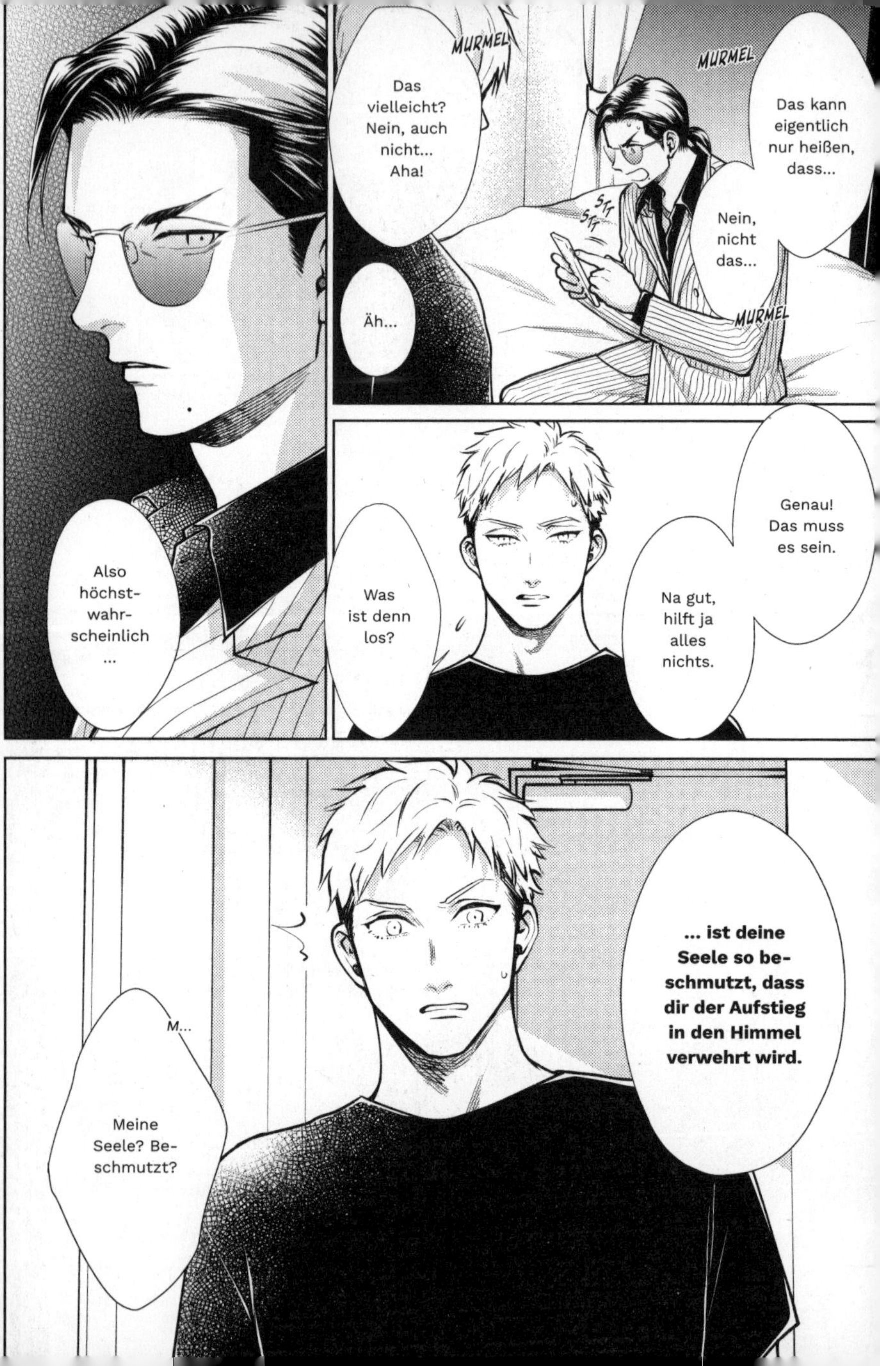
MURMEL
Das kann eigentlich nur heißen, dass...
Nein, nicht das...
MURMEL
SFF SFF
MURMEL
Das vielleicht? Nein, auch nicht... Aha!
Äh...
Genau! Das muss es sein.
Na gut, hilft ja alles nichts.
Was ist denn los?
Also höchst-wahr-scheinlich ...
... ist deine Seele so be-schmutzt, dass dir der Aufstieg in den Himmel verwehrt wird.
M...
Meine Seele? Be-schmutzt?

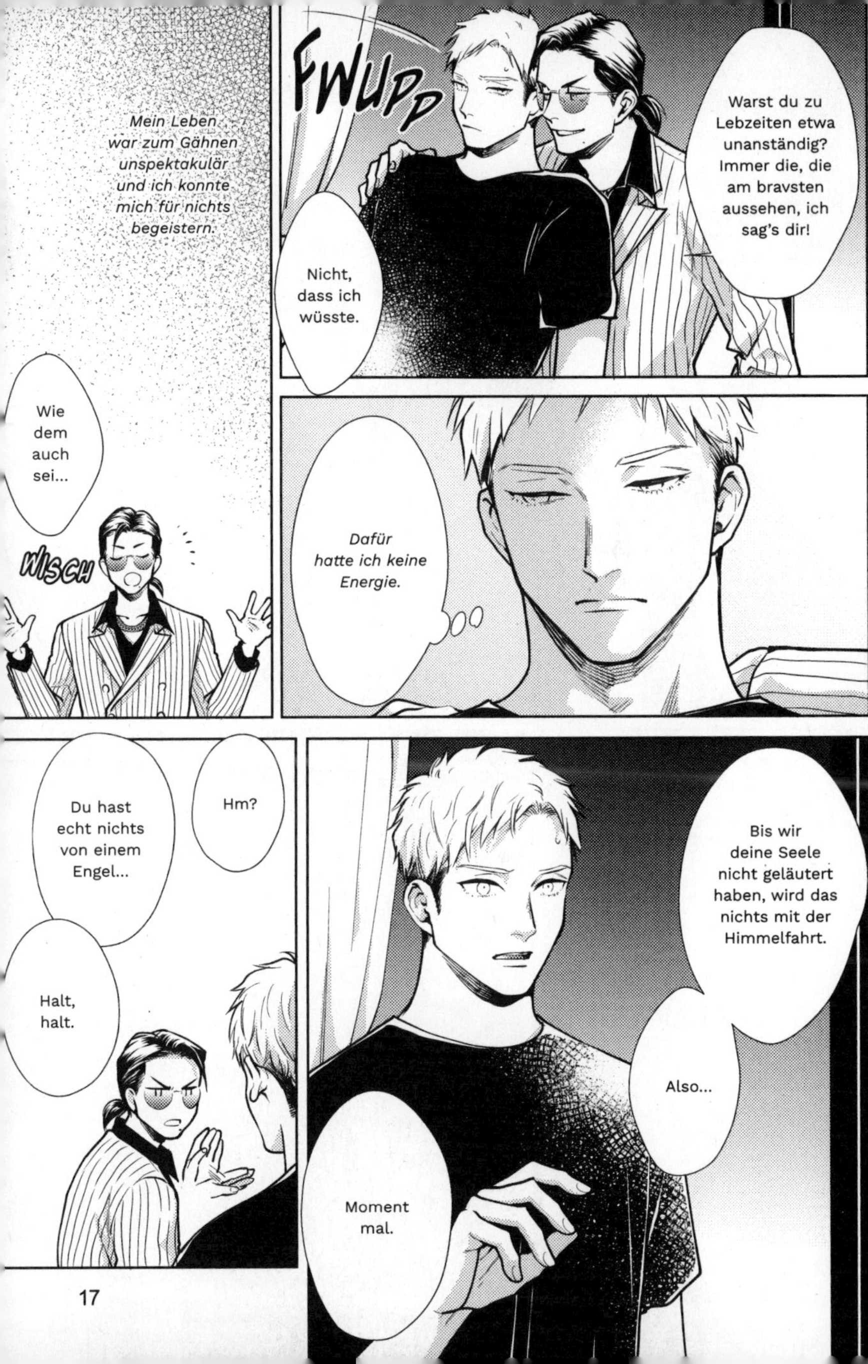
FWUPP
Warst du zu Lebzeiten etwa unanständig? Immer die, die am bravsten aussehen, ich sag's dir!
Nicht, dass ich wüsste.
Mein Leben war zum Gähnen unspektakulär und ich konnte mich für nichts begeistern.
Dafür hatte ich keine Energie.
Wie dem auch sei...
WISCH
Bis wir deine Seele nicht geläutert haben, wird das nichts mit der Himmelfahrt.
Also...
Moment mal.
Hm?
Du hast echt nichts von einem Engel...
Halt, halt.

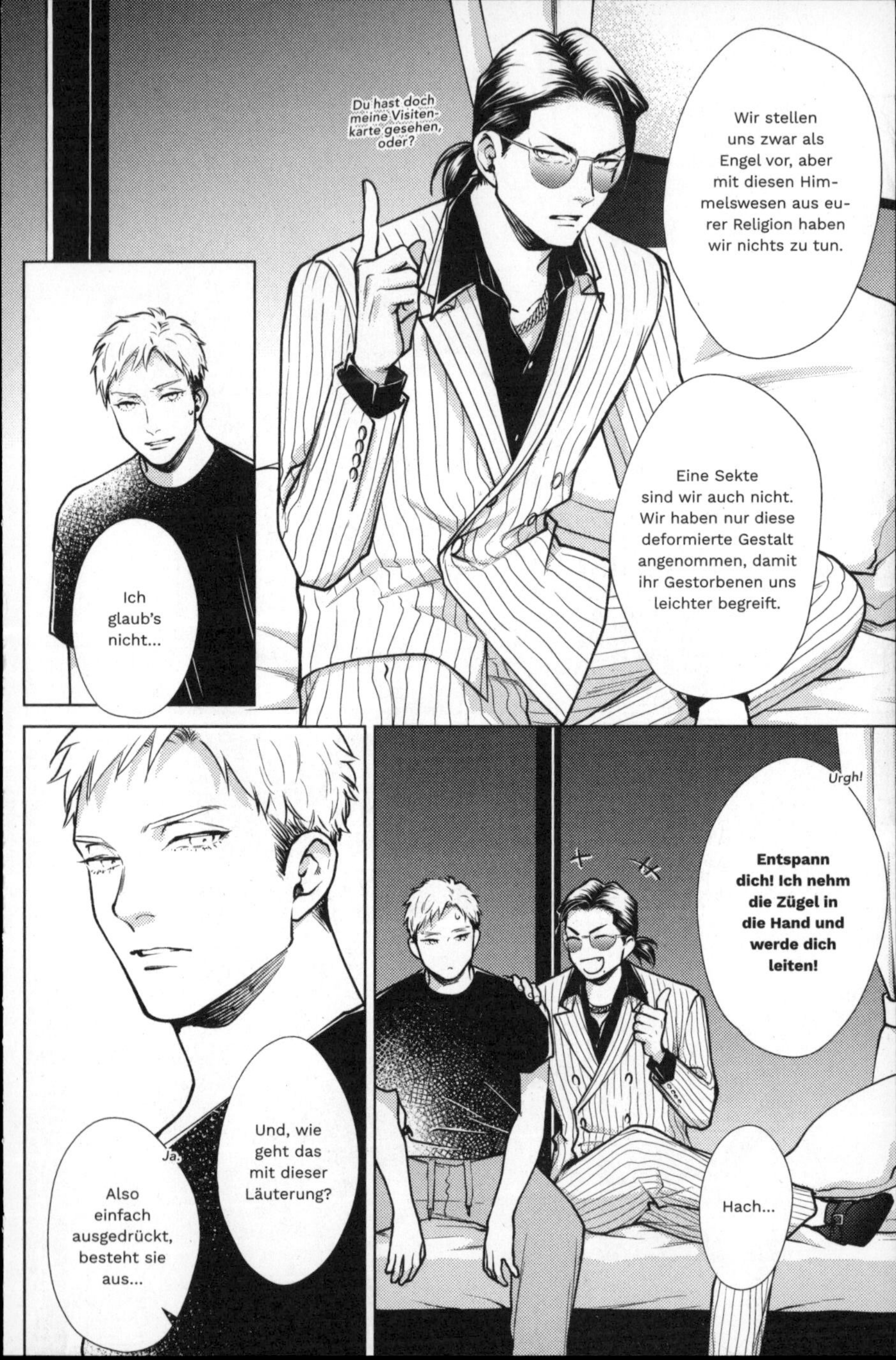
Wir stellen uns zwar als Engel vor, aber mit diesen Himmelswesen aus eurer Religion haben wir nichts zu tun.
Du hast doch meine Visitenkarte gesehen, oder?
Eine Sekte sind wir auch nicht. Wir haben nur diese deformierte Gestalt angenommen, damit ihr Gestorbenen uns leichter begreift.
Ich glaub's nicht...
Urgh!
Entspann dich! Ich nehm die Zügel in die Hand und werde dich leiten!
Hach...
Und, wie geht das mit dieser Läuterung?
Ja.
Also einfach ausgedrückt, besteht sie aus...

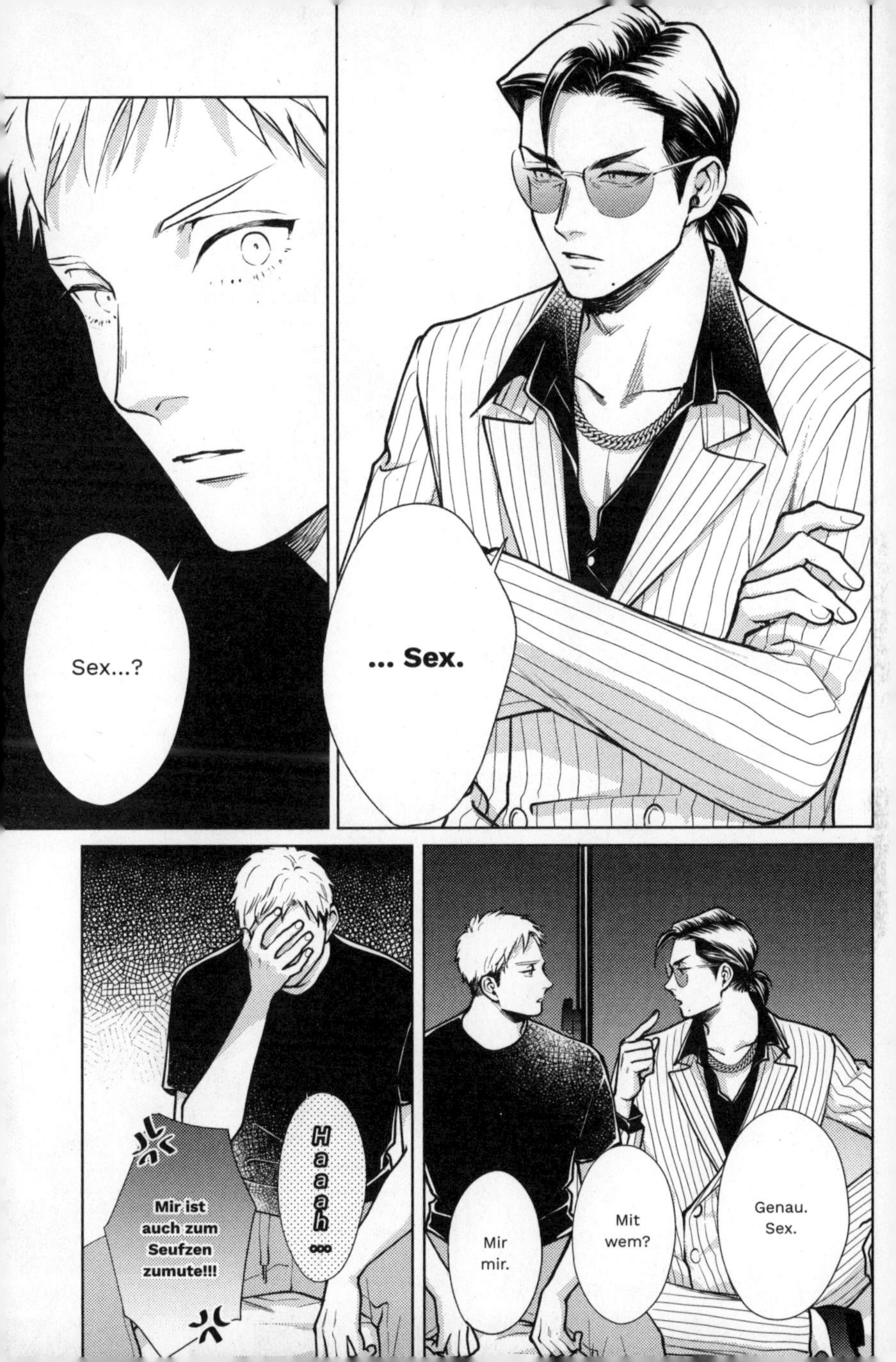
... Sex.
Sex...?
Genau. Sex.
Mit wem?
Mir mir.
Haaah...
Mir ist auch zum Seufzen zumute!!!

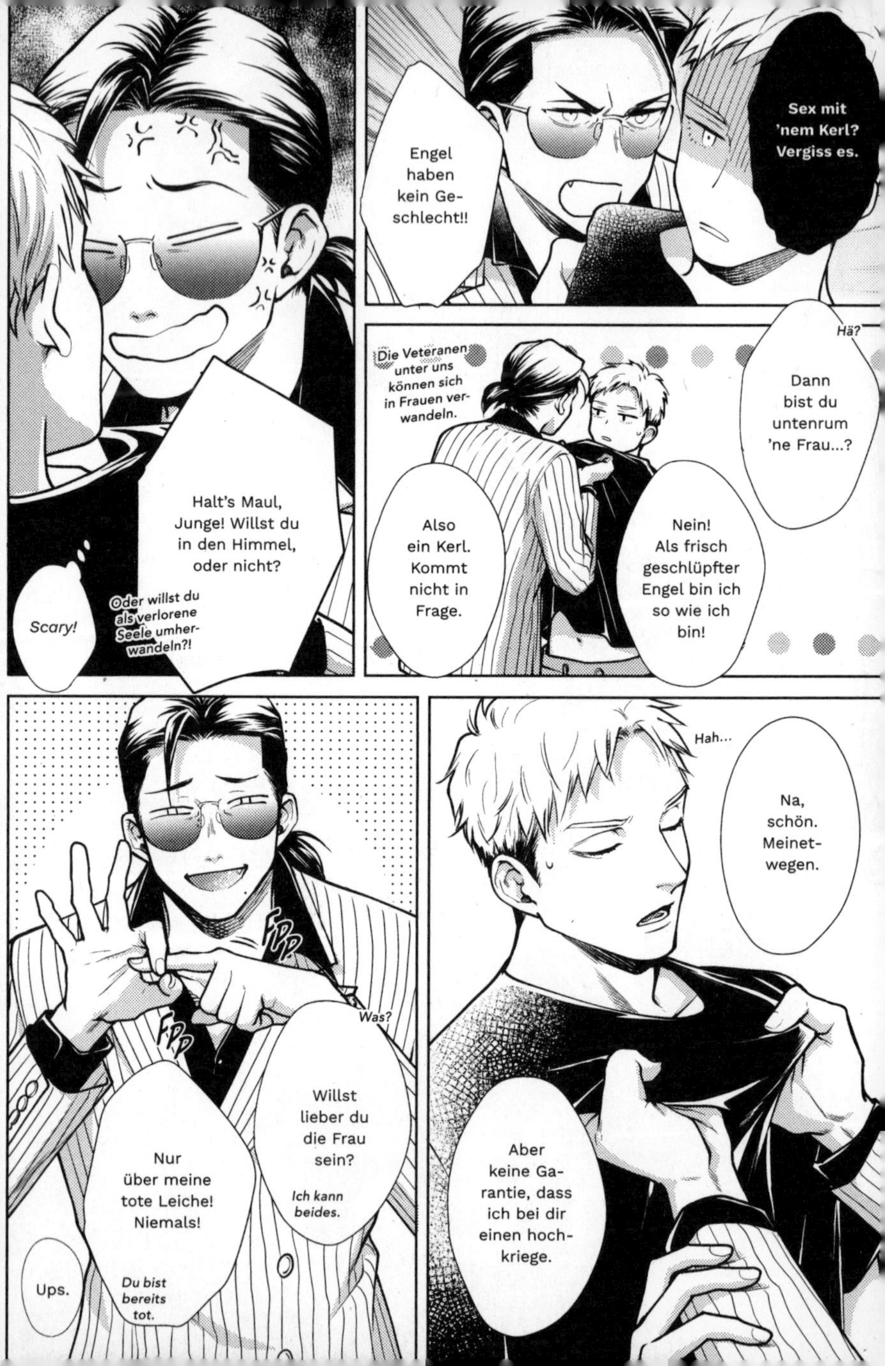

Sex mit 'nem Kerl? Vergiss es.
Engel haben kein Geschlecht!!
Hä?
Dann bist du untenrum 'ne Frau...?
Nein! Als frisch geschlüpfter Engel bin ich so wie ich bin!
Also ein Kerl. Kommt nicht in Frage.
Die Veteranen unter uns können sich in Frauen verwandeln.
Halt's Maul, Junge! Willst du in den Himmel, oder nicht?
Oder willst du als verlorene Seele umherwandeln?!
Scary!
Hah...
Na, schön. Meinetwegen.
Aber keine Garantie, dass ich bei dir einen hochkriege.
Was?
Willst lieber du die Frau sein?
Ich kann beides.
Nur über meine tote Leiche! Niemals!
Du bist bereits tot.
Ups.

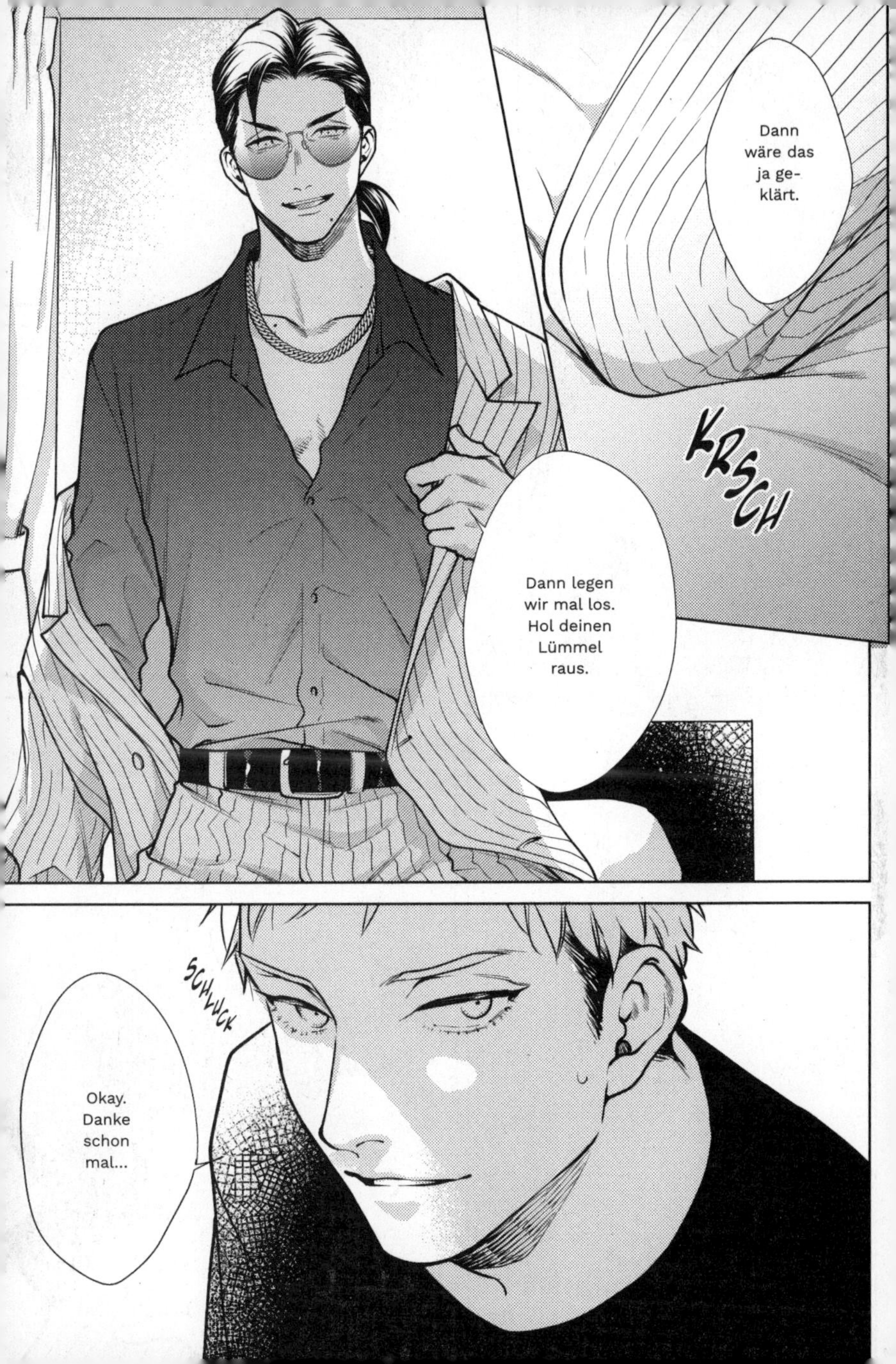
Dann wäre das ja geklärt.
KRSCH
Dann legen wir mal los. Hol deinen Lümmel raus.
SCHLUCK
Okay. Danke schon mal...

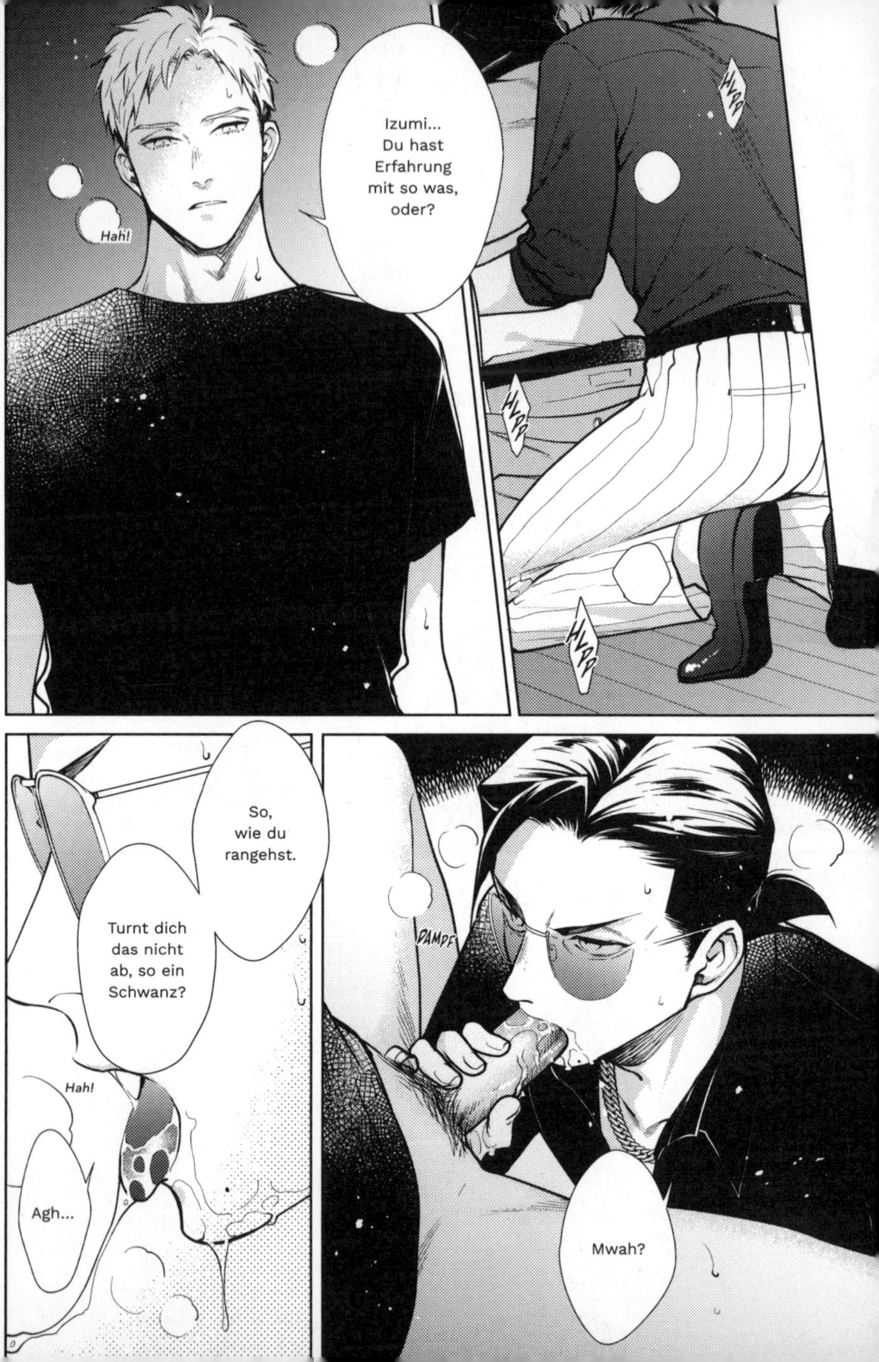
Izumi... Du hast Erfahrung mit so was, oder?
Hah!
DAMPF
Mwah?
So, wie du rangehst.
Turnt dich das nicht ab, so ein Schwanz?
Hah!
Agh...

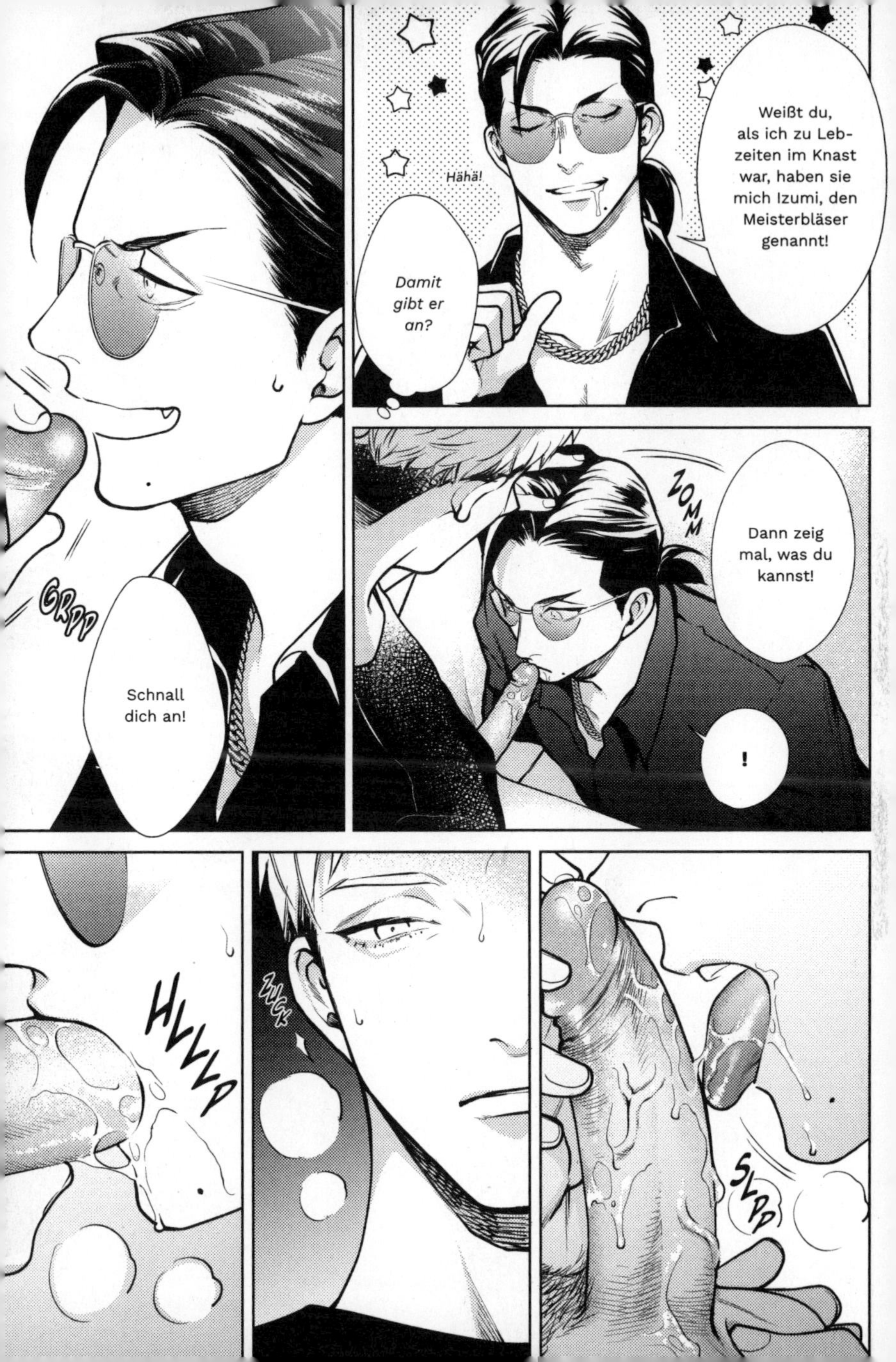
Weißt du, als ich zu Lebzeiten im Knast war, haben sie mich Izumi, den Meisterbläser genannt!
Hähä!
Damit gibt er an?
ZOMM
Dann zeig mal, was du kannst!
!
GRPP
Schnall dich an!
SLPP
ZUCK
HVVVP

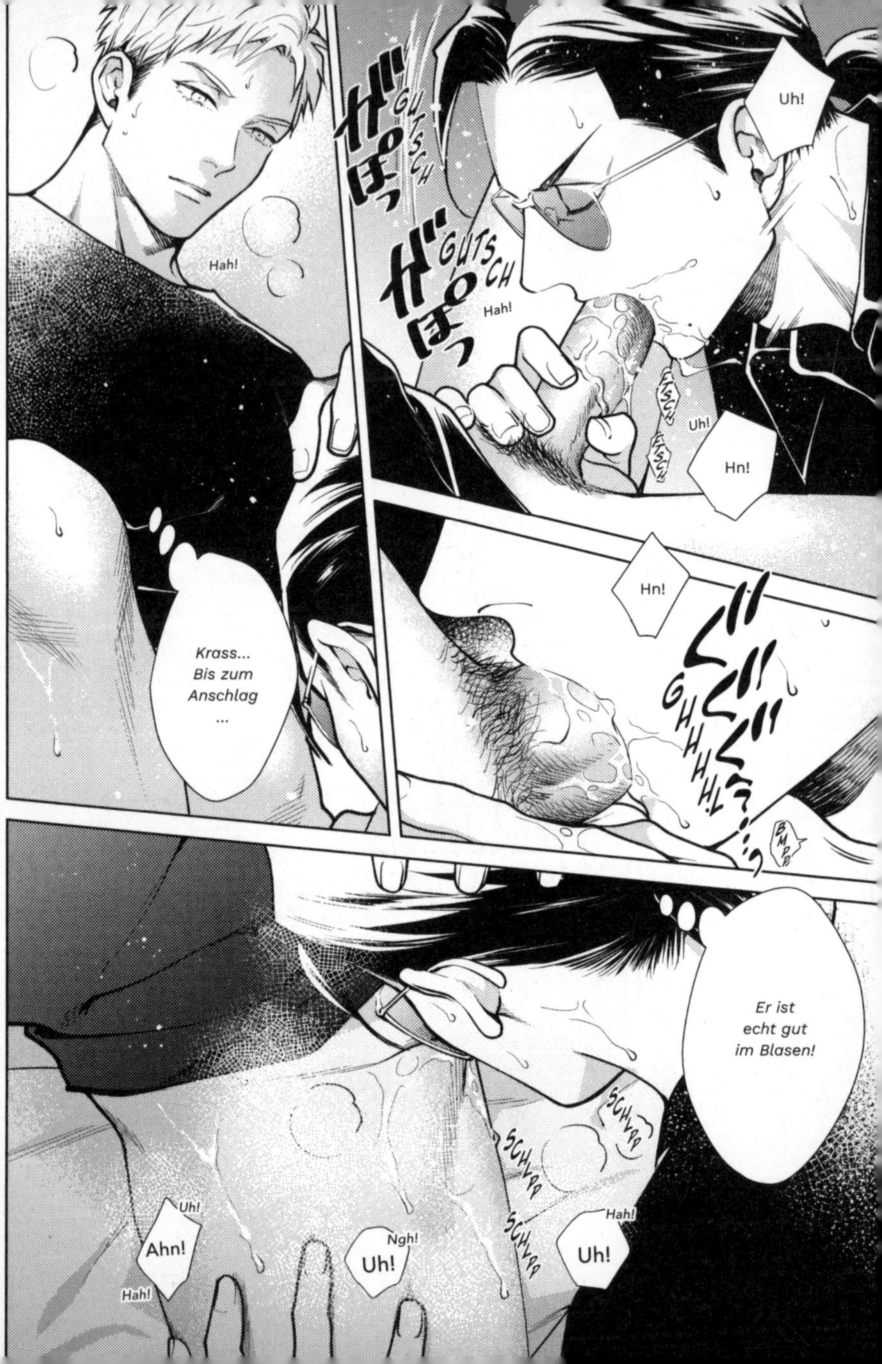

Uh!
がぽっ
GUTSCH
がぽっ
GUTSCH
Hah!
Uh!
Hn!
Hah!
Krass... Bis zum Anschlag ...
Hn!
GHHHH
Er ist echt gut im Blasen!
SCHLPP
SCHLPP
SCHLPP
Hah!
Uh!
Ngh!
Uh!
Uh!
Ahn!
Hah!

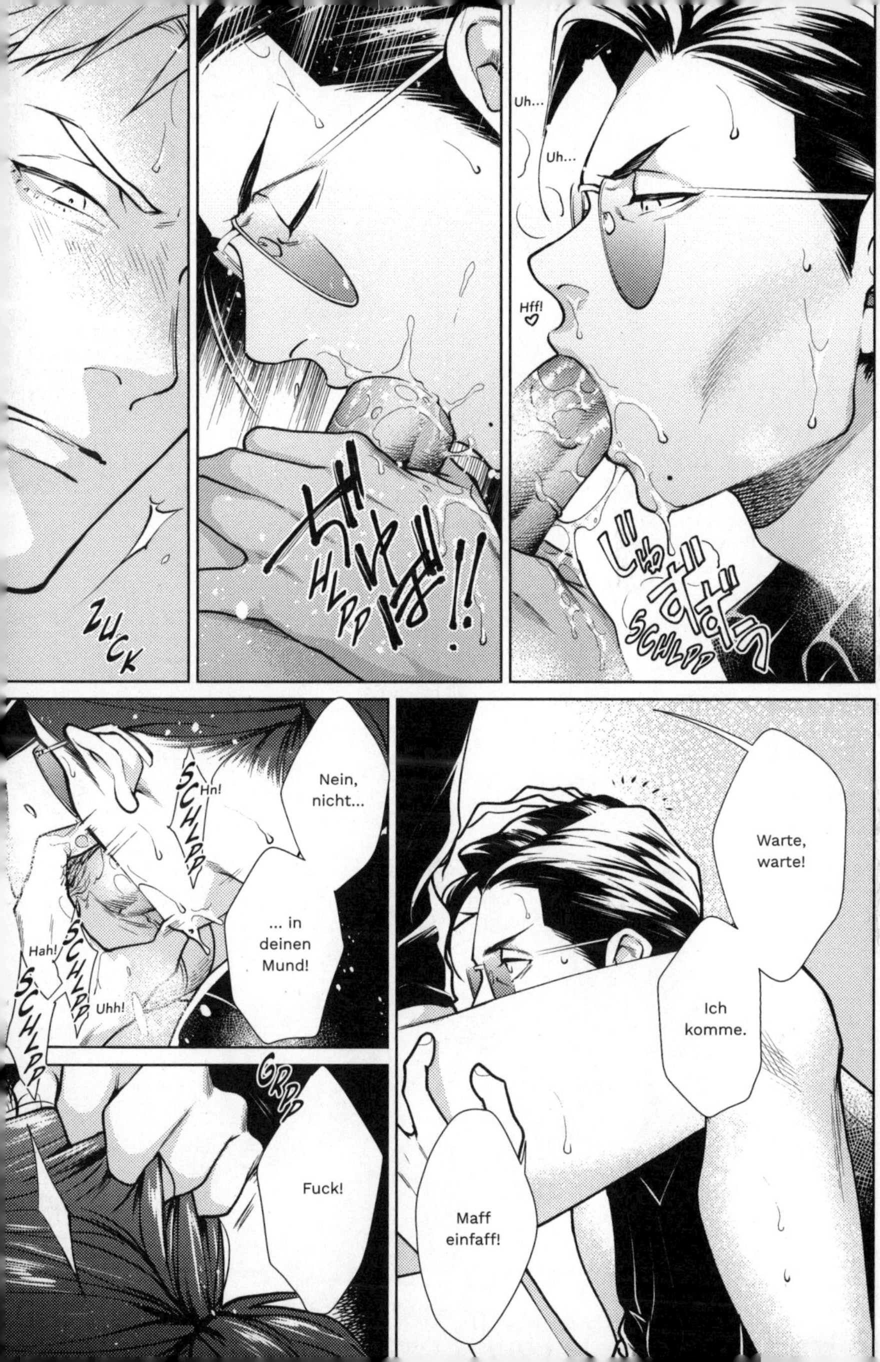
Uh...
Uh...
Hff! ♡
SCHLPP
HLPP
ZUCK
Warte, warte!
Ich komme.
Maff einfaff!
Nein, nicht...
... in deinen Mund!
Hn!
SCHLPP
Hah!
SCHLPP
Uhh!
SCHLPP
GRPP
Fuck!

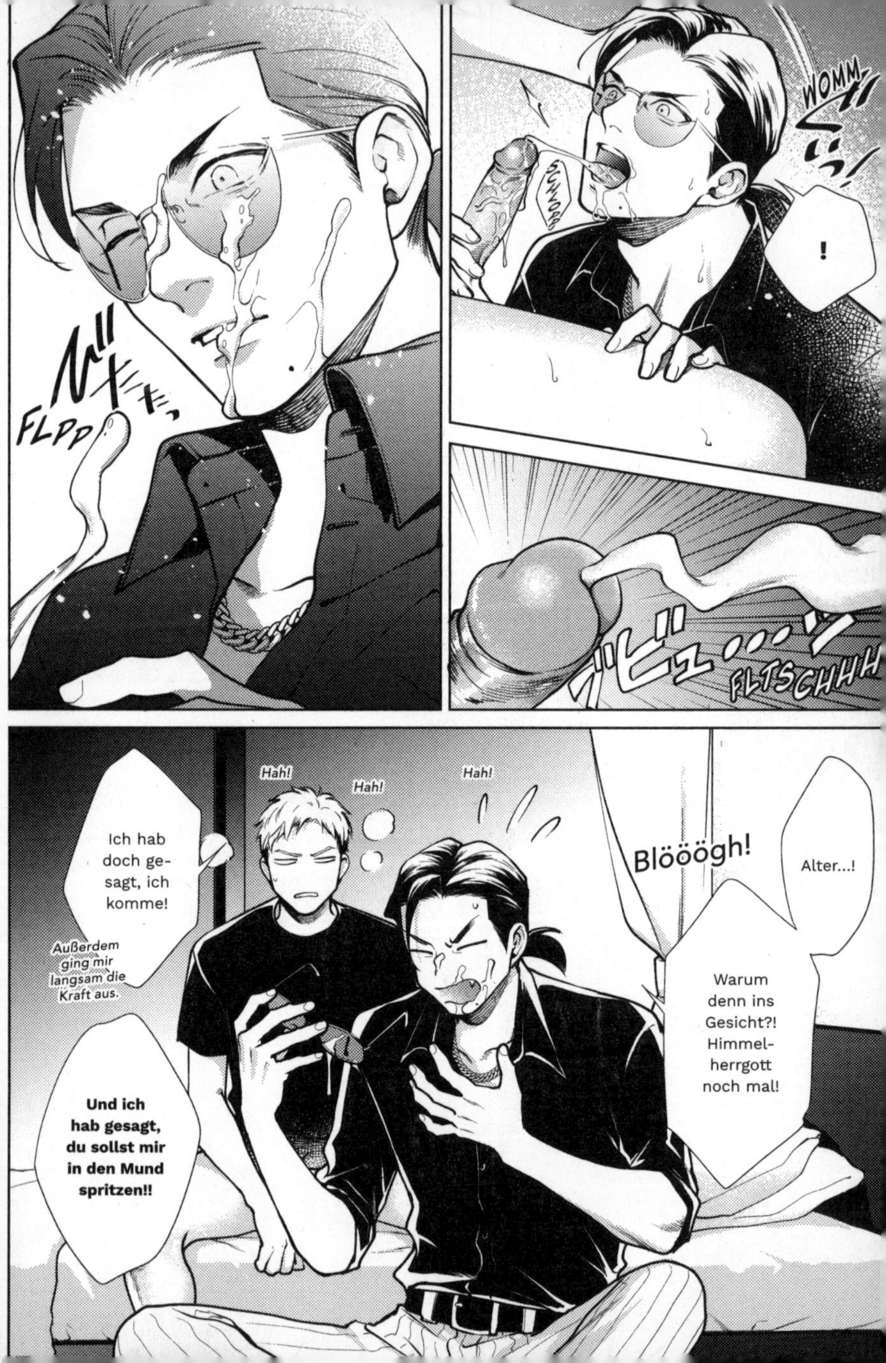
WOMM
!
SCHWOPP
FLTSCHHH
FLPP
Alter...!
Warum denn ins Gesicht?! Himmelherrgott noch mal!
Blööögh!
Hah!
Hah!
Hah!
Ich hab doch gesagt, ich komme!
Außerdem ging mir langsam die Kraft aus.
Und ich hab gesagt, du sollst mir in den Mund spritzen!!

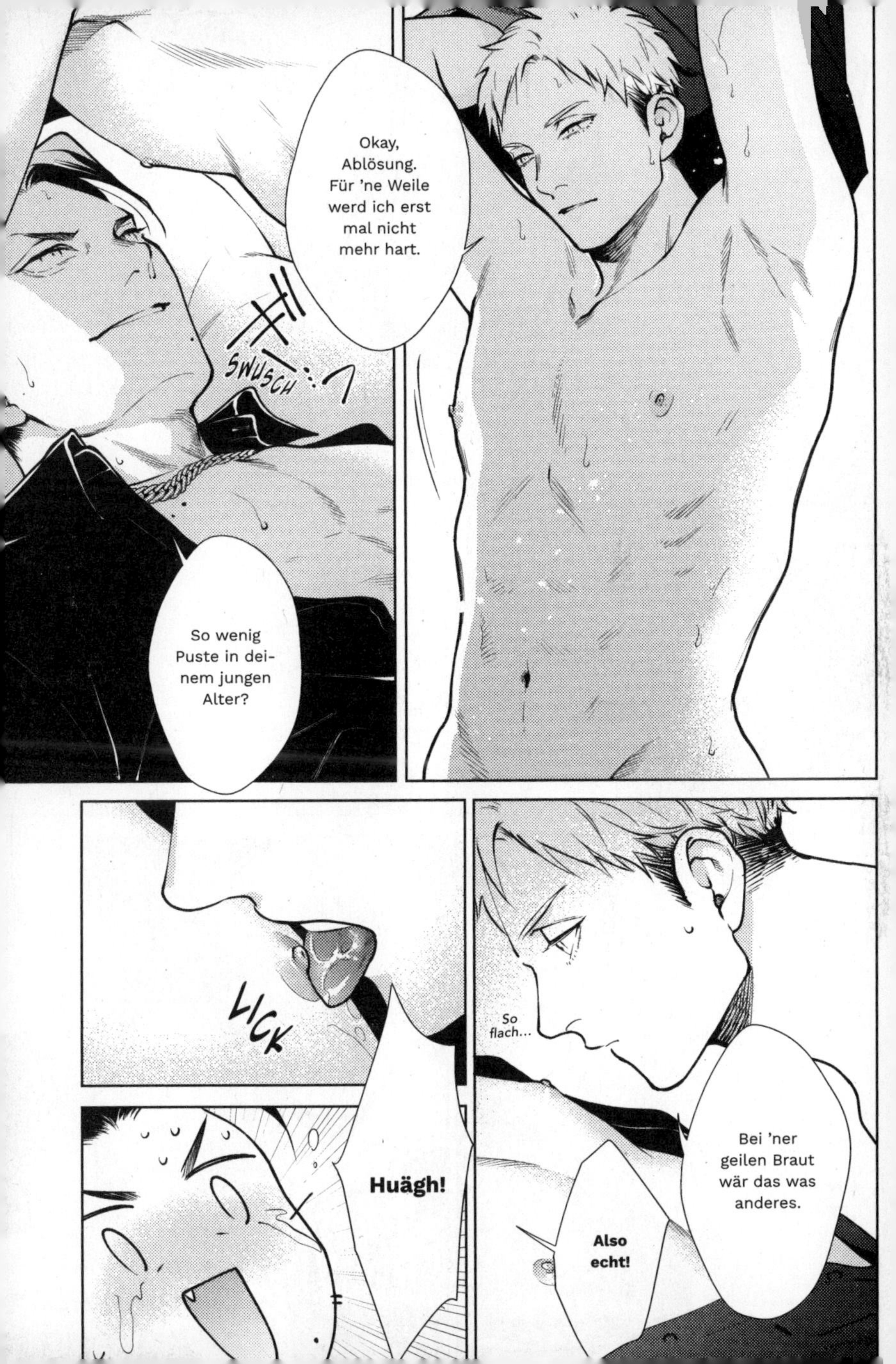
Okay, Ablösung. Für ’ne Weile werd ich erst mal nicht mehr hart.
SWUSCH
So wenig Puste in deinem jungen Alter?
So flach...
Bei ’ner geilen Braut wär das was anderes.
LICK
Huägh!
Also echt!

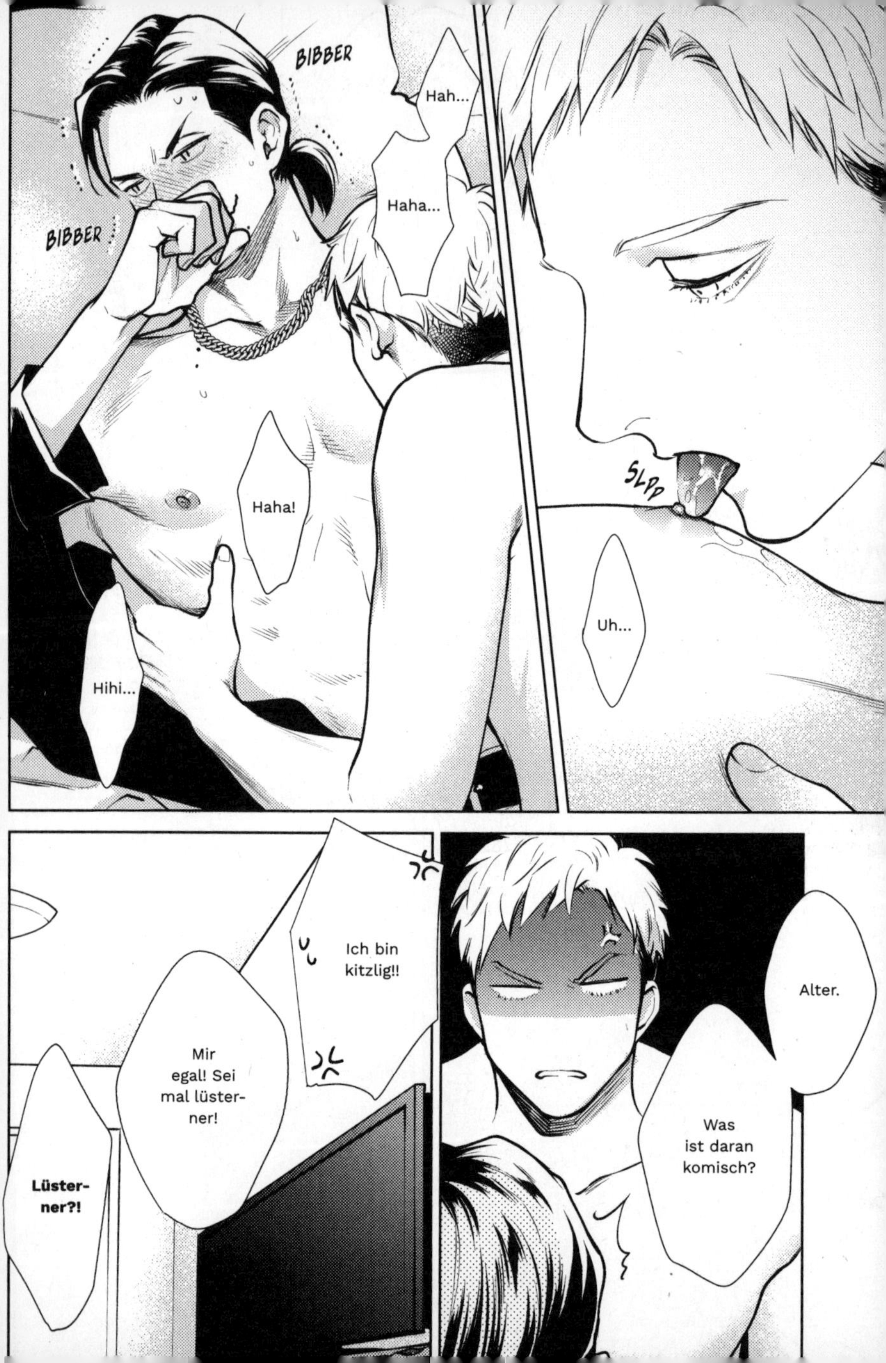

SLPP
Uh...
Hah...
BIBBER
Haha...
BIBBER
Haha!
Hihi...
Alter.
Was ist daran komisch?
Ich bin kitzlig!!
Mir egal! Sei mal lüster-ner!
Lüster-ner?!

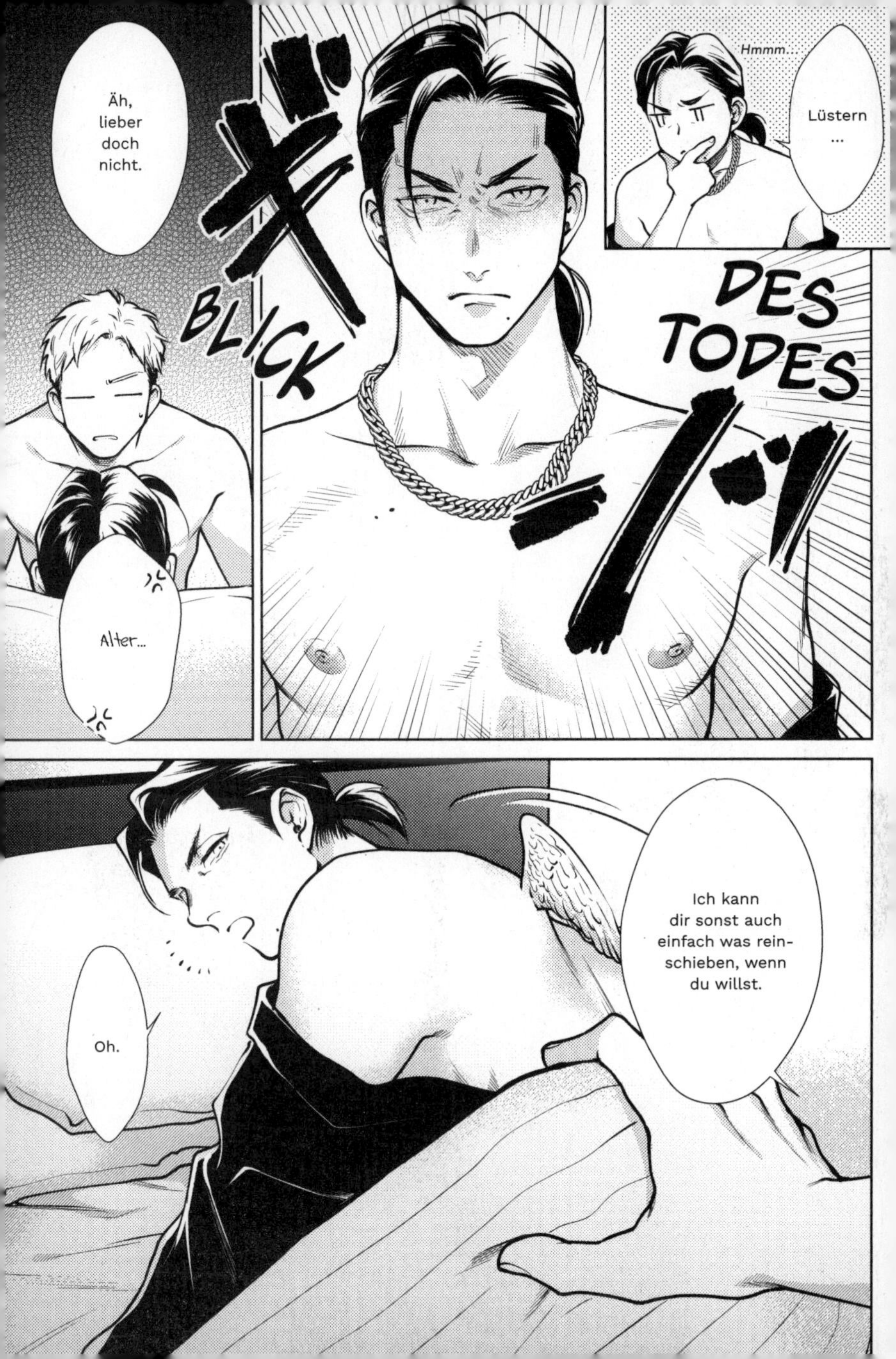
Hmmm...
Lüstern ...
BLICK
DES TODES
Äh, lieber doch nicht.
Alter...
Ich kann dir sonst auch einfach was rein-schieben, wenn du willst.
Oh.

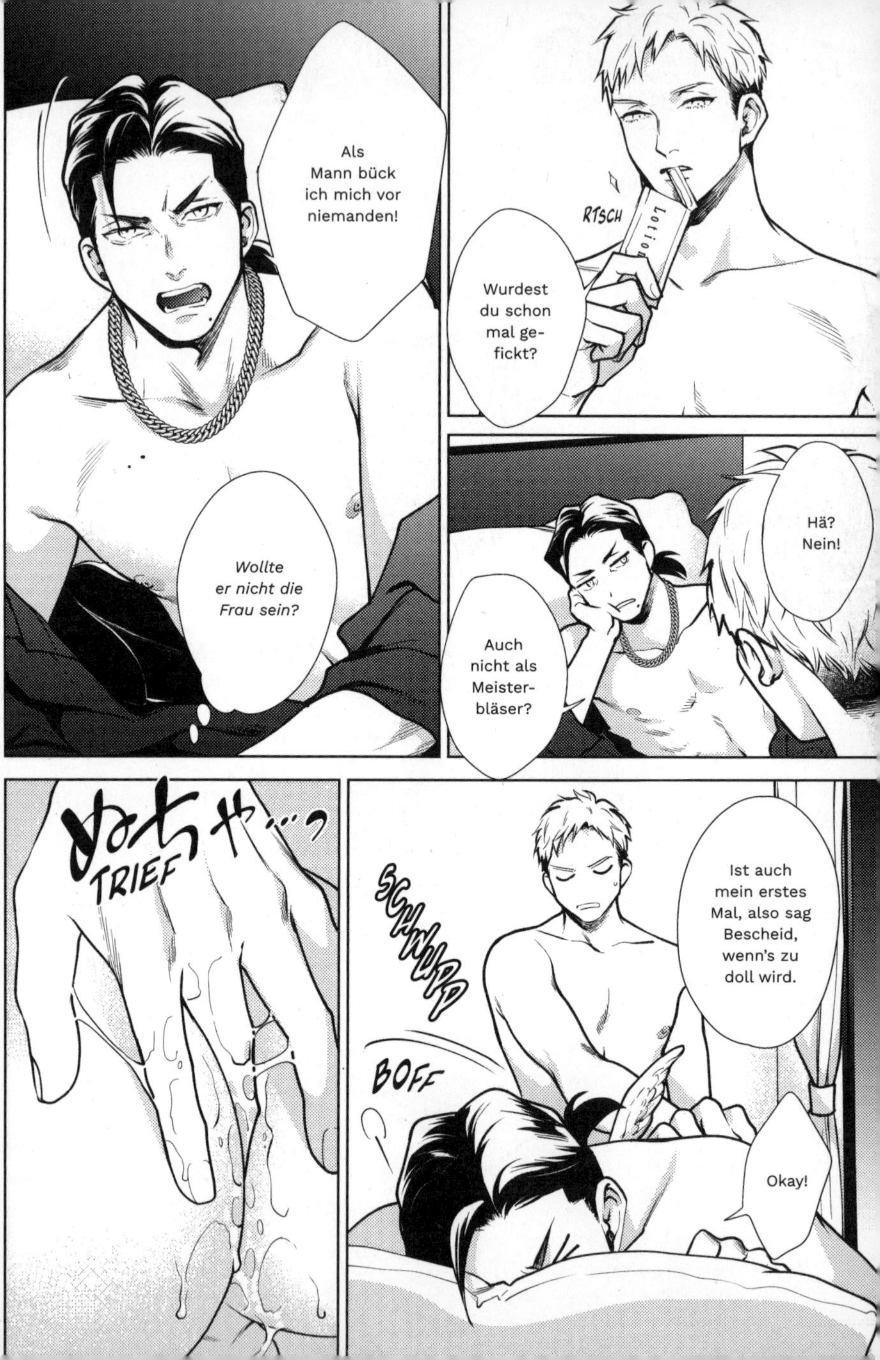
RTSCH
Lotion
Wurdest du schon mal gefickt?
Hä? Nein!
Auch nicht als Meisterbläser?
Als Mann bück ich mich vor niemanden!
Wollte er nicht die Frau sein?
Ist auch mein erstes Mal, also sag Bescheid, wenn's zu doll wird.
SCHWUPP
BOFF
Okay!
ぬちゃ…っ
TRIEF

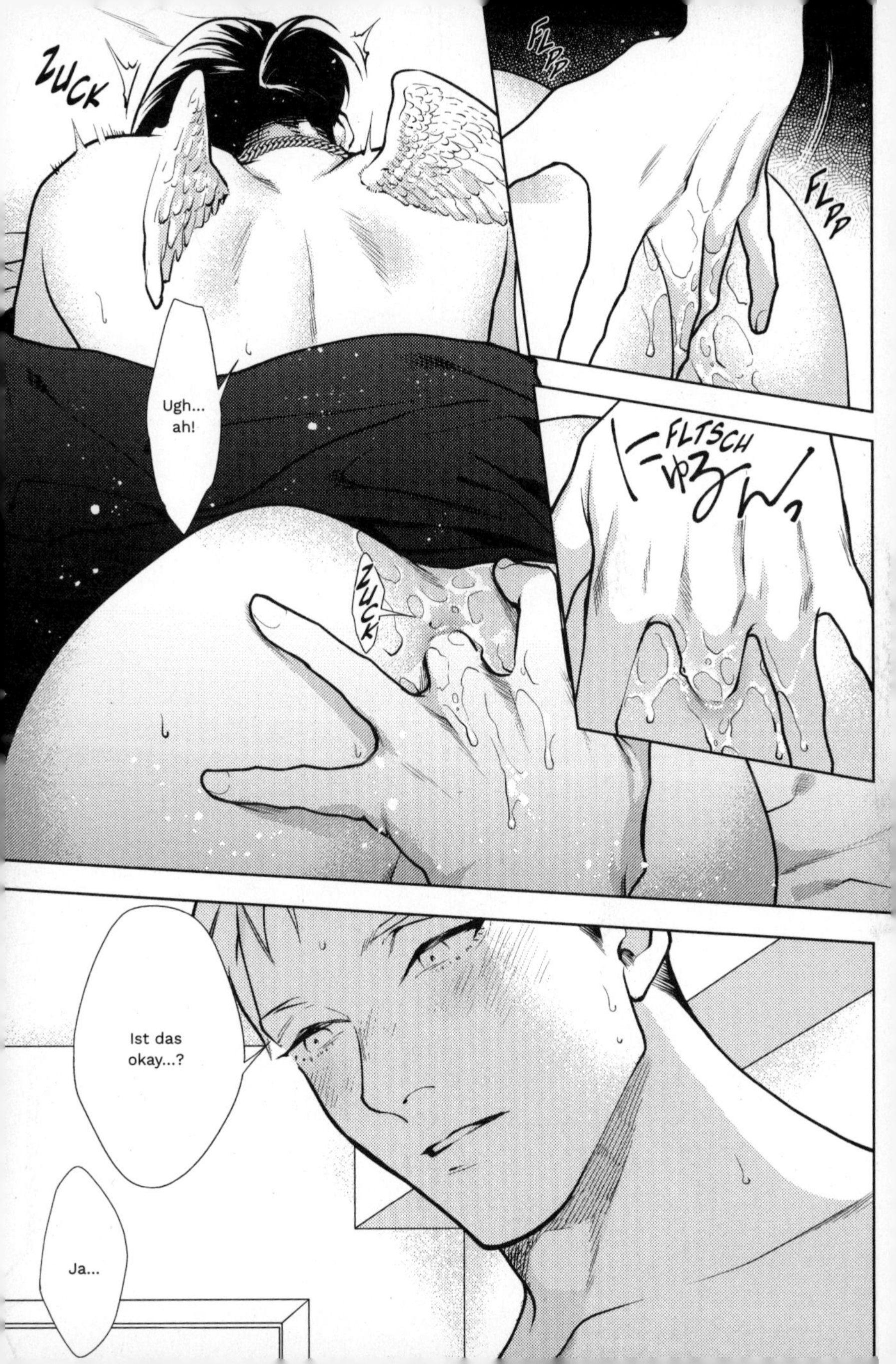
FLPP
FLPP
ZUCK
Ugh... ah!
ZUCK
FLTSCH
Ist das okay...?
Ja...

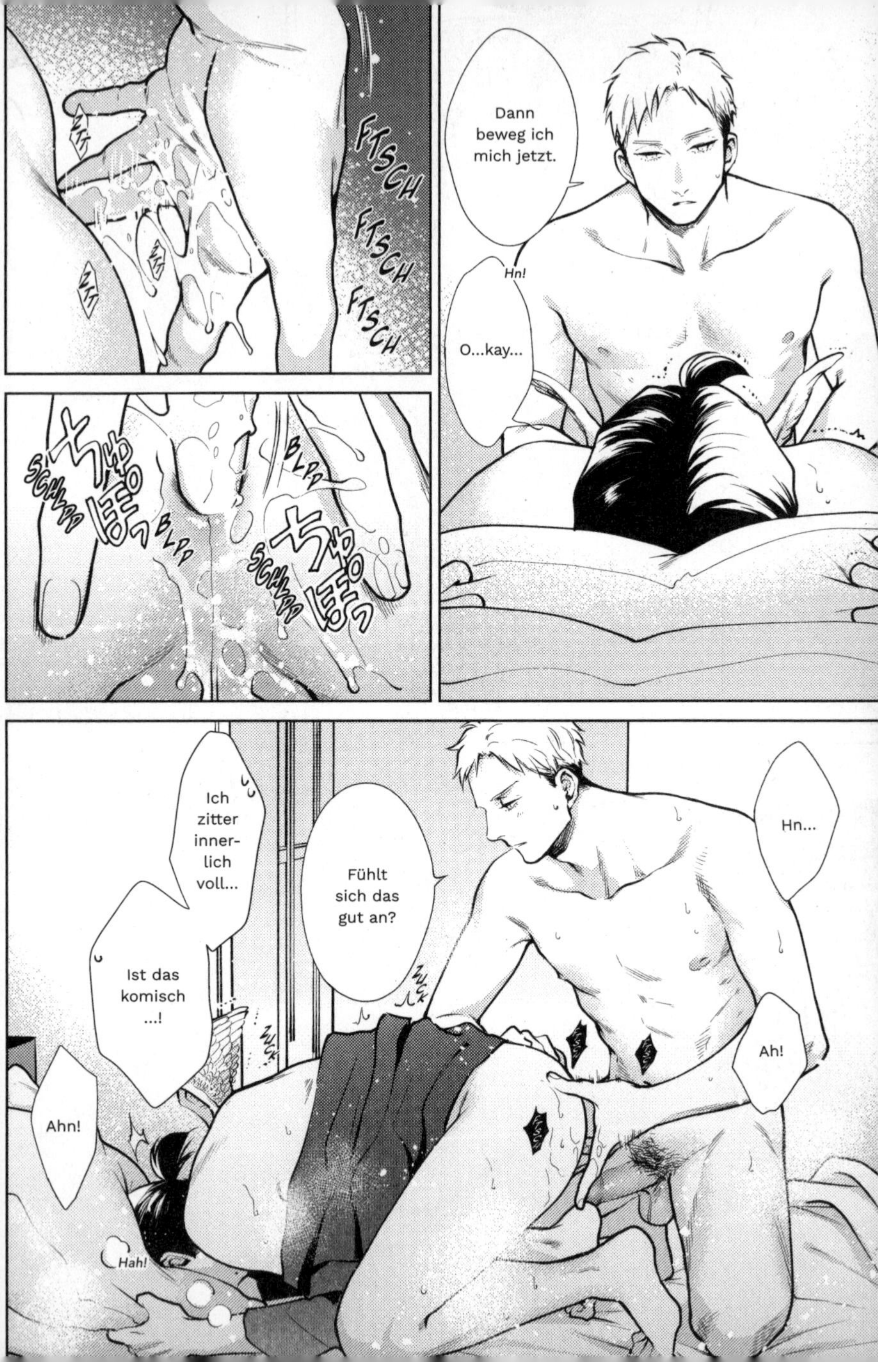
Dann beweg ich mich jetzt.
Hn!
O...kay...
FTSCH
FTSCH
FTSCH
BLPP
BLPP
Hn...
Ah!
Fühlt sich das gut an?
Ich zitter innerlich voll...
Ist das komisch ...!
ZUCK
ZUCK
Ahn!
Hah!

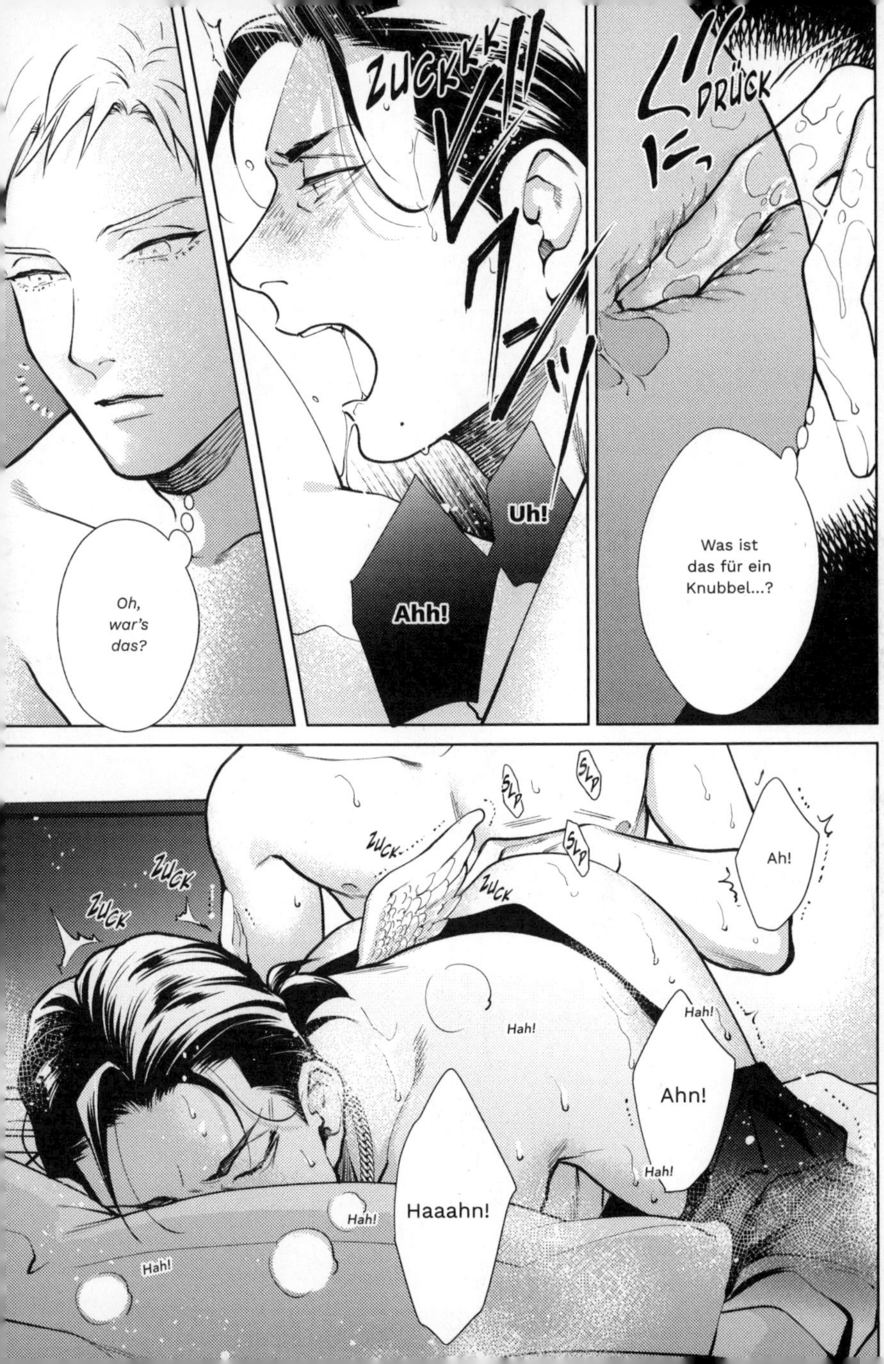
DRÜCK
Was ist das für ein Knubbel...?
ZUCKKK
Uh!
Ahh!
Oh, war's das?
Ah!
SLP
SLP
SLP
ZUCK
ZUCK
ZUCK
ZUCK
Hah!
Ahn!
Hah!
Hah!
Haaahn!
Hah!
Hah!

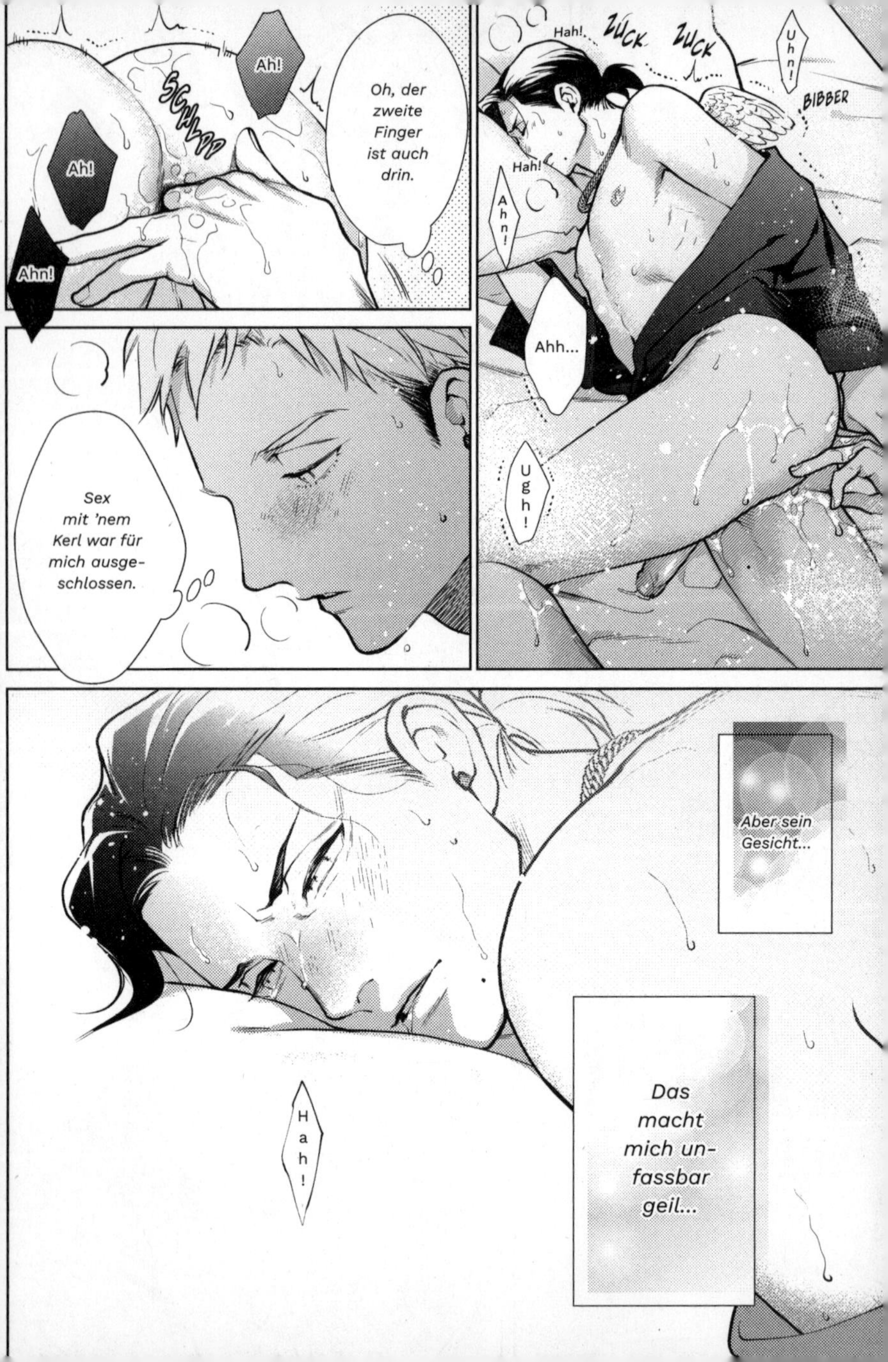
Hah!
ZUCK
ZUCK
Uhn!
BIBBER
Hah!
Ahn!
Ahh...
Ugh!
Ah!
SCHLPP
Ah!
Ahn!
Oh, der zweite Finger ist auch drin.
Sex mit ’nem Kerl war für mich ausgeschlossen.
Aber sein Gesicht...
Hah!
Das macht mich unfassbar geil...

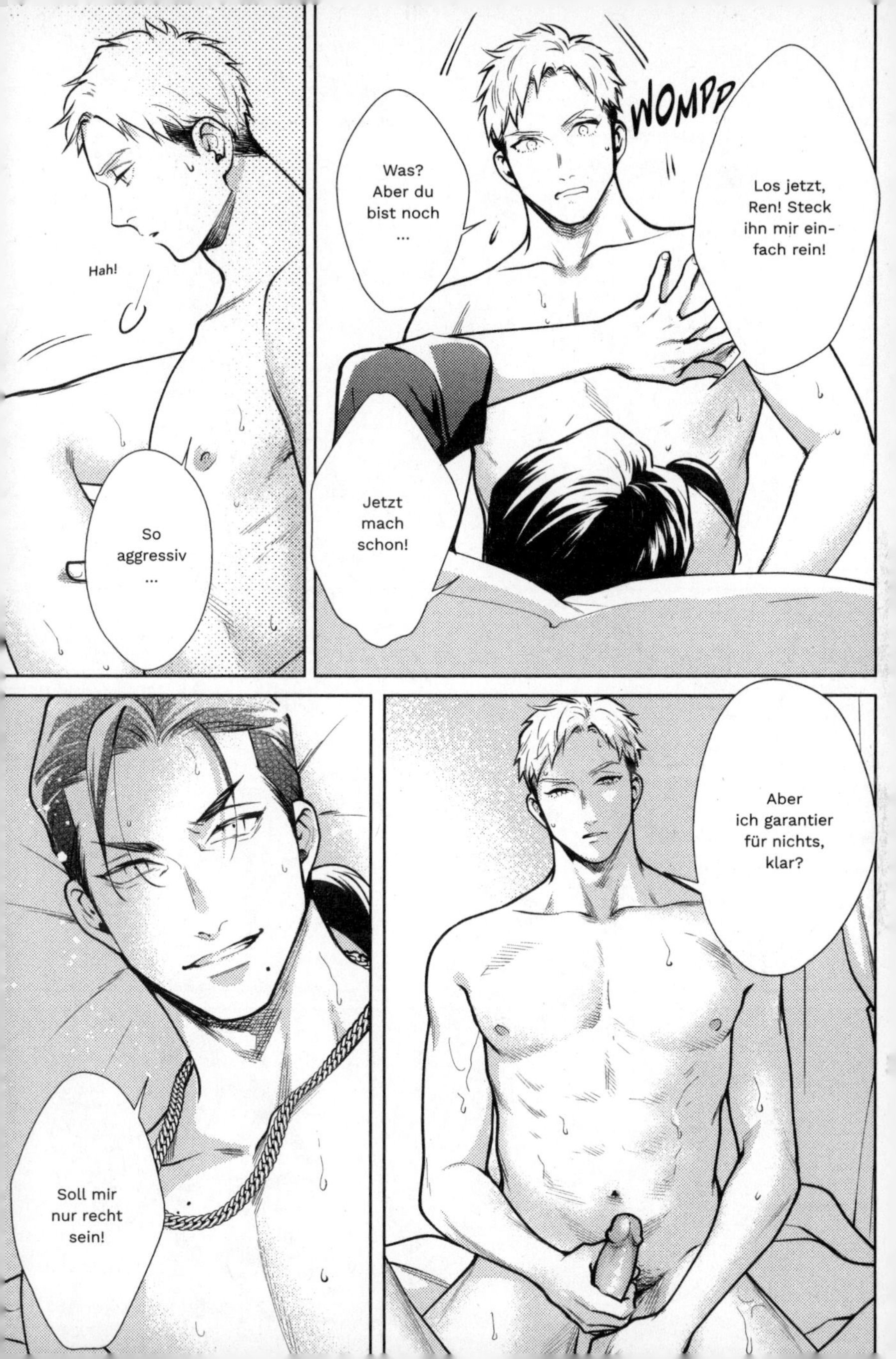
Los jetzt, Ren! Steck ihn mir einfach rein!
WOMPP
Was? Aber du bist noch ...
Jetzt mach schon!
Hah!
So aggressiv ...
Aber ich garantier für nichts, klar?
Soll mir nur recht sein!

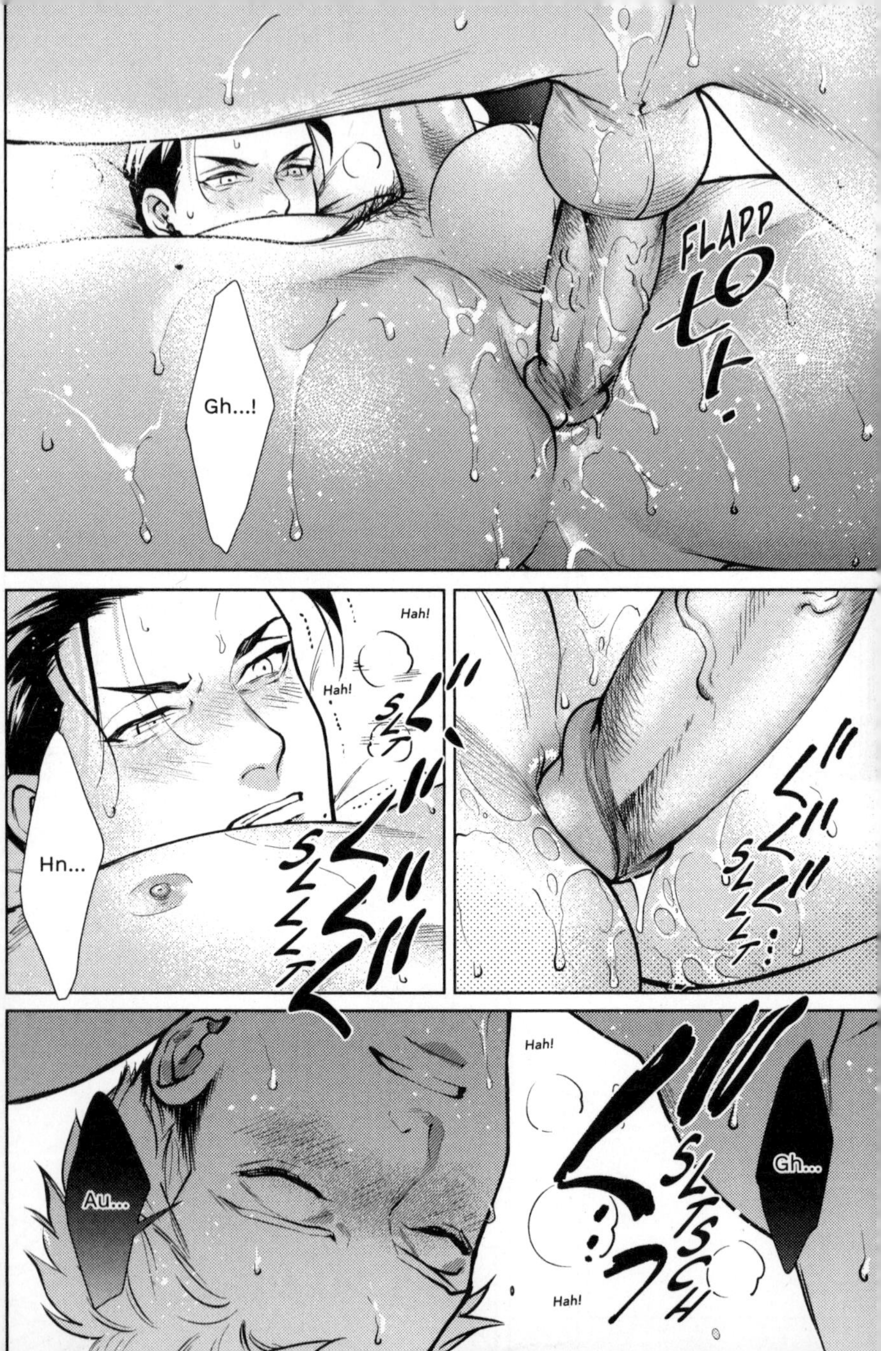
FLAPP
Gh...!
SLLLT...
Hah!
Hah!
SLT
Hn...
SLLLLT
Gh...
Hah!
SLTSCH
Hah!
Au...

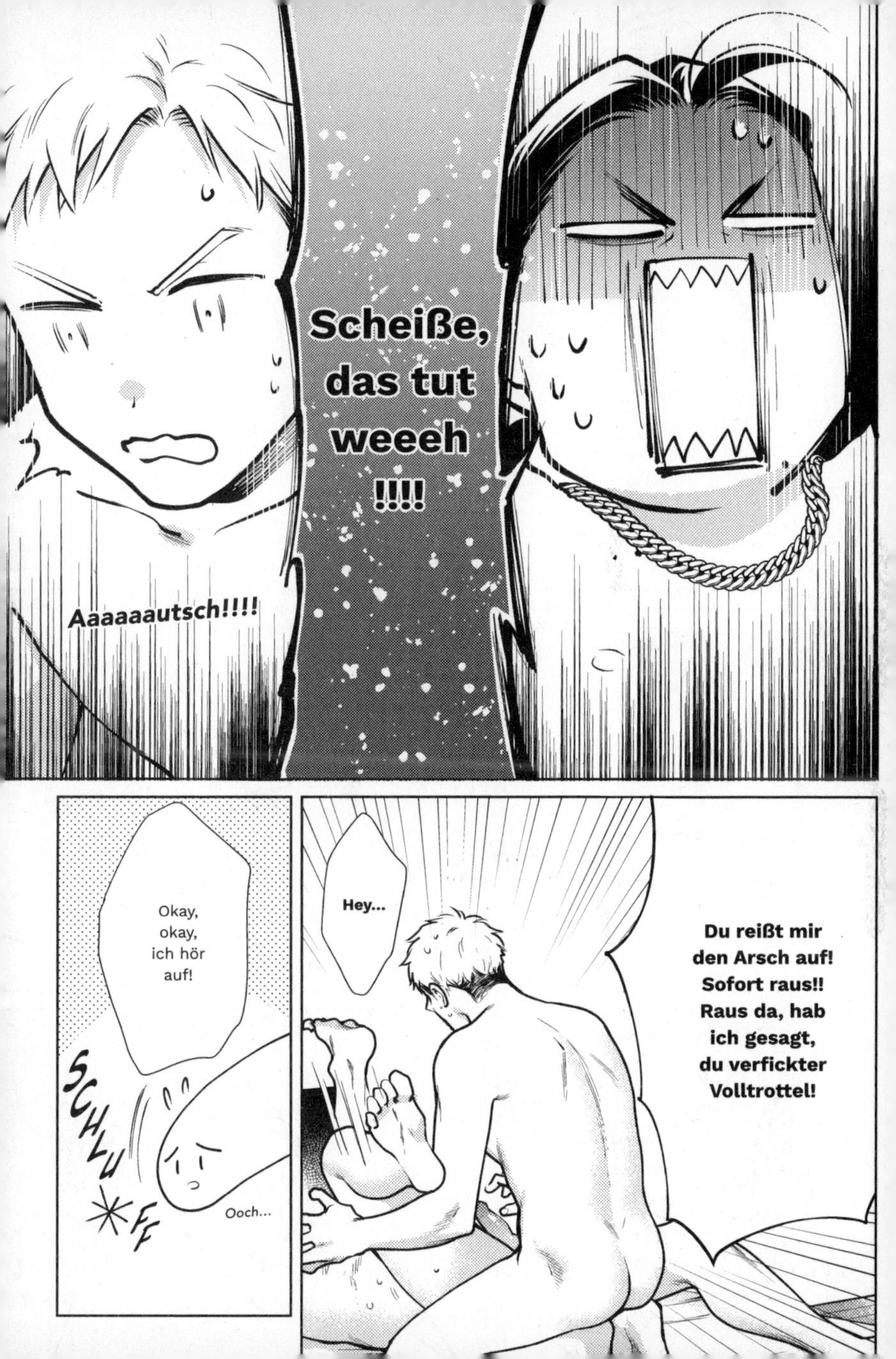
Scheiße, das tut weeeh !!!!
Aaaaaautsch!!!!
Du reißt mir den Arsch auf! Sofort raus!! Raus da, hab ich gesagt, du verfickter Volltrottel!
Hey...
Okay, okay, ich hör auf!
SCHLU*FF
Ooch...

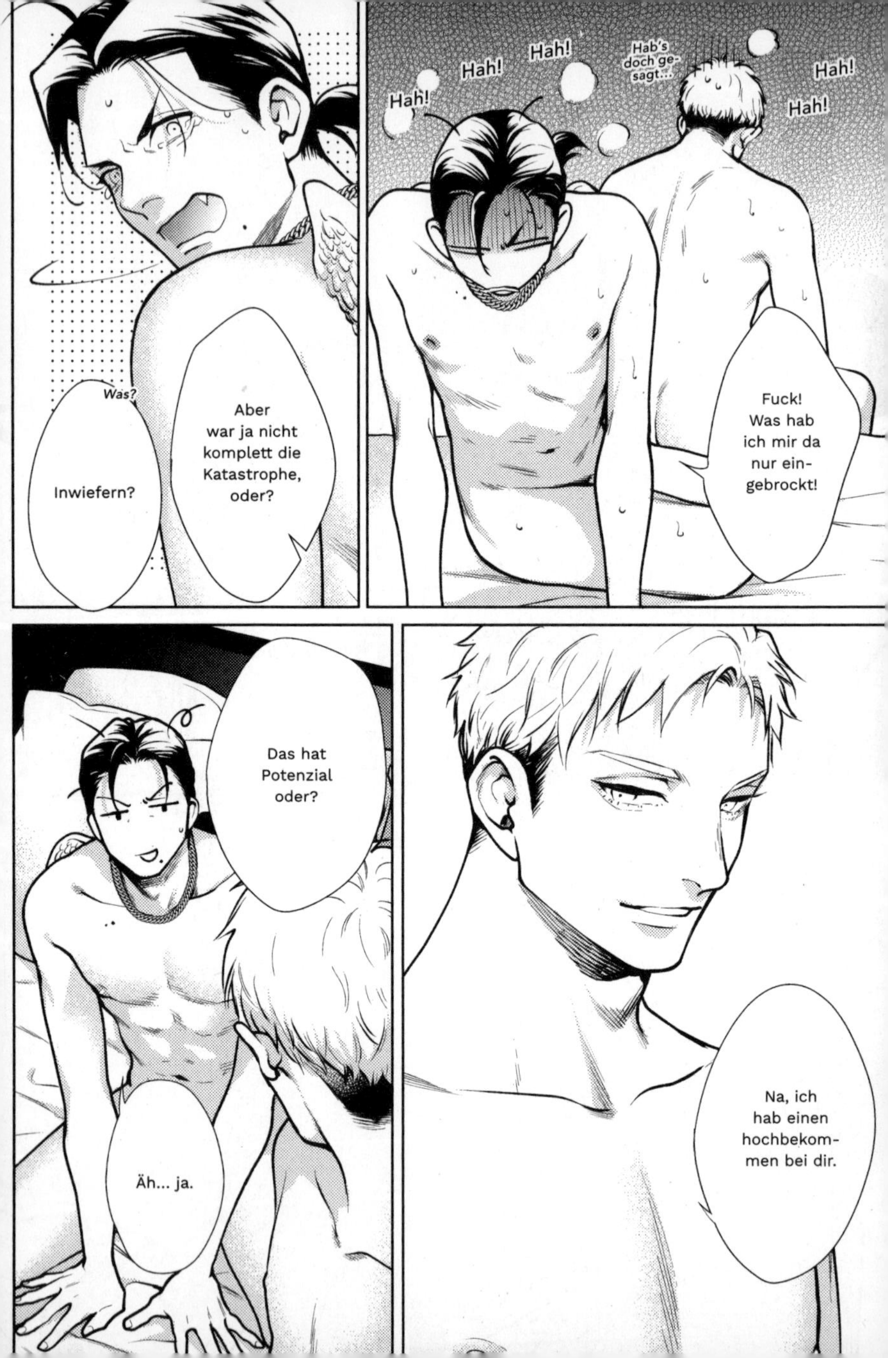
Hah!
Hah!
Hah!
Hah!
Hah!
Hab's doch ge-sagt...
Fuck! Was hab ich mir da nur ein-gebrockt!
Aber war ja nicht komplett die Katastrophe, oder?
Was?
Inwiefern?
Na, ich hab einen hochbekom-men bei dir.
Das hat Potenzial oder?
Äh... ja.

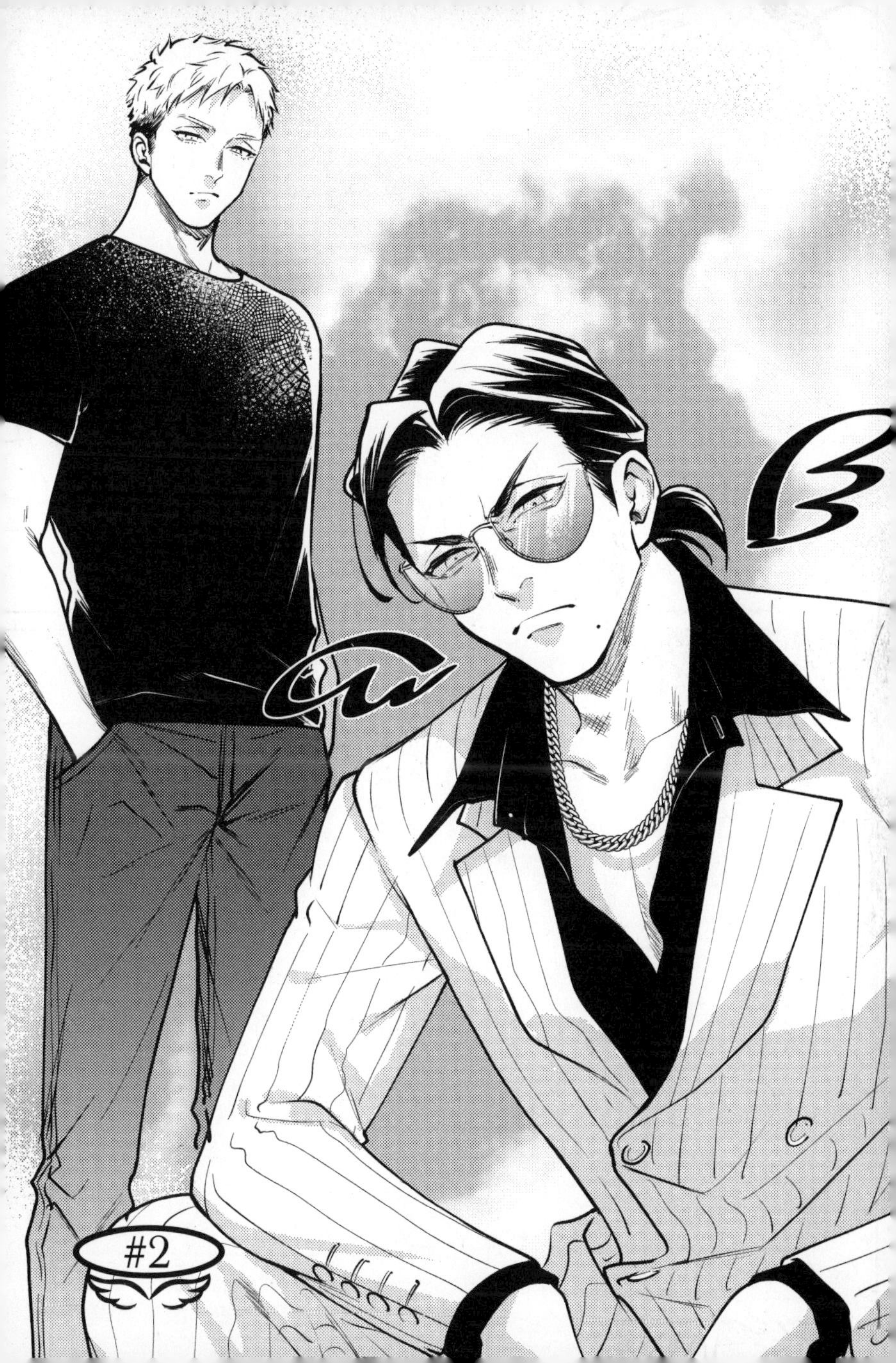
#2

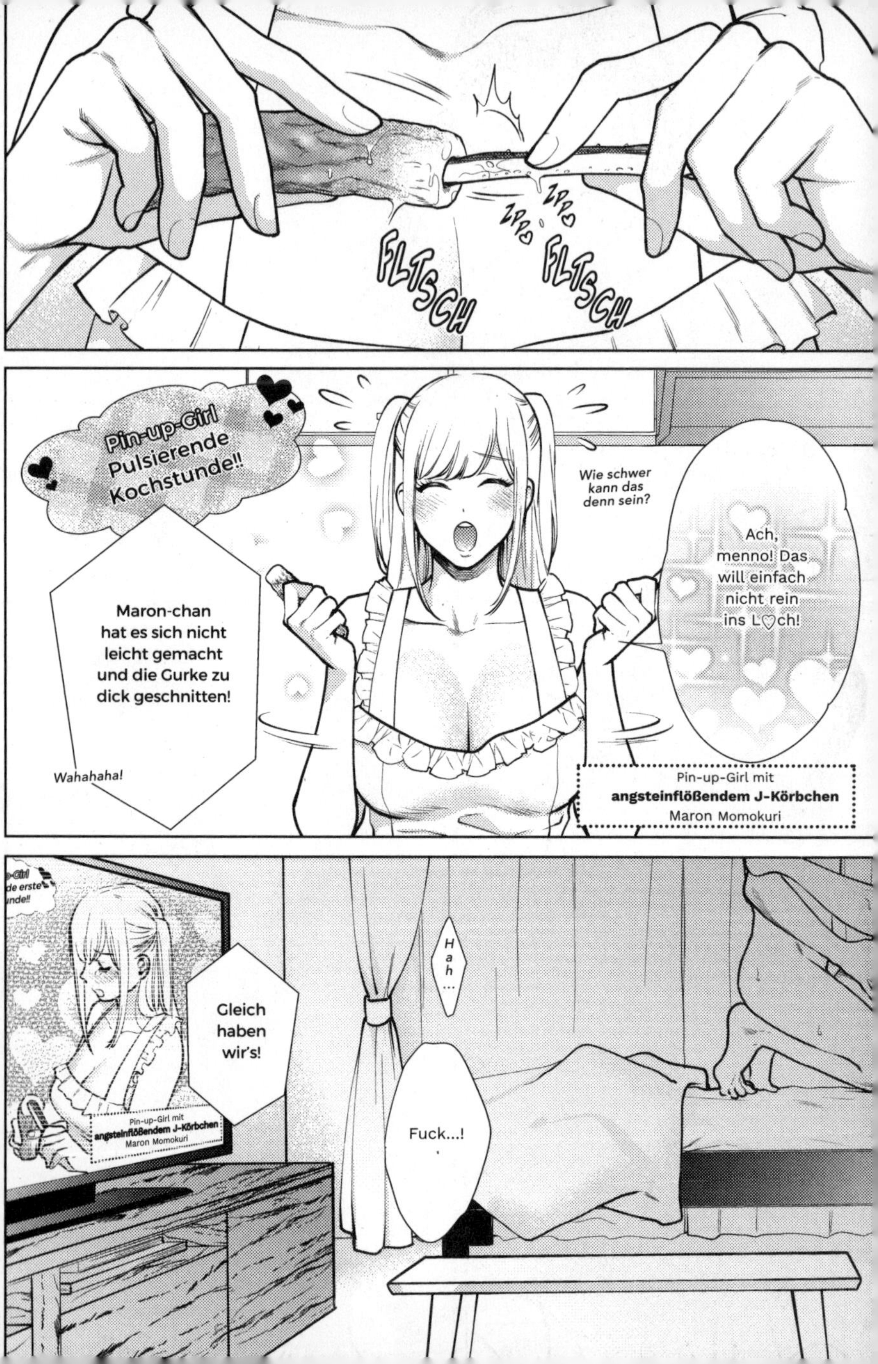
zpp♡
zpp♡
FLTSCH
FLTSCH
Ach, menno! Das will einfach nicht rein ins L♡ch!
Wie schwer kann das denn sein?
Pin-up-Girl mit angsteinflößendem J-Körbchen Maron Momokuri
Pin-up-Girl Pulsierende Kochstunde!!
Maron-chan hat es sich nicht leicht gemacht und die Gurke zu dick geschnitten!
Wahahaha!
Hah ...
Fuck...!
Gleich haben wir's!
Pin-up-Girl mit angsteinflößendem J-Körbchen Maron Momokuri

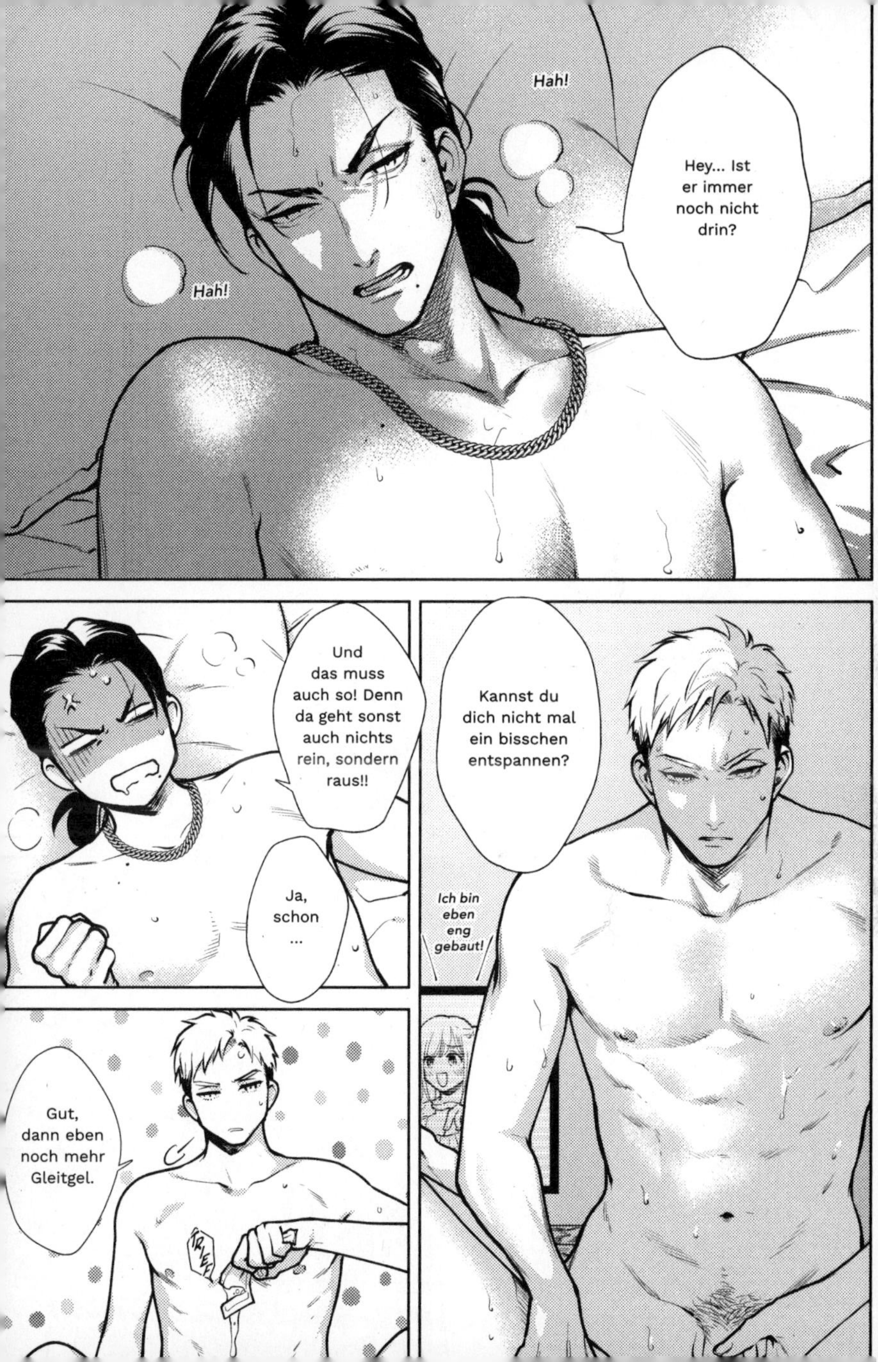
Hey... Ist er immer noch nicht drin?
Hah!
Hah!
Kannst du dich nicht mal ein bisschen entspannen?
Ich bin eben eng gebaut!
Und das muss auch so! Denn da geht sonst auch nichts rein, sondern raus!!
Ja, schon ...
Gut, dann eben noch mehr Gleitgel.

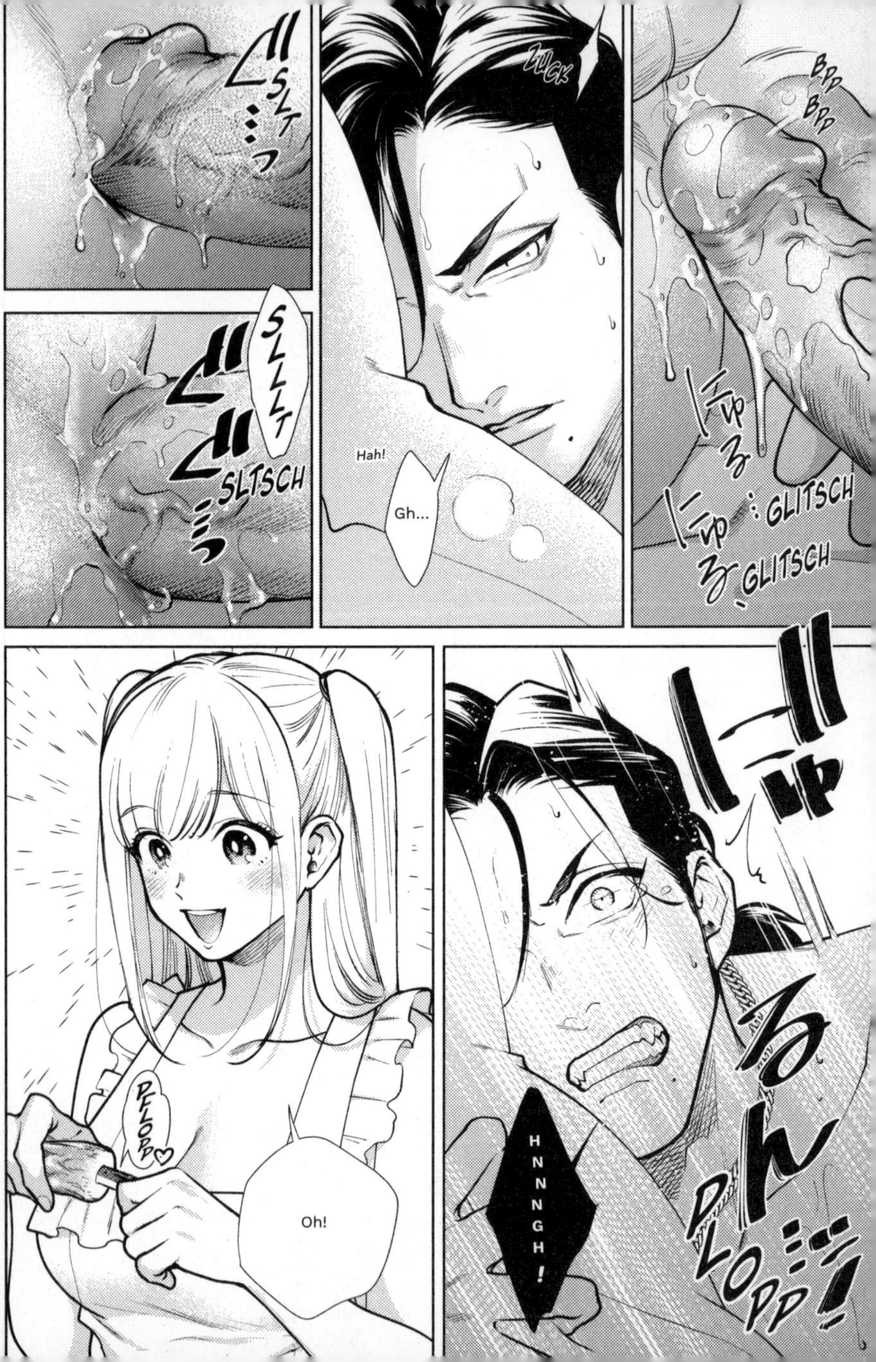
BPP
BPP
GLITSCH
GLITSCH
ZUCK
Hah!
Gh...
SLT
SLLLT
SLTSCH
HNNNGH!
DLOPP!
PFLOPP♡
Oh!

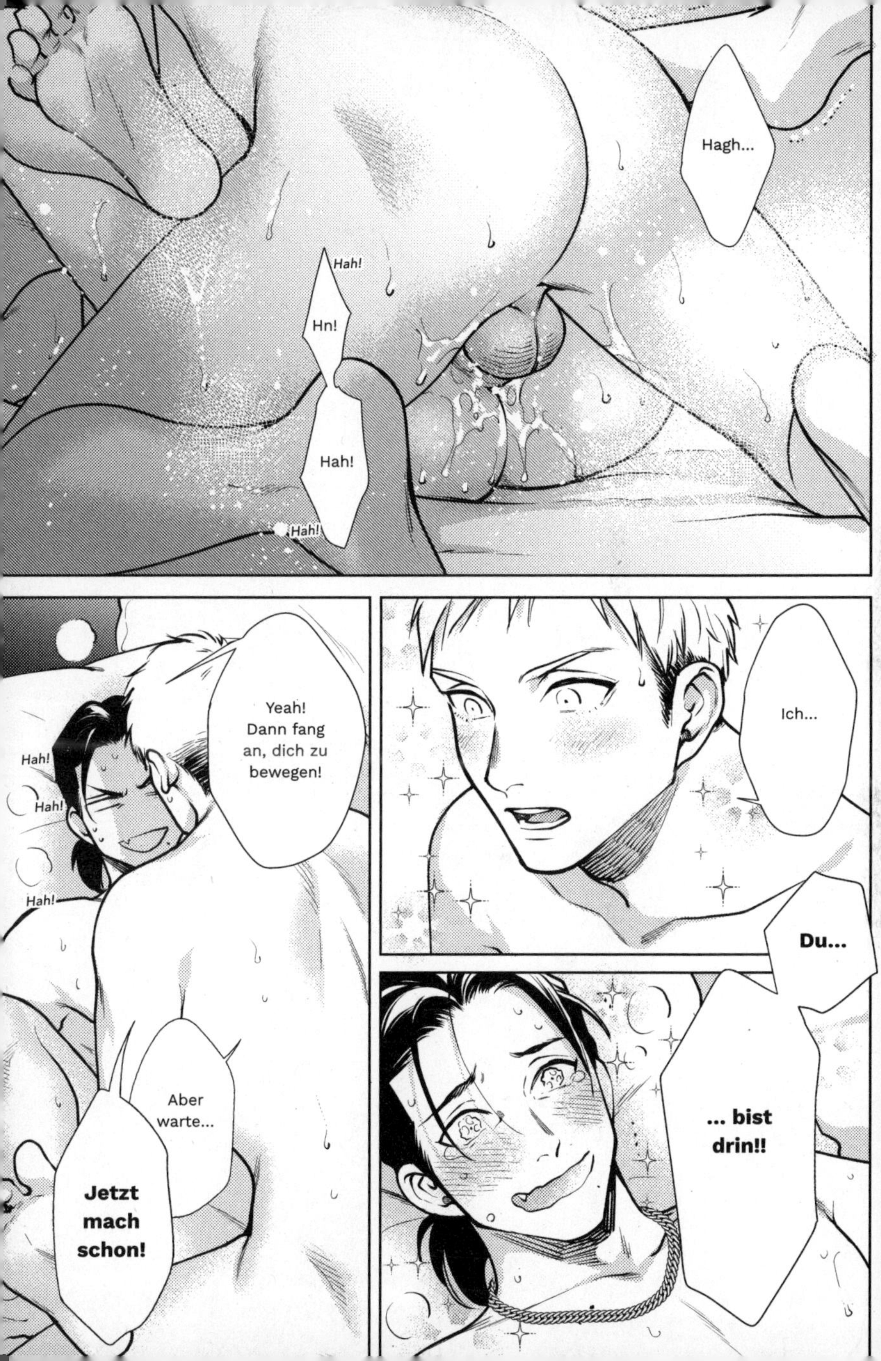
Hagh...
Hah!
Hn!
Hah!
Hah!
Ich...
Du...
... bist drin!!
Yeah! Dann fang an, dich zu bewegen!
Hah!
Hah!
Hah!
Aber warte...
Jetzt mach schon!

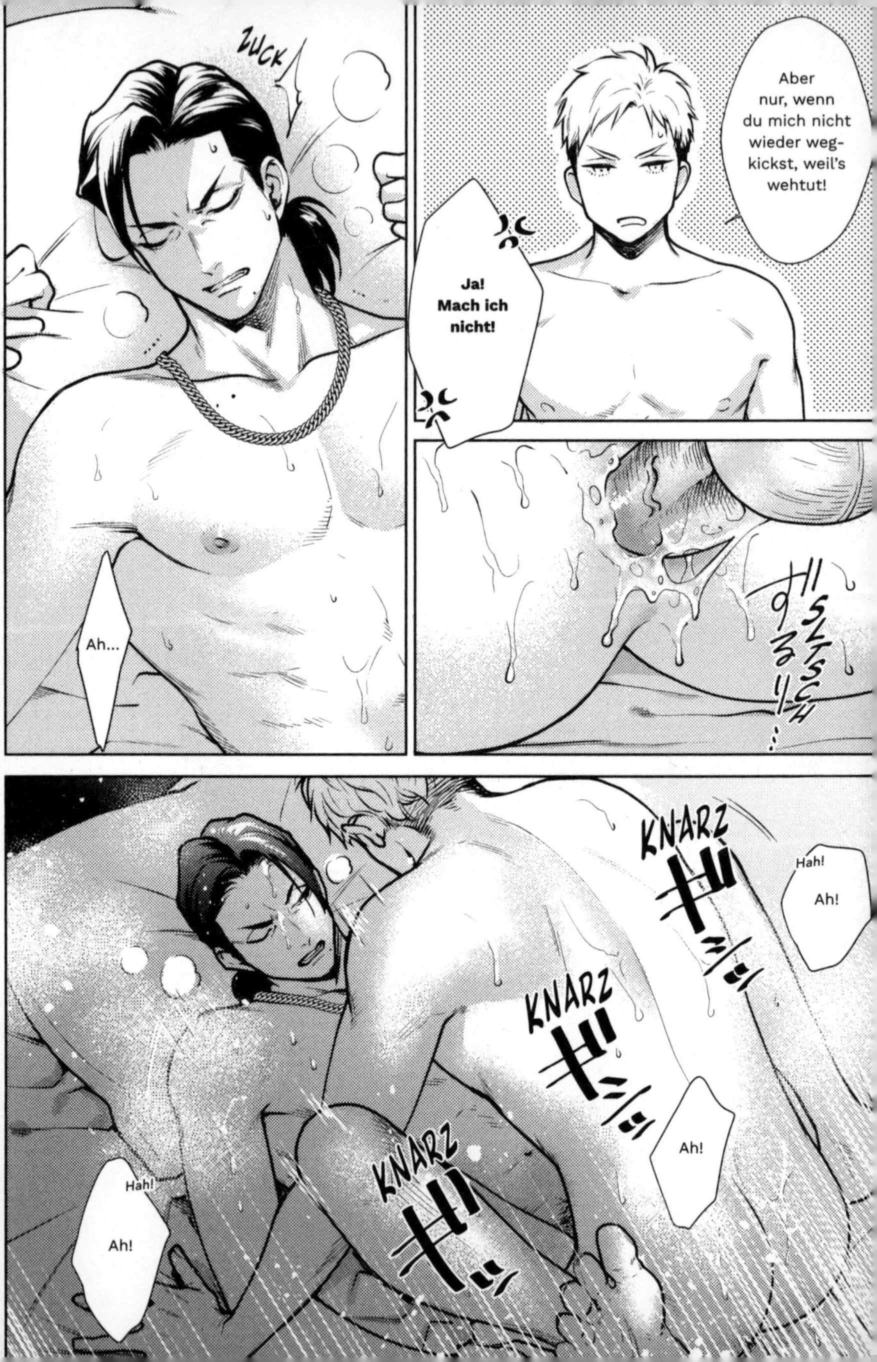

Aber nur, wenn du mich nicht wieder weg-kickst, weil's wehtut!
Ja! Mach ich nicht!
SLTSCH...
ZUCK
Ah...
KNARZ
Hah! Ah!
KNARZ
Ah!
KNARZ
Hah! Ah!

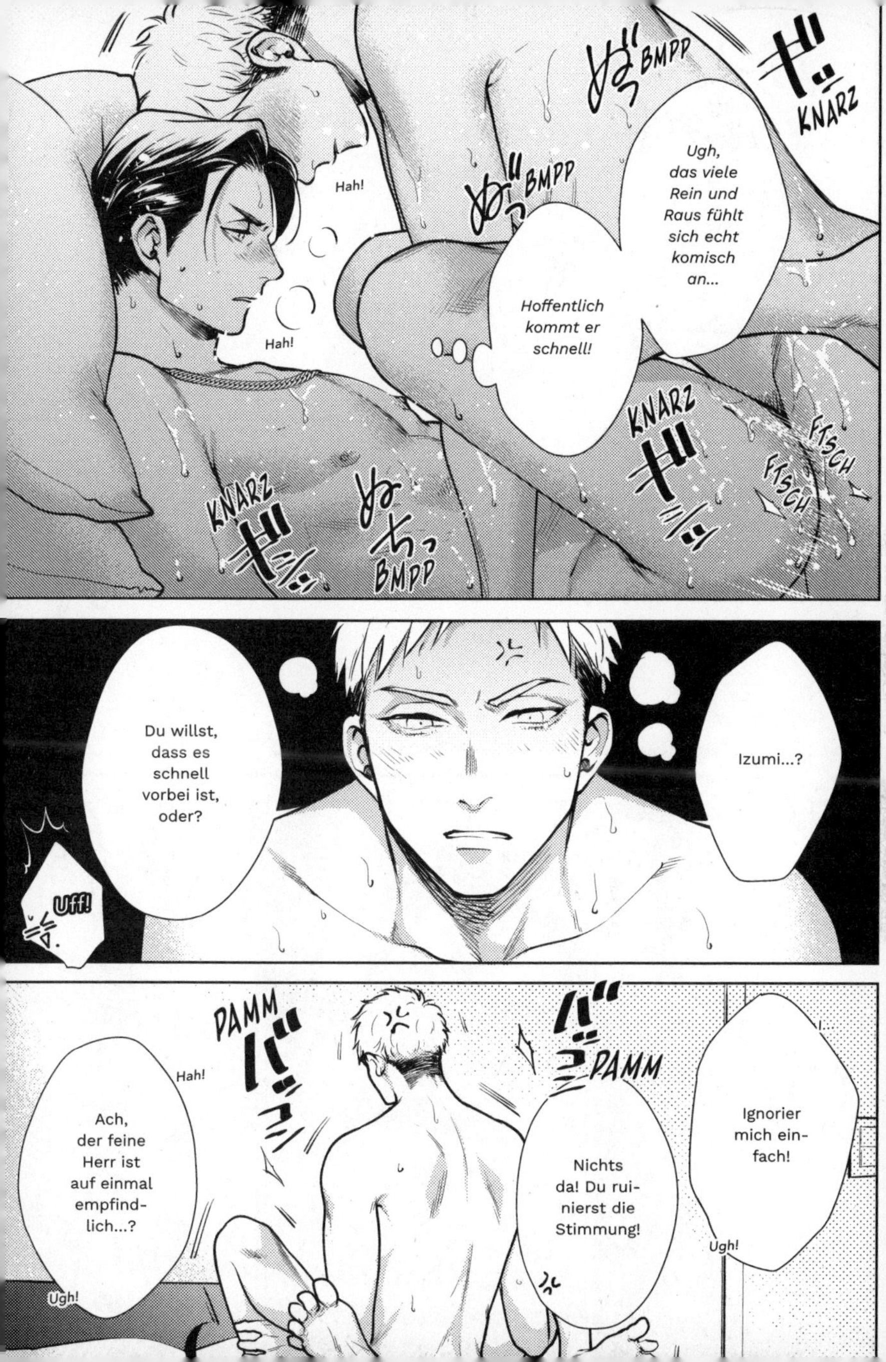
BMPP
KNARZ
Ugh, das viele Rein und Raus fühlt sich echt komisch an…
BMPP
Hoffentlich kommt er schnell!
Hah!
Hah!
KNARZ
FTSCH
FTSCH
BMPP
KNARZ
Izumi…?
Du willst, dass es schnell vorbei ist, oder?
Uff!
PAMM
Ignorier mich ein-fach!
Ugh!
Nichts da! Du rui-nierst die Stimmung!
PAMM
Hah!
Ach, der feine Herr ist auf einmal empfind-lich…?
Ugh!

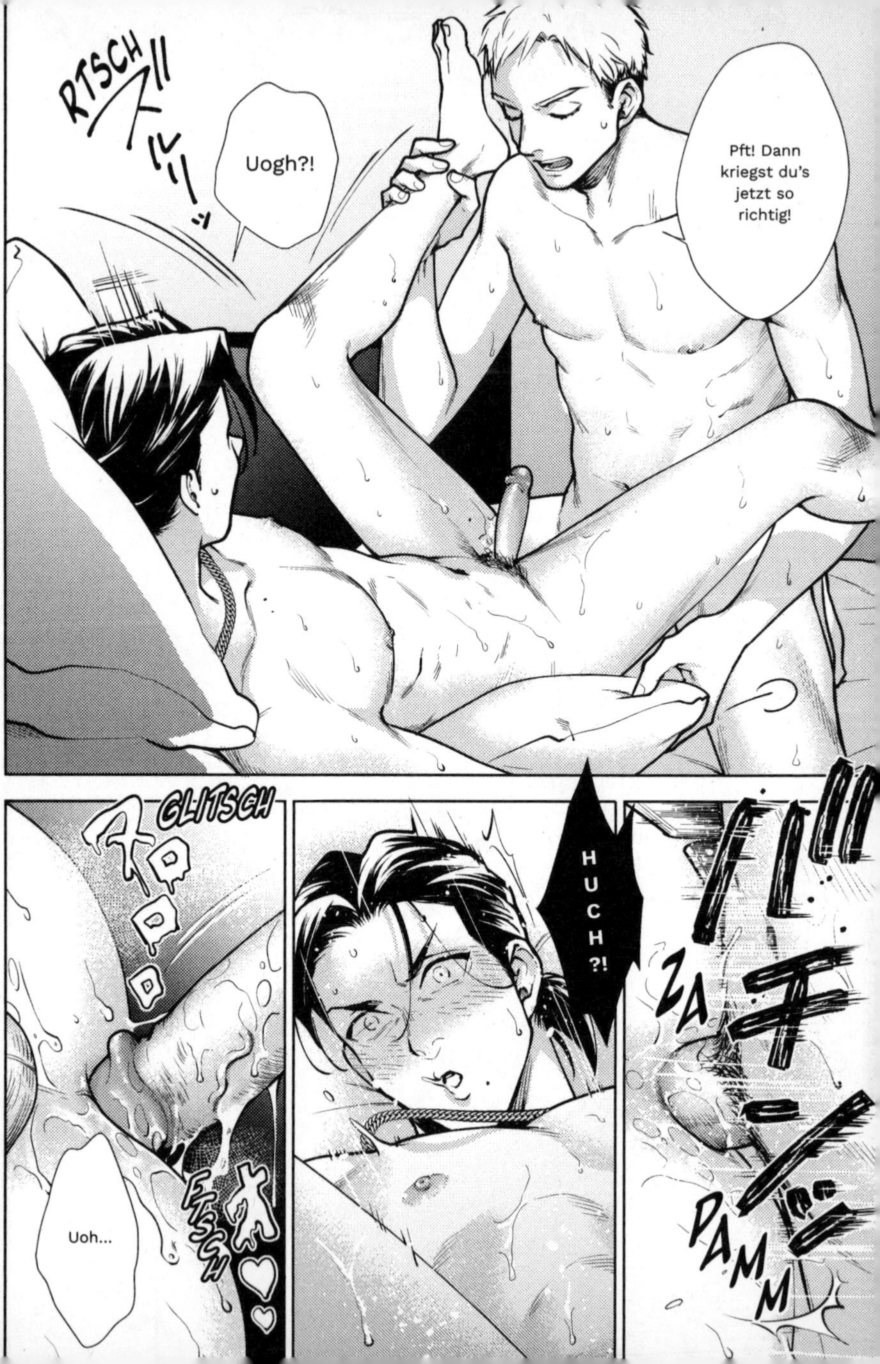
Pft! Dann kriegst du's jetzt so richtig!
Uogh?!
RTSCH
ZA
DAMM
HUCH?!
GLITSCH
FTSCH
Uoh...

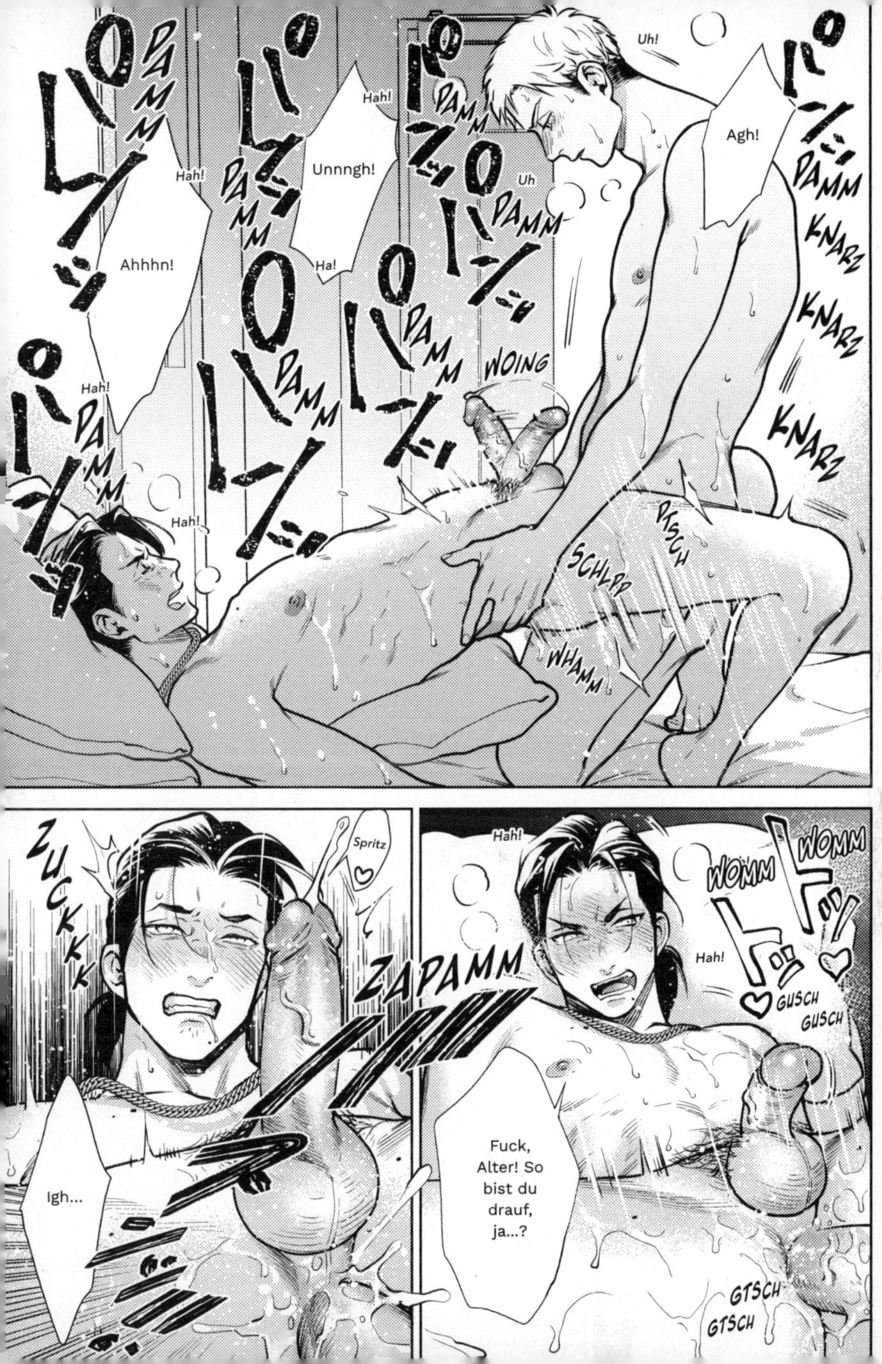

Uh!
Agh!
DAMM
KNARZ
KNARZ
KNARZ
Hah!
Unnngh!
Ha!
DAMM
DAMM
Uh
DAMM
DAMM
DAMM
Hah!
DAMM
DAMM
Ahhhn!
Hah!
DAMM
Hah!
WOING
DTSCH
SCHLPP
WHAMM
Hah!
WOMM
WOMM
Hah!
GUSCH
GUSCH
Fuck, Alter! So bist du drauf, ja...?
GTSCH
GTSCH
Spritz
ZUCKKK
ZAPAMM
Igh...

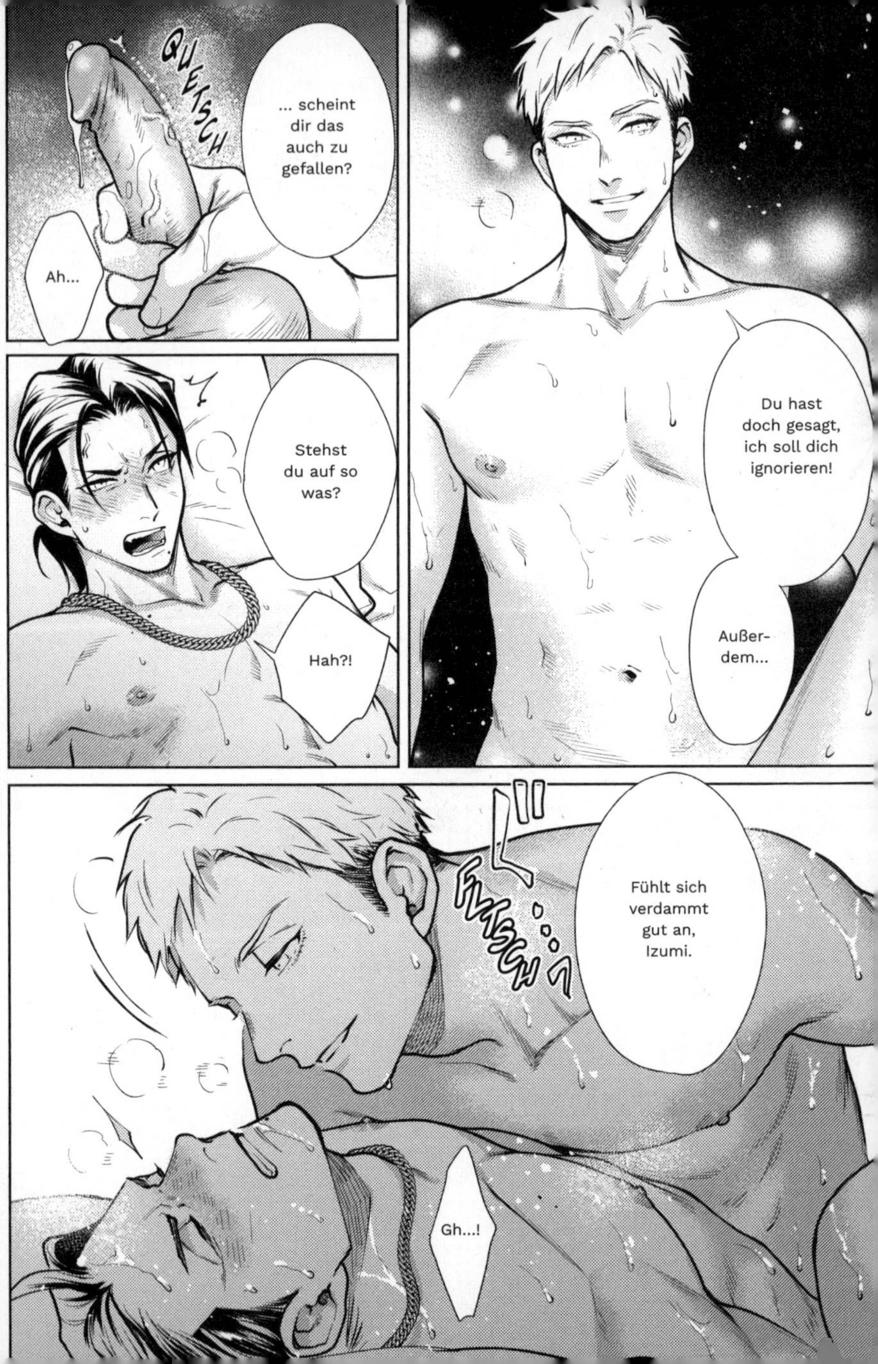
Du hast doch gesagt, ich soll dich ignorieren!
Außer-dem...
... scheint dir das auch zu gefallen?
QUETSCH
Ah...
Stehst du auf so was?
Hah?!
Fühlt sich verdammt gut an, Izumi.
FLUTSCH
Gh...!

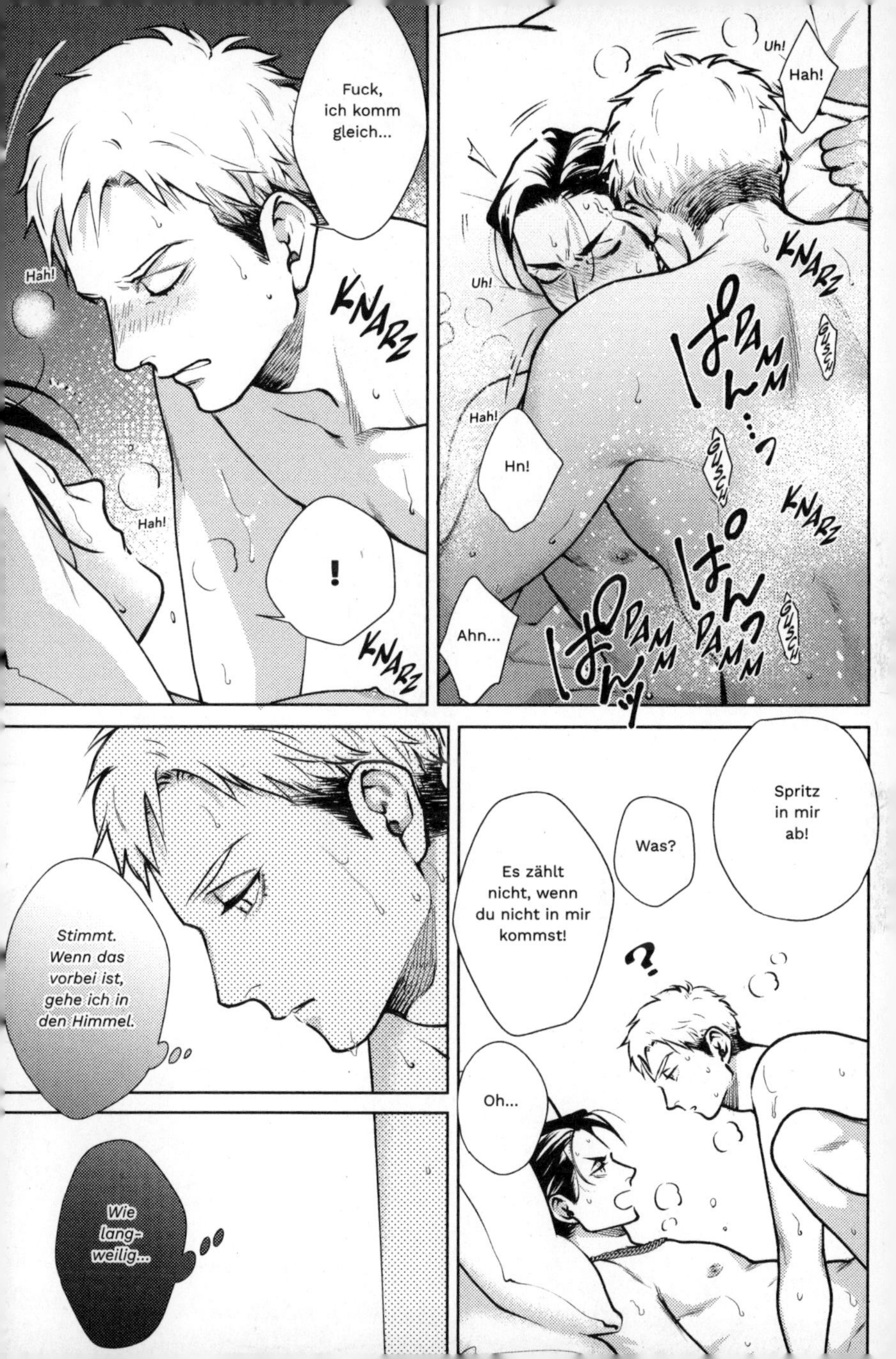
Uh!
Hah!
KNARZ
Uh!
PAMM
GUSCH
Hah!
Hn!
GUSCH
KNARZ
PAMM
PAMM
GUSCH
Ahn...
Fuck, ich komm gleich...
Hah!
KNARZ
Hah!
!
KNARZ
Spritz in mir ab!
Was?
Es zählt nicht, wenn du nicht in mir kommst!
Oh...
Stimmt. Wenn das vorbei ist, gehe ich in den Himmel.
Wie lang-weilig...

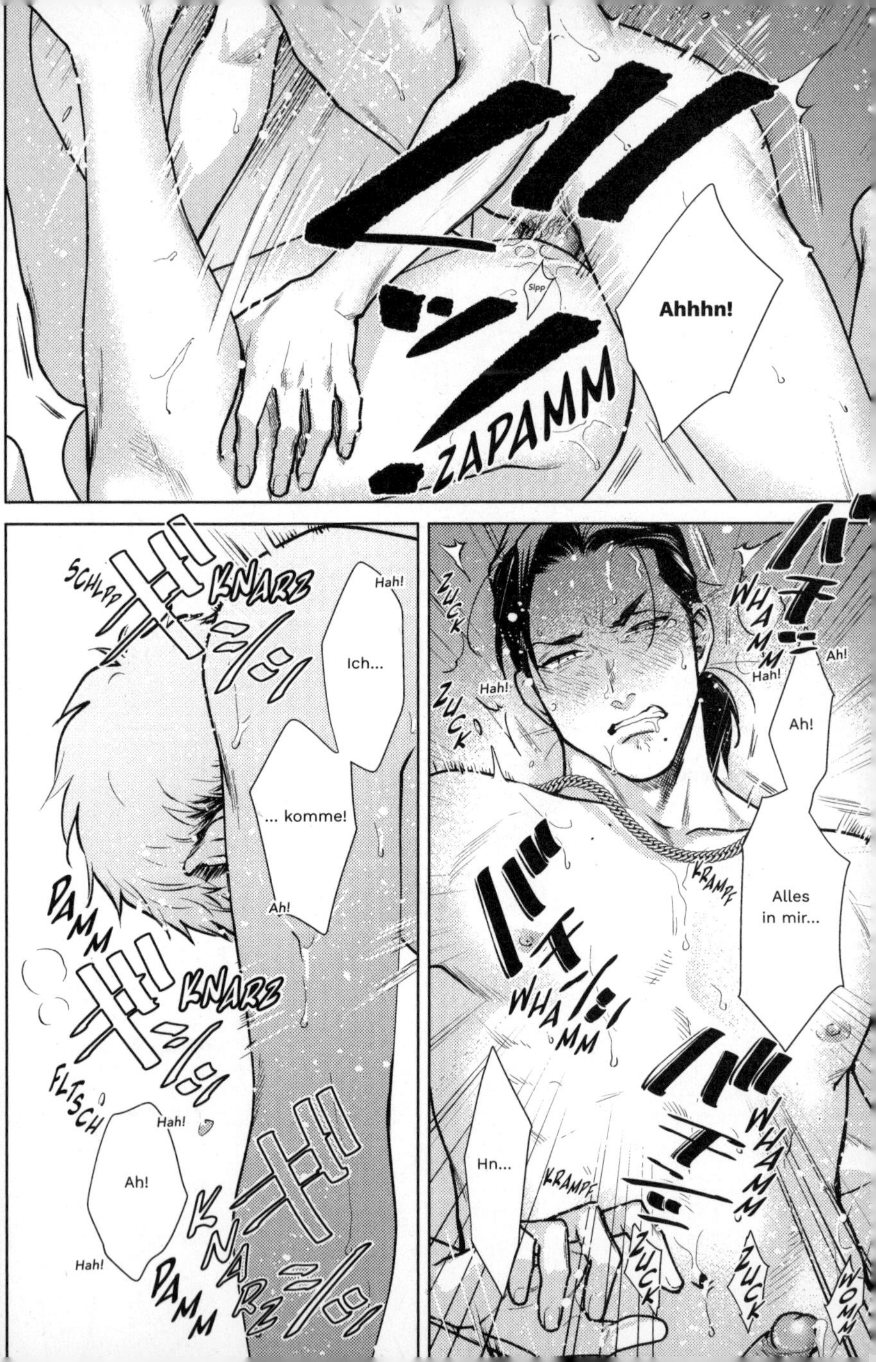

Slpp
Ahhhn!
ZAPAMM
WHAMM
Ah!
Hah!
ZUCK
ZUCK
Hah!
Ah!
KRAMPF
Alles in mir...
WHAMM
WHAMM
Hn...
KRAMPF
ZUCK
ZUCK
WOMM
SCHLPP
KNARZ
Hah!
Ich...
... komme!
Ah!
DAMM
KNARZ
FLTSCH
Hah!
Ah!
Hah!
KNARZ
DAMM

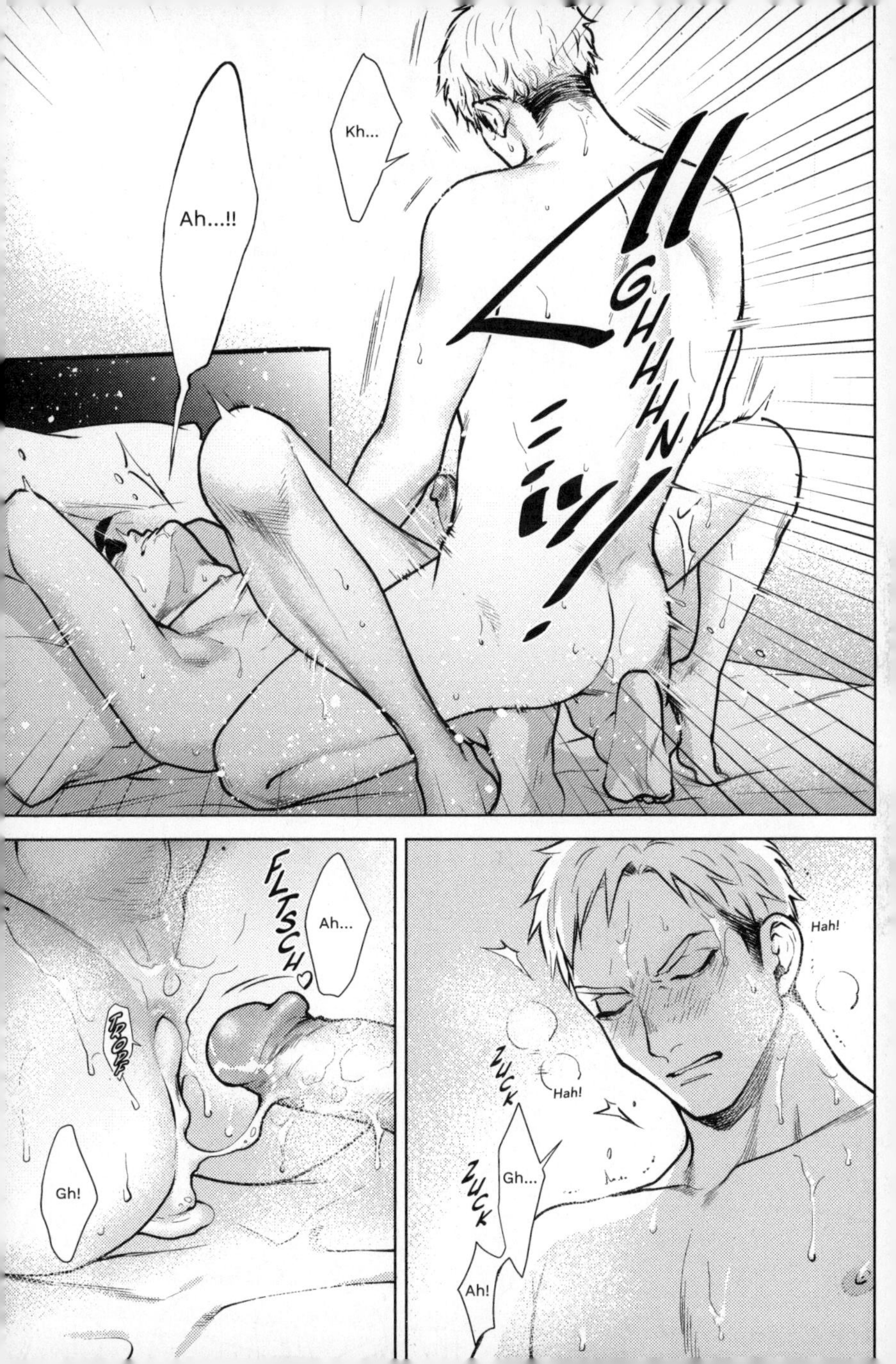
GHHHN
ニュッ
Kh...
Ah...!!
Hah!
Hah!
ZUCK
Gh...
ZUCK
Ah!
FLTSCH♡
Ah...
TROPF
Gh!

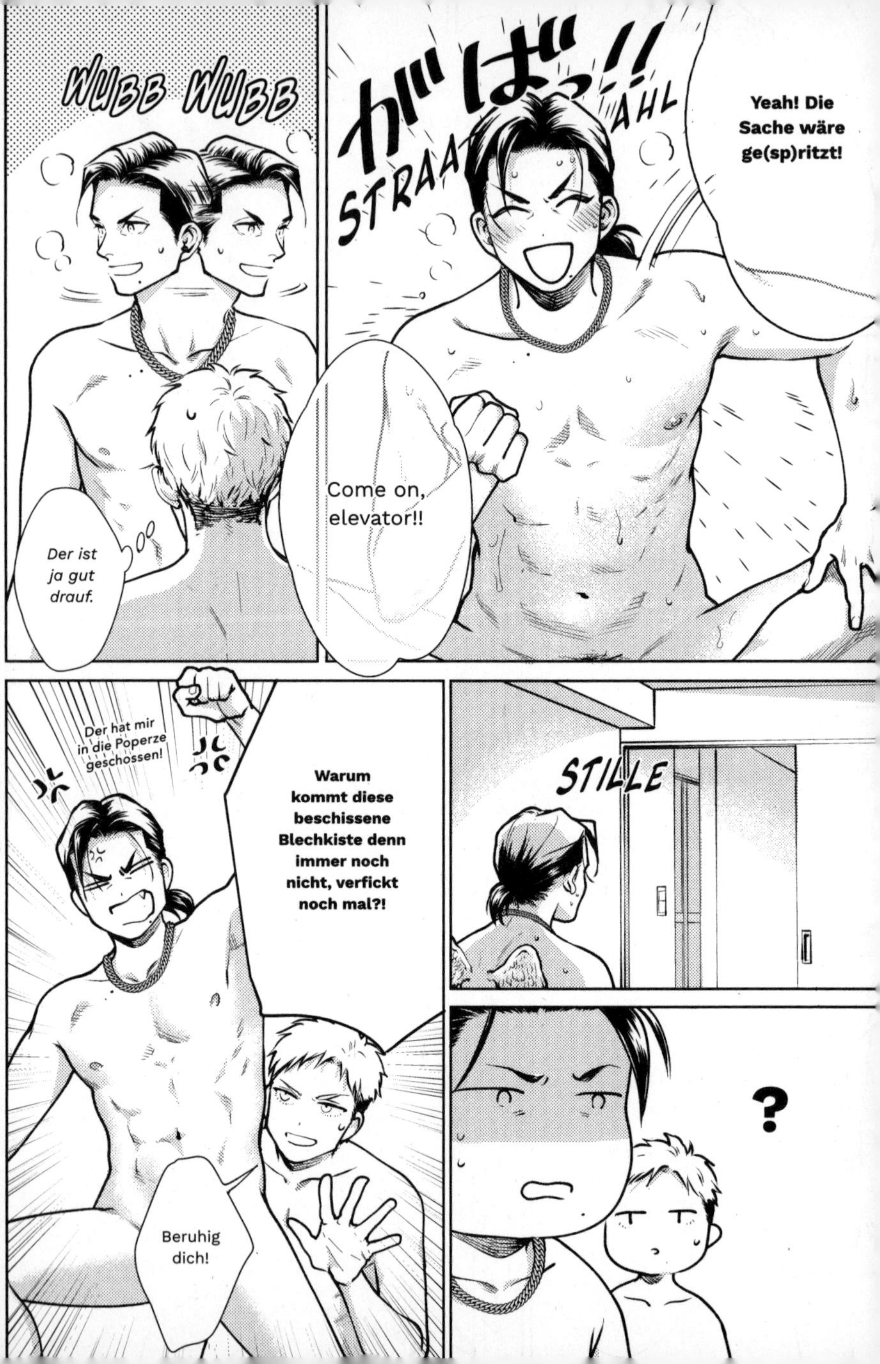

Yeah! Die Sache wäre ge(sp)ritzt!
STRAA AHL
Come on, elevator!!
WUBB WUBB
Der ist ja gut drauf.
STILLE
?
Der hat mir in die Poperze geschossen!
Warum kommt diese beschissene Blechkiste denn immer noch nicht, verfickt noch mal?!
Beruhig dich!

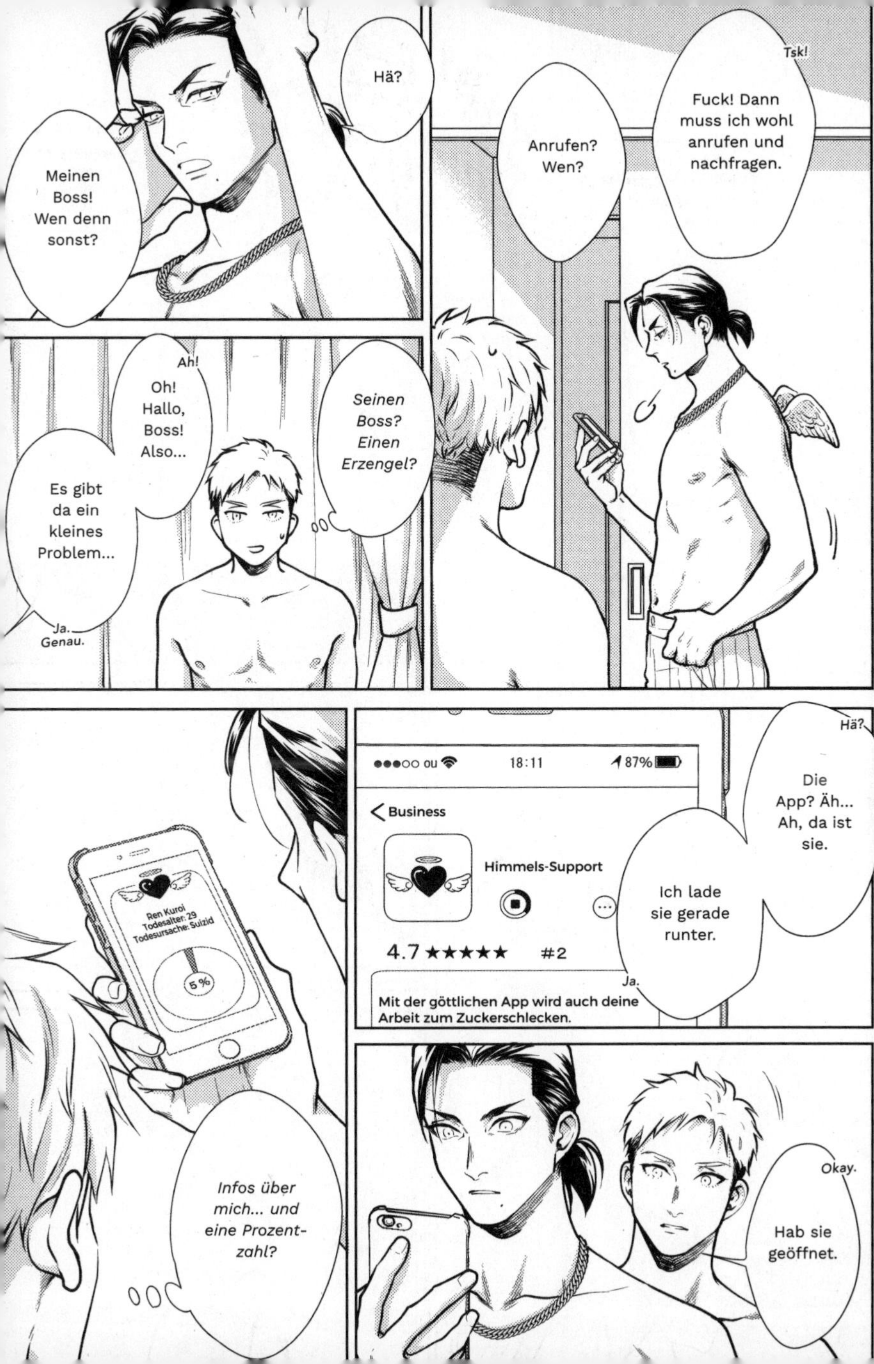

Tsk!
Fuck! Dann muss ich wohl anrufen und nachfragen.
Anrufen? Wen?
Hä?
Meinen Boss! Wen denn sonst?
Seinen Boss? Einen Erzengel?
Ah!
Oh! Hallo, Boss! Also...
Es gibt da ein kleines Problem...
Ja. Genau.
Hä?
Die App? Äh... Ah, da ist sie.
Ich lade sie gerade runter.
Ja.
18:11
87%
Business
Himmels-Support
4.7 ★★★★★ #2
Mit der göttlichen App wird auch deine Arbeit zum Zuckerschlecken.
Ren Kuroi
Todesalter: 29
Todesursache: Suizid
5 %
Infos über mich... und eine Prozentzahl?
Okay.
Hab sie geöffnet.

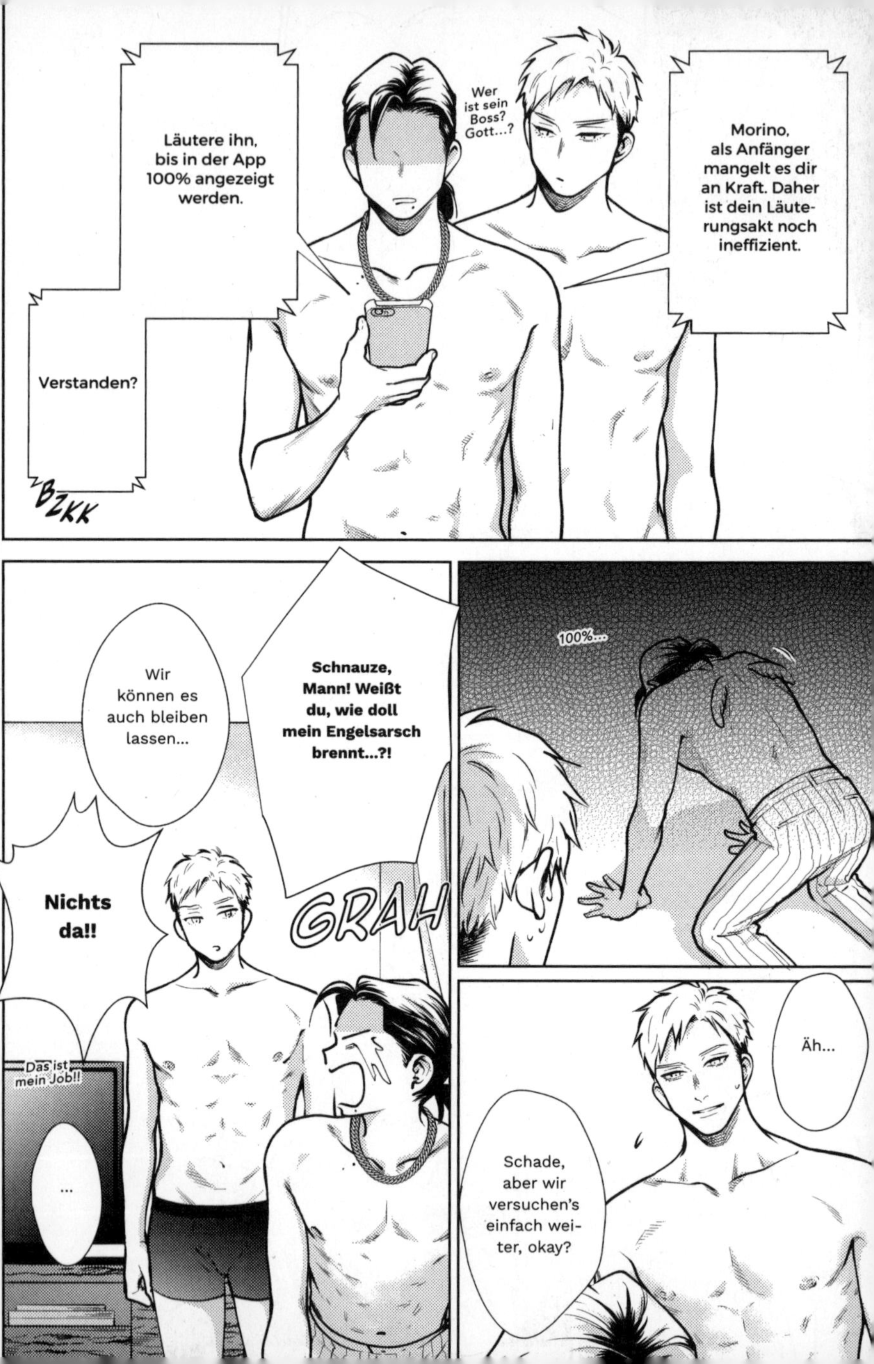
Morino, als Anfänger mangelt es dir an Kraft. Daher ist dein Läuterungsakt noch ineffizient.
Wer ist sein Boss? Gott…?
Läutere ihn, bis in der App 100% angezeigt werden.
Verstanden?
BZKK
100%…
Äh…
Schade, aber wir versuchen's einfach weiter, okay?
Schnauze, Mann! Weißt du, wie doll mein Engelsarsch brennt…?!
GRAH
Wir können es auch bleiben lassen…
Nichts da!!
Das ist mein Job!!
…

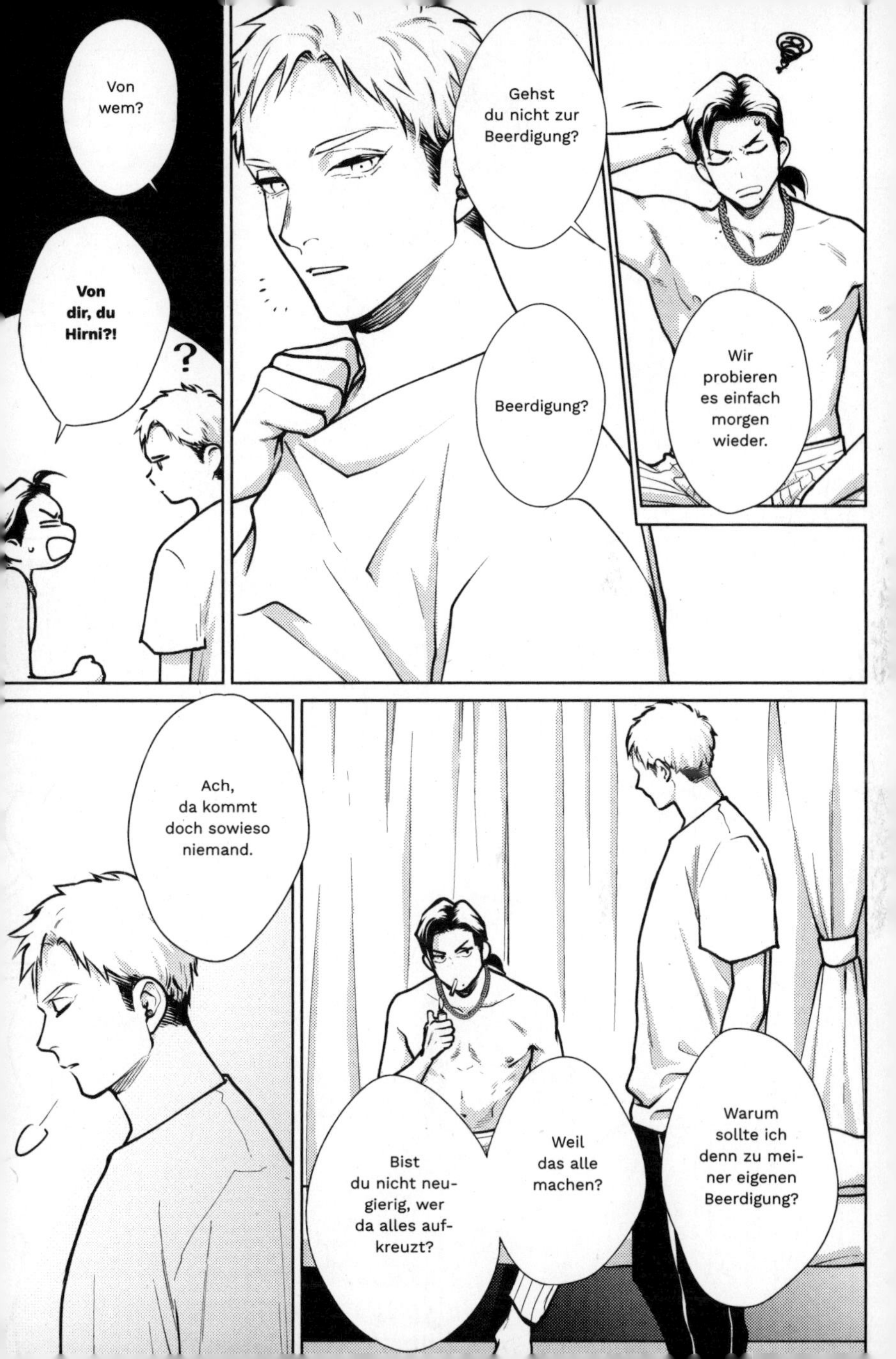
Wir probieren es einfach morgen wieder.
Gehst du nicht zur Beerdigung?
Beerdigung?
Von wem?
Von dir, du Hirni?!
Warum sollte ich denn zu meiner eigenen Beerdigung?
Weil das alle machen?
Bist du nicht neugierig, wer da alles aufkreuzt?
Ach, da kommt doch sowieso niemand.

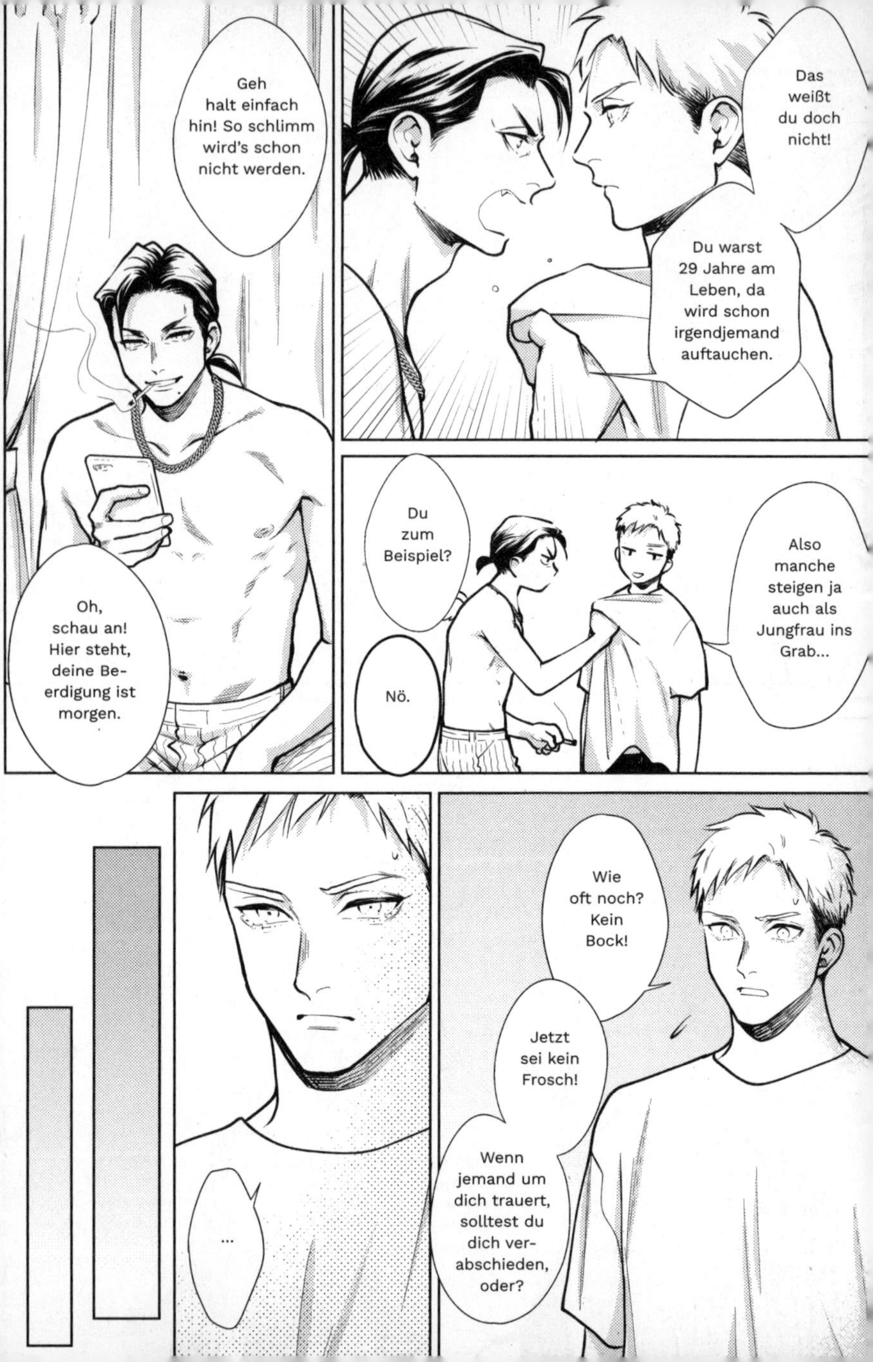
Oh, schau an! Hier steht, deine Be-erdigung ist morgen.
Geh halt einfach hin! So schlimm wird's schon nicht werden.
Das weißt du doch nicht!
Du warst 29 Jahre am Leben, da wird schon irgendjemand auftauchen.
Also manche steigen ja auch als Jungfrau ins Grab...
Du zum Beispiel?
Nö.
Wie oft noch? Kein Bock!
Jetzt sei kein Frosch!
Wenn jemand um dich trauert, solltest du dich ver-abschieden, oder?
...

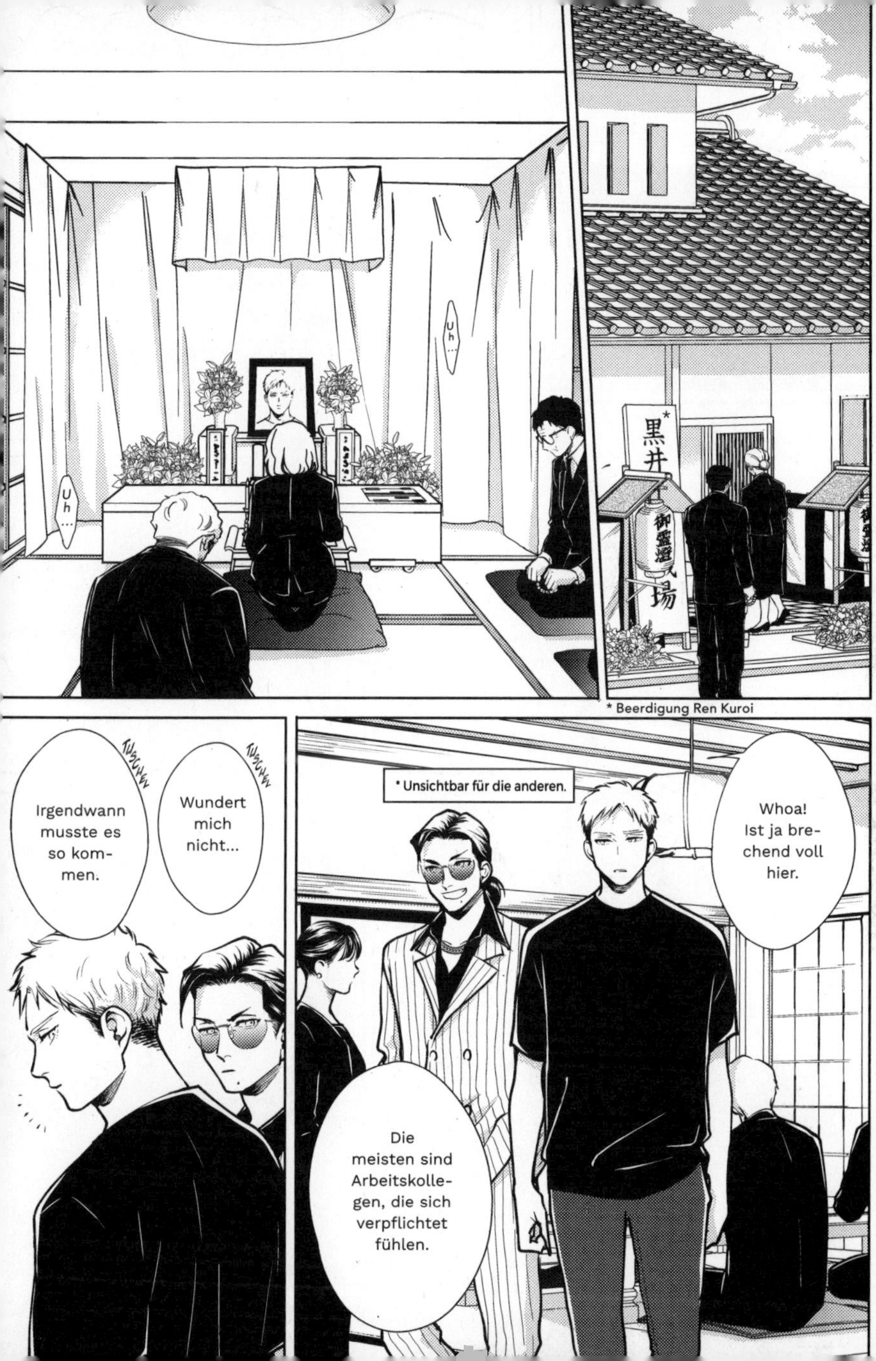
黒井*
* Beerdigung Ren Kuroi
Uh...
Uh...
* Unsichtbar für die anderen.
Whoa! Ist ja brechend voll hier.
Die meisten sind Arbeitskollegen, die sich verpflichtet fühlen.
TUSCHEL
Wundert mich nicht...
TUSCHEL
Irgendwann musste es so kommen.

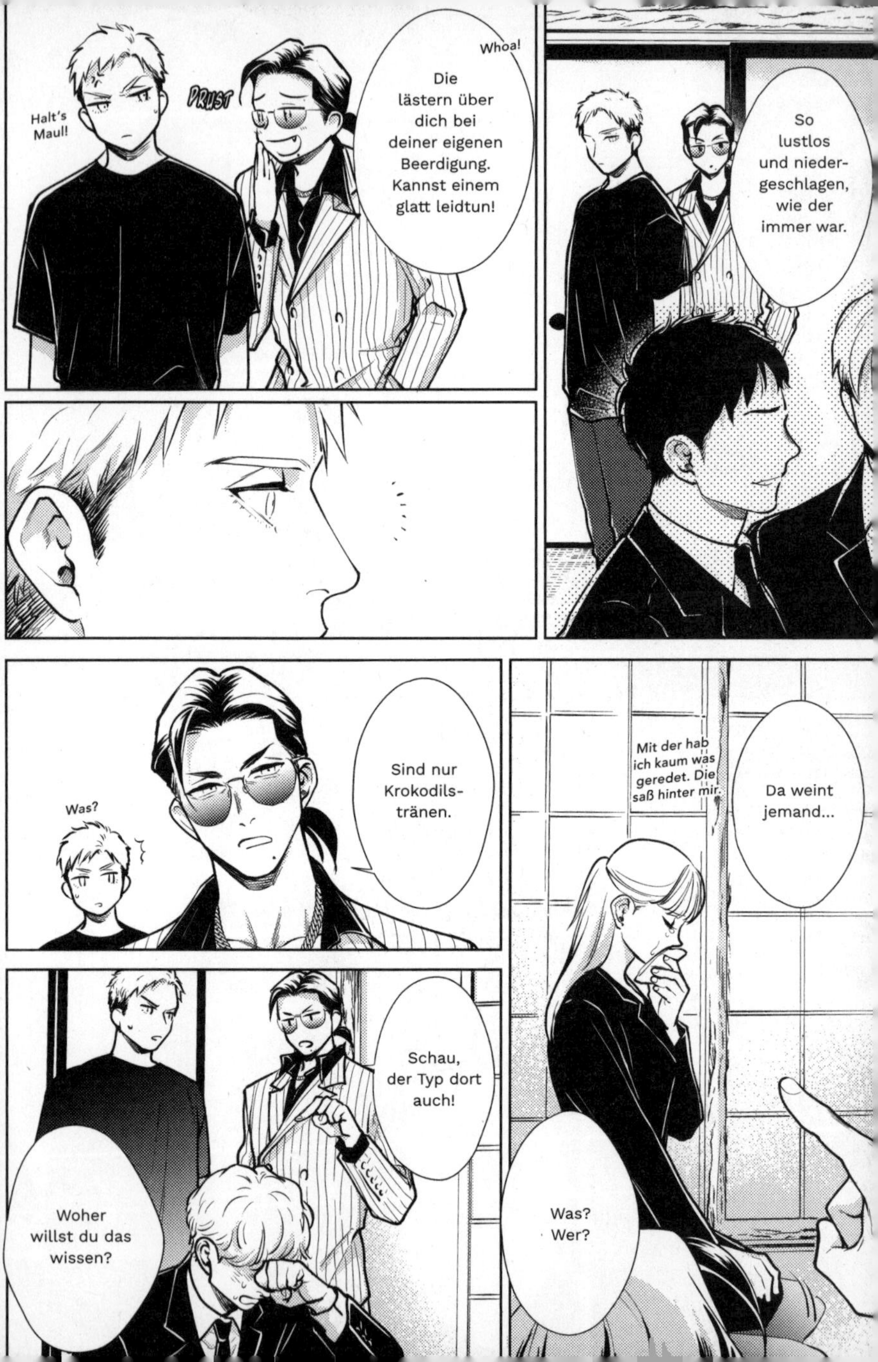
So lustlos und niedergeschlagen, wie der immer war.
Whoa!
Die lästern über dich bei deiner eigenen Beerdigung. Kannst einem glatt leidtun!
DRUST
Halt's Maul!
Da weint jemand...
Mit der hab ich kaum was geredet. Die saß hinter mir.
Was? Wer?
Sind nur Krokodilstränen.
Was?
Schau, der Typ dort auch!
Woher willst du das wissen?

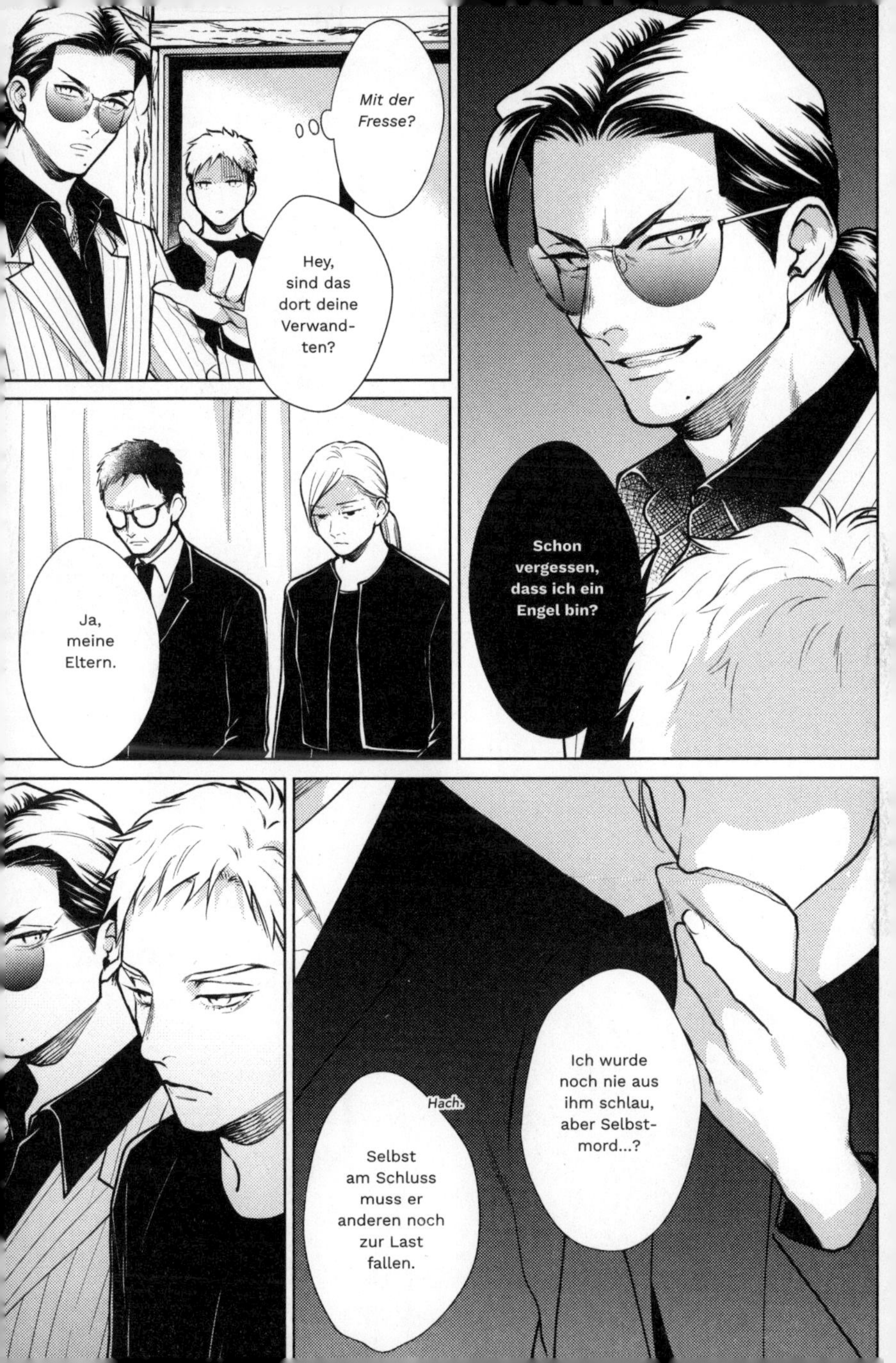
Hey, sind das dort deine Verwandten?
Ja, meine Eltern.
Mit der Fresse?
Schon vergessen, dass ich ein Engel bin?
Ich wurde noch nie aus ihm schlau, aber Selbstmord...?
Hach.
Selbst am Schluss muss er anderen noch zur Last fallen.

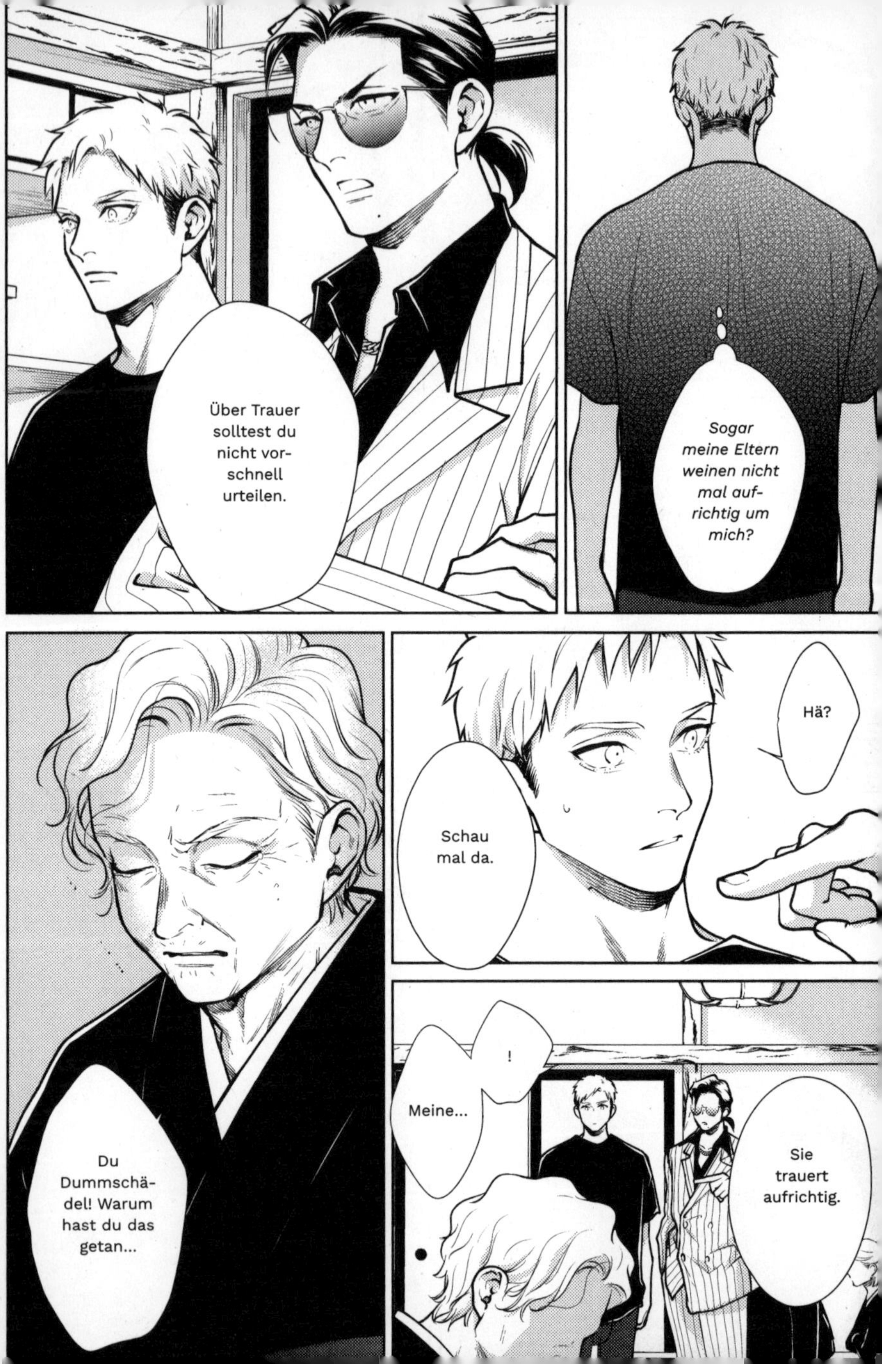
Sogar meine Eltern weinen nicht mal aufrichtig um mich?
Über Trauer solltest du nicht vorschnell urteilen.
Hä?
Schau mal da.
Sie trauert aufrichtig.
!
Meine...
Du Dummschädel! Warum hast du das getan...

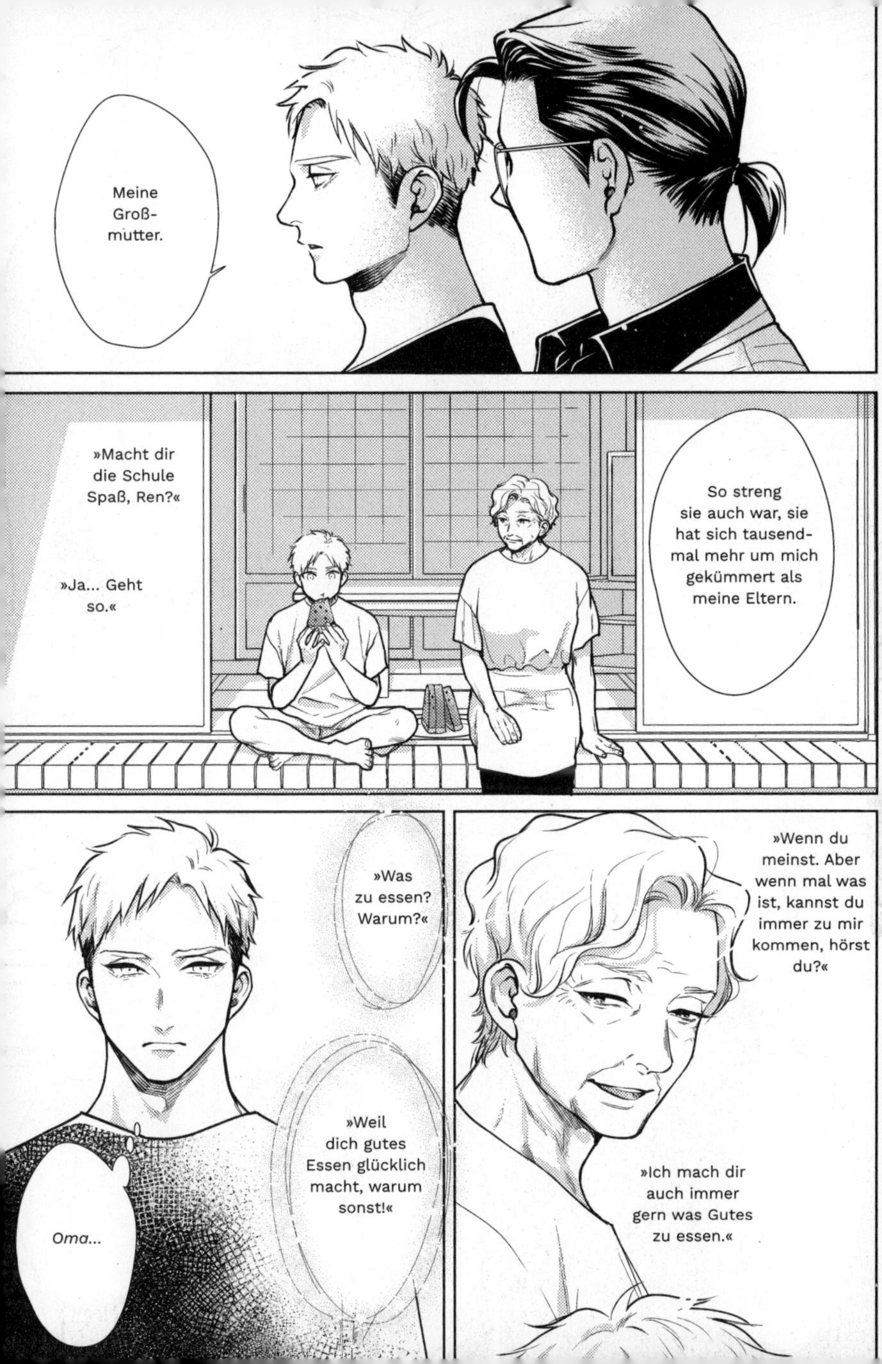
Meine Groß-mutter.
»Macht dir die Schule Spaß, Ren?«
»Ja... Geht so.«
So streng sie auch war, sie hat sich tausendmal mehr um mich gekümmert als meine Eltern.
»Wenn du meinst. Aber wenn mal was ist, kannst du immer zu mir kommen, hörst du?«
»Was zu essen? Warum?«
»Ich mach dir auch immer gern was Gutes zu essen.«
»Weil dich gutes Essen glücklich macht, warum sonst!«
Oma...

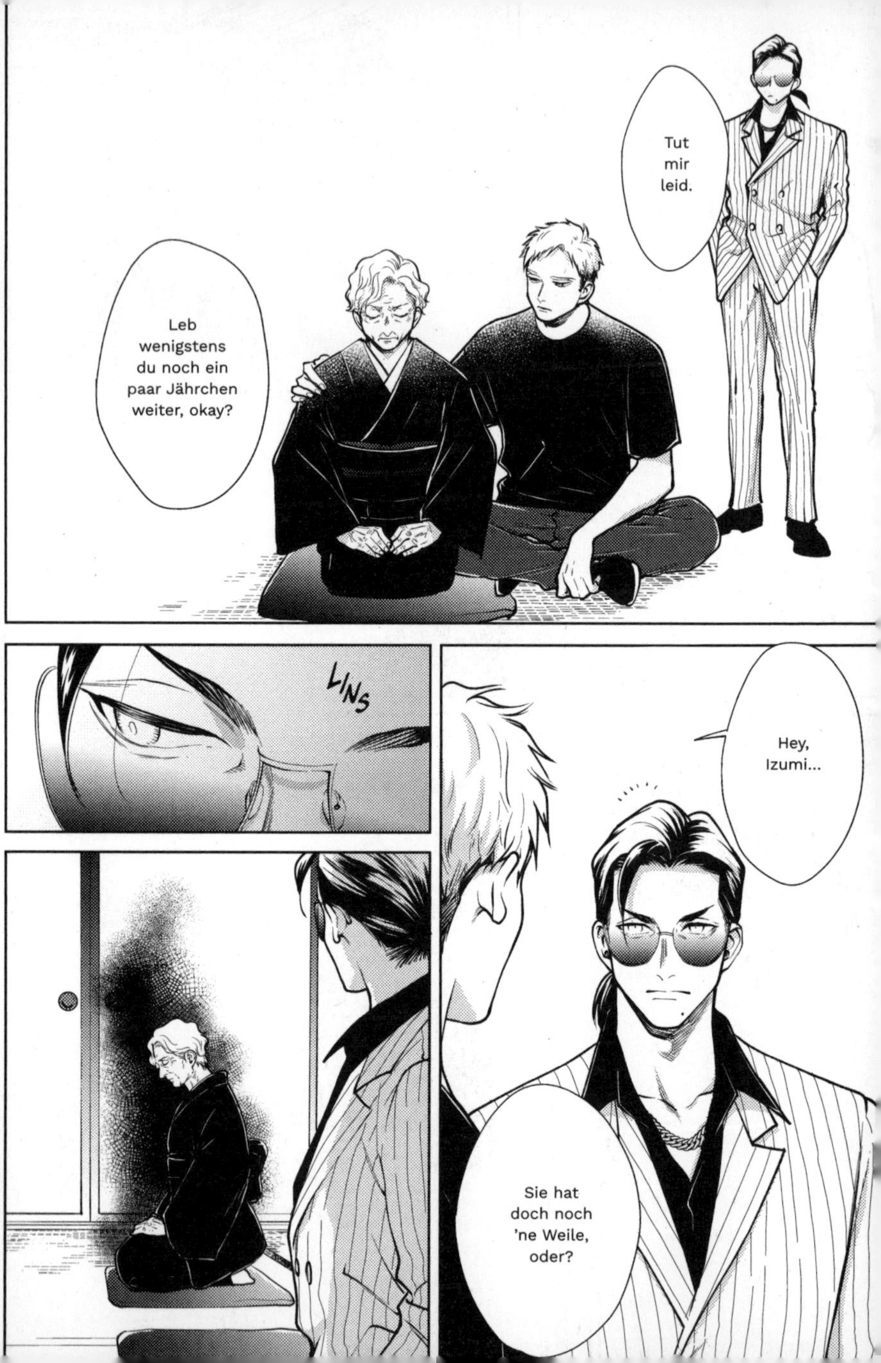
Tut mir leid.
Leb wenigstens du noch ein paar Jährchen weiter, okay?
Hey, Izumi…
Sie hat doch noch ’ne Weile, oder?
LINS

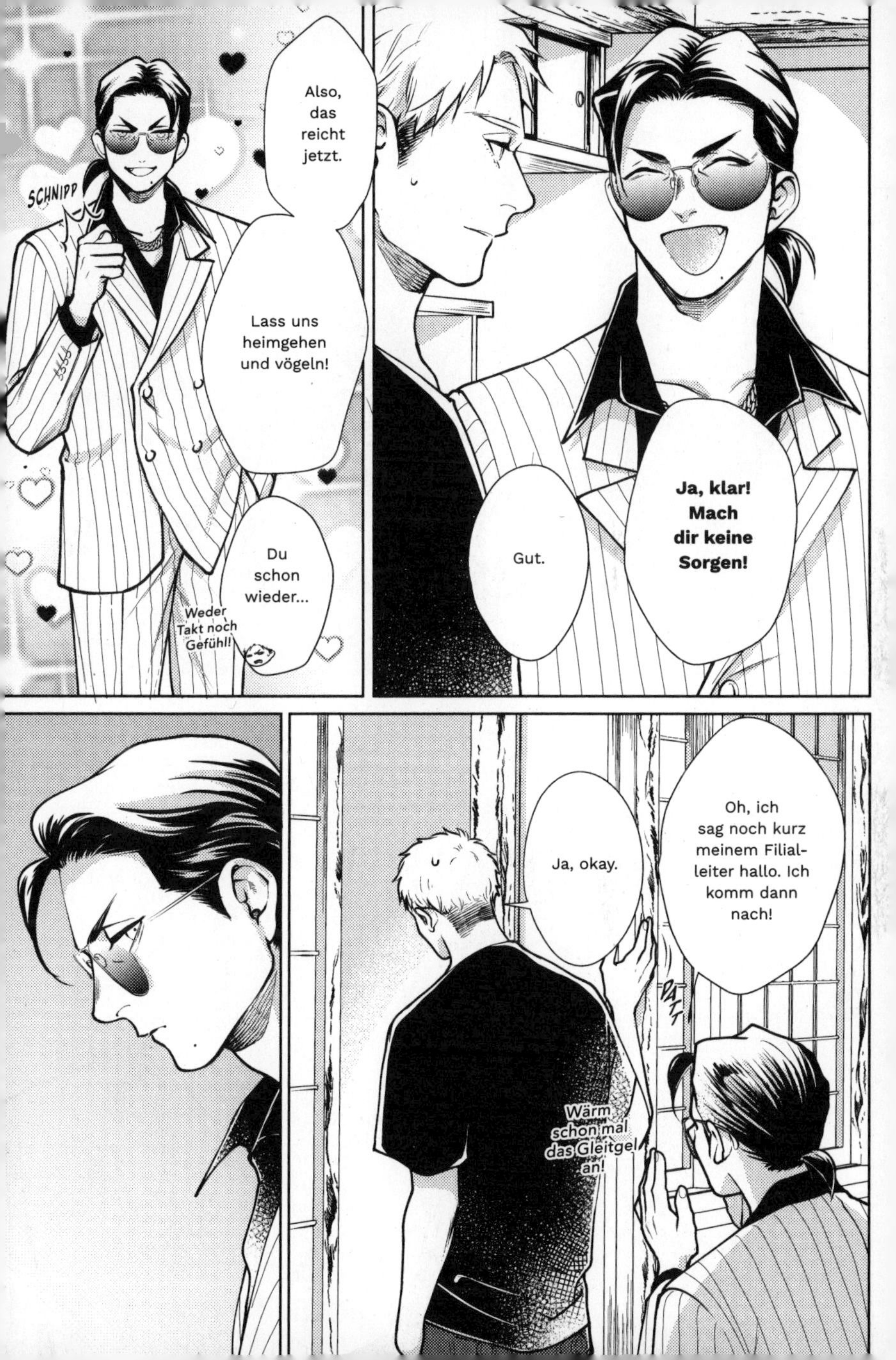
Ja, klar! Mach dir keine Sorgen!
Gut.
Also, das reicht jetzt.
Lass uns heimgehen und vögeln!
SCHNIPP
Du schon wieder...
Weder Takt noch Gefühl!
Oh, ich sag noch kurz meinem Filialleiter hallo. Ich komm dann nach!
Ja, okay.
Wärm schon mal das Gleitgel an!

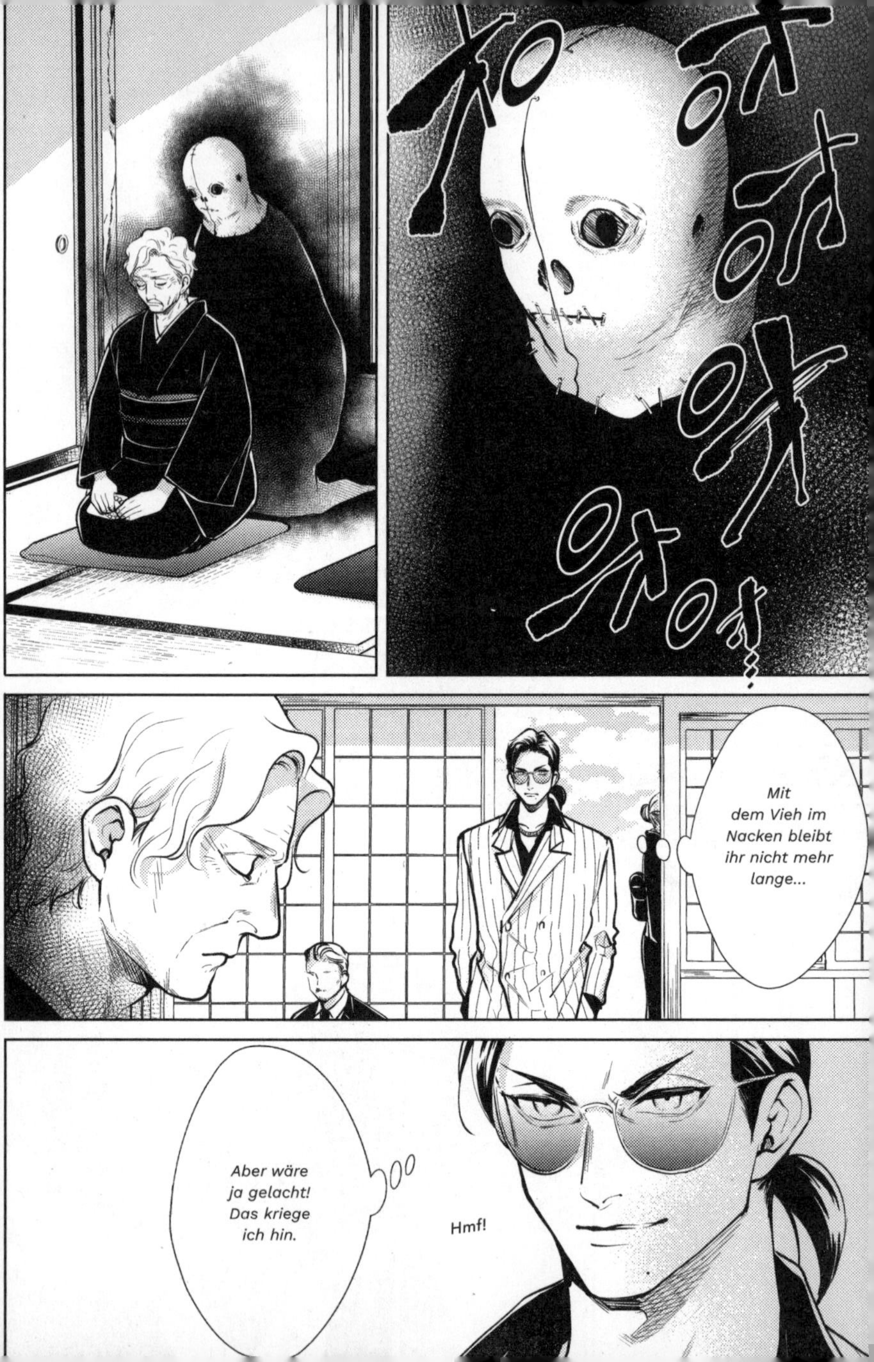
Mit dem Vieh im Nacken bleibt ihr nicht mehr lange...
Hmf!
Aber wäre ja gelacht! Das kriege ich hin.

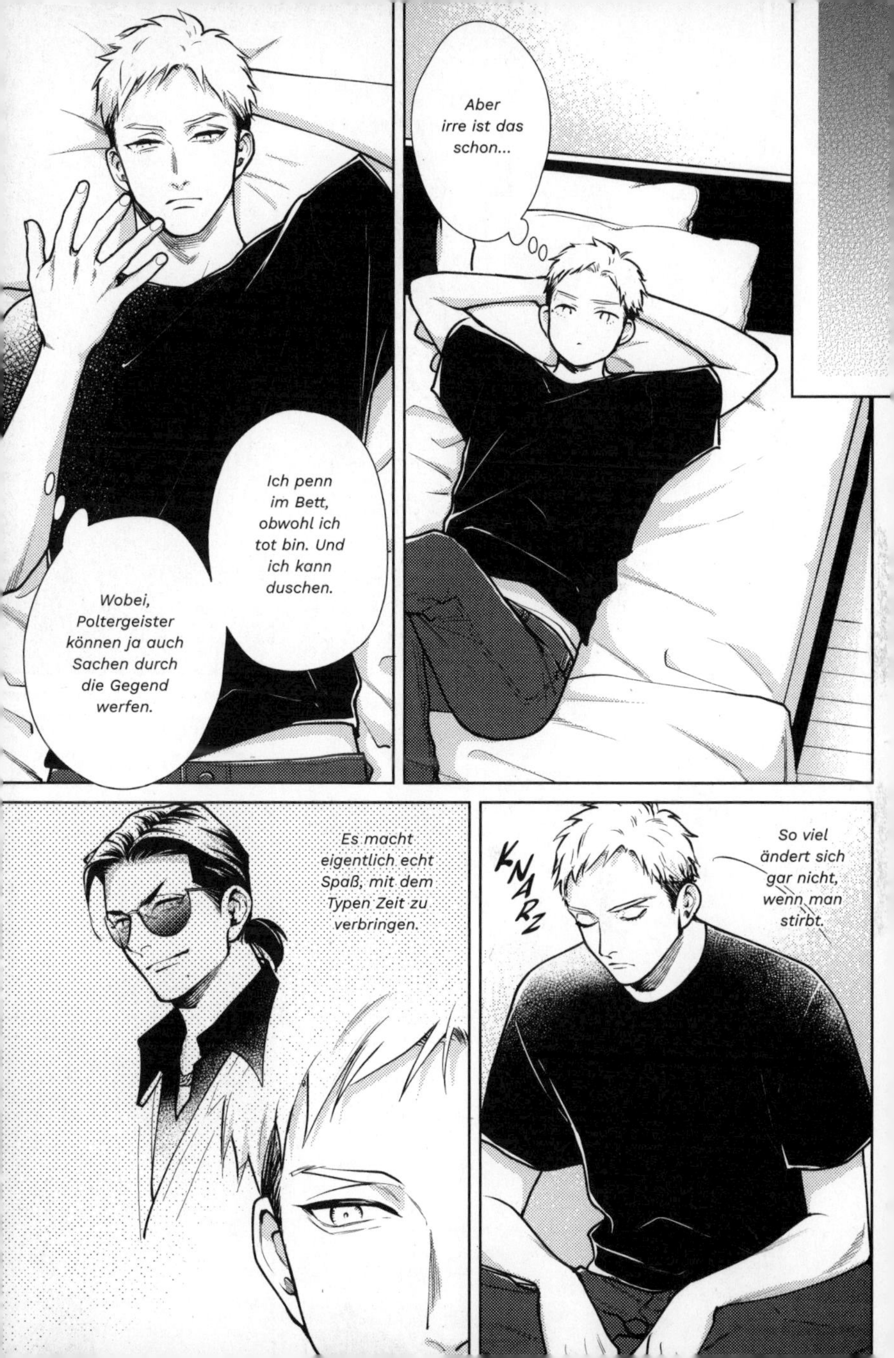
Aber irre ist das schon...
Ich penn im Bett, obwohl ich tot bin. Und ich kann duschen.
Wobei, Poltergeister können ja auch Sachen durch die Gegend werfen.
KNARZ
So viel ändert sich gar nicht, wenn man stirbt.
Es macht eigentlich echt Spaß, mit dem Typen Zeit zu verbringen.

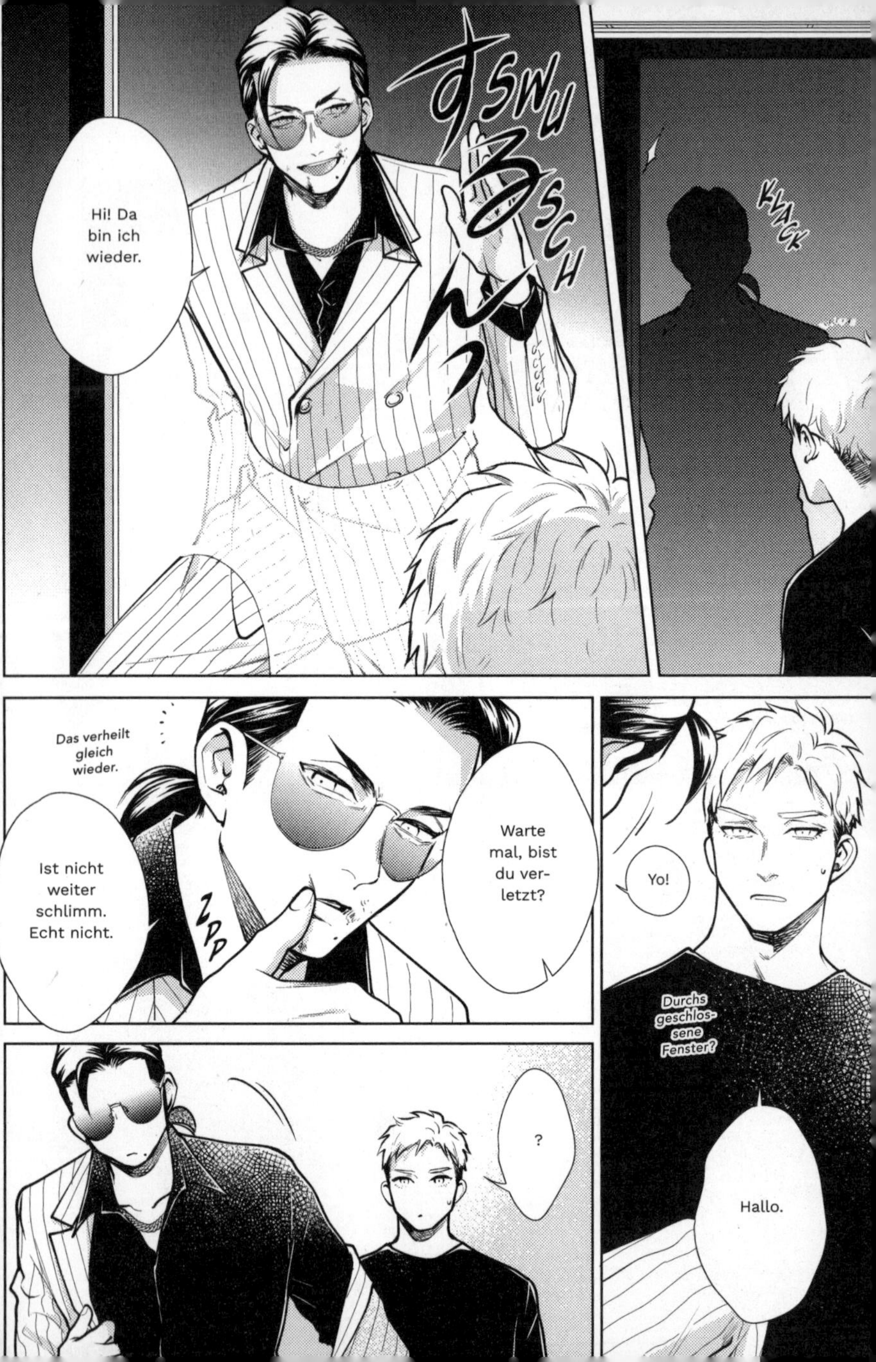

KLACK
SWUSCH
Hi! Da bin ich wieder.
Yo!
Durchs geschlossene Fenster?
Hallo.
Warte mal, bist du verletzt?
Das verheilt gleich wieder.
Ist nicht weiter schlimm. Echt nicht.
ZPP
?

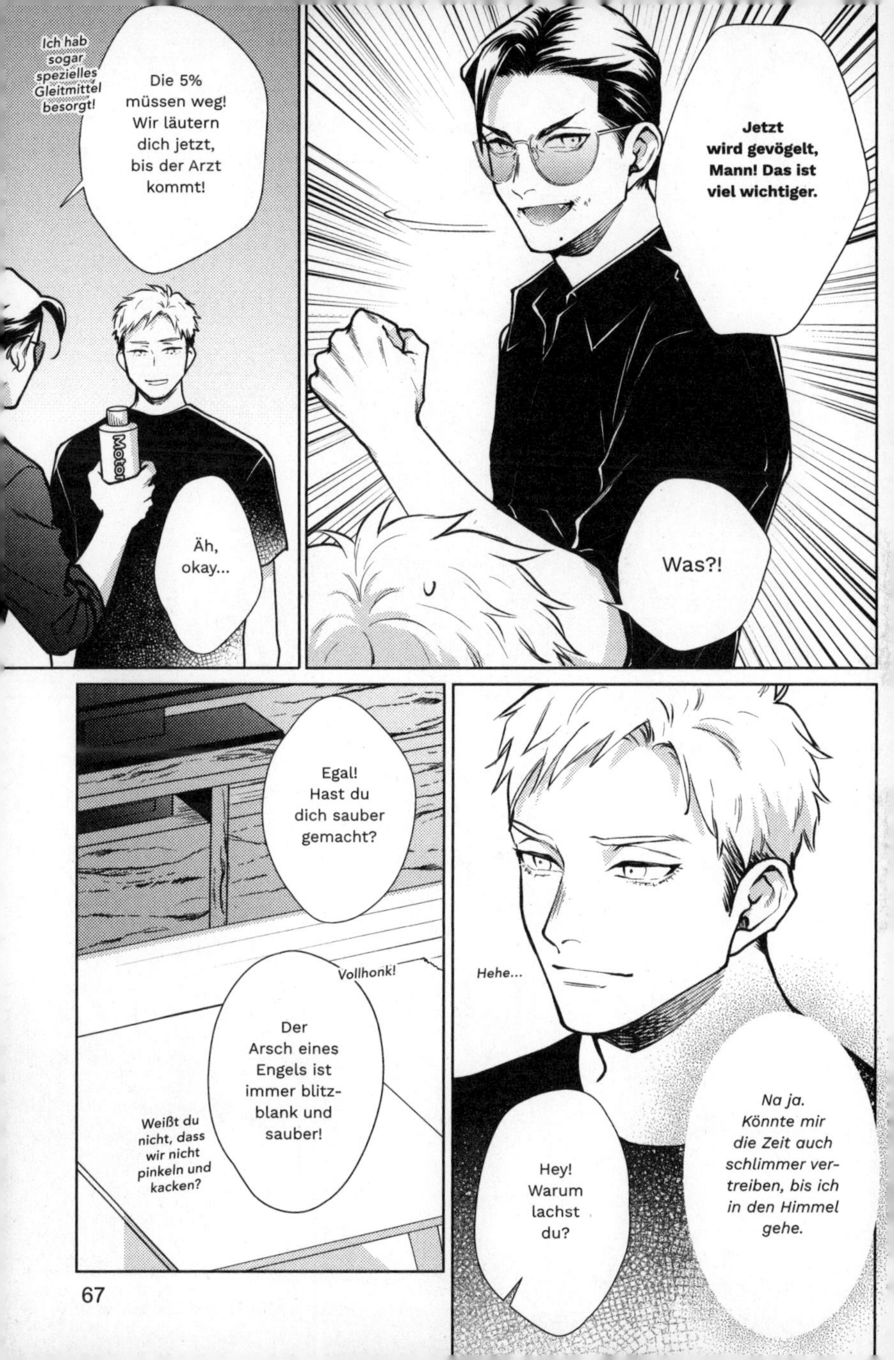

Jetzt wird gevögelt, Mann! Das ist viel wichtiger.
Was?!
Die 5% müssen weg! Wir läutern dich jetzt, bis der Arzt kommt!
Ich hab sogar spezielles Gleitmittel besorgt!
Motor
Äh, okay...
Hehe...
Na ja. Könnte mir die Zeit auch schlimmer vertreiben, bis ich in den Himmel gehe.
Hey! Warum lachst du?
Egal! Hast du dich sauber gemacht?
Der Arsch eines Engels ist immer blitzblank und sauber!
Vollhonk!
Weißt du nicht, dass wir nicht pinkeln und kacken?

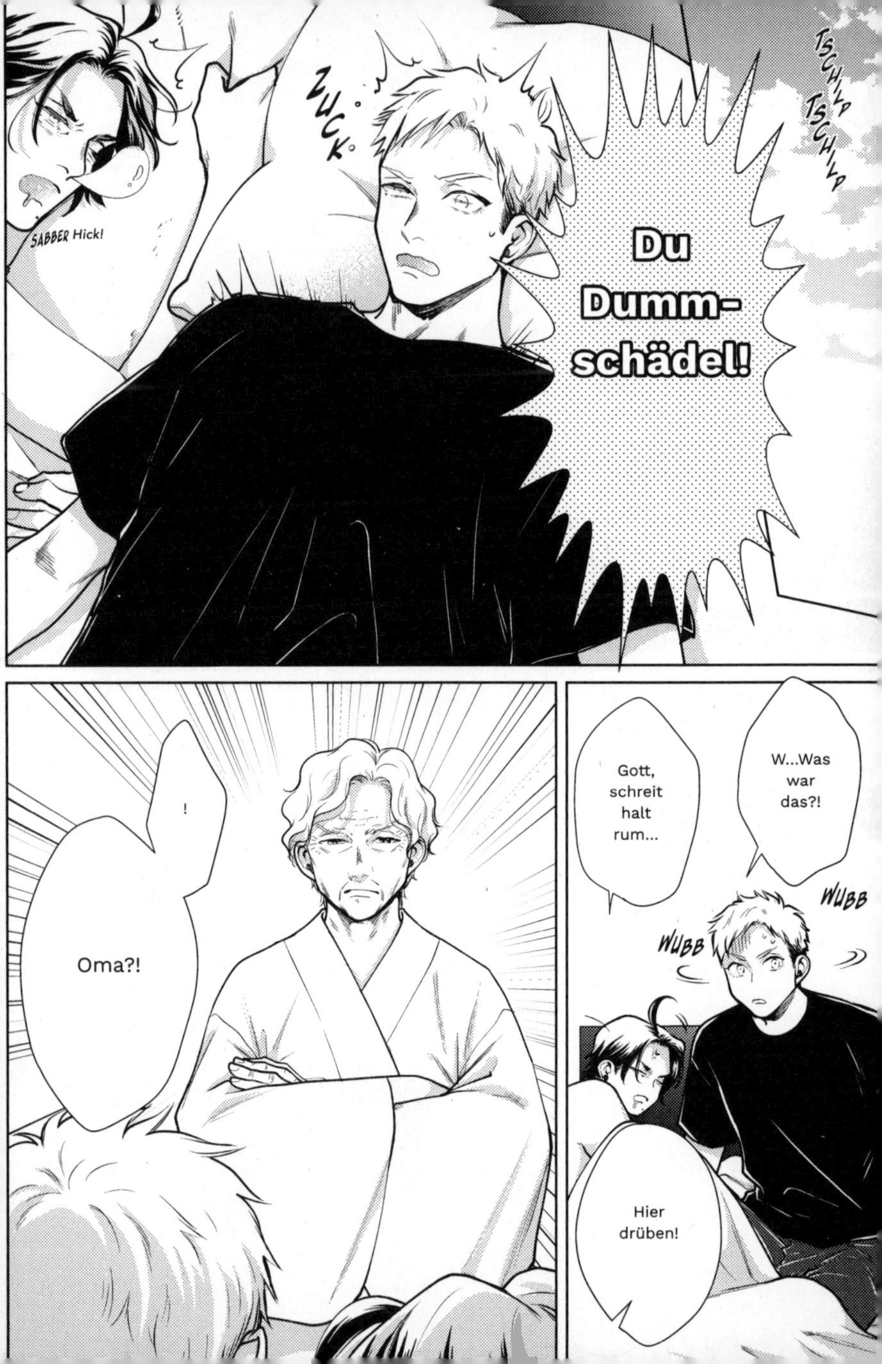
TSCHILP TSCHILP
Du Dumm-schädel!
ZUCK
SABBER Hick!
W...Was war das?!
Gott, schreit halt rum...
WUBB
WUBB
Hier drüben!
!
Oma?!

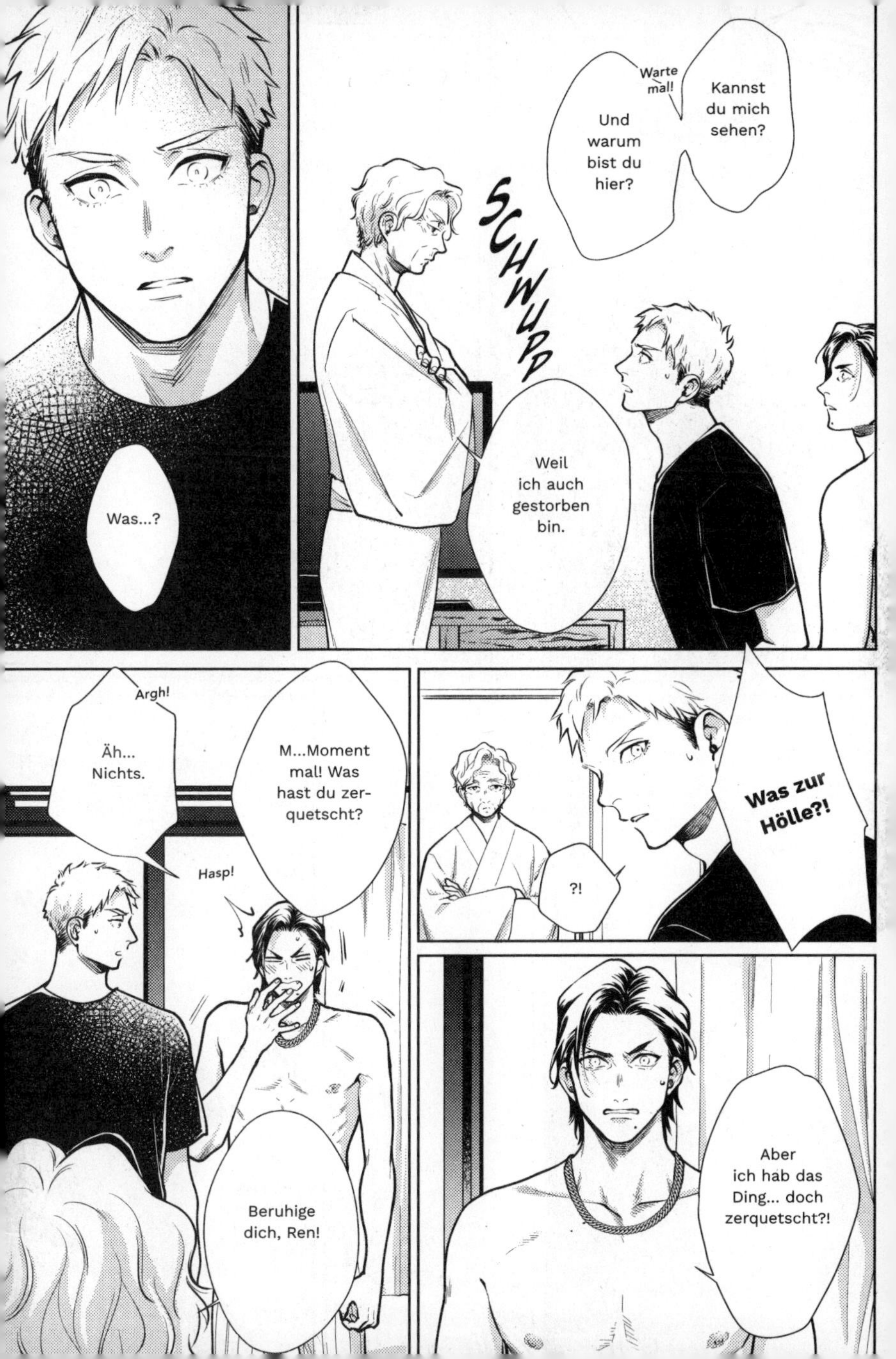
Kannst du mich sehen?
Warte mal!
Und warum bist du hier?
SCHWUPP
Weil ich auch gestorben bin.
Was...?
Was zur Hölle?!
?!
M...Moment mal! Was hast du zerquetscht?
Argh!
Äh... Nichts.
Hasp!
Beruhige dich, Ren!
Aber ich hab das Ding... doch zerquetscht?!

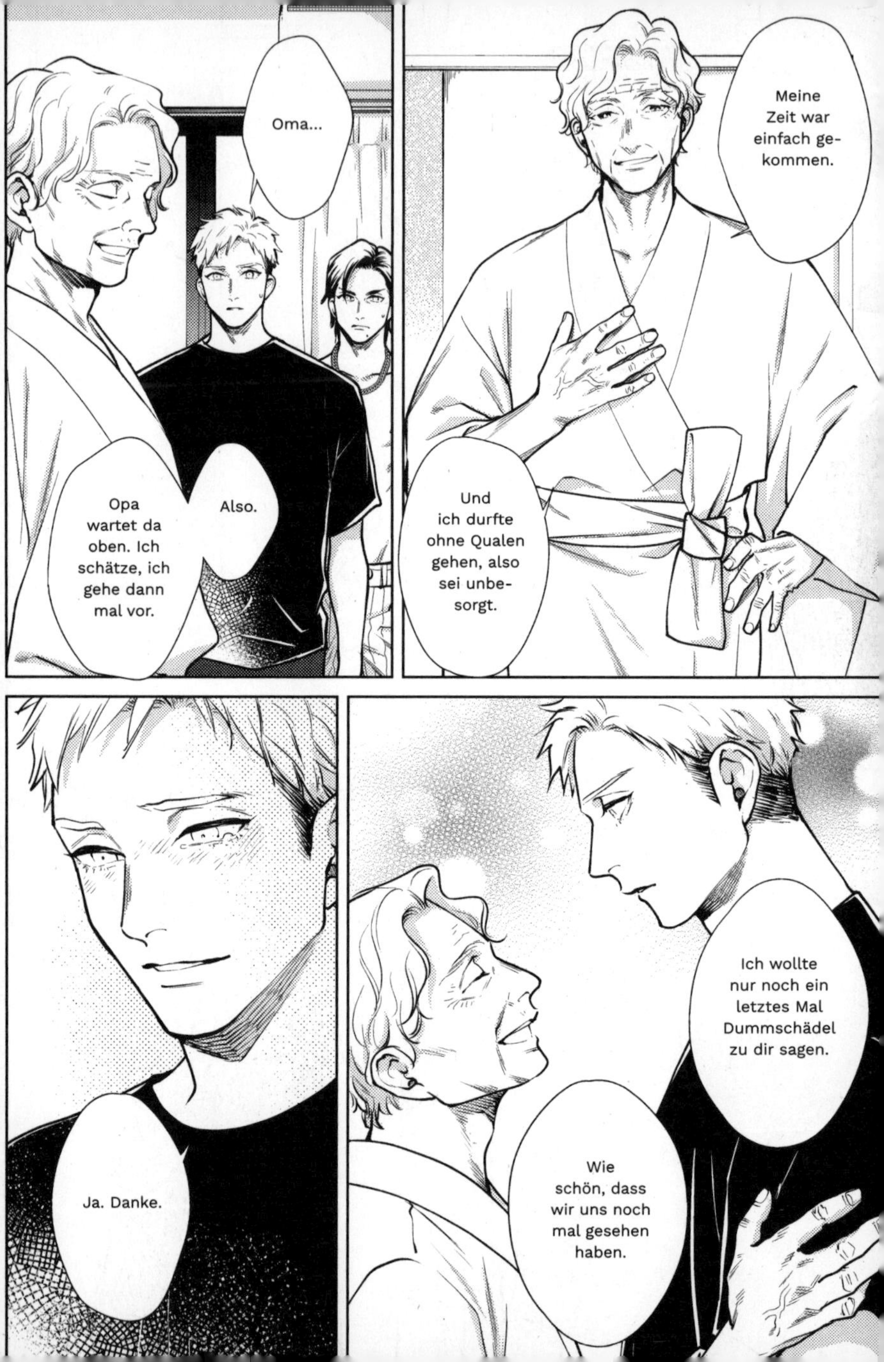
Meine Zeit war einfach gekommen.
Und ich durfte ohne Qualen gehen, also sei unbesorgt.
Oma...
Also.
Opa wartet da oben. Ich schätze, ich gehe dann mal vor.
Ich wollte nur noch ein letztes Mal Dummschädel zu dir sagen.
Wie schön, dass wir uns noch mal gesehen haben.
Ja. Danke.

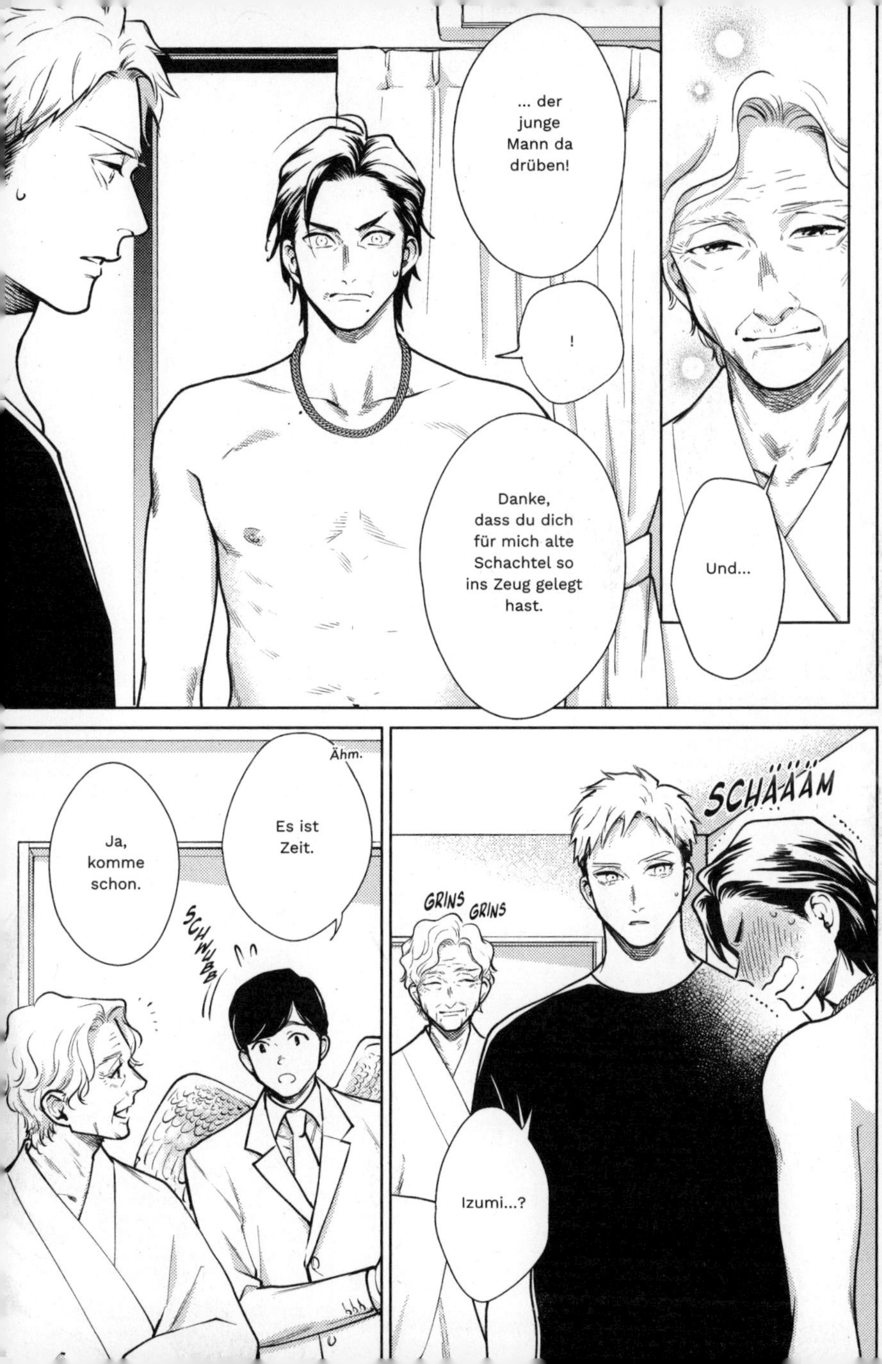
Danke, dass du dich für mich alte Schachtel so ins Zeug gelegt hast.
Und...
... der junge Mann da drüben!
!
SCHÄÄÄM
GRINS GRINS
Izumi...?
Ähm.
Es ist Zeit.
Ja, komme schon.
SCHWUBB

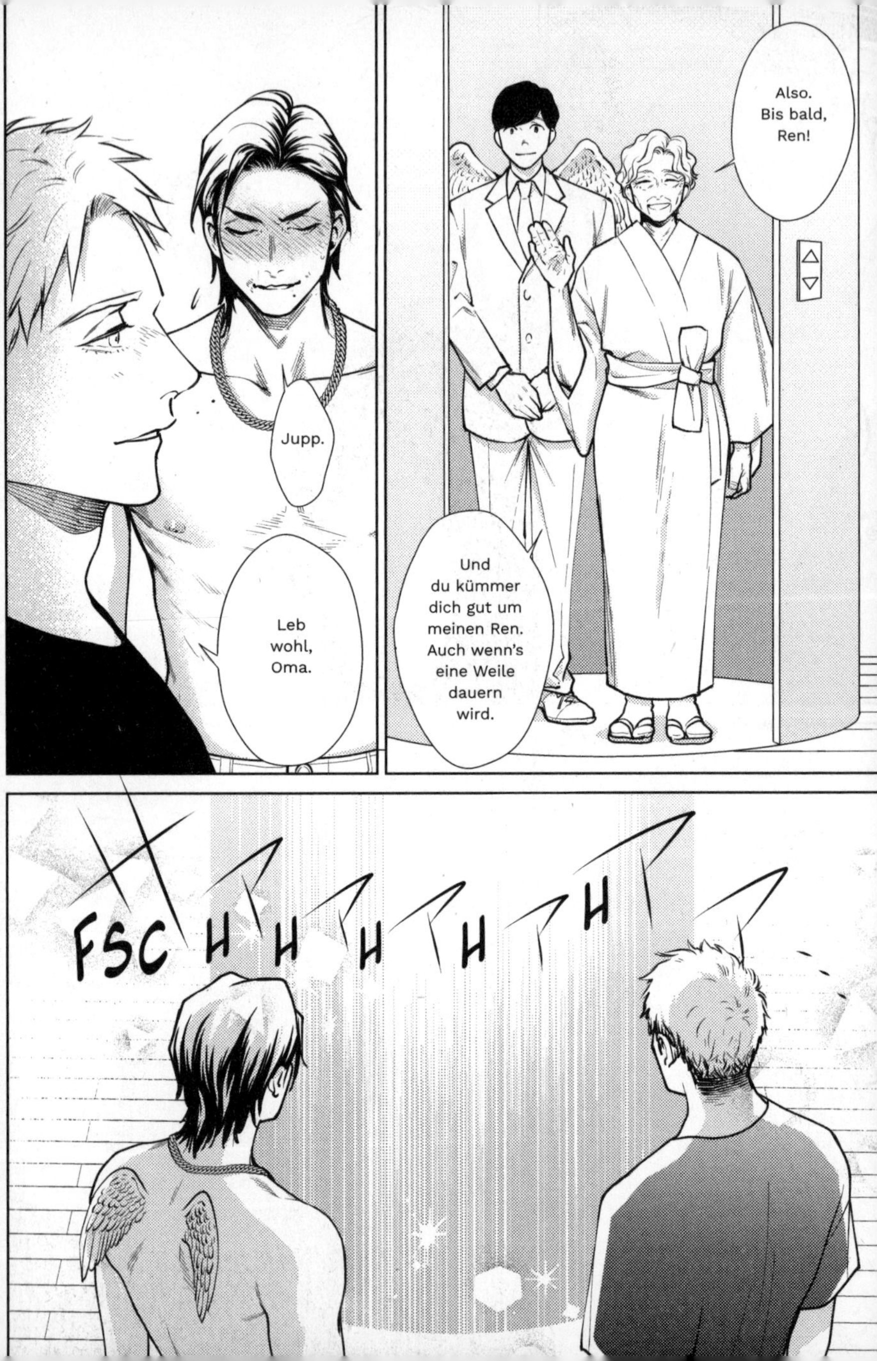
Also. Bis bald, Ren!
Und du kümmer dich gut um meinen Ren. Auch wenn's eine Weile dauern wird.
Jupp.
Leb wohl, Oma.
FSCHHHHH

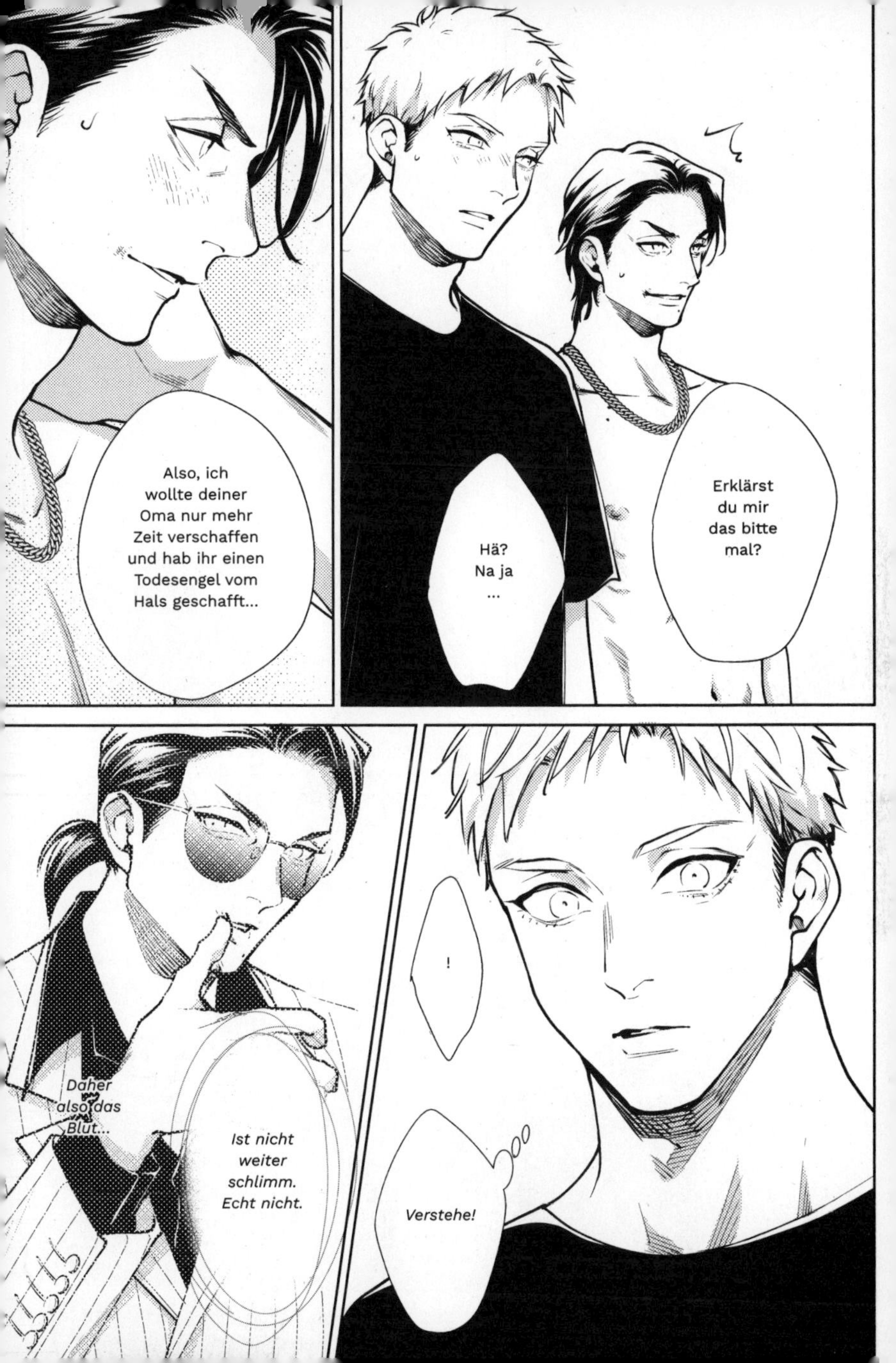
Erklärst du mir das bitte mal?
Hä? Na ja ...
Also, ich wollte deiner Oma nur mehr Zeit verschaffen und hab ihr einen Todesengel vom Hals geschafft...
!
Verstehe!
Ist nicht weiter schlimm. Echt nicht.
Daher also das Blut...

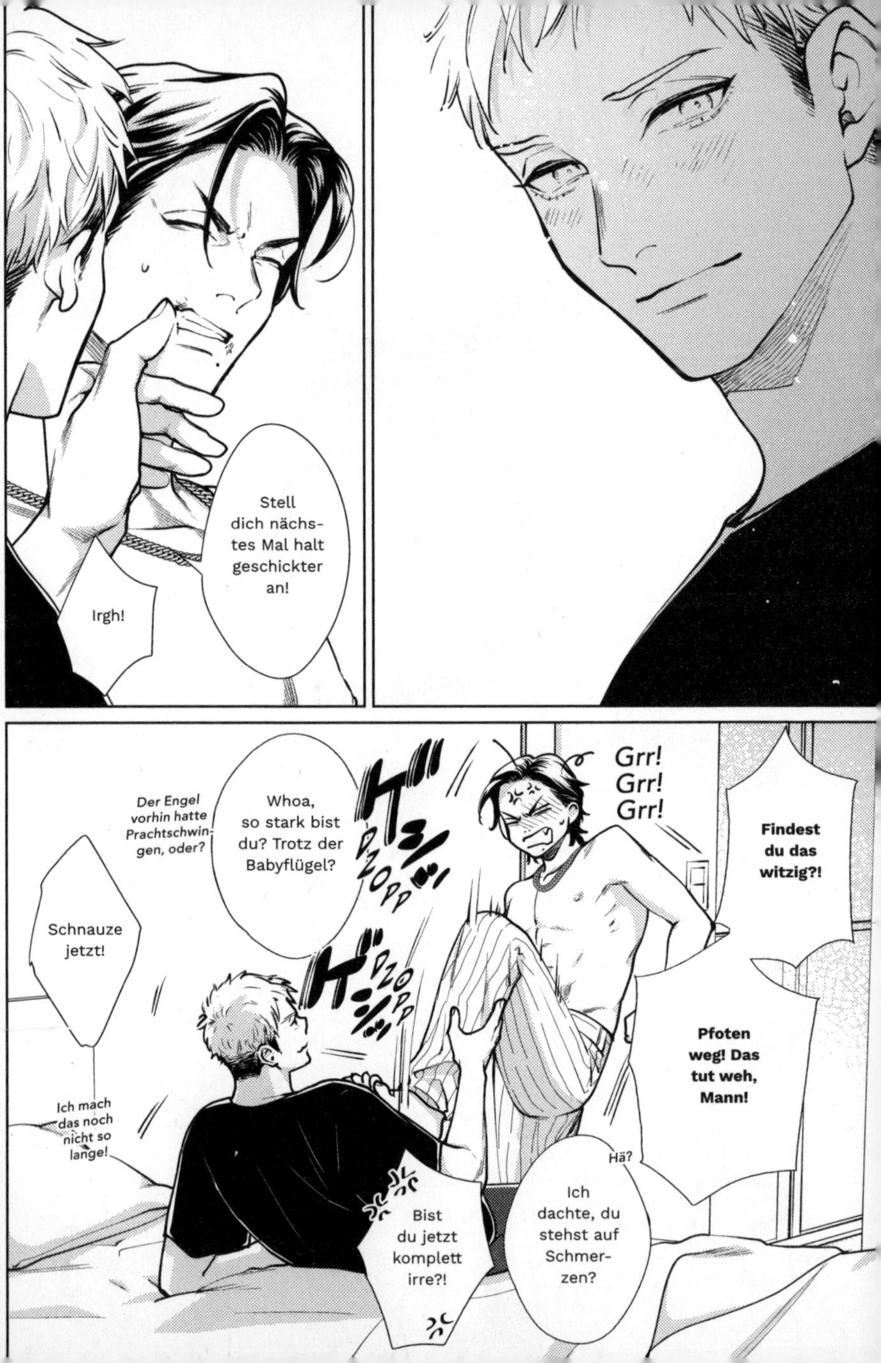
Stell dich nächstes Mal halt geschickter an!
Irgh!
Findest du das witzig?!
Grr! Grr! Grr!
DZOPP
Pfoten weg! Das tut weh, Mann!
Hä?
Ich dachte, du stehst auf Schmerzen?
Bist du jetzt komplett irre?!
DZOPP
Whoa, so stark bist du? Trotz der Babyflügel?
Der Engel vorhin hatte Prachtschwingen, oder?
Schnauze jetzt!
Ich mach das noch nicht so lange!

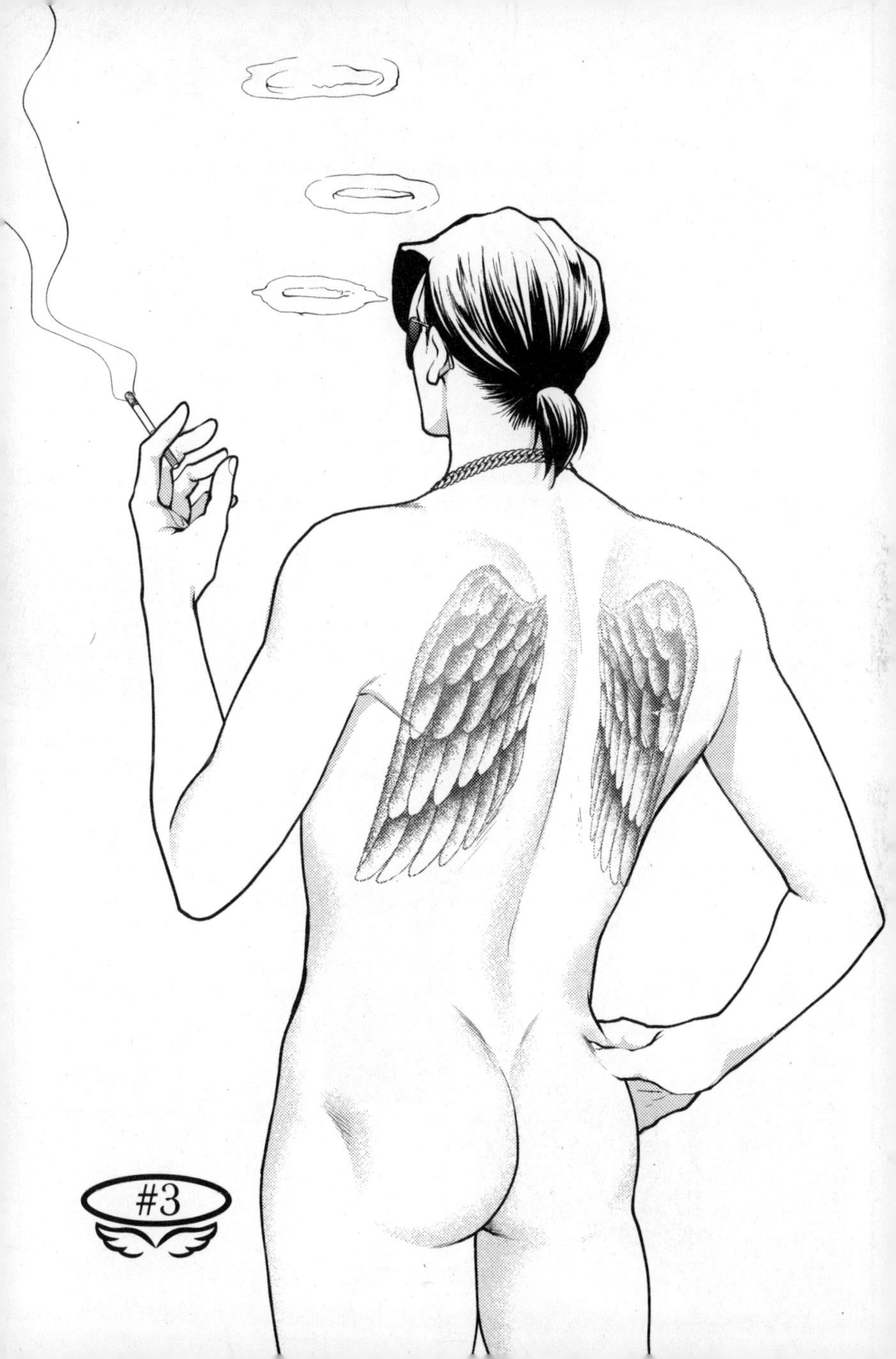
#3

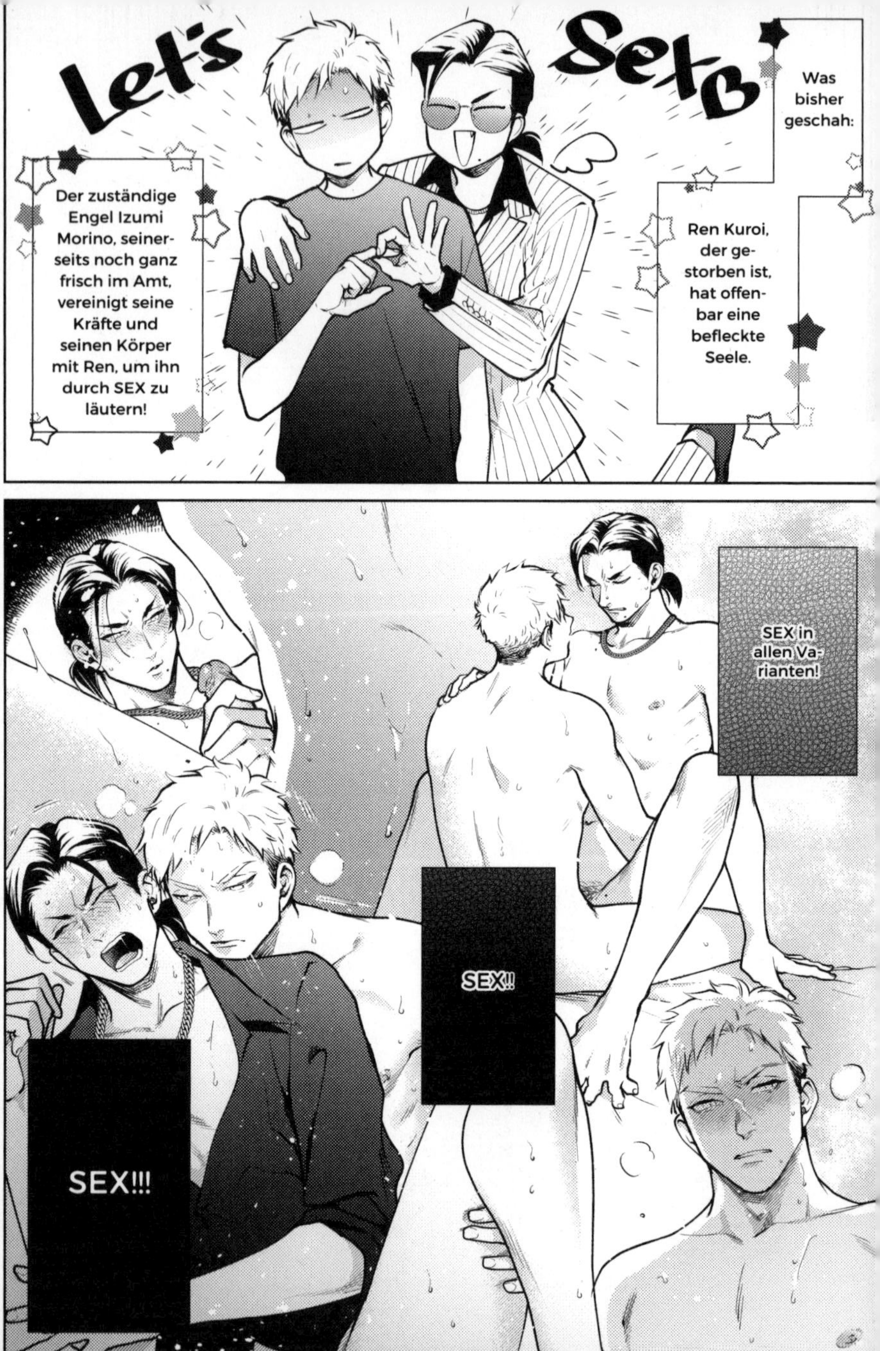
Let's Sex
Was bisher geschah:
Ren Kuroi, der gestorben ist, hat offenbar eine befleckte Seele.
Der zuständige Engel Izumi Morino, seinerseits noch ganz frisch im Amt, vereinigt seine Kräfte und seinen Körper mit Ren, um ihn durch SEX zu läutern!
SEX in allen Varianten!
SEX!!
SEX!!!

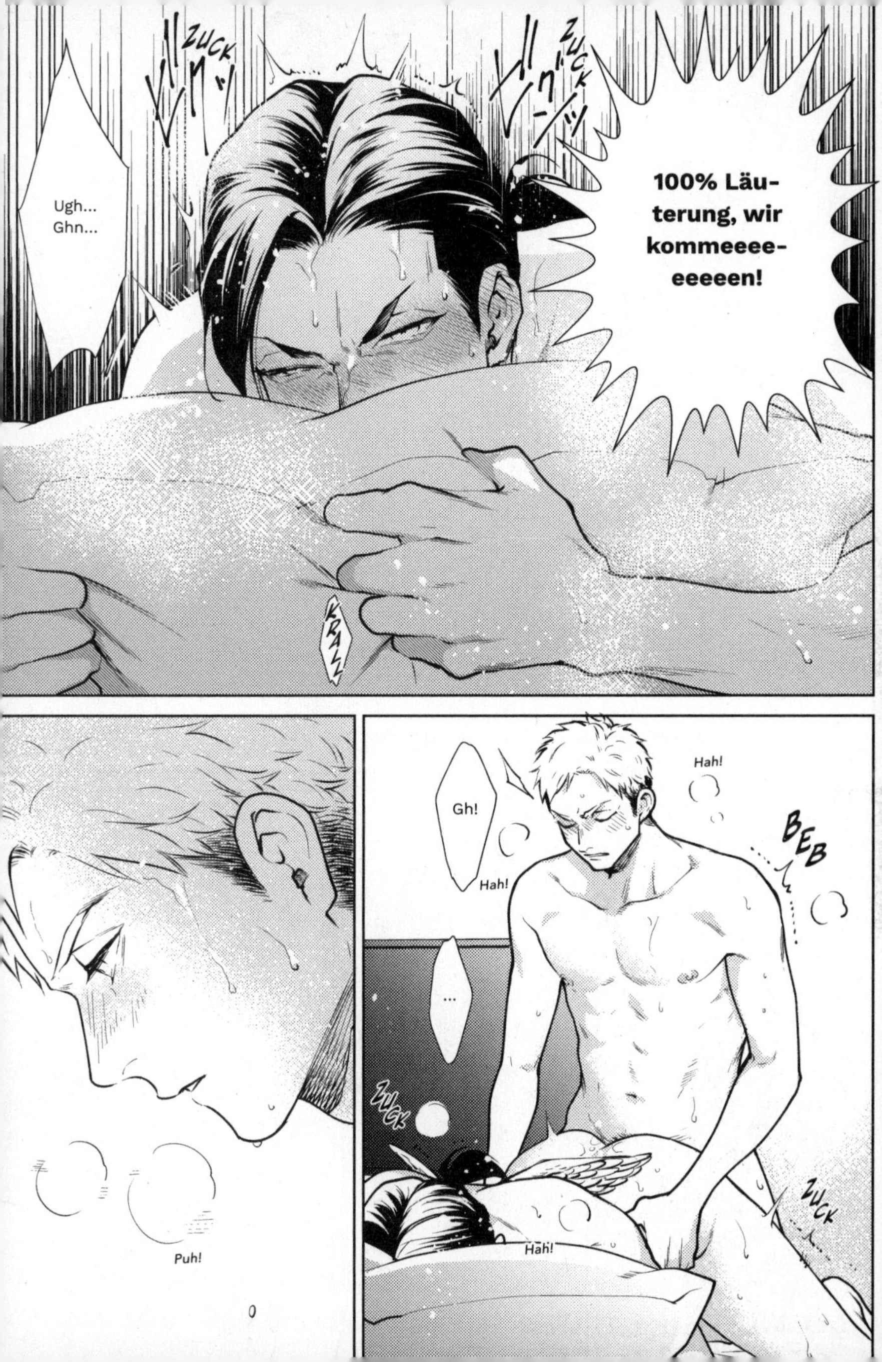

ZUCK
ZUCK
100% Läuterung, wir kommeeeeeeeeen!
Ugh... Ghn...
KRALL
Hah!
BEB
Gh!
Hah!
...
ZUCK
ZUCK
Hah!
Puh!

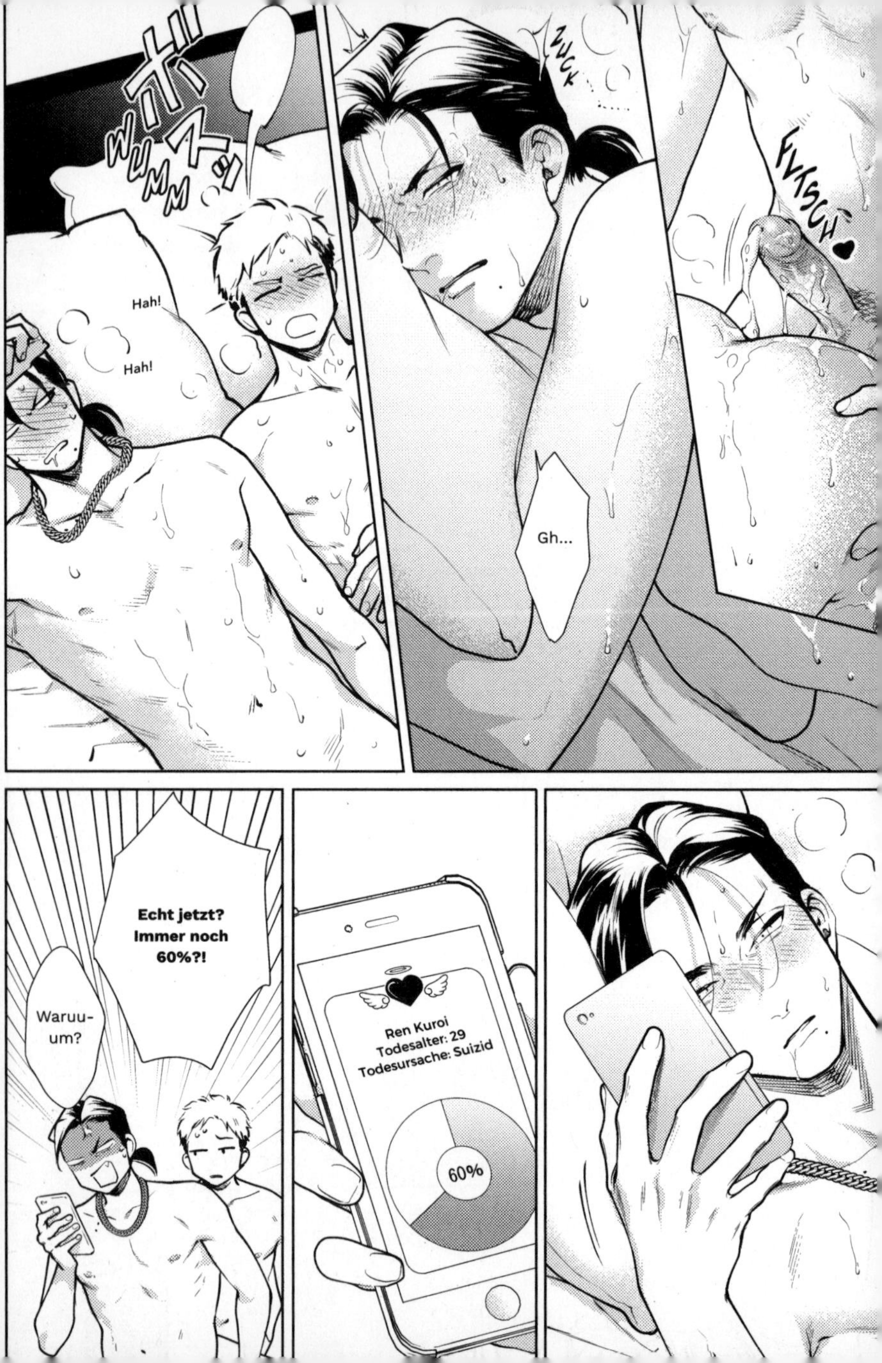
FVTSCH♥
ZUCK
......
Gh...
WUMM
Hah!
Hah!
Ren Kuroi
Todesalter: 29
Todesursache: Suizid
60%
Echt jetzt? Immer noch 60%?!
Waruu-um?

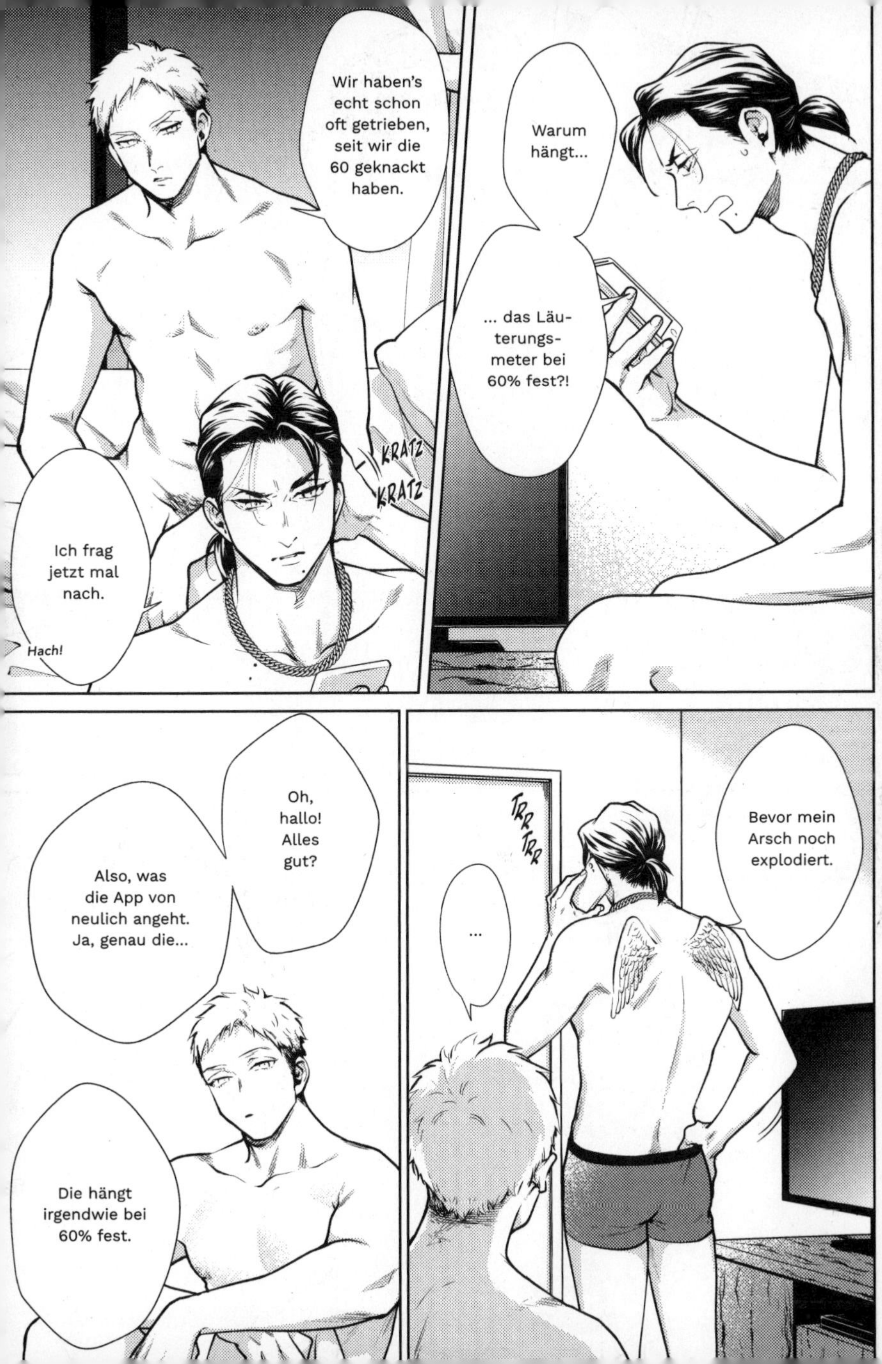
Warum hängt...
... das Läuterungs-meter bei 60% fest?!
Wir haben's echt schon oft getrieben, seit wir die 60 geknackt haben.
KRATZ
KRATZ
Ich frag jetzt mal nach.
Hach!
Bevor mein Arsch noch explodiert.
TRR TRR
...
Oh, hallo! Alles gut?
Also, was die App von neulich angeht. Ja, genau die...
Die hängt irgendwie bei 60% fest.

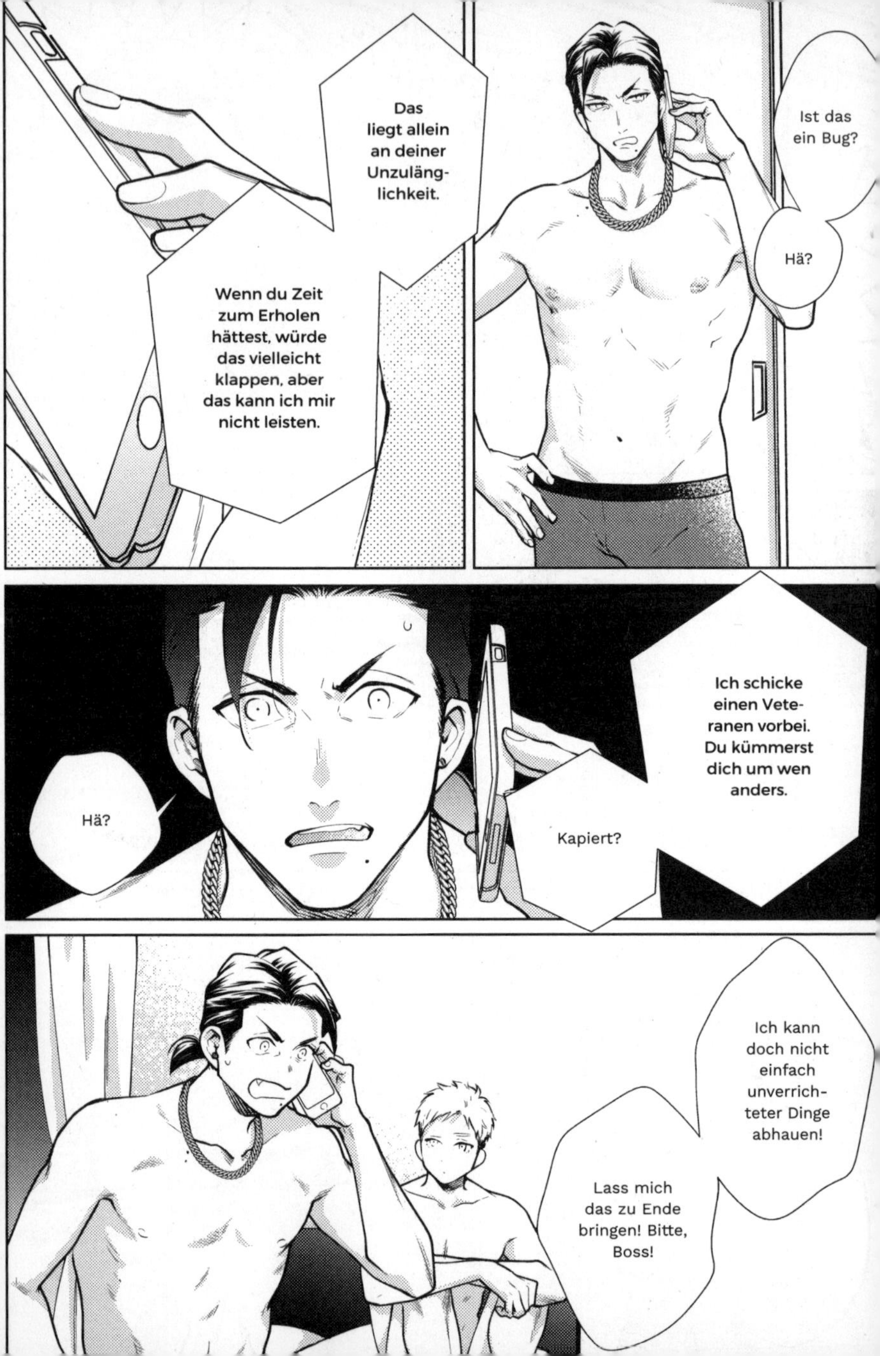
Ist das ein Bug?
Hä?
Das liegt allein an deiner Unzulänglichkeit.
Wenn du Zeit zum Erholen hättest, würde das vielleicht klappen, aber das kann ich mir nicht leisten.
Ich schicke einen Veteranen vorbei. Du kümmerst dich um wen anders.
Kapiert?
Hä?
Ich kann doch nicht einfach unverrichteter Dinge abhauen!
Lass mich das zu Ende bringen! Bitte, Boss!

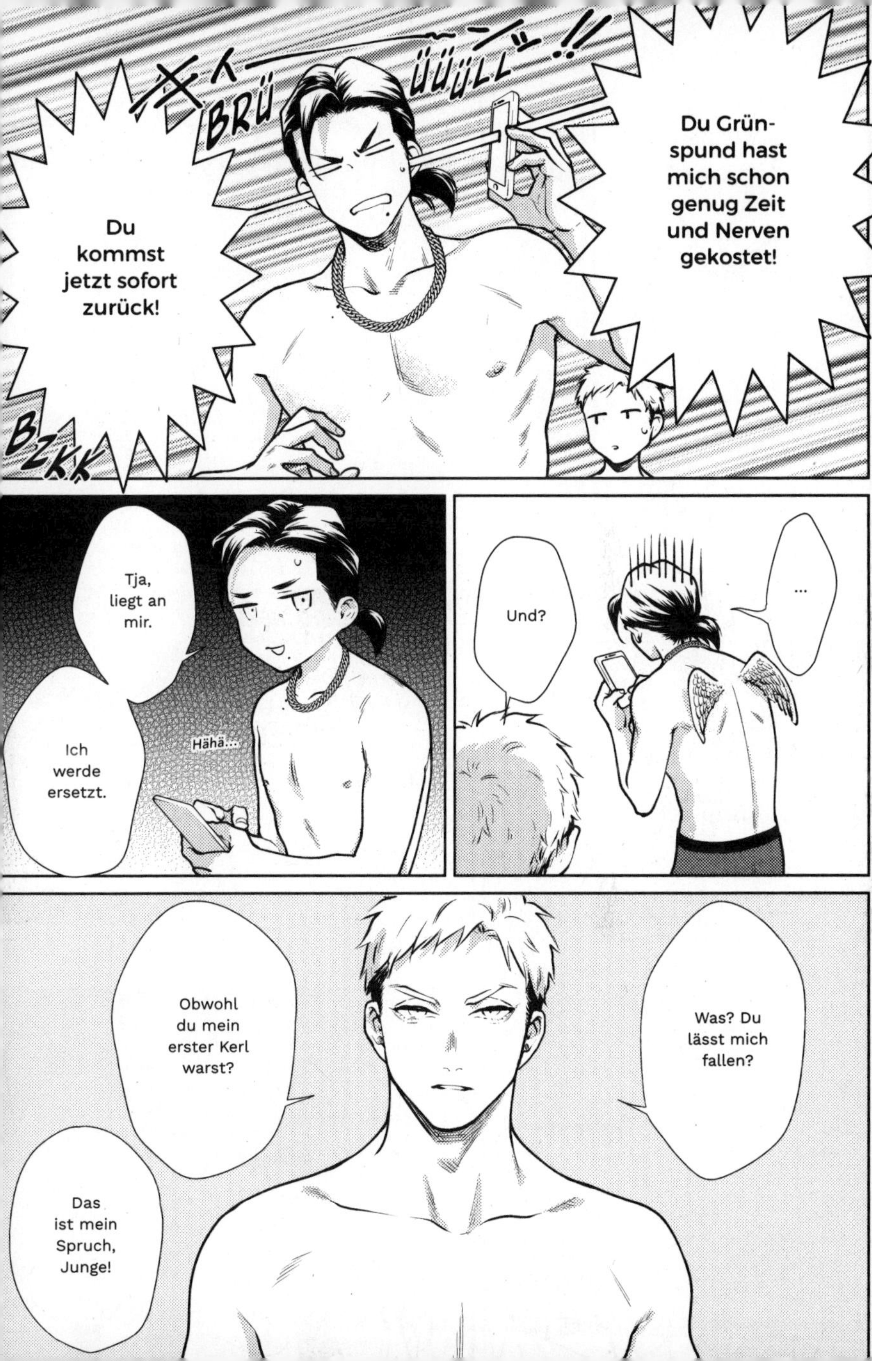
BRÜÜÜÜLL!!
Du Grün-spund hast mich schon genug Zeit und Nerven gekostet!
Du kommst jetzt sofort zurück!
BZKK
...
Und?
Tja, liegt an mir.
Hähä...
Ich werde ersetzt.
Was? Du lässt mich fallen?
Obwohl du mein erster Kerl warst?
Das ist mein Spruch, Junge!

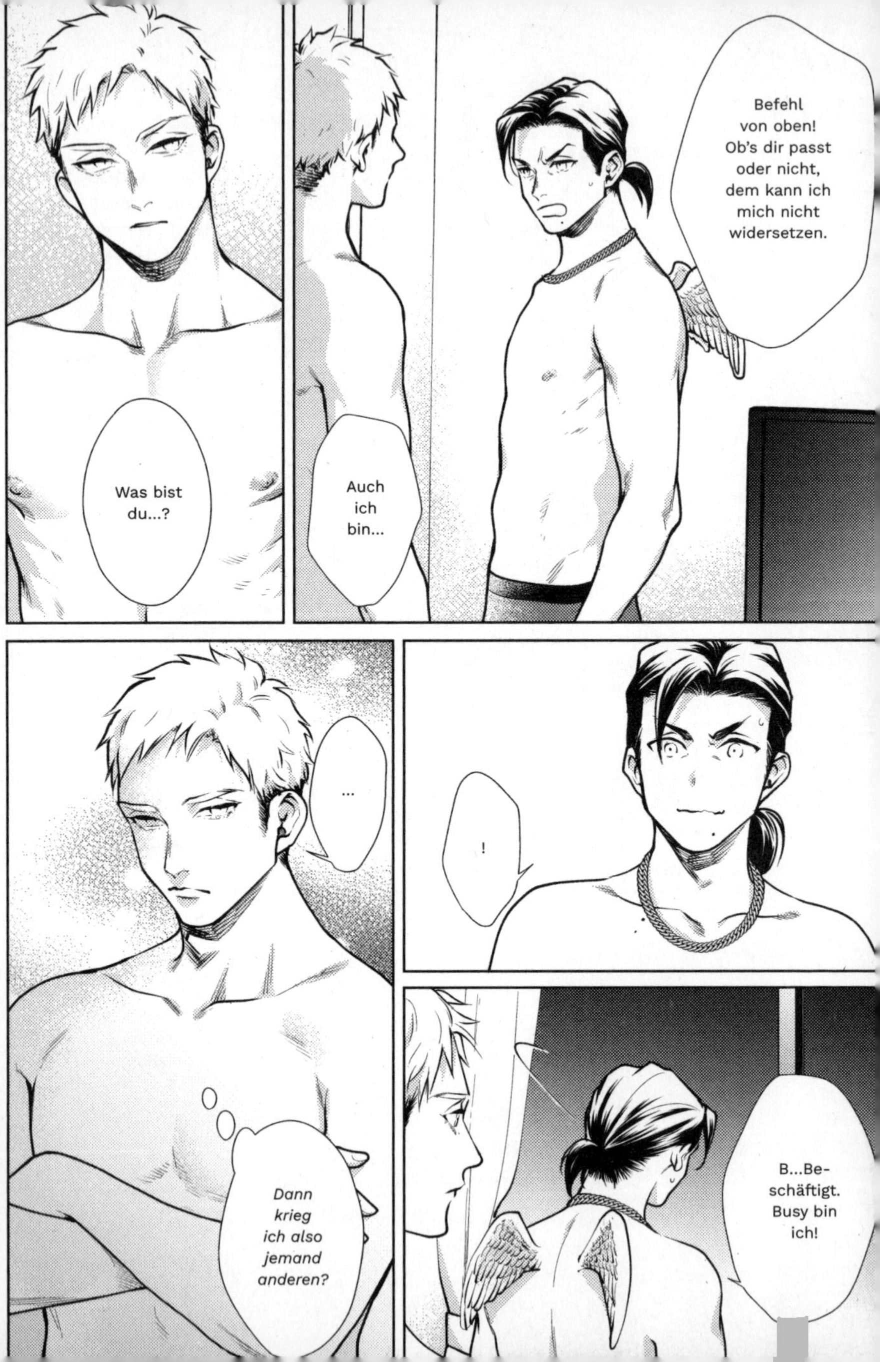
Befehl von oben! Ob's dir passt oder nicht, dem kann ich mich nicht widersetzen.
Auch ich bin...
Was bist du...?
!
B...Be-schäftigt. Busy bin ich!
...
Dann krieg ich also jemand anderen?

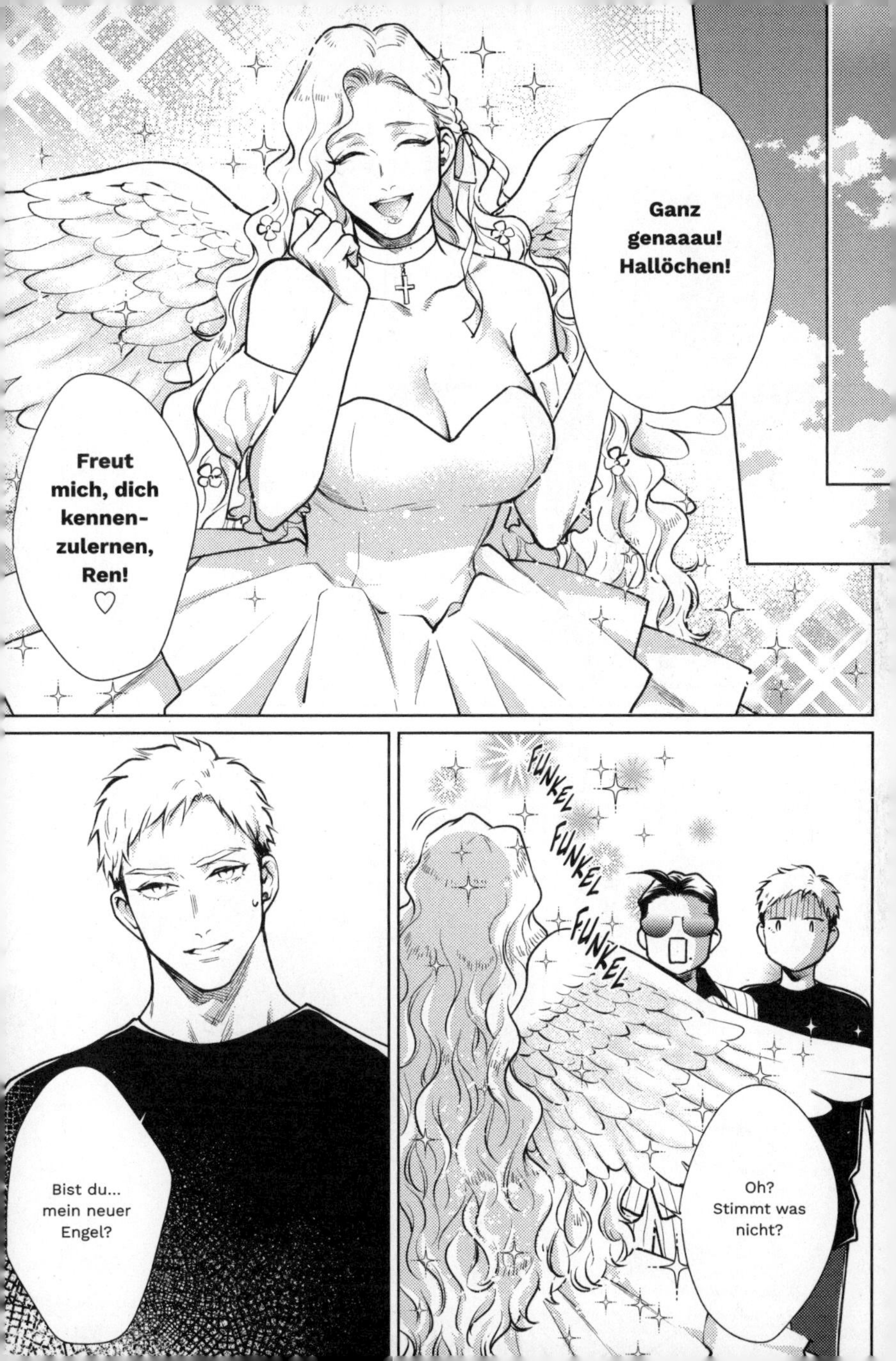
Ganz genaaau! Hallöchen!
Freut mich, dich kennen-zulernen, Ren! ♡
FUNKEL FUNKEL FUNKEL
Oh? Stimmt was nicht?
Bist du... mein neuer Engel?

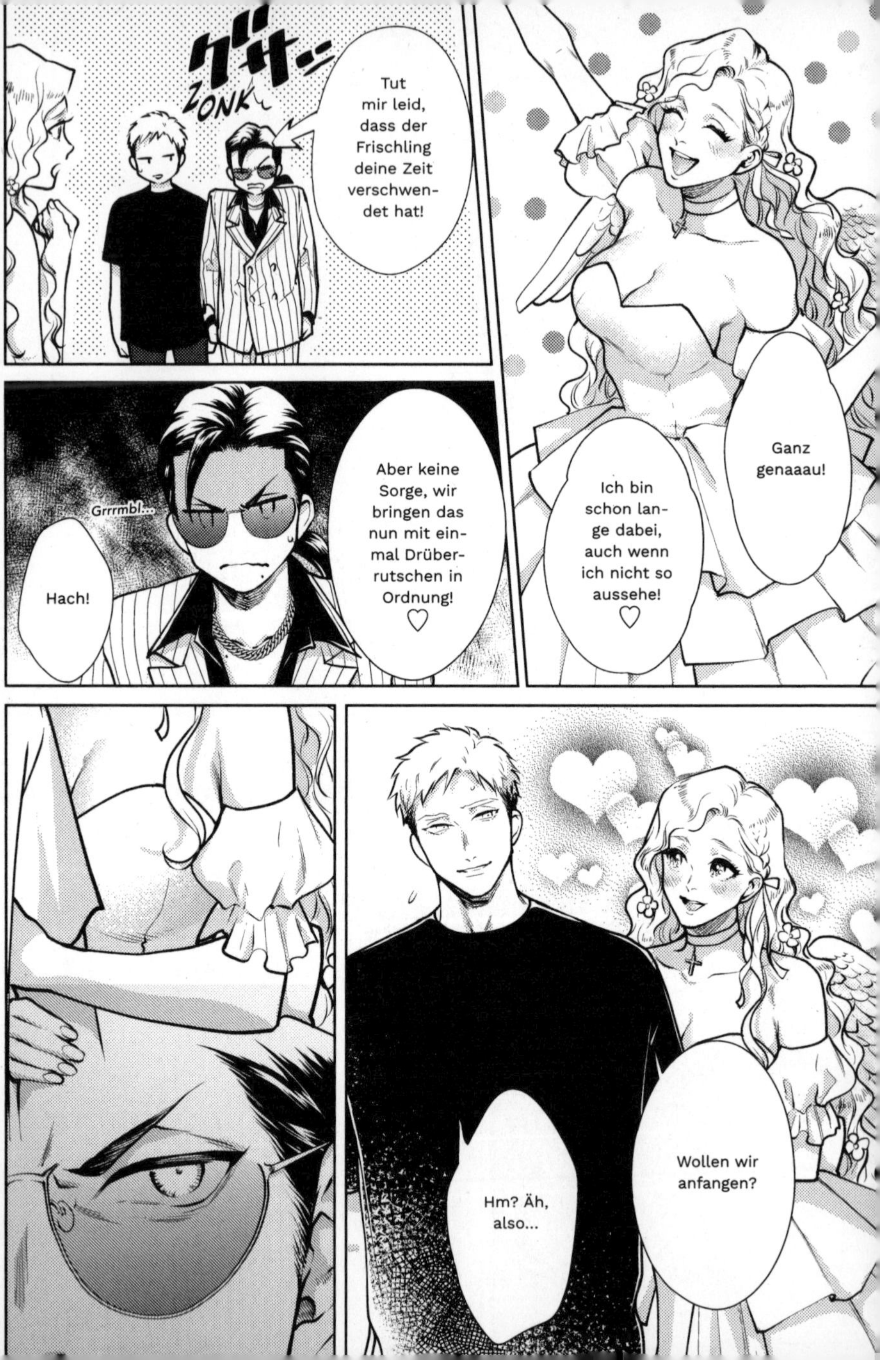

ZONK
Tut mir leid, dass der Frischling deine Zeit verschwen-det hat!
Aber keine Sorge, wir bringen das nun mit ein-mal Drüber-rutschen in Ordnung! ♡
Grrrmbl...
Hach!
Ganz genaaau!
Ich bin schon lan-ge dabei, auch wenn ich nicht so aussehe! ♡
Wollen wir anfangen?
Hm? Äh, also...

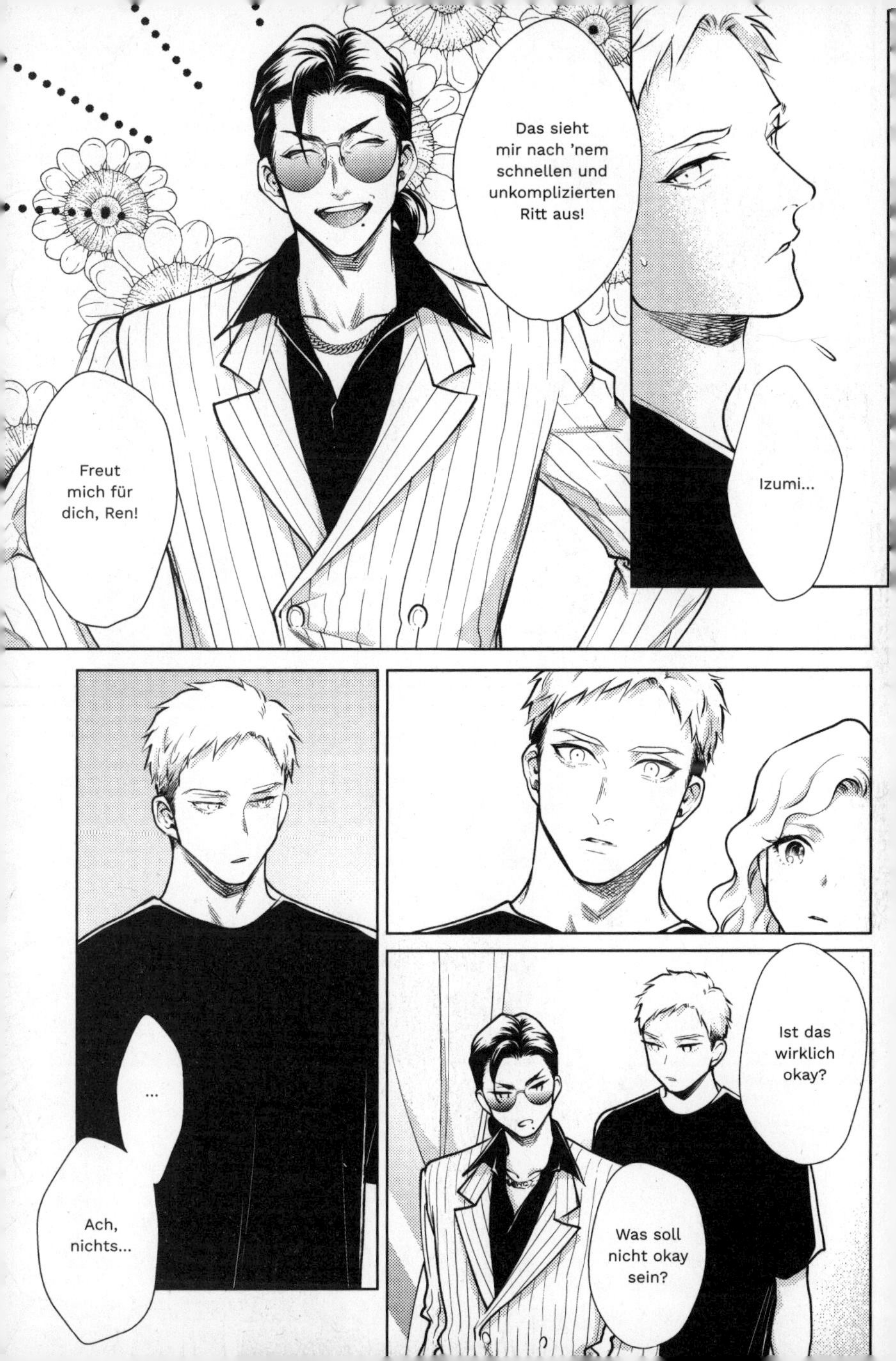

Das sieht mir nach 'nem schnellen und unkomplizierten Ritt aus!
Freut mich für dich, Ren!
Izumi...
Ist das wirklich okay?
Was soll nicht okay sein?
...
Ach, nichts...

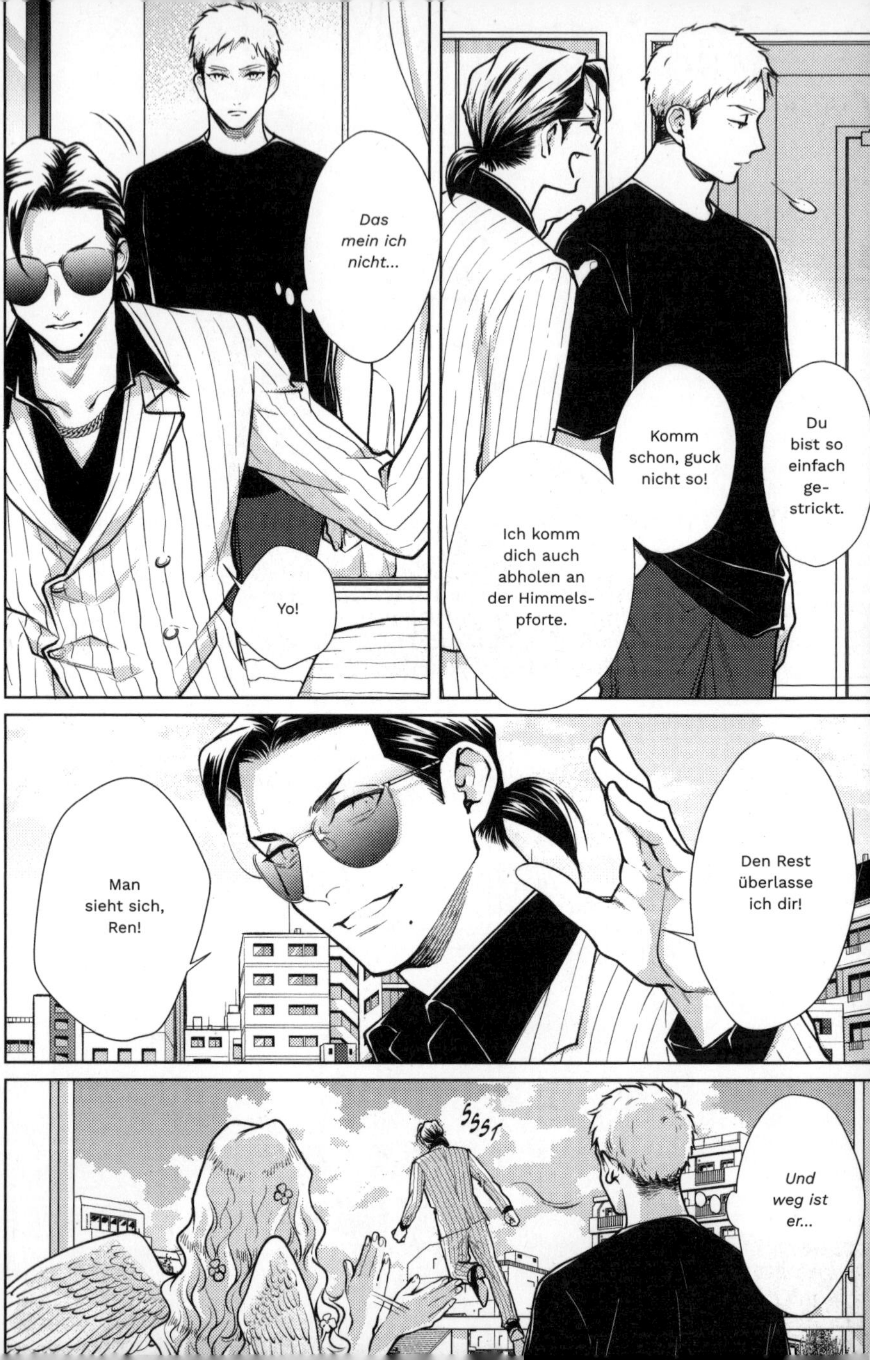
Du bist so einfach gestrickt.
Komm schon, guck nicht so!
Ich komm dich auch abholen an der Himmelspforte.
Das mein ich nicht...
Yo!
Den Rest überlasse ich dir!
Man sieht sich, Ren!
SSST
Und weg ist er...

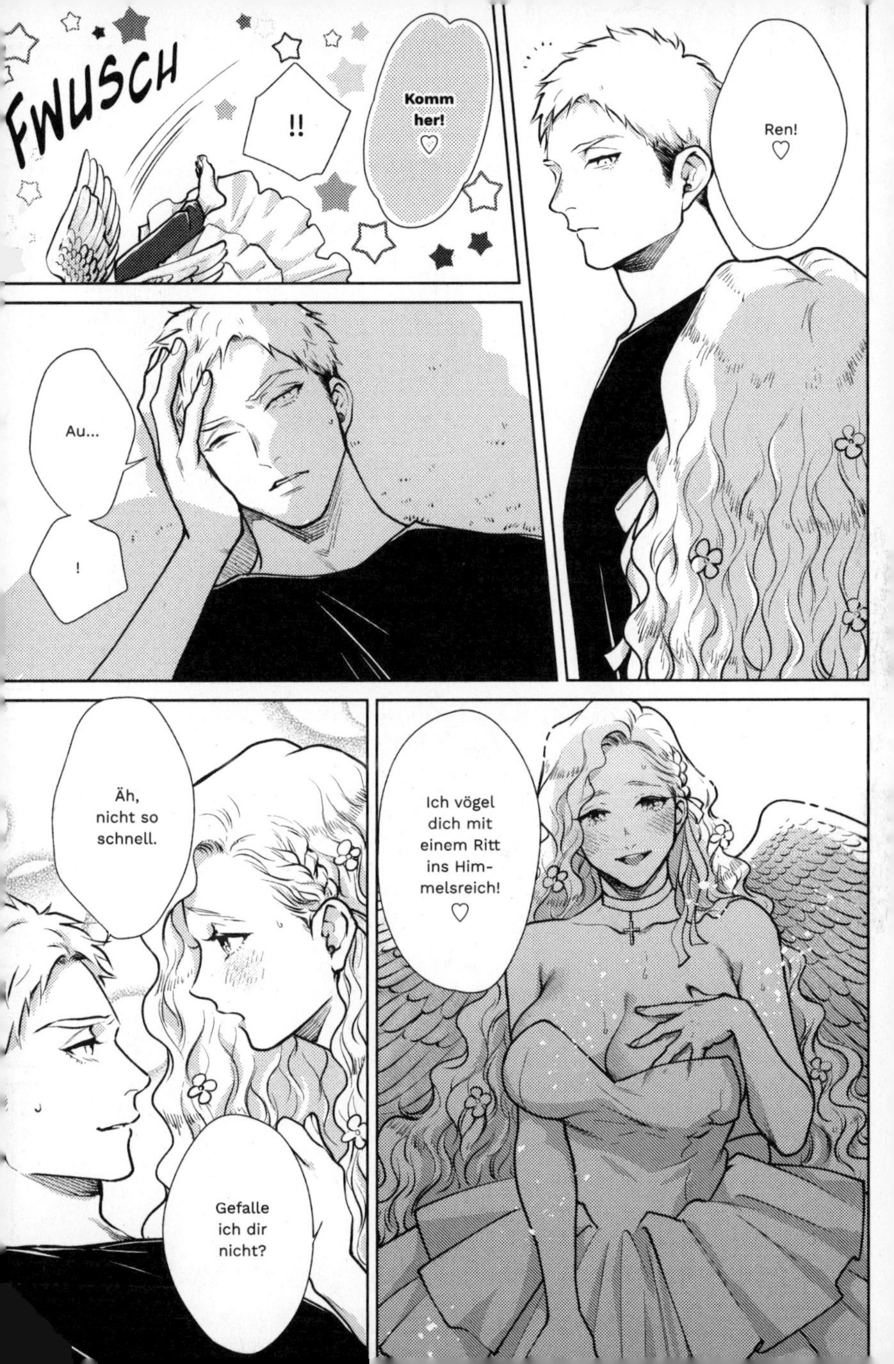

Ren! ♡
Komm her! ♡
!!
FWUSCH
Au...
!
Ich vögel dich mit einem Ritt ins Himmelsreich! ♡
Äh, nicht so schnell.
Gefalle ich dir nicht?

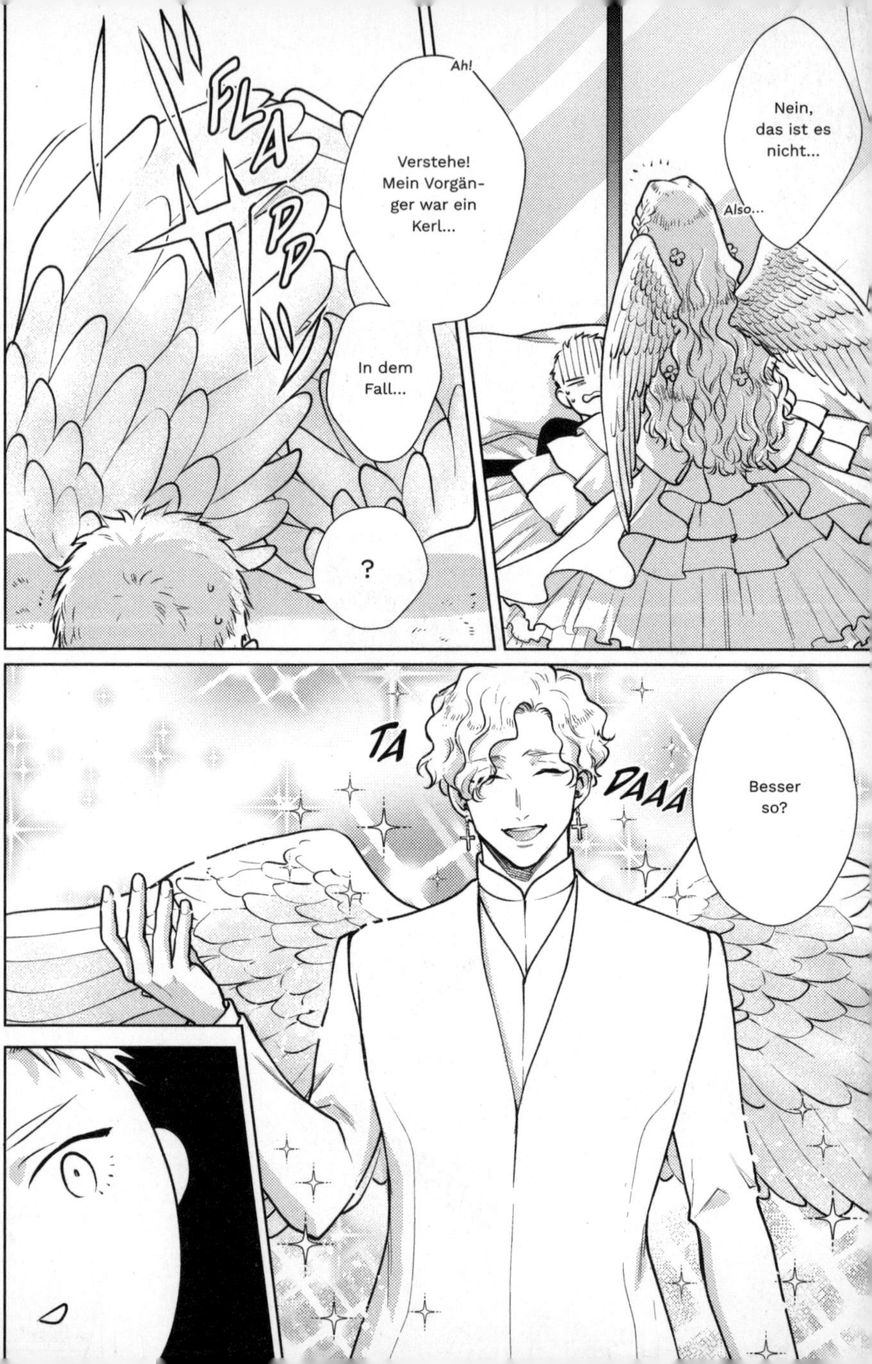
Nein, das ist es nicht...
Also...
Ah!
Verstehe! Mein Vorgänger war ein Kerl...
In dem Fall...
FLAPP
?
Besser so?
TA DAAA

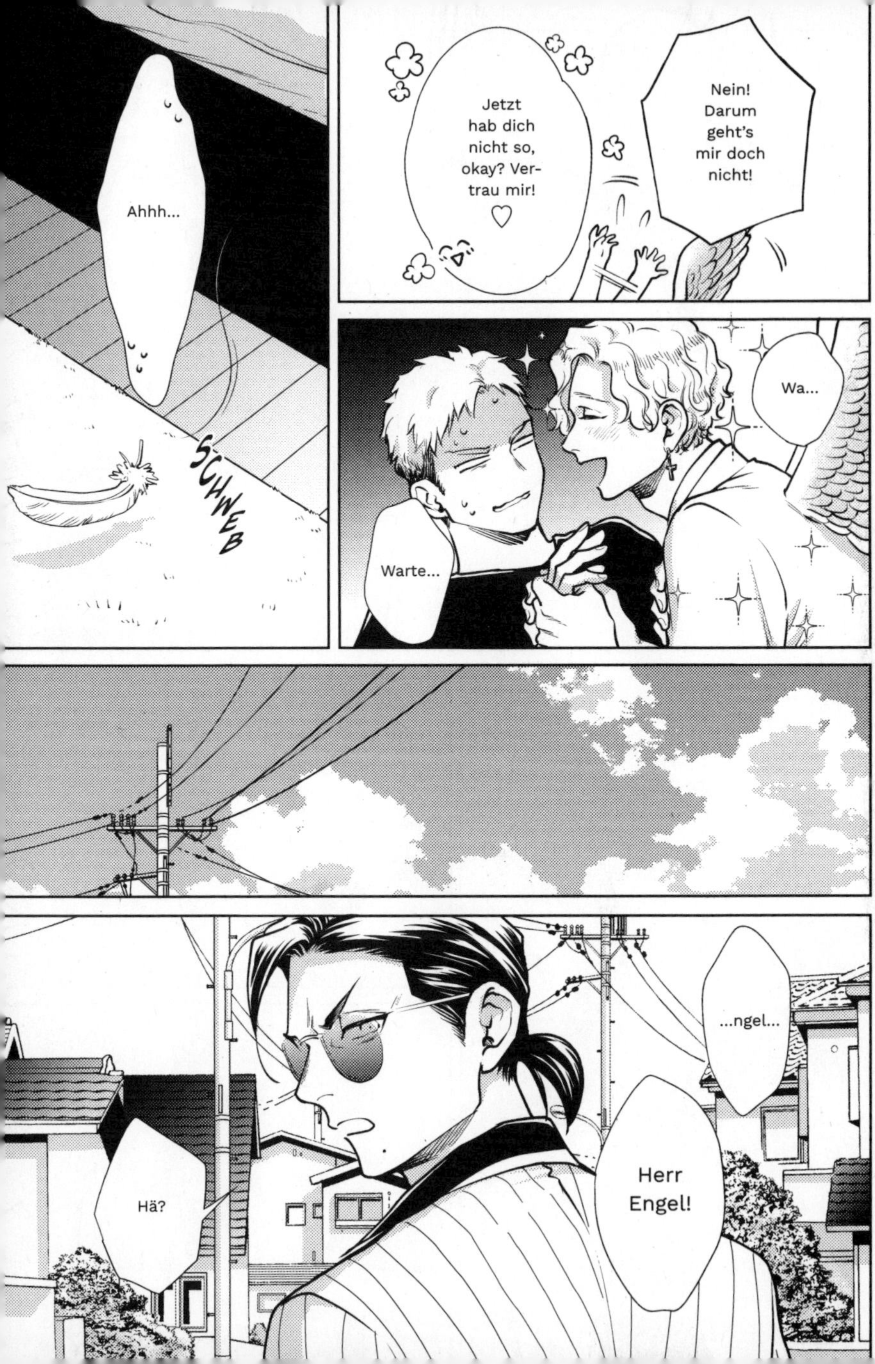
Nein! Darum geht's mir doch nicht!
Jetzt hab dich nicht so, okay? Vertrau mir! ♡
Wa...
Warte...
Ahhh...
SCHWEB
...ngel...
Herr Engel!
Hä?

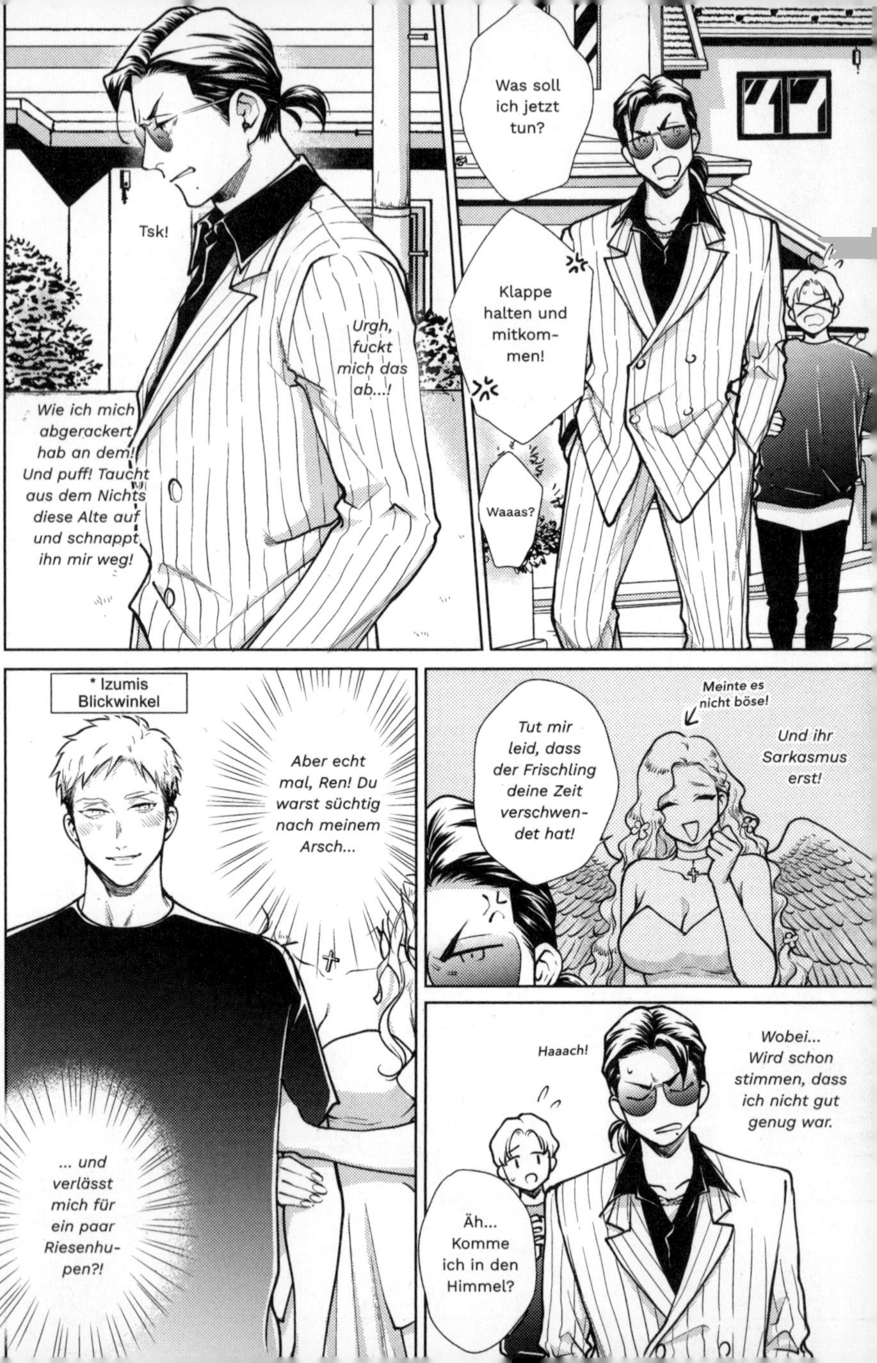
Was soll ich jetzt tun?
Klappe halten und mitkommen!
Waaas?
Tsk!
Urgh, fuckt mich das ab...!
Wie ich mich abgerackert hab an dem! Und puff! Taucht aus dem Nichts diese Alte auf und schnappt ihn mir weg!
Tut mir leid, dass der Frischling deine Zeit verschwendet hat!
Meinte es nicht böse!
Und ihr Sarkasmus erst!
Wobei... Wird schon stimmen, dass ich nicht gut genug war.
Haaach!
Äh... Komme ich in den Himmel?
* Izumis Blickwinkel
Aber echt mal, Ren! Du warst süchtig nach meinem Arsch...
... und verlässt mich für ein paar Riesenhupen?!

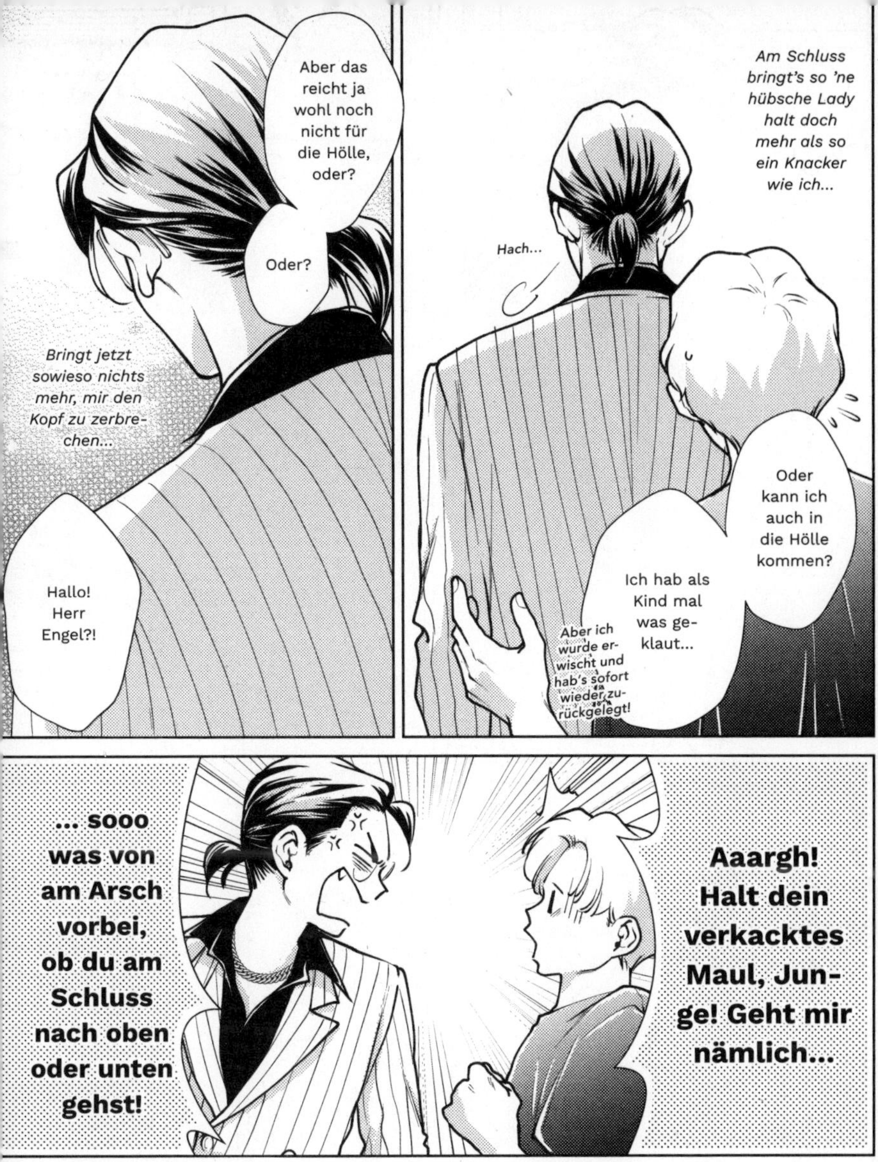
Am Schluss bringt's so 'ne hübsche Lady halt doch mehr als so ein Knacker wie ich...
Hach...
Oder kann ich auch in die Hölle kommen?
Ich hab als Kind mal was geklaut...
Aber ich wurde erwischt und hab's sofort wieder zurückgelegt!
Aber das reicht ja wohl noch nicht für die Hölle, oder?
Oder?
Bringt jetzt sowieso nichts mehr, mir den Kopf zu zerbrechen...
Hallo! Herr Engel?!
Aaargh! Halt dein verkacktes Maul, Junge! Geht mir nämlich...
... sooo was von am Arsch vorbei, ob du am Schluss nach oben oder unten gehst!

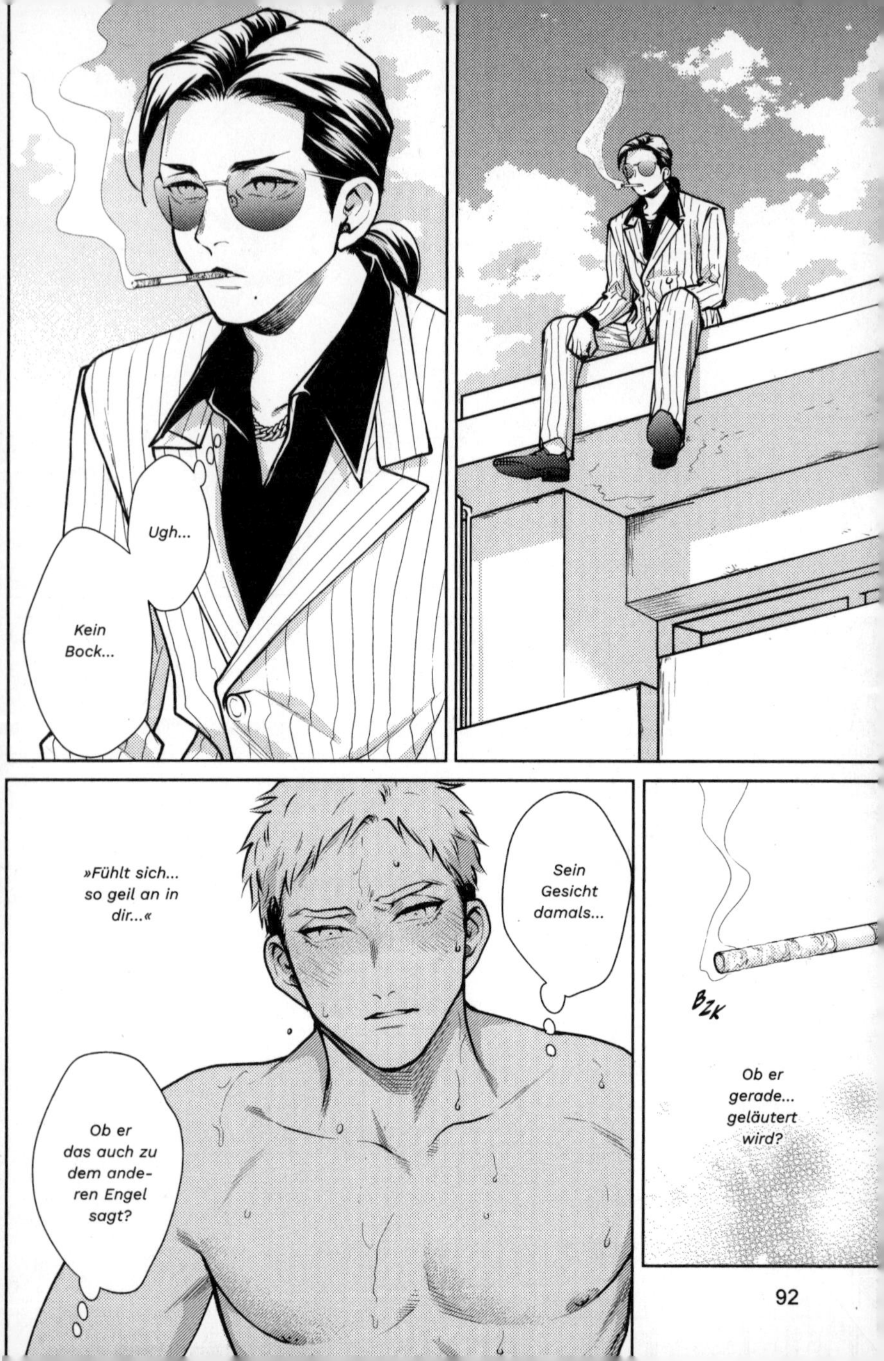
Ugh...
Kein Bock...
BZK
Ob er gerade... geläutert wird?
Sein Gesicht damals...
»Fühlt sich... so geil an in dir...«
Ob er das auch zu dem ande-ren Engel sagt?

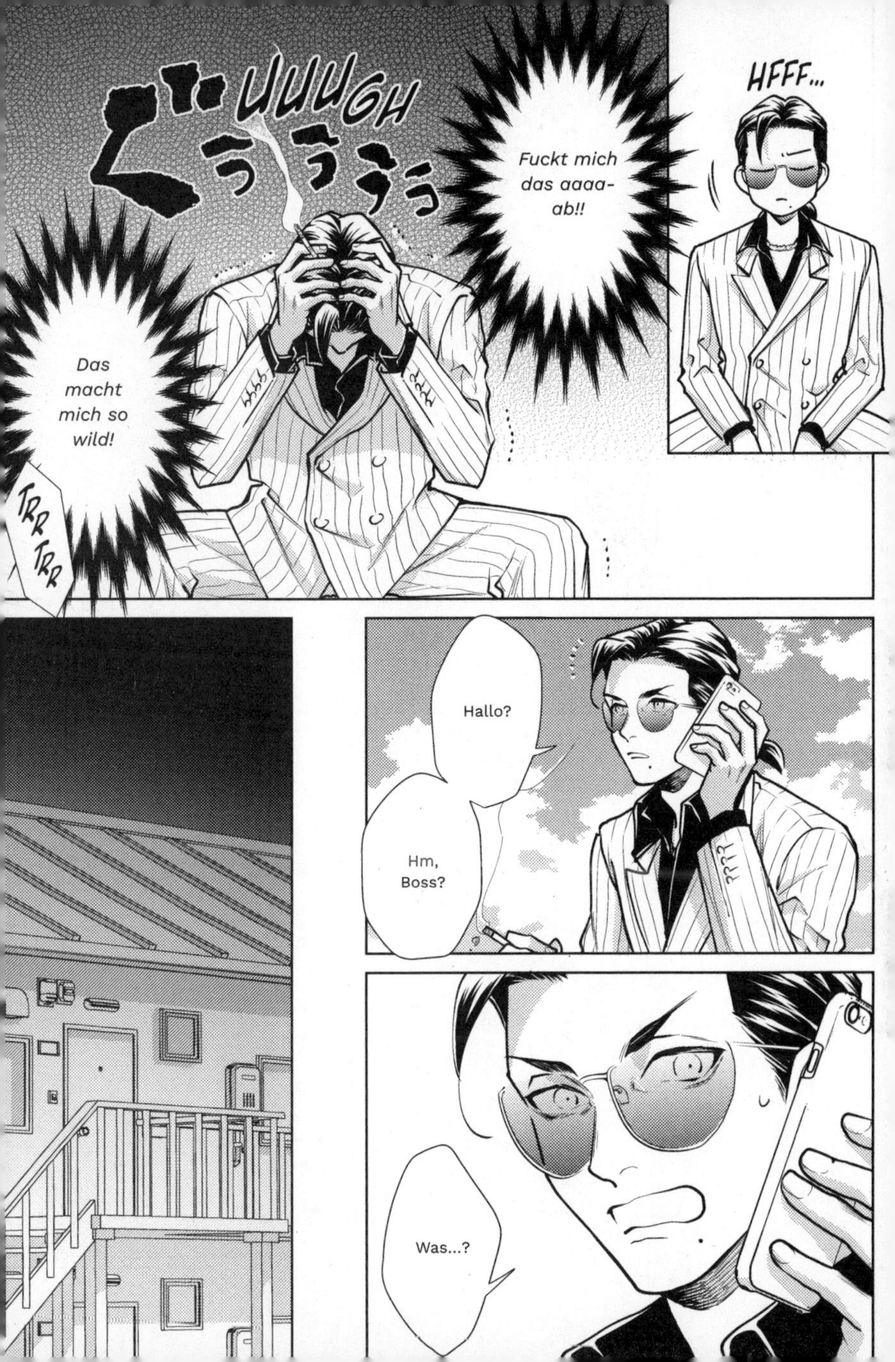
HFFF...
Fuckt mich das aaaa-ab!!
UUUUGH
Das macht mich so wild!
TRR TRR
Hallo?
Hm, Boss?
Was...?

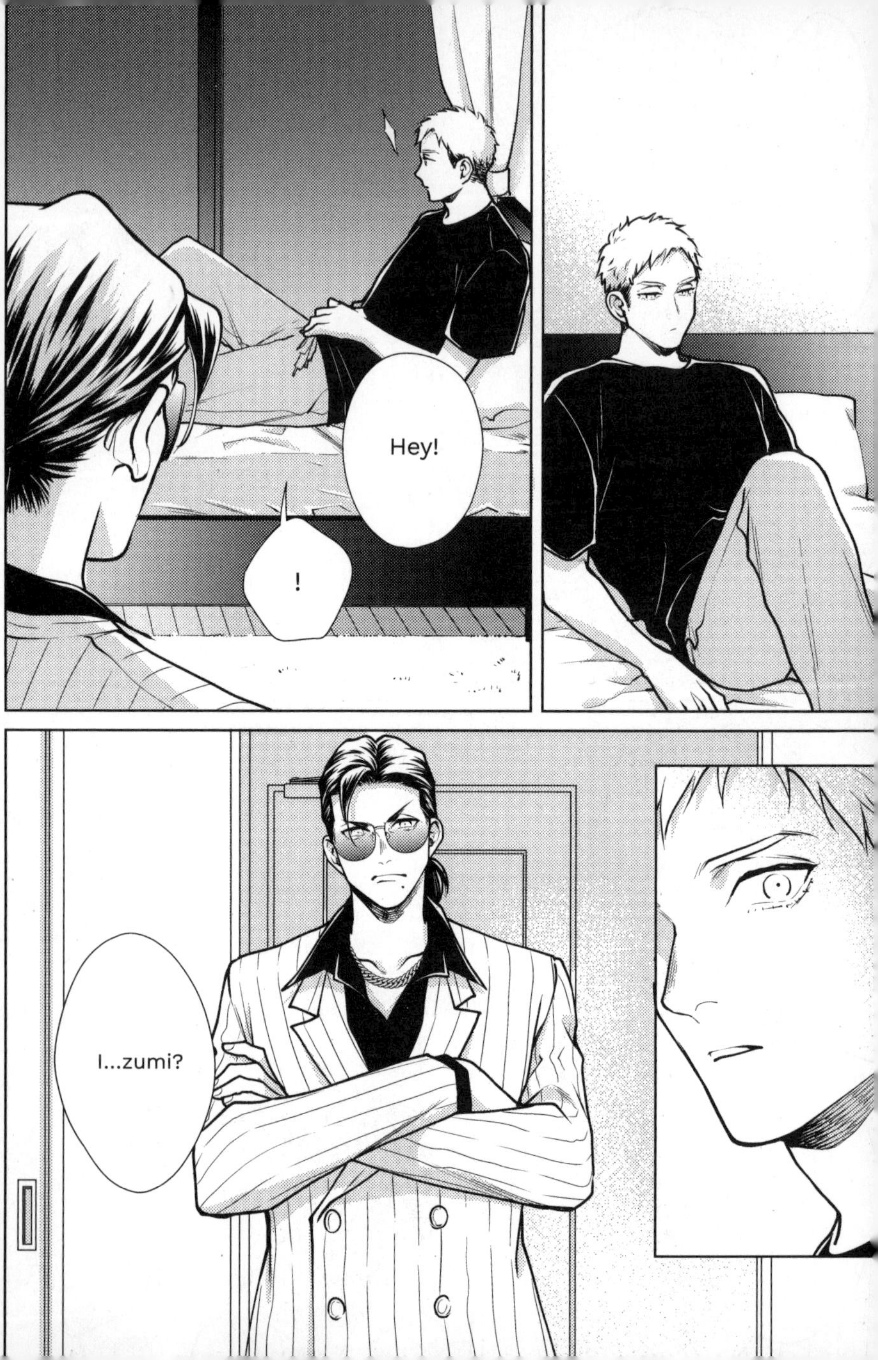
Hey!
!
I...zumi?

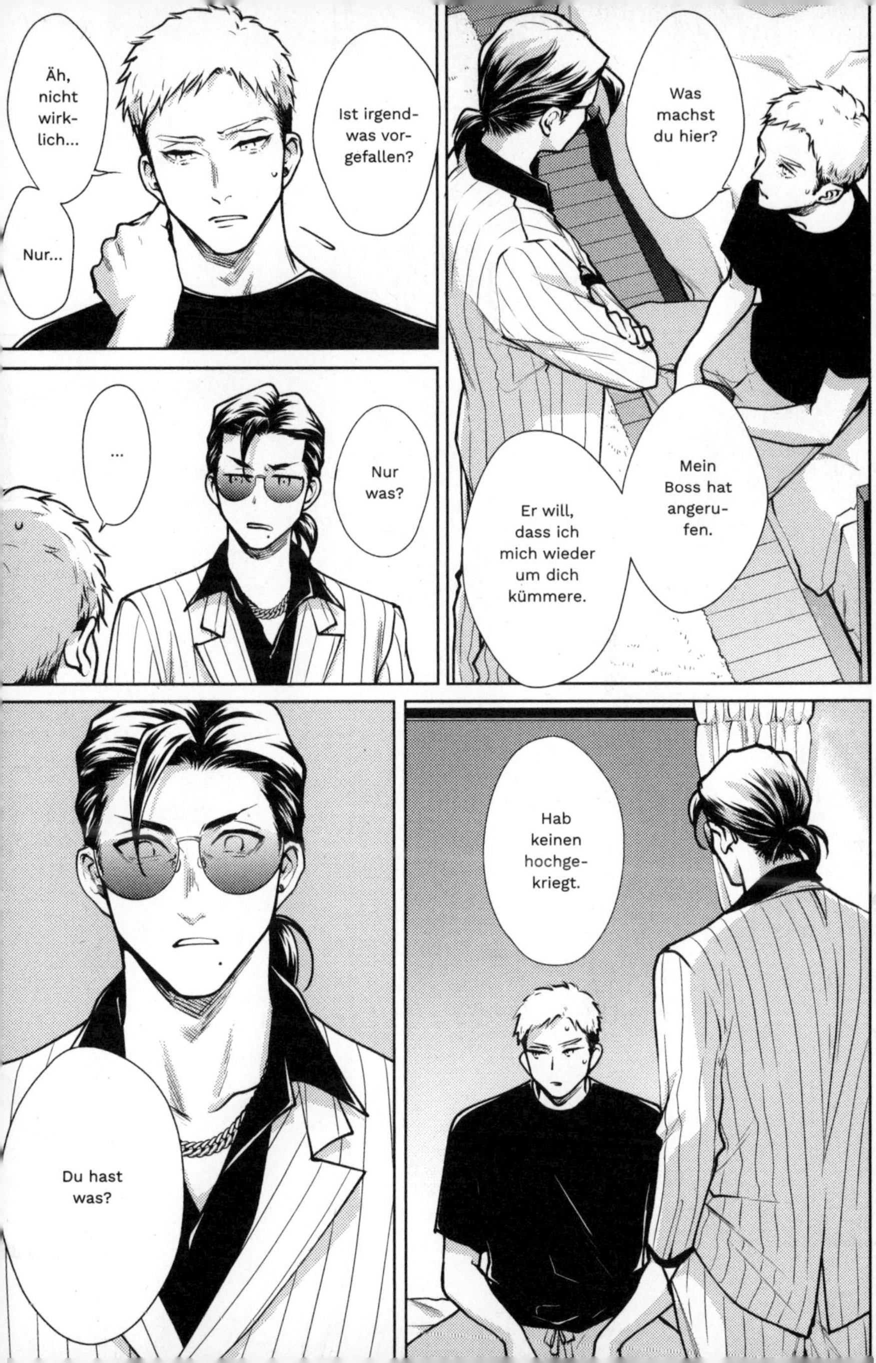
Was machst du hier?
Mein Boss hat angerufen.
Er will, dass ich mich wieder um dich kümmere.
Ist irgendwas vorgefallen?
Äh, nicht wirklich...
Nur...
Nur was?
...
Hab keinen hochgekriegt.
Du hast was?

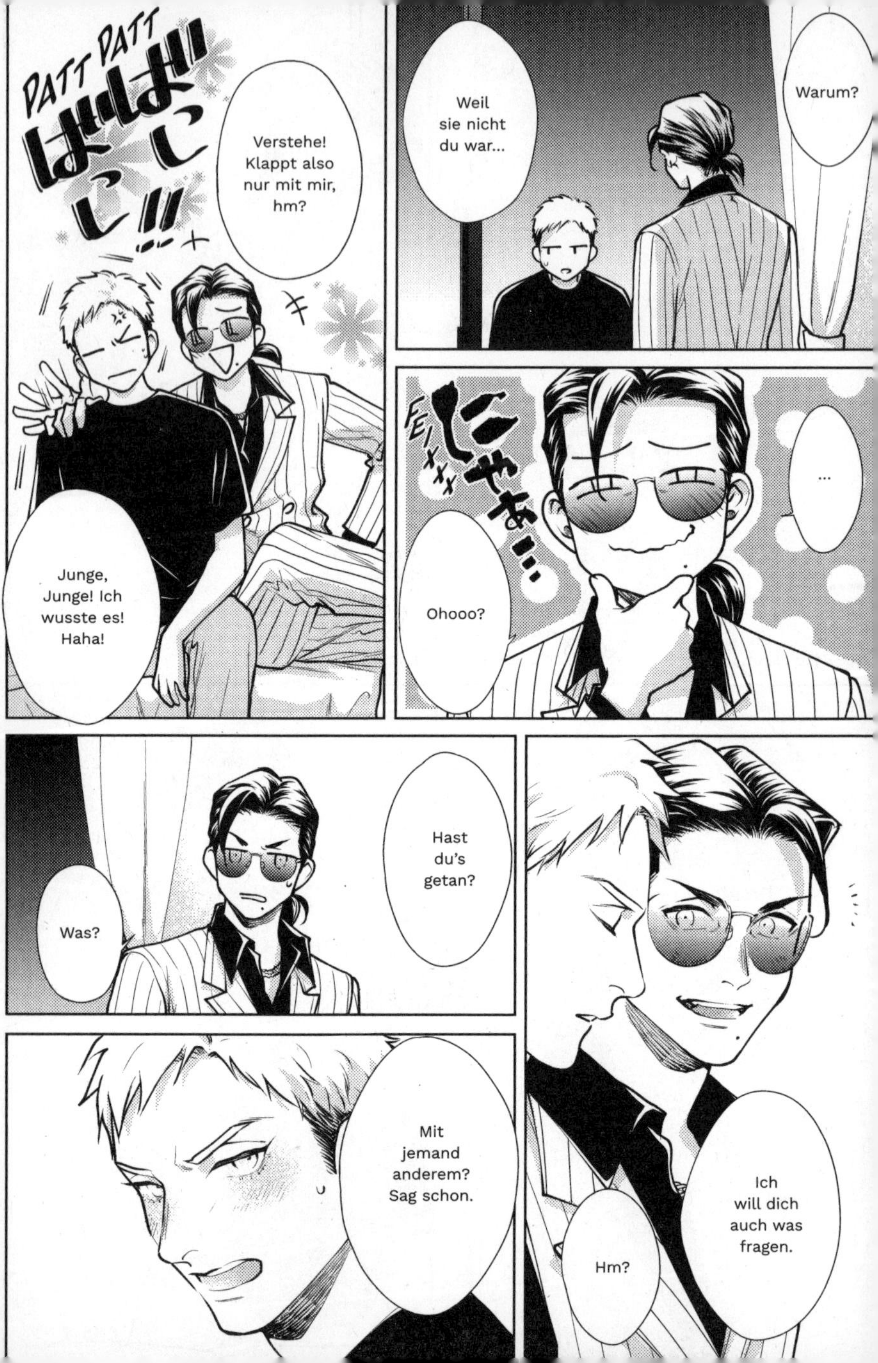
Warum?
Weil sie nicht du war...
...
Ohooo?
FEIXXX
にやあ…
Verstehe! Klappt also nur mit mir, hm?
PATT PATT
ばしばしっ!!
Junge, Junge! Ich wusste es! Haha!
Ich will dich auch was fragen.
Hm?
Hast du's getan?
Was?
Mit jemand anderem? Sag schon.

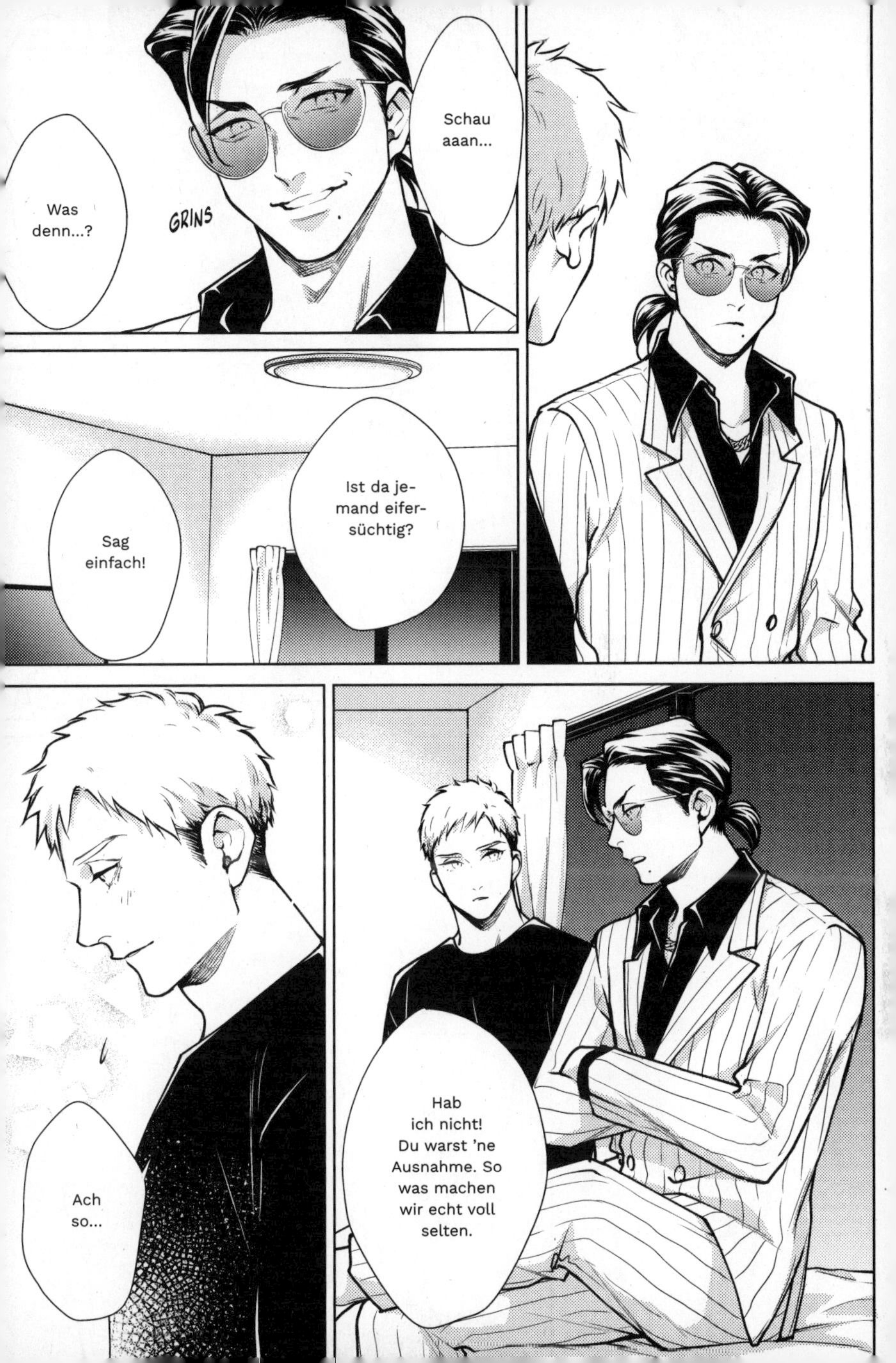
Schau aaan...
GRINS
Was denn...?
Ist da jemand eifersüchtig?
Sag einfach!
Hab ich nicht! Du warst 'ne Ausnahme. So was machen wir echt voll selten.
Ach so...

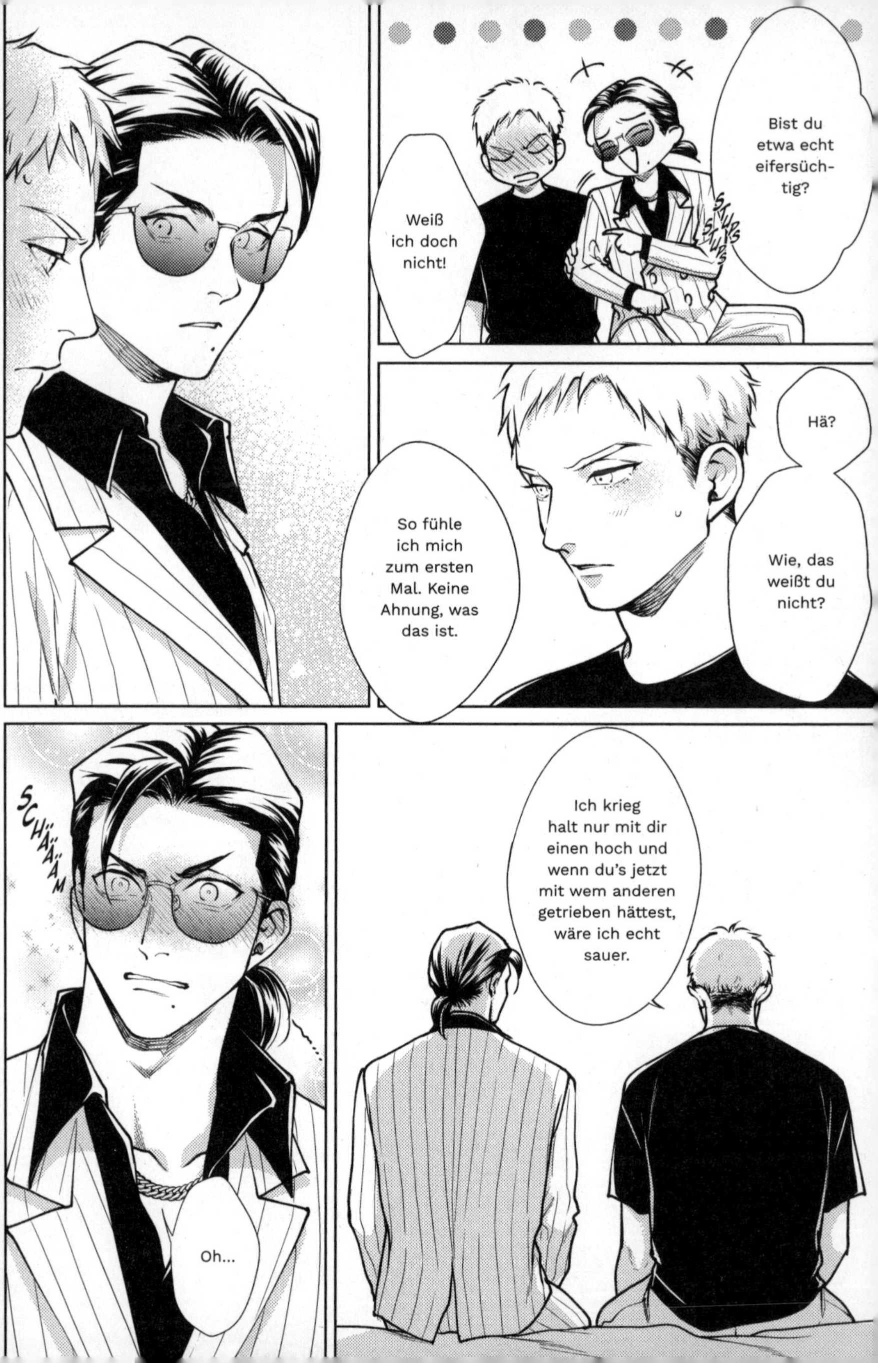
Bist du etwa echt eifersüchtig?
STUPS STUPS STUPS
Weiß ich doch nicht!
Hä?
Wie, das weißt du nicht?
So fühle ich mich zum ersten Mal. Keine Ahnung, was das ist.
Ich krieg halt nur mit dir einen hoch und wenn du’s jetzt mit wem anderen getrieben hättest, wäre ich echt sauer.
SCHÄÄÄM
Oh...

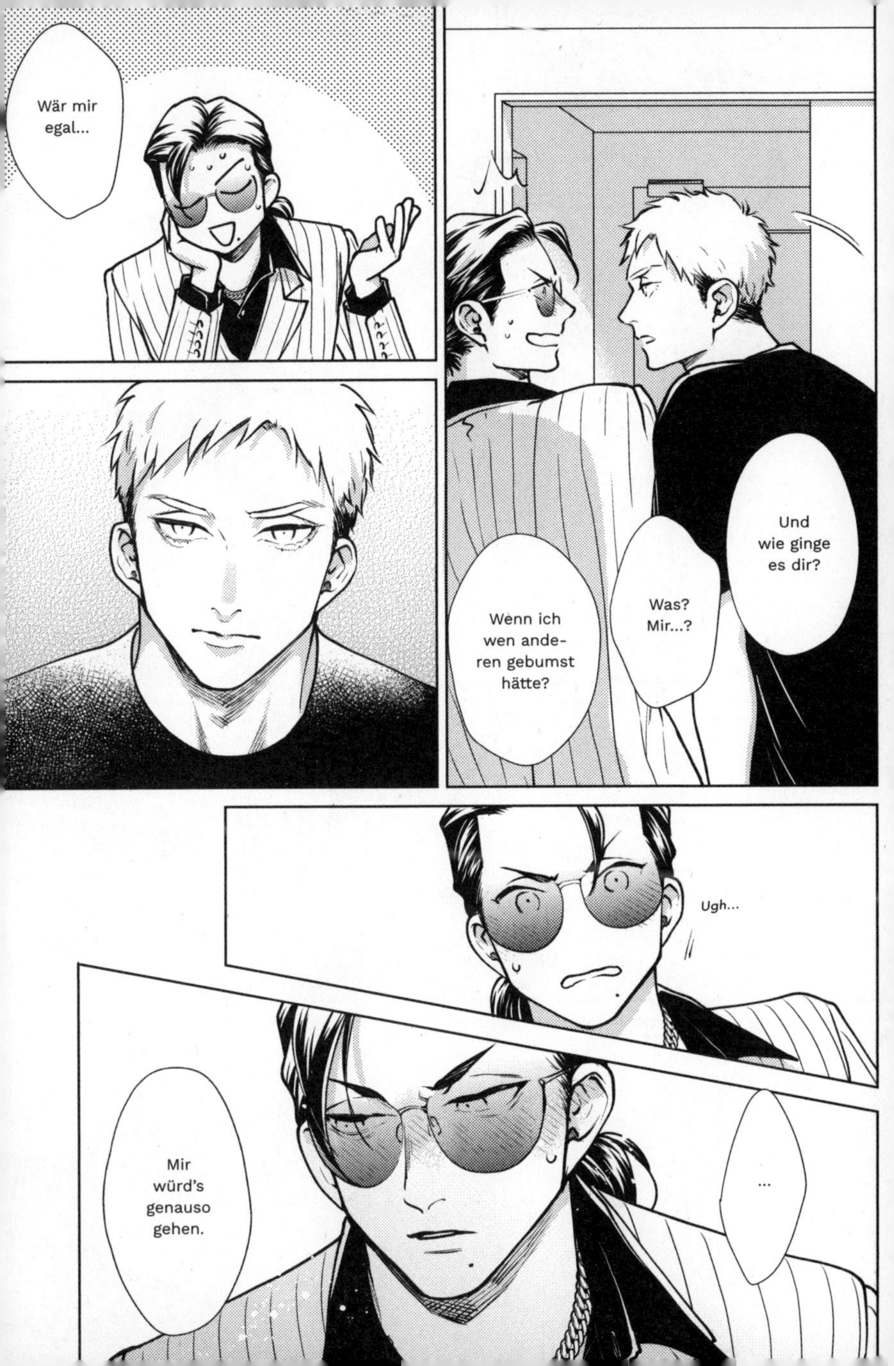
Und wie ginge es dir?
Was? Mir...?
Wenn ich wen anderen gebumst hätte?
Wär mir egal...
Ugh...
...
Mir würd's genauso gehen.

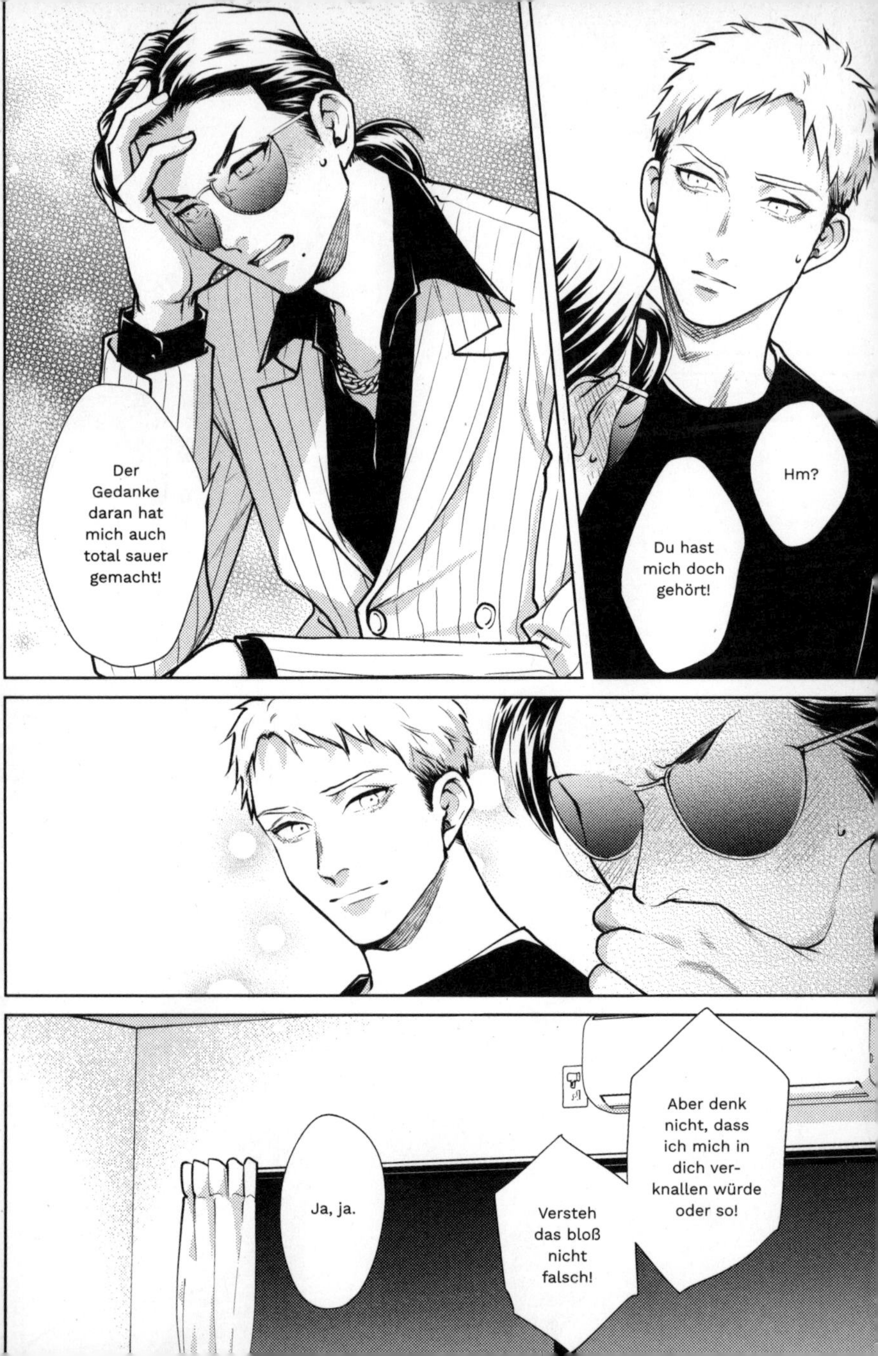
Hm?
Du hast mich doch gehört!
Der Gedanke daran hat mich auch total sauer gemacht!
Aber denk nicht, dass ich mich in dich ver-knallen würde oder so!
Versteh das bloß nicht falsch!
Ja, ja.

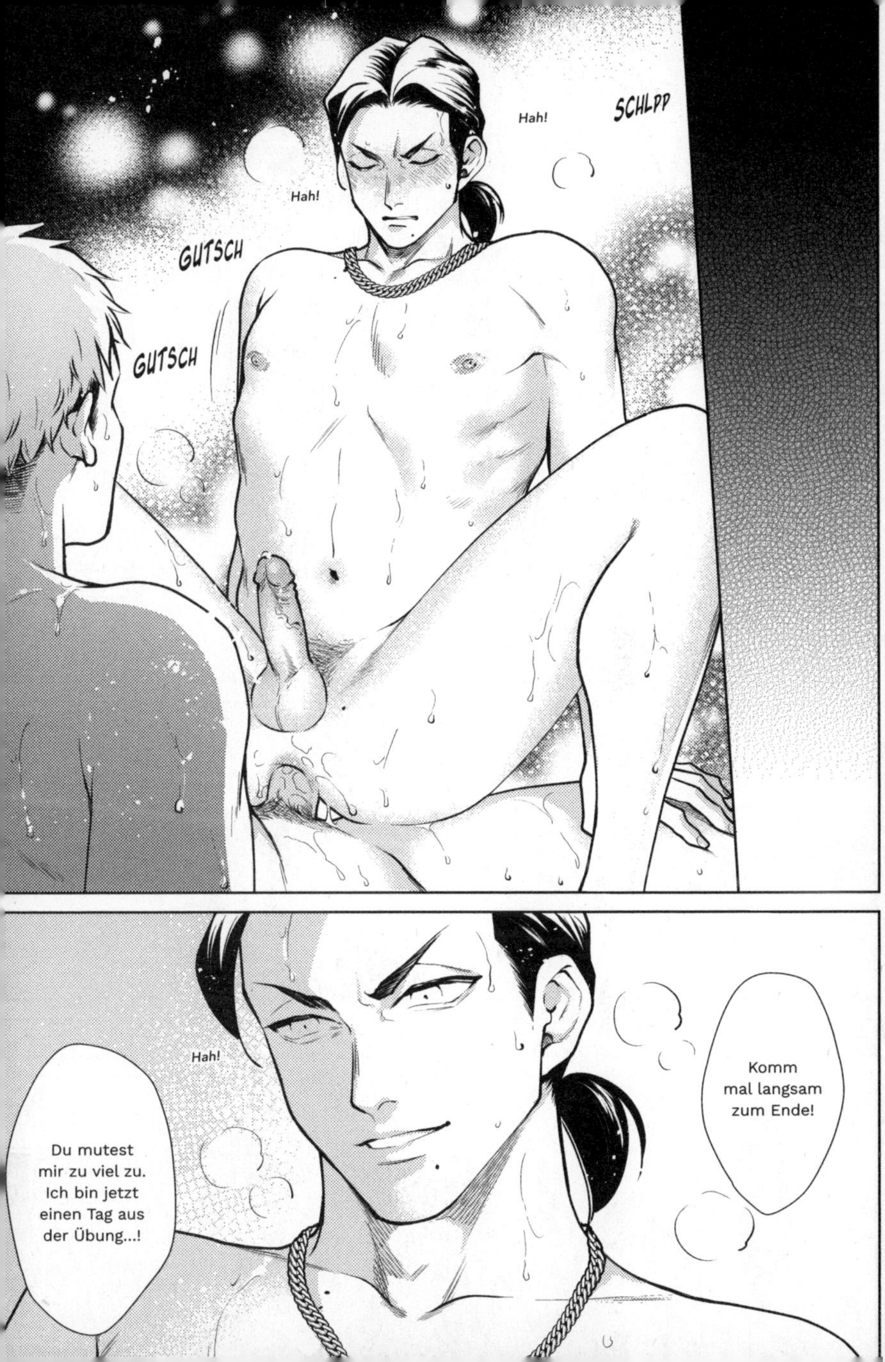
SCHLPP
Hah!
Hah!
GUTSCH
GUTSCH
Komm mal langsam zum Ende!
Hah!
Du mutest mir zu viel zu. Ich bin jetzt einen Tag aus der Übung...!

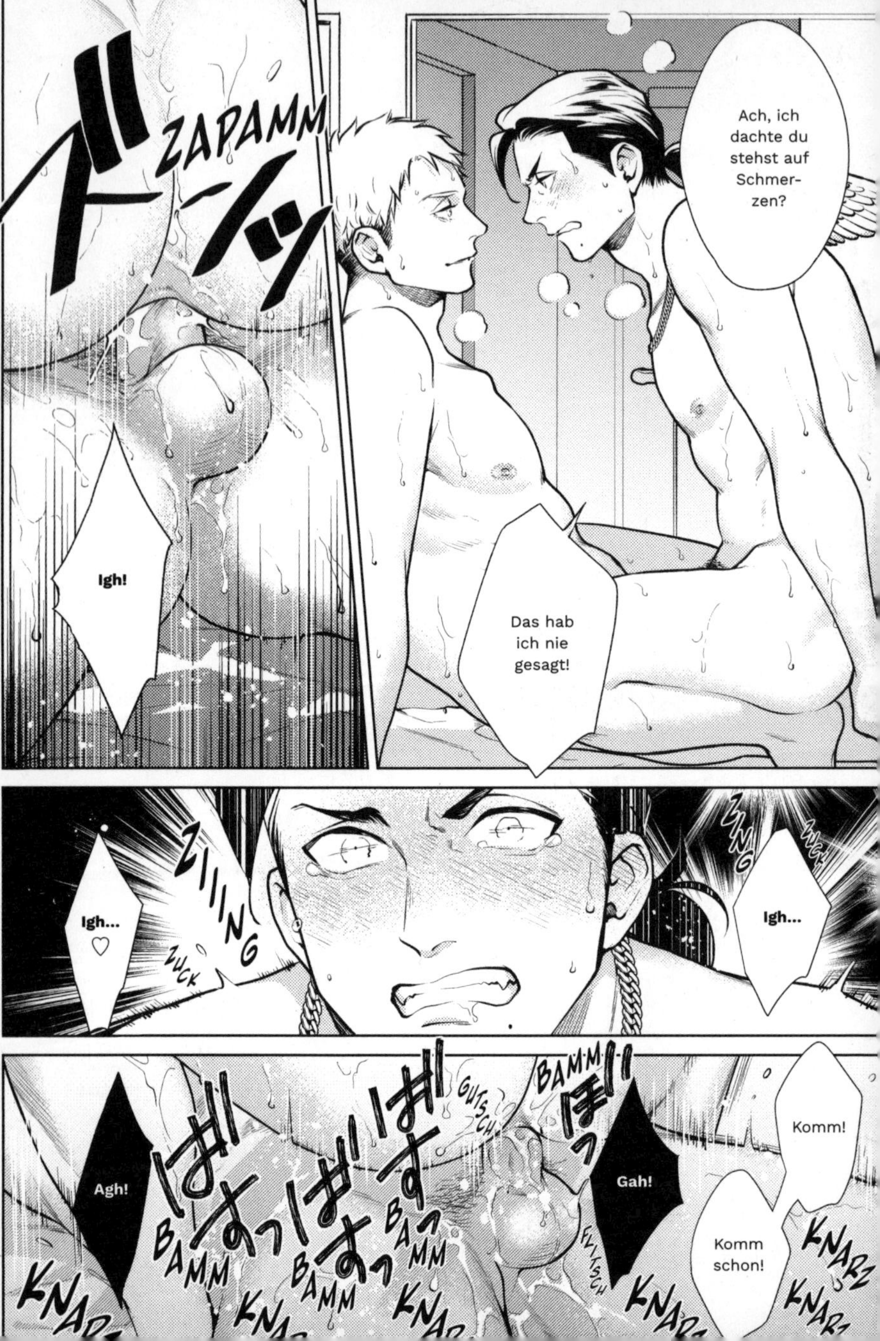

Ach, ich dachte du stehst auf Schmerzen?
Das hab ich nie gesagt!
ZAPAMM
Igh!
ZING
ZUCK
Igh...
ZIIING
ZUCK
Igh... ♡
Komm!
Komm schon!
KNARZ
KNARZ
Gah!
BAMM
GUTSCH
FLUTSCH
BAMM
BAMM
BAMM
Agh!

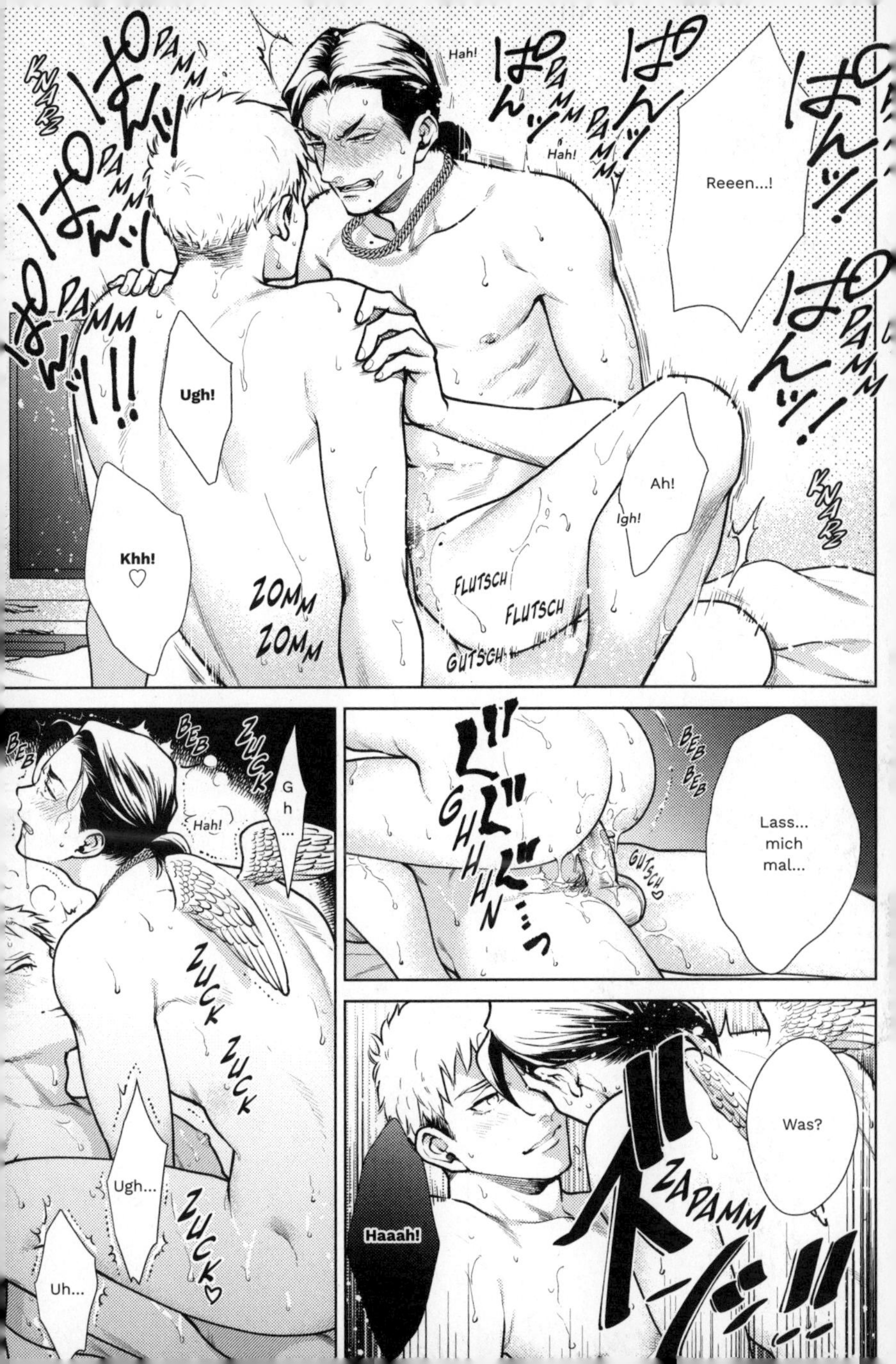
PAMM
PAMM
PAMM
Reeen...!
Hah!
Hah!
PAMM
PAMM
KNARR
PAMM
PAMM
KNARR
Ugh!
Ah!
Igh!
Khh! ♡
FLUTSCH
FLUTSCH
ZOMM
ZOMM
GUTSCH
BEB
BEB
Lass...
mich
mal...
GHHHN
GUTSCH♡
ZUCK
BEB
BEB
Gh...
Hah!
ZUCK
ZUCK
Ugh...
ZUCK♡
Uh...
Was?
ZAPAMM
Haaah!

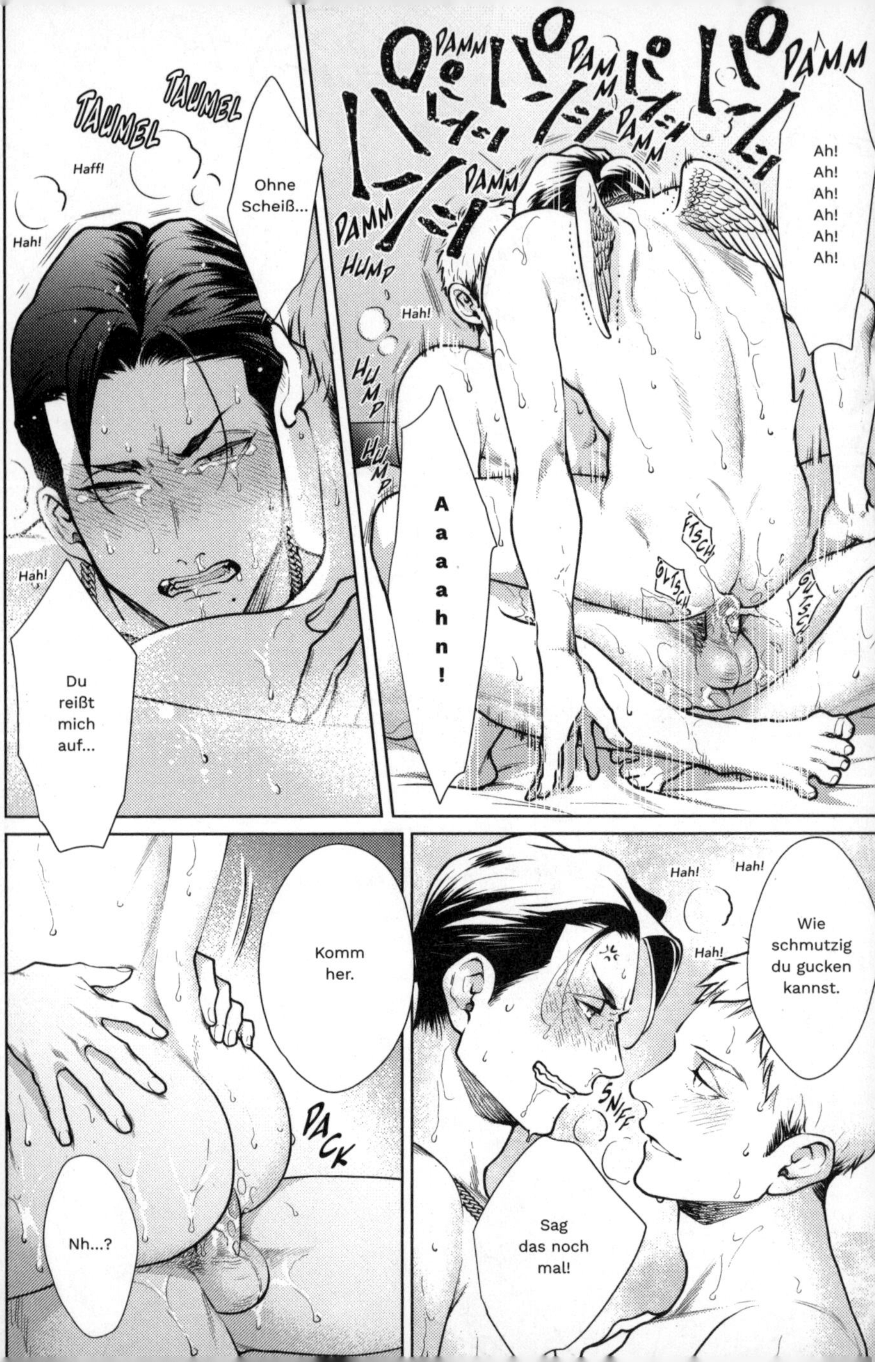
DAMM
DAMM
DAMM
DAMM
DAMM
DAMM
Ah! Ah! Ah! Ah! Ah! Ah!
HUMP
Hah!
HUMP
HUMP
Aaaaahn!
GLITSCH
GLITSCH
GLITSCH
TAUMEL
TAUMEL
Ohne Scheiß...
Haff!
Hah!
Hah!
Du reißt mich auf...
Hah!
Hah!
Wie schmutzig du gucken kannst.
Hah!
SNIFF
Sag das noch mal!
Komm her.
PACK
Nh...?

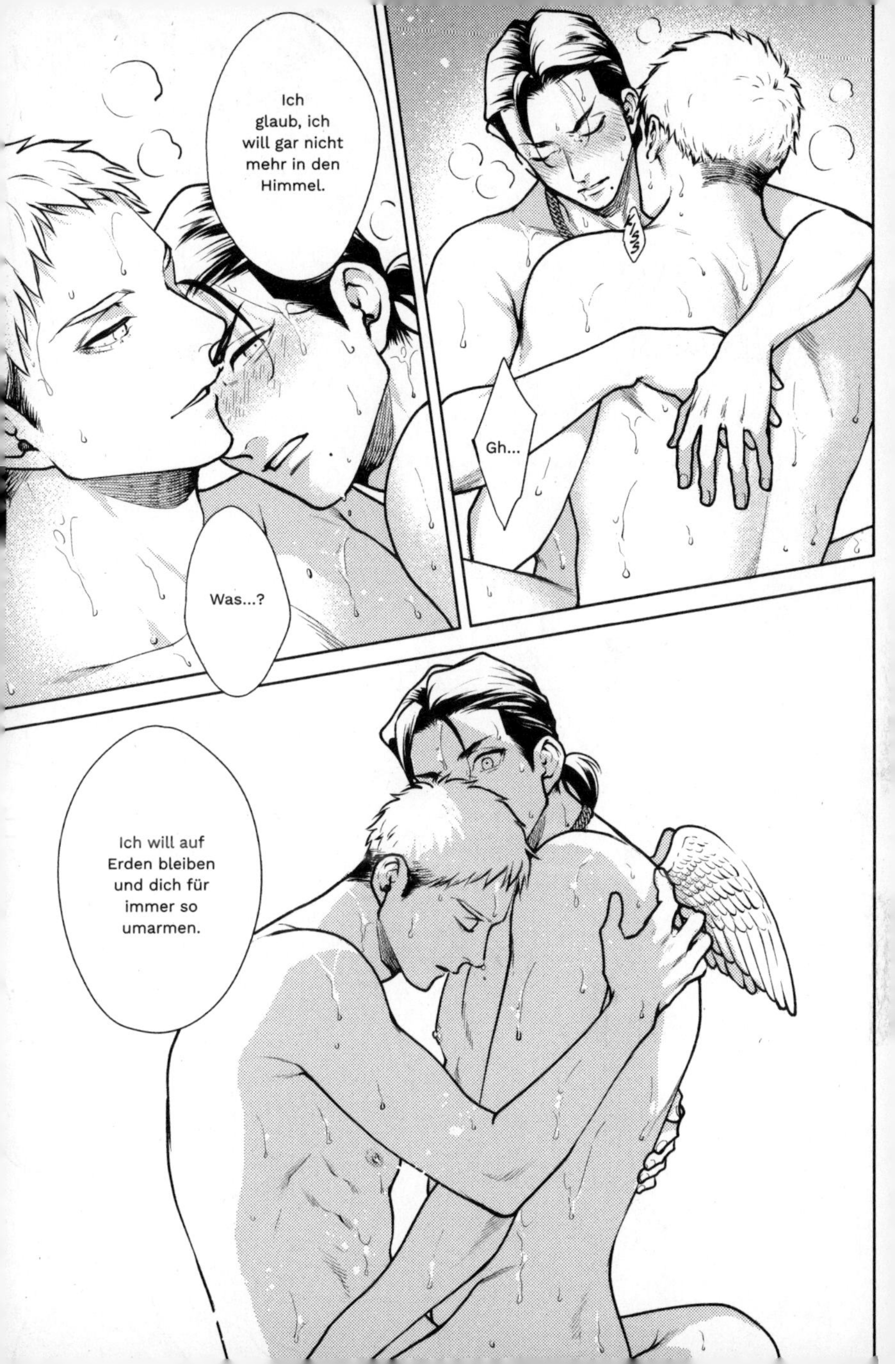
Gh...
Ich glaub, ich will gar nicht mehr in den Himmel.
Was...?
Ich will auf Erden bleiben und dich für immer so umarmen.

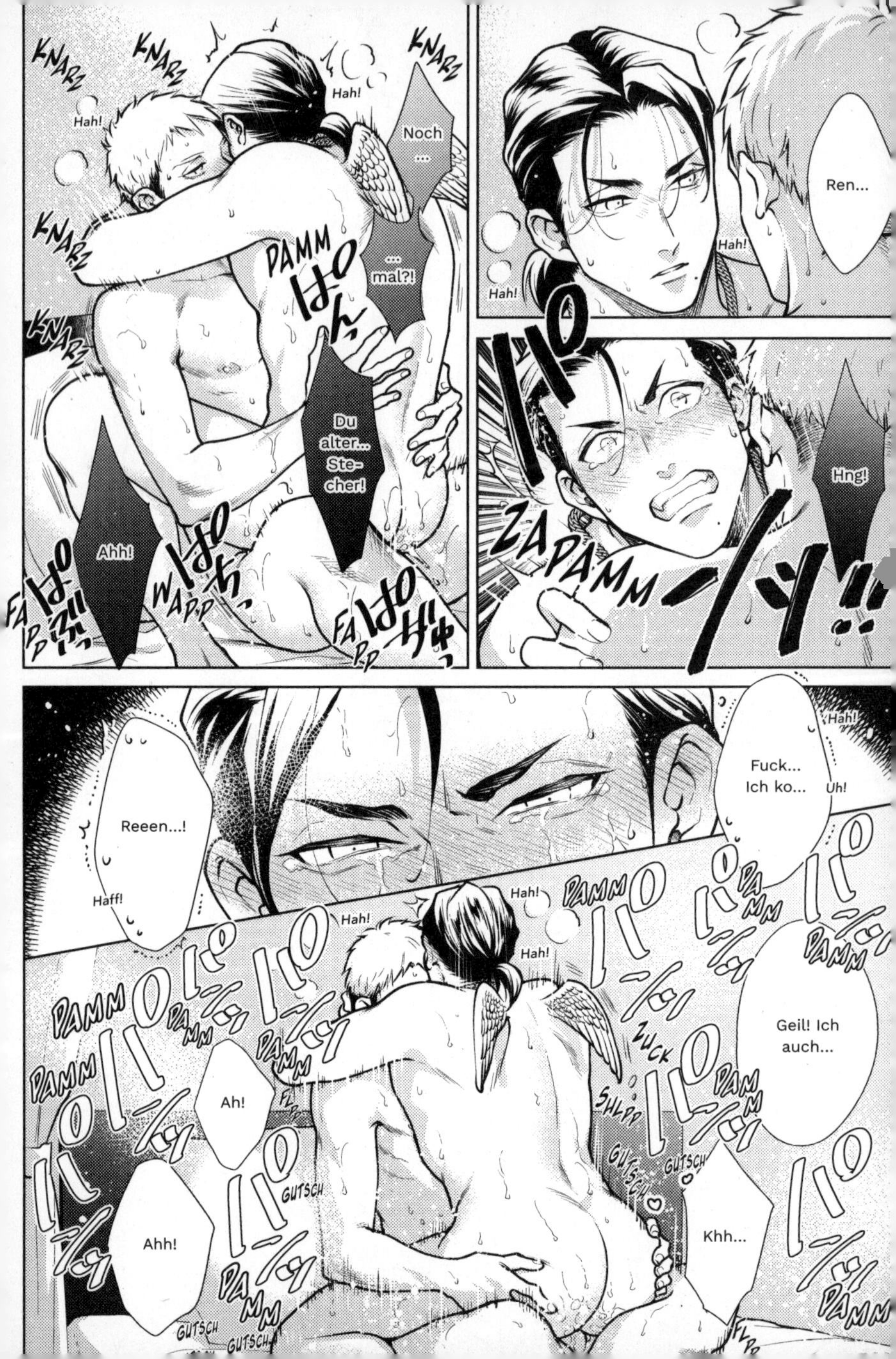
Ren...
Hah!
Hah!
KNARZ
KNARZ
Hah!
Noch ...
... mal?!
Hah!
KNARZ
KNARZ
PAMM
Du alter... Stecher!
Ahh!
WAPP
FAPP
FAPP
Hng!
ZAPAMM
Hah!
Fuck... Ich ko...
Uh!
Reeen...!
Haff!
Hah!
Hah!
Hah!
Geil! Ich auch...
PAMM
ZUCK
SHLPP
GUTSCH
Khh...
Ah!
Ahh!
GUTSCH
GUTSCH
GUTSCH

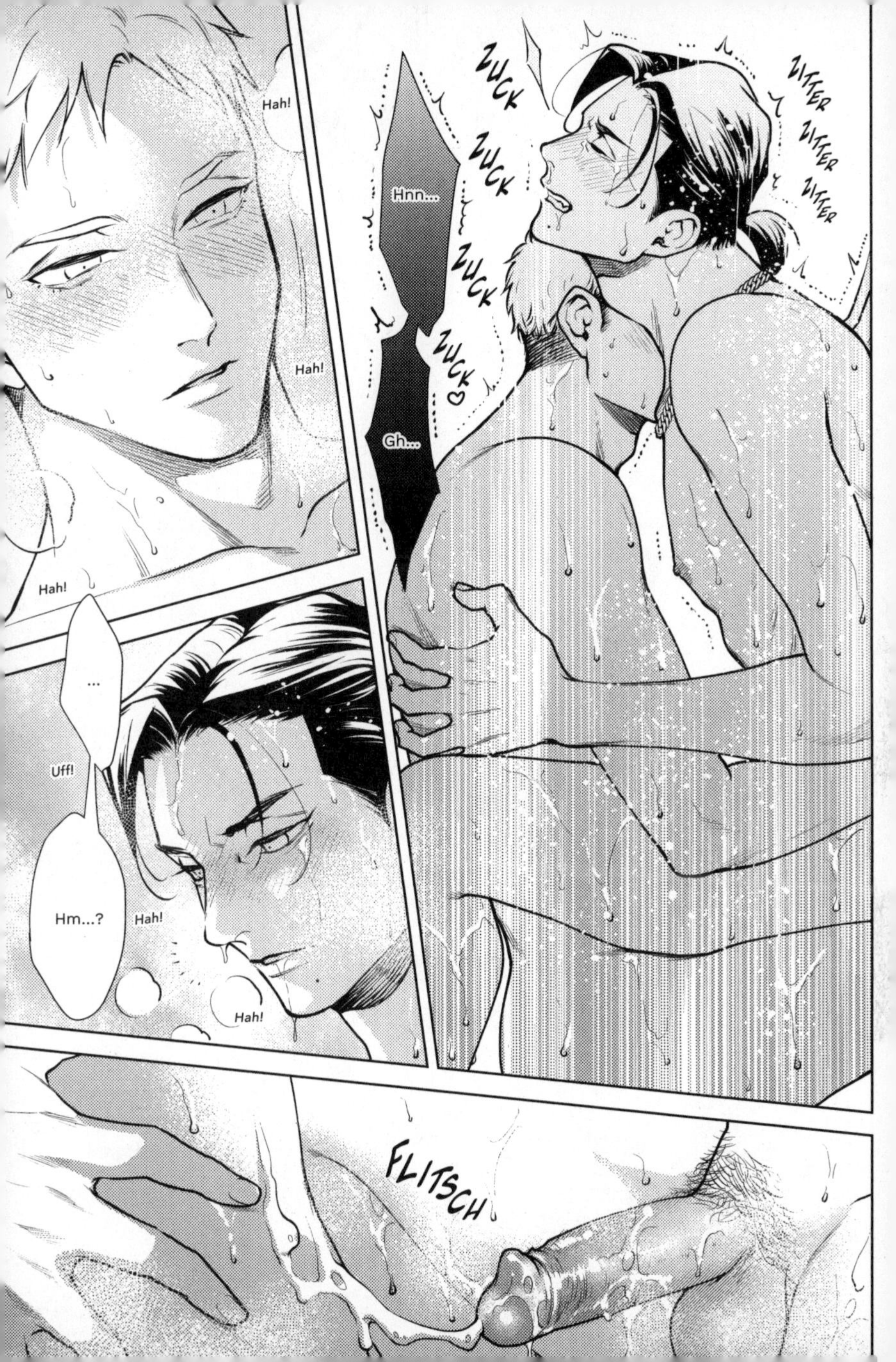
ZITTER
ZITTER
ZITTER
ZUCK
ZUCK
ZUCK
ZUCK
Hnn...
Gh...
Hah!
Hah!
Hah!
...
Uff!
Hm...?
Hah!
Hah!
FLITSCH

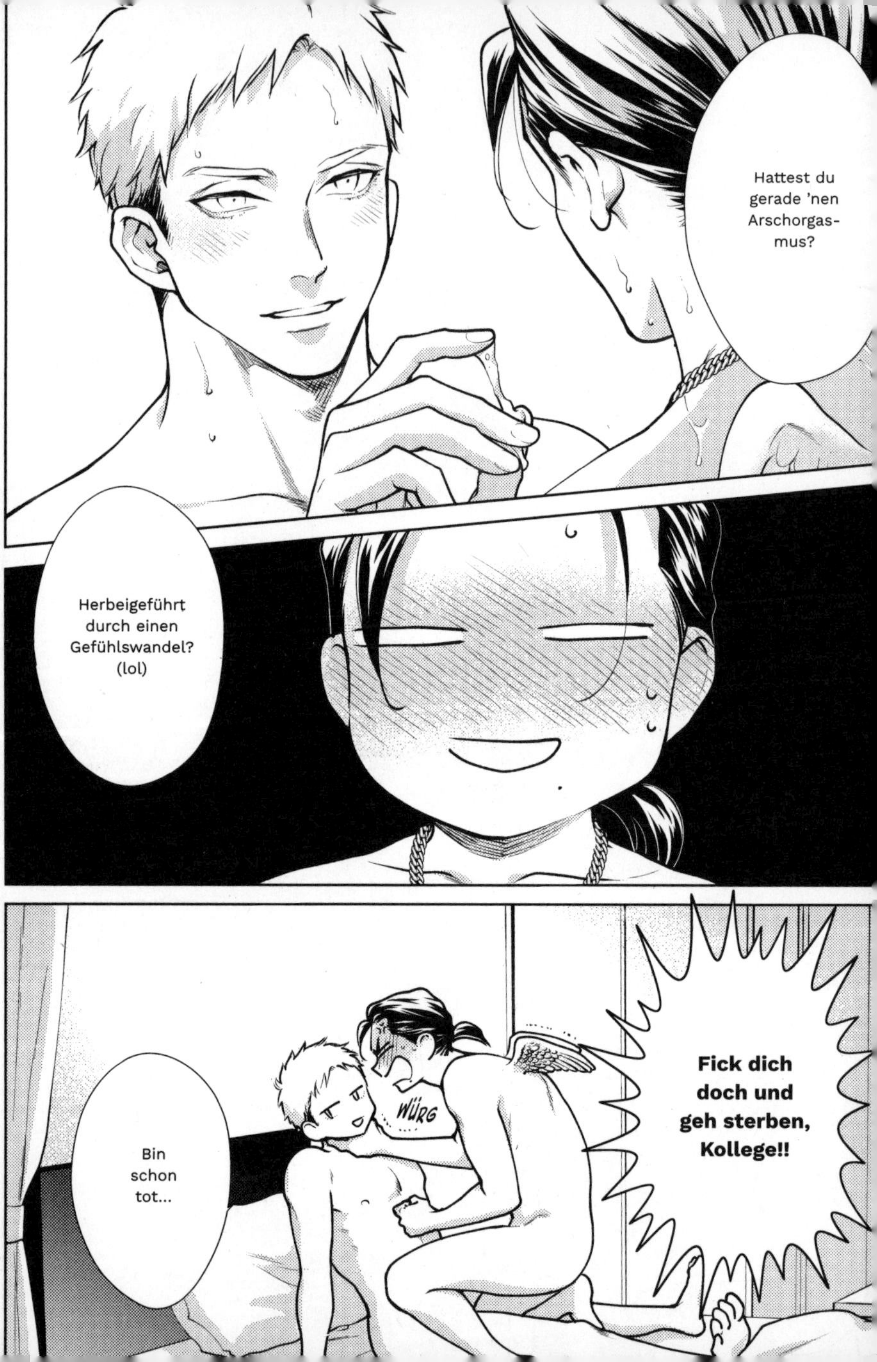
Hattest du gerade 'nen Arschorgasmus?
Herbeigeführt durch einen Gefühlswandel? (lol)
Fick dich doch und geh sterben, Kollege!!
WÜRG
Bin schon tot...

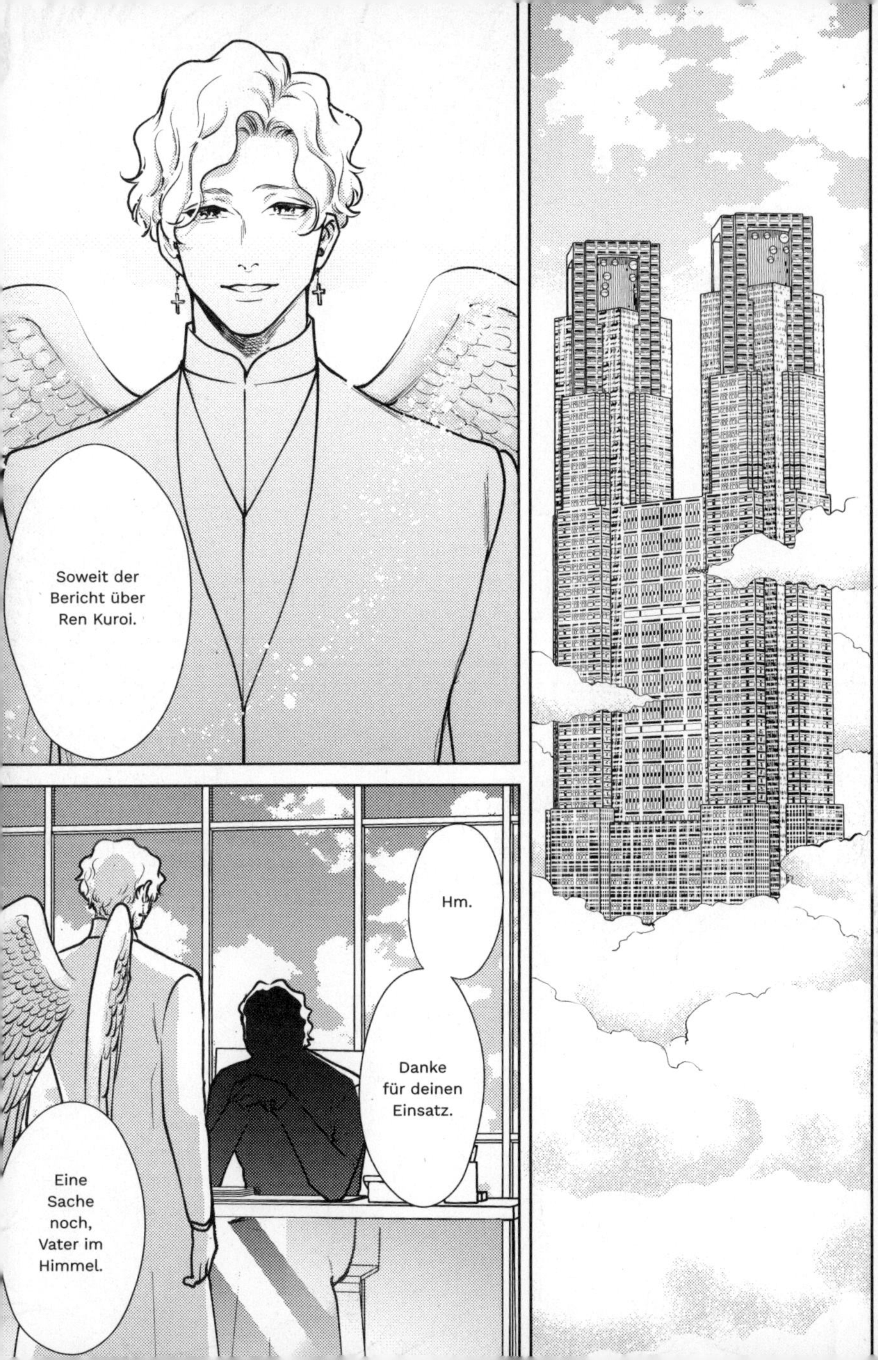
Soweit der Bericht über Ren Kuroi.
Hm.
Danke für deinen Einsatz.
Eine Sache noch, Vater im Himmel.

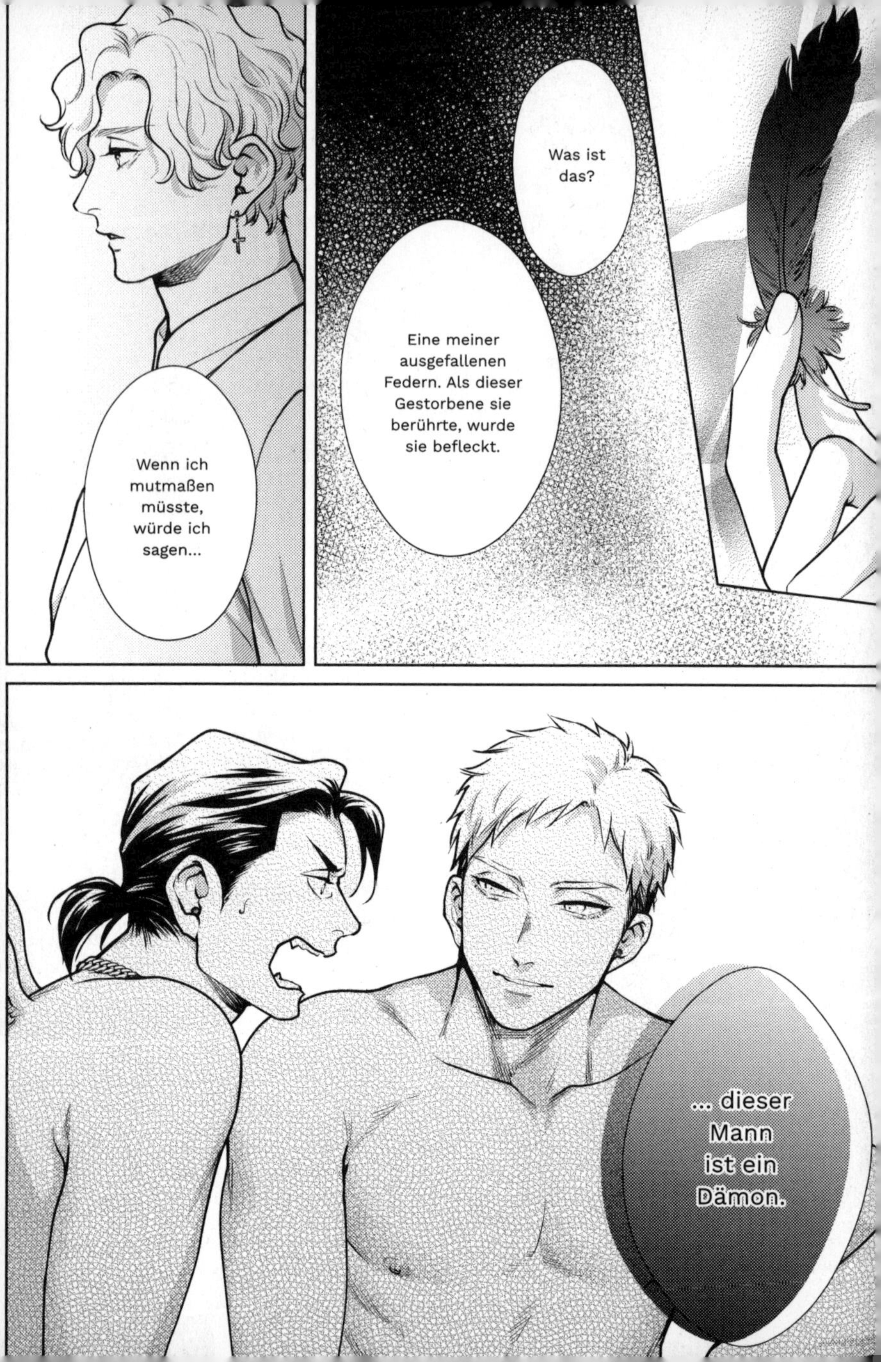
Was ist das?
Eine meiner ausgefallenen Federn. Als dieser Gestorbene sie berührte, wurde sie befleckt.
Wenn ich mutmaßen müsste, würde ich sagen...
... dieser Mann ist ein Dämon.

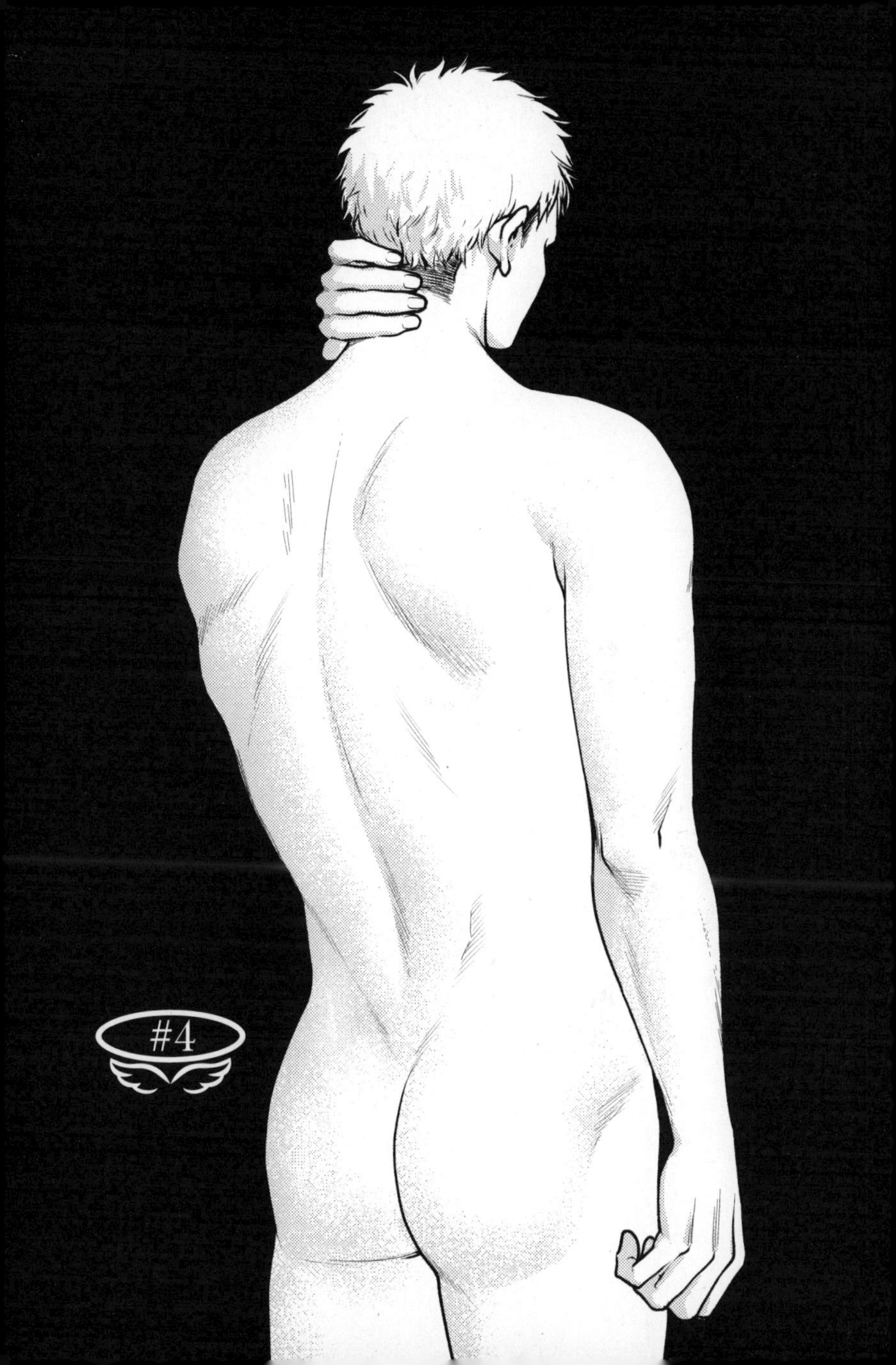
#4

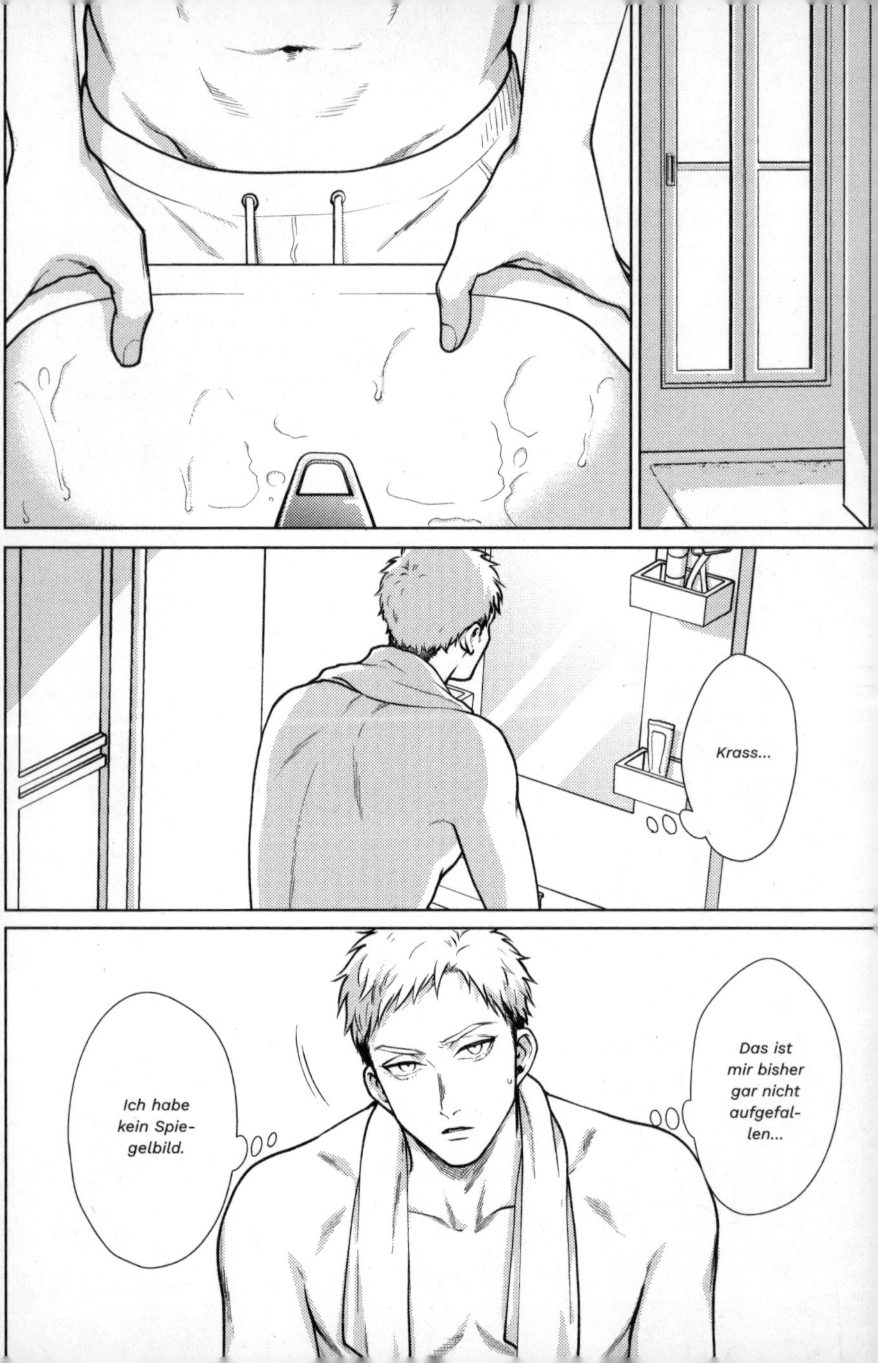
Krass...
Das ist mir bisher gar nicht aufgefallen...
Ich habe kein Spiegelbild.

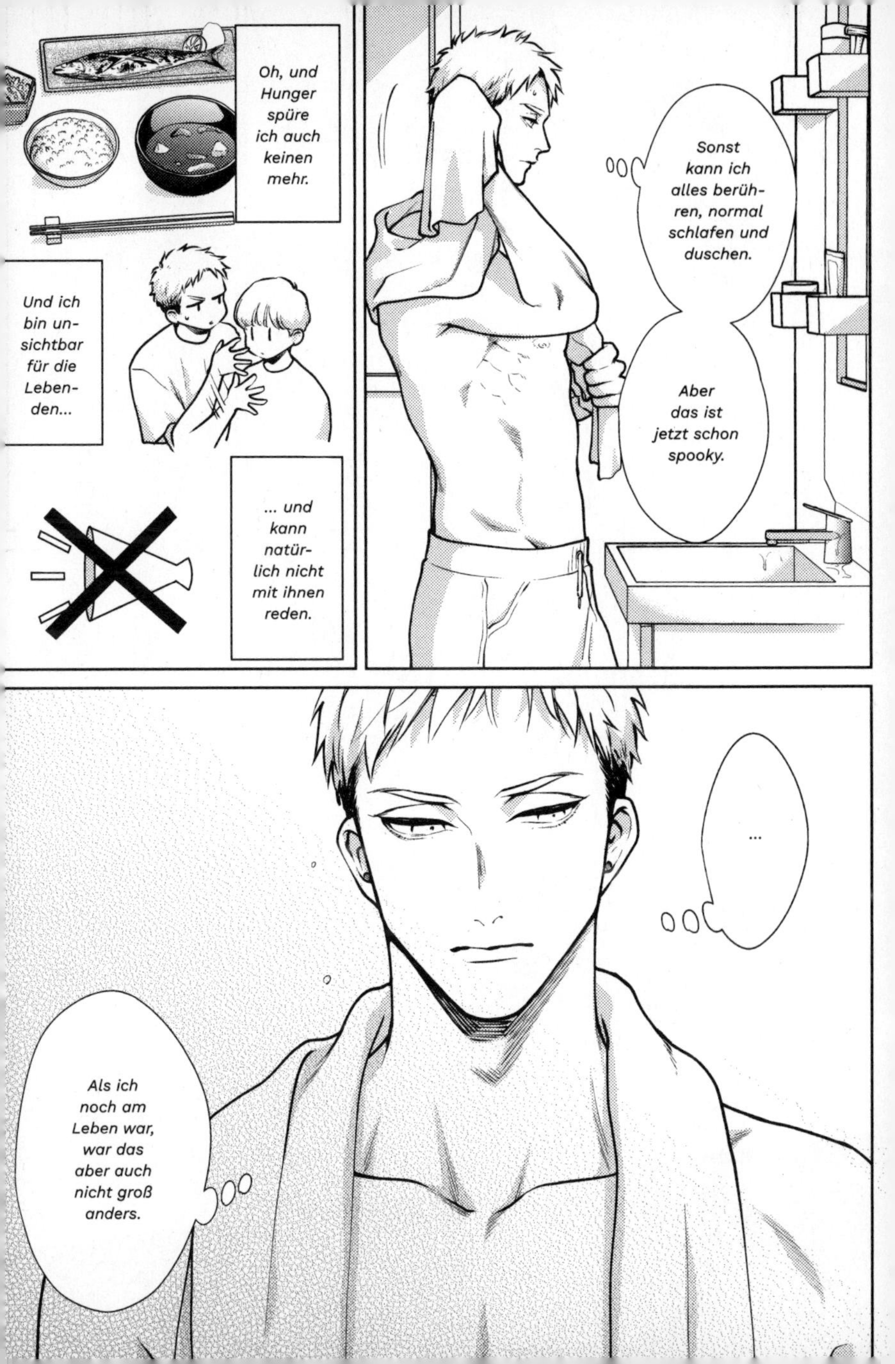

Oh, und Hunger spüre ich auch keinen mehr.
Und ich bin unsichtbar für die Lebenden...
... und kann natürlich nicht mit ihnen reden.
Sonst kann ich alles berühren, normal schlafen und duschen.
Aber das ist jetzt schon spooky.
...
Als ich noch am Leben war, war das aber auch nicht groß anders.

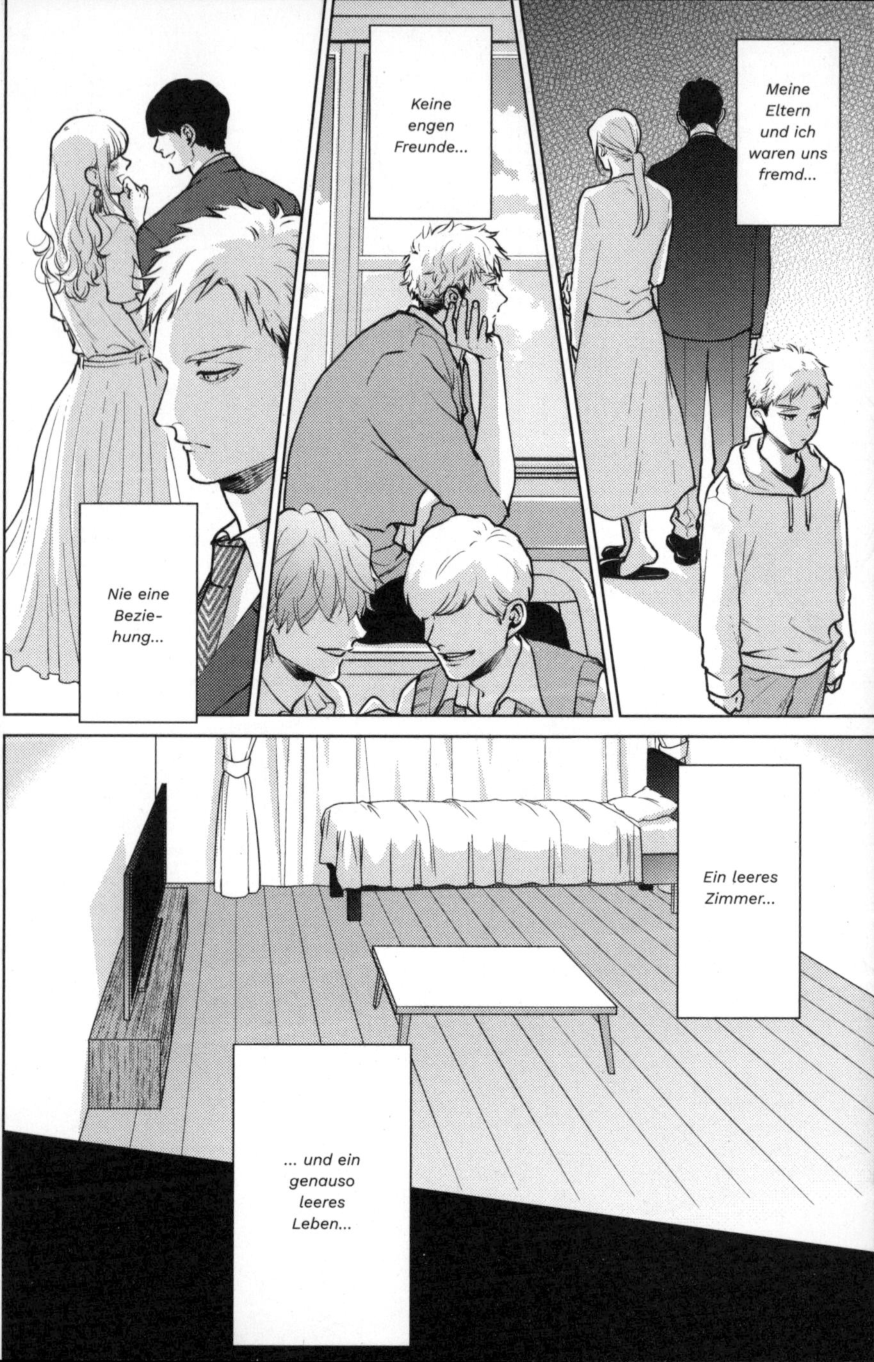
Meine Eltern und ich waren uns fremd...
Keine engen Freunde...
Nie eine Beziehung...
Ein leeres Zimmer...
... und ein genauso leeres Leben...

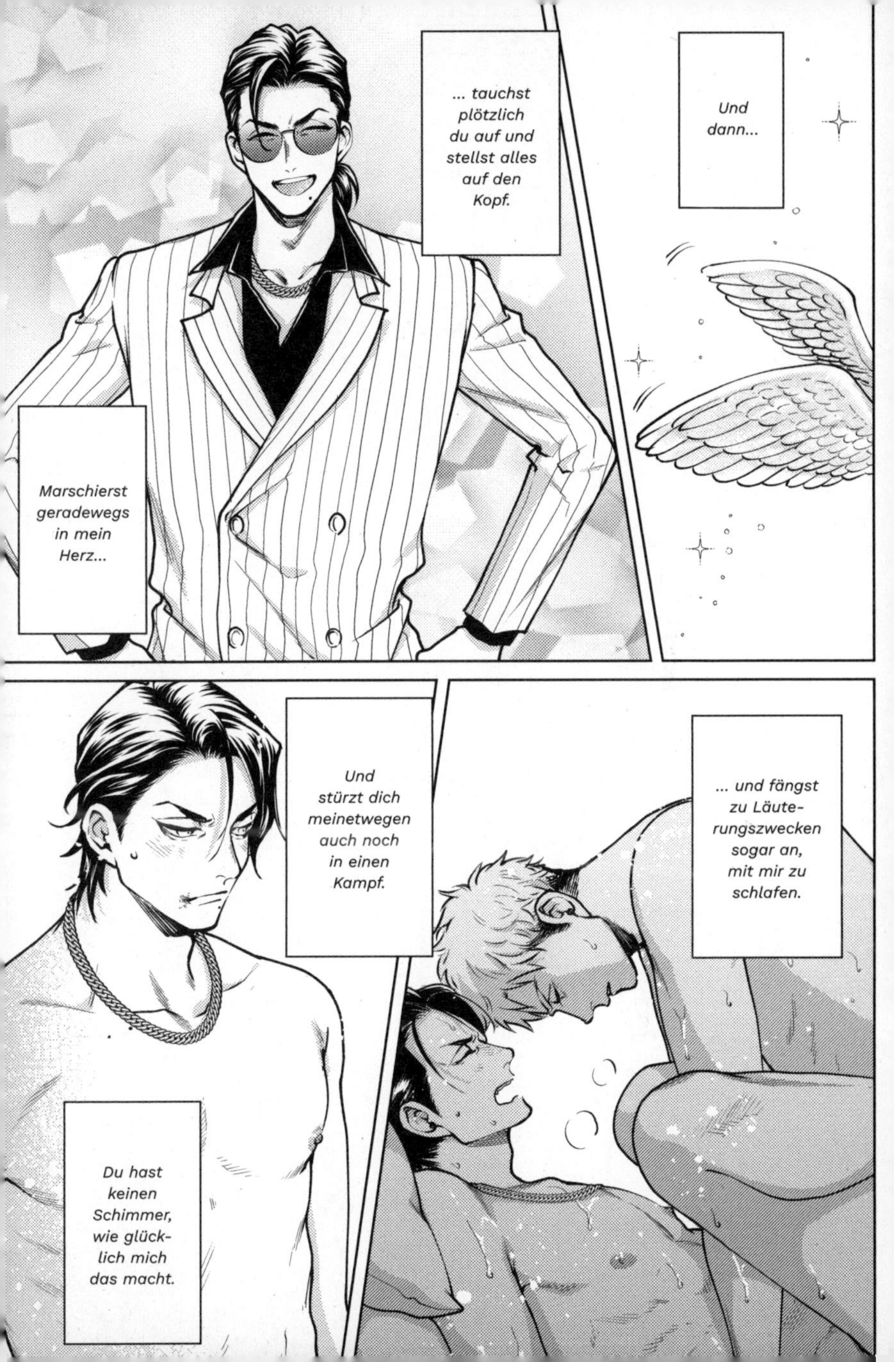

Und dann...
... tauchst plötzlich du auf und stellst alles auf den Kopf.
Marschierst geradewegs in mein Herz...
... und fängst zu Läute-rungszwecken sogar an, mit mir zu schlafen.
Und stürzt dich meinetwegen auch noch in einen Kampf.
Du hast keinen Schimmer, wie glück-lich mich das macht.

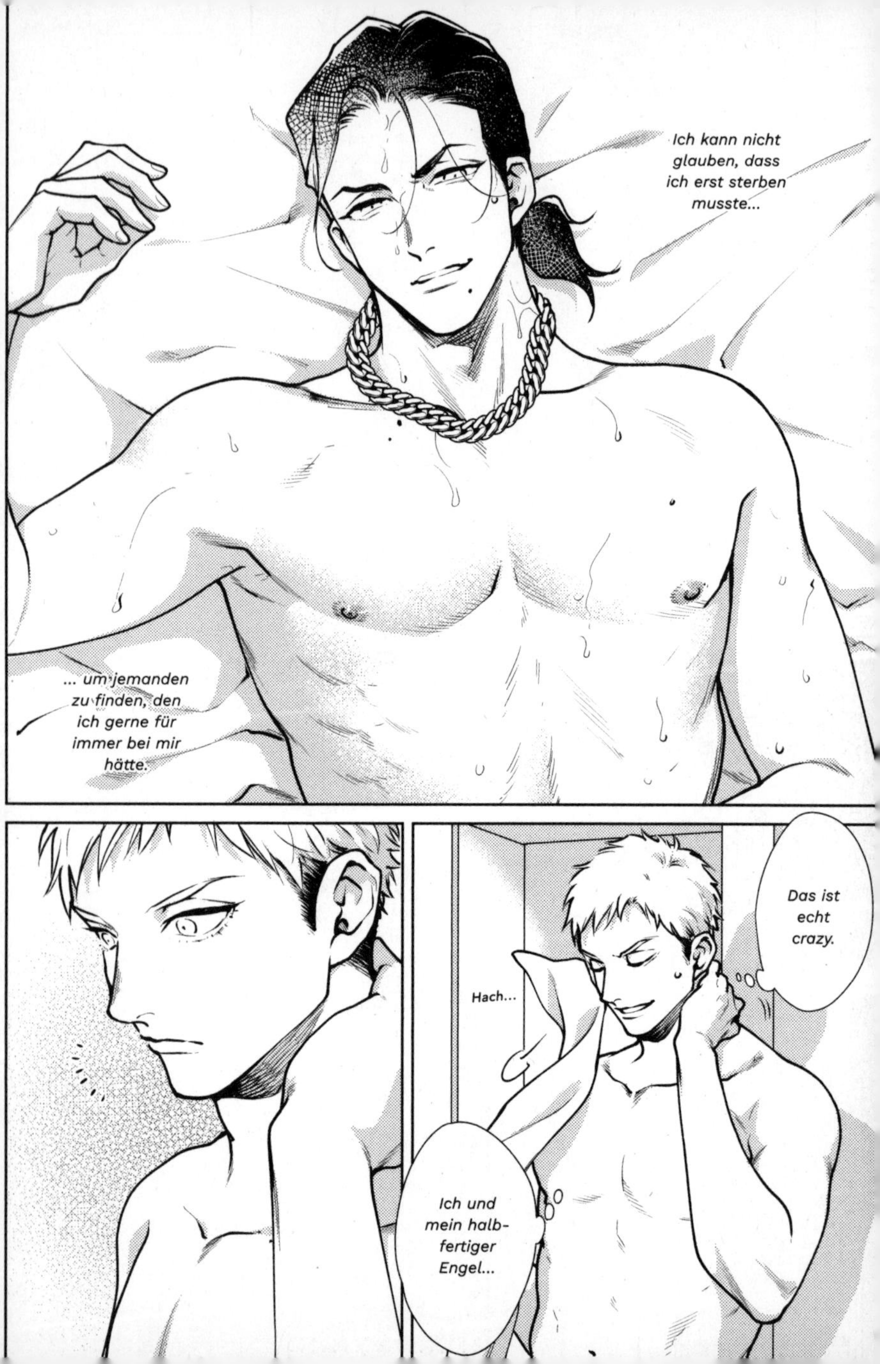
Ich kann nicht glauben, dass ich erst sterben musste...
... um jemanden zu finden, den ich gerne für immer bei mir hätte.
Das ist echt crazy.
Hach...
Ich und mein halbfertiger Engel...

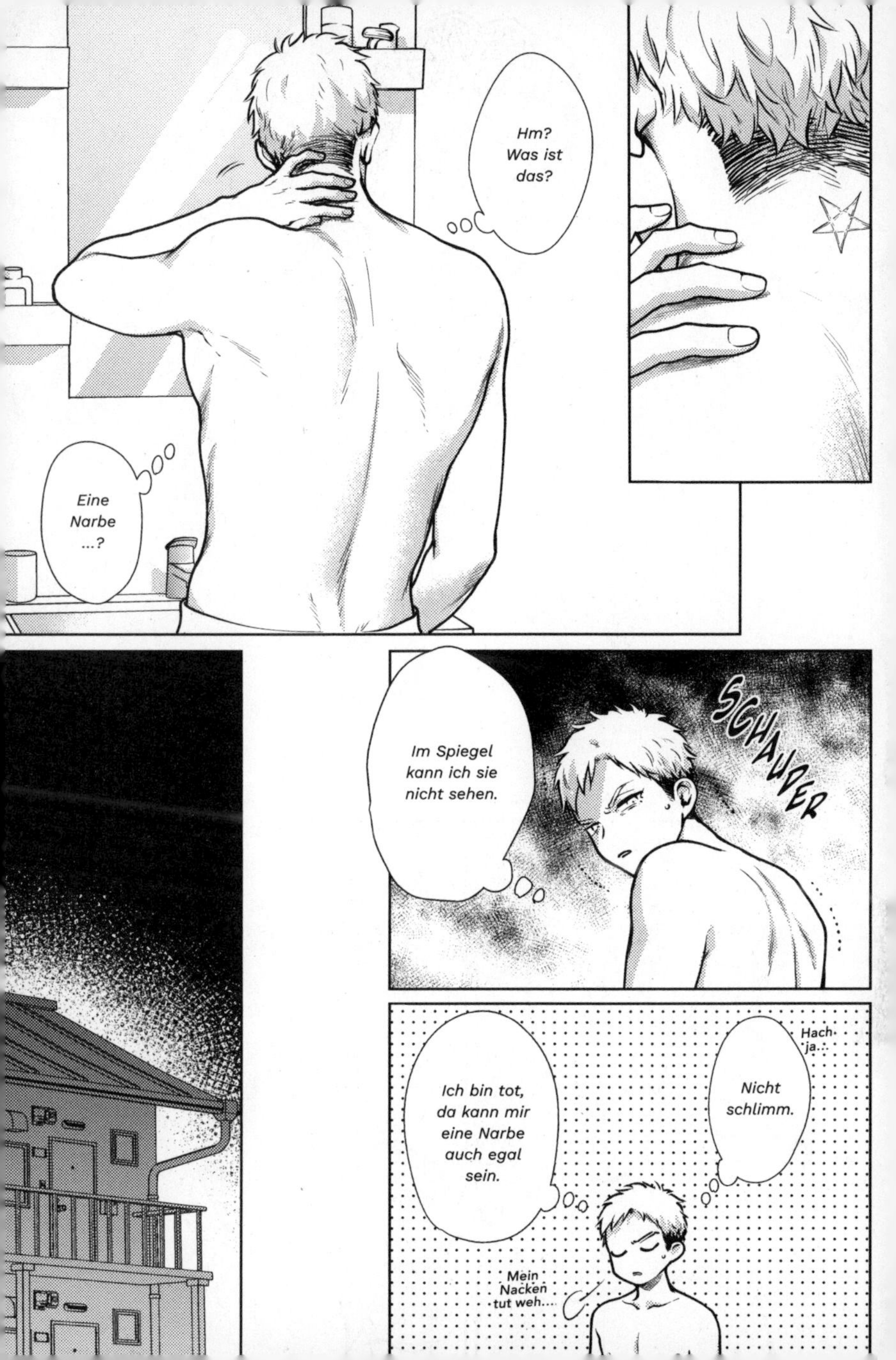
Hm? Was ist das?
Eine Narbe ...?
SCHAUDER
Im Spiegel kann ich sie nicht sehen.
Hach ja...
Nicht schlimm.
Ich bin tot, da kann mir eine Narbe auch egal sein.
Mein Nacken tut weh....

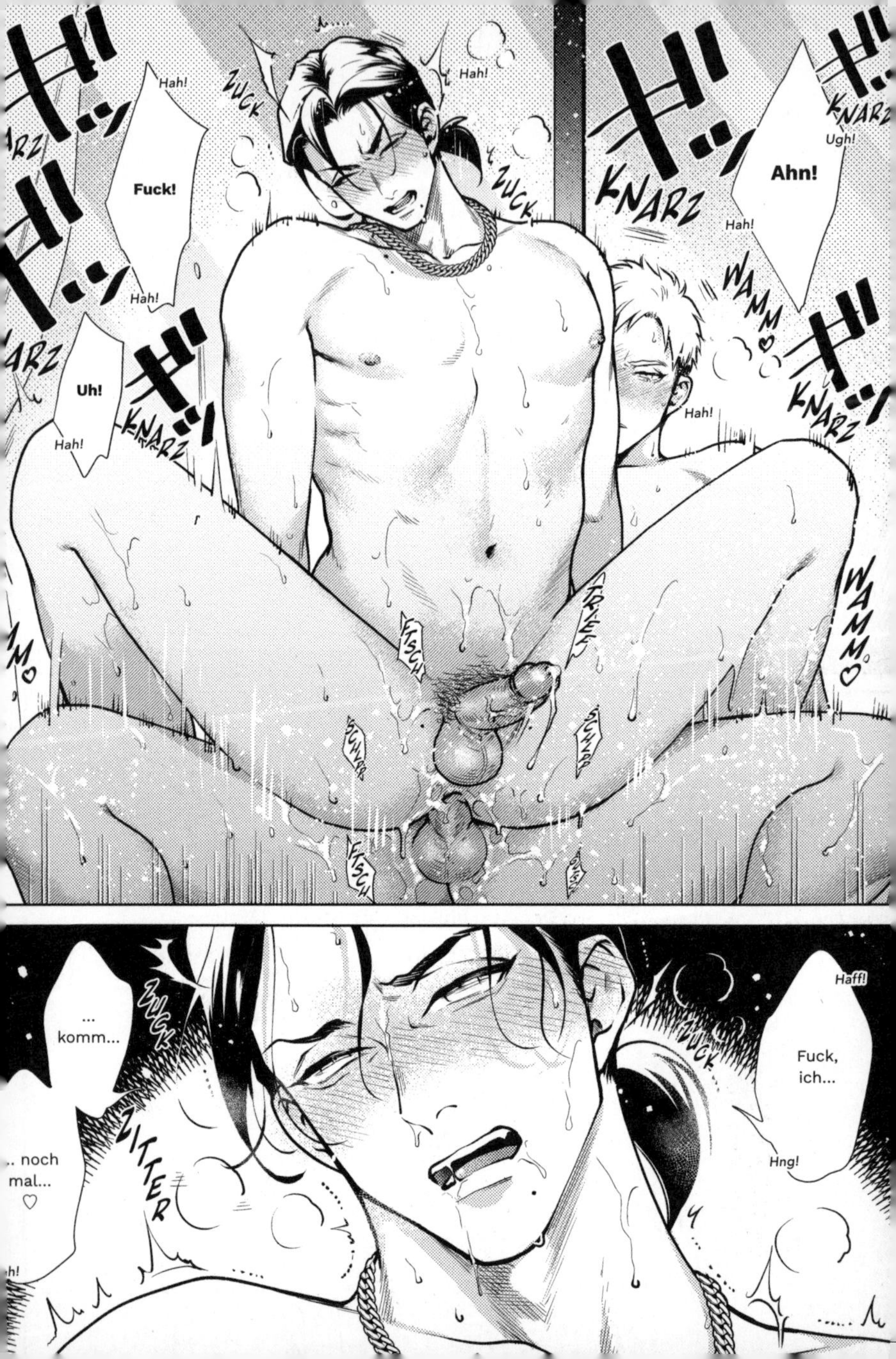

Ugh!
Ahn!
Hah!
KNARZ
WAMM♡
Hah!
WAMM♡
Hah!
ZUCK
ZUCK
Hah!
Fuck!
Hah!
Uh!
Hah!
KNARZ
Haff!
Fuck, ich...
Hng!
ZUCK
ZUCK
... komm...
ZITTER
... noch mal... ♡

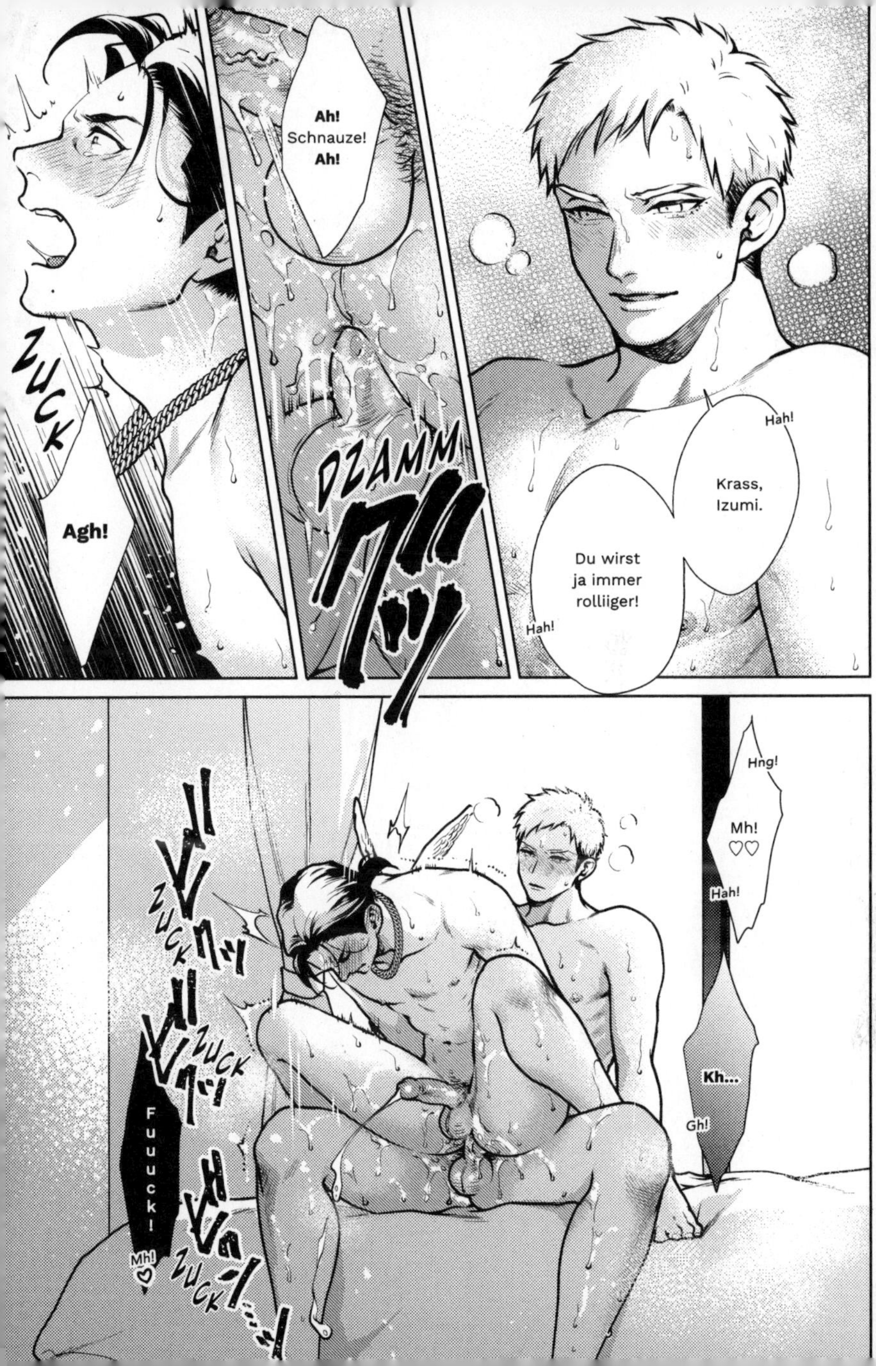
Hah!
Krass, Izumi.
Du wirst ja immer rolliiger!
Hah!
Ah! Schnauze! Ah!
DZAMM
ZUCK
Agh!
Hng!
Mh! ♡♡
Hah!
Kh...
Gh!
ZUCK
ZUCK
ZUCK
Fuuuck!
Mh! ♡

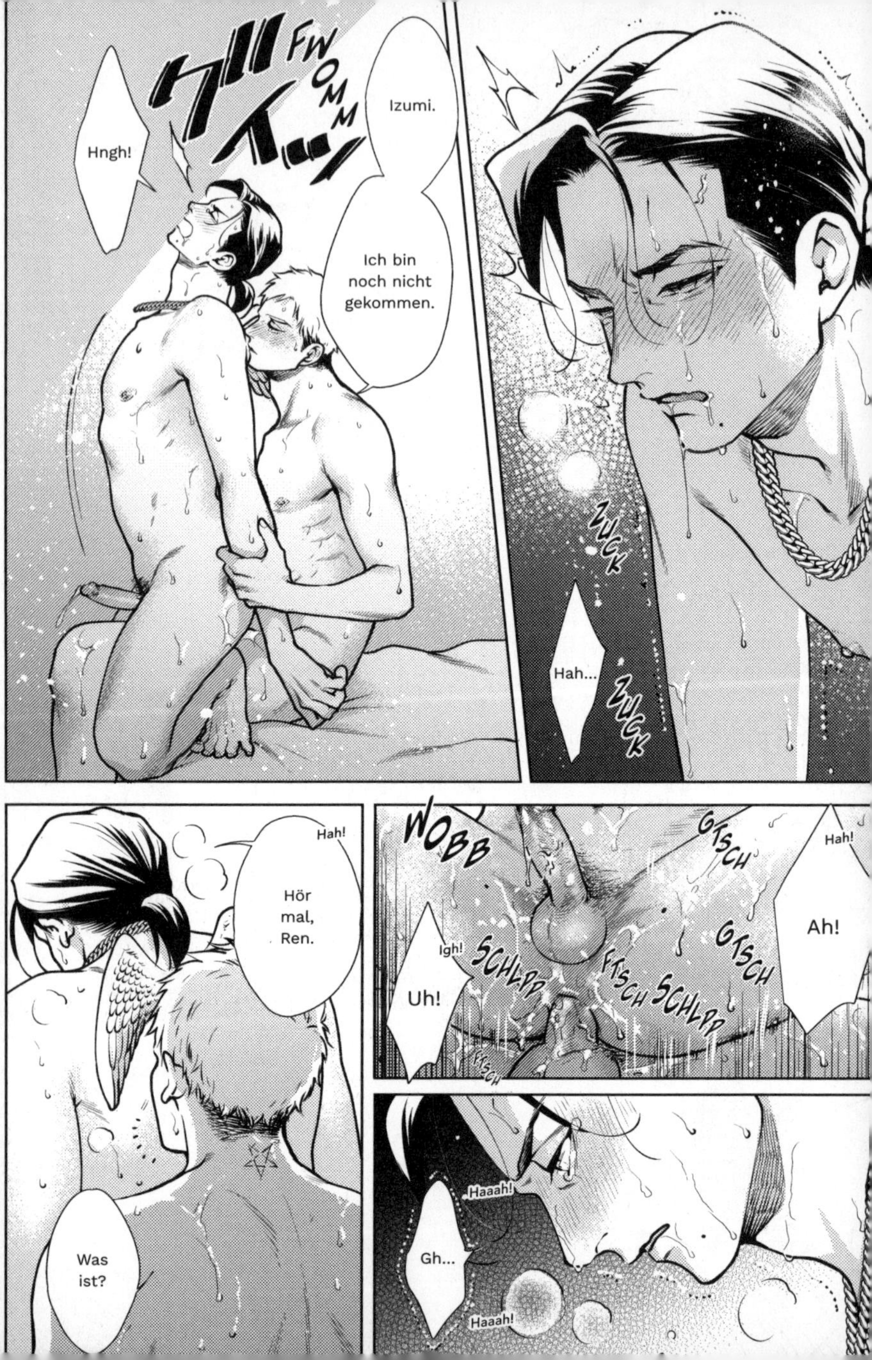
Hah...
ZUCK
ZUCK
Izumi.
Ich bin noch nicht gekommen.
FWOMM
Hngh!
Hah!
Ah!
GTSCH
GTSCH
WOBB
SCHLPP
FTSCH
SCHLPP
Igh!
Uh!
FTSCH
Haaah!
Gh...
Haaah!
Hah!
Hör mal, Ren.
Was ist?

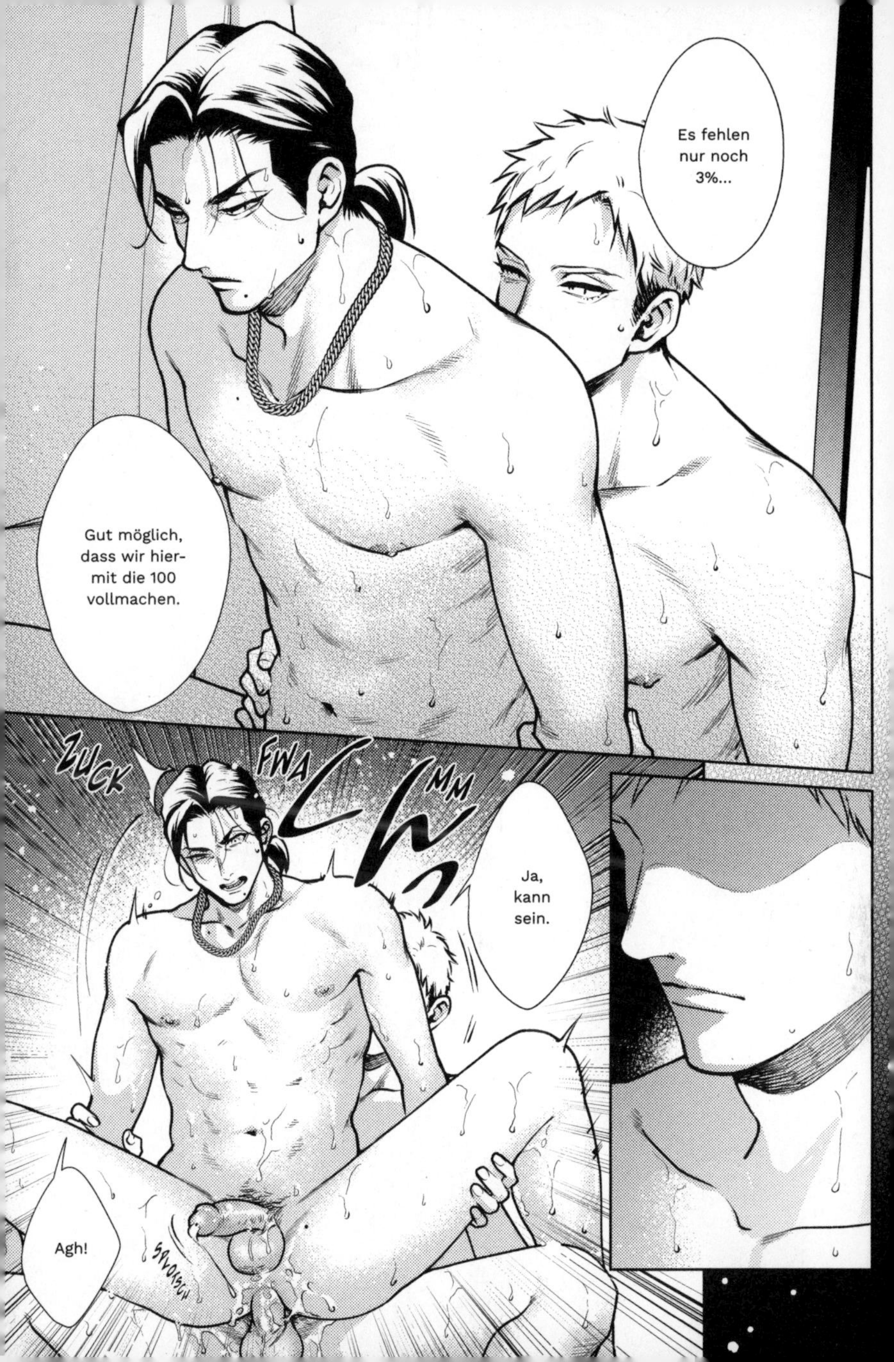
Es fehlen nur noch 3%...
Gut möglich, dass wir hiermit die 100 vollmachen.
Ja, kann sein.
ZUCK
Agh!

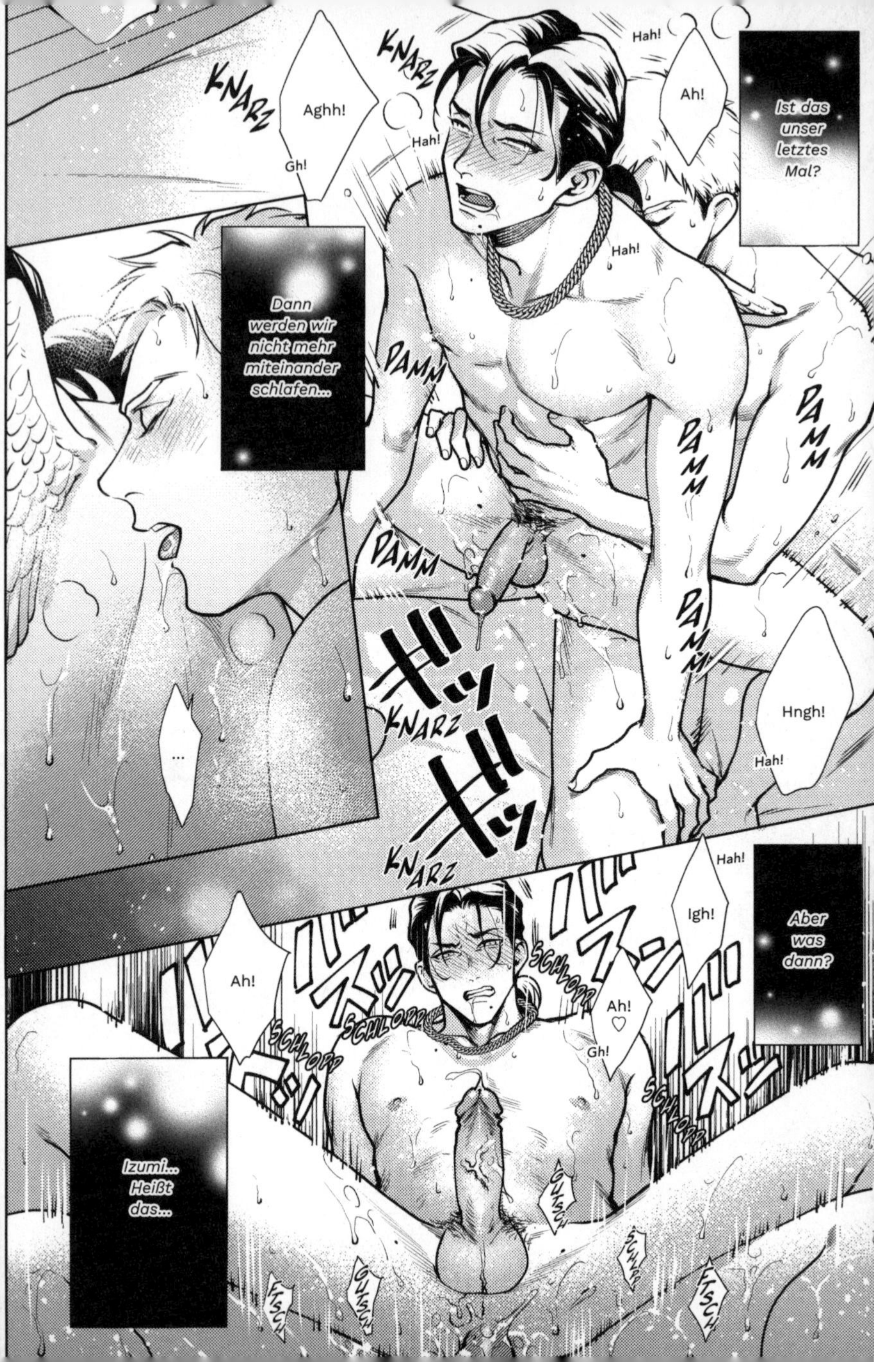
Ist das unser letztes Mal?
Hah!
Ah!
KNARZ
Aghh!
Gh!
Hah!
KNARZ
Hah!
Dann werden wir nicht mehr miteinander schlafen...
DAMM
DAMM
DAMM
DAMM
DAMM
Hngh!
Hah!
KNARZ
KNARZ
...
Aber was dann?
Hah!
Igh!
Ah! ♡
Gh!
SCHLOPP
SCHLOPP
SCHLOPP
SCHLOPP
Ah!
Izumi... Heißt das...
GUTSCH
SCHLOPP
FTSCH
GUTSCH
FTSCH

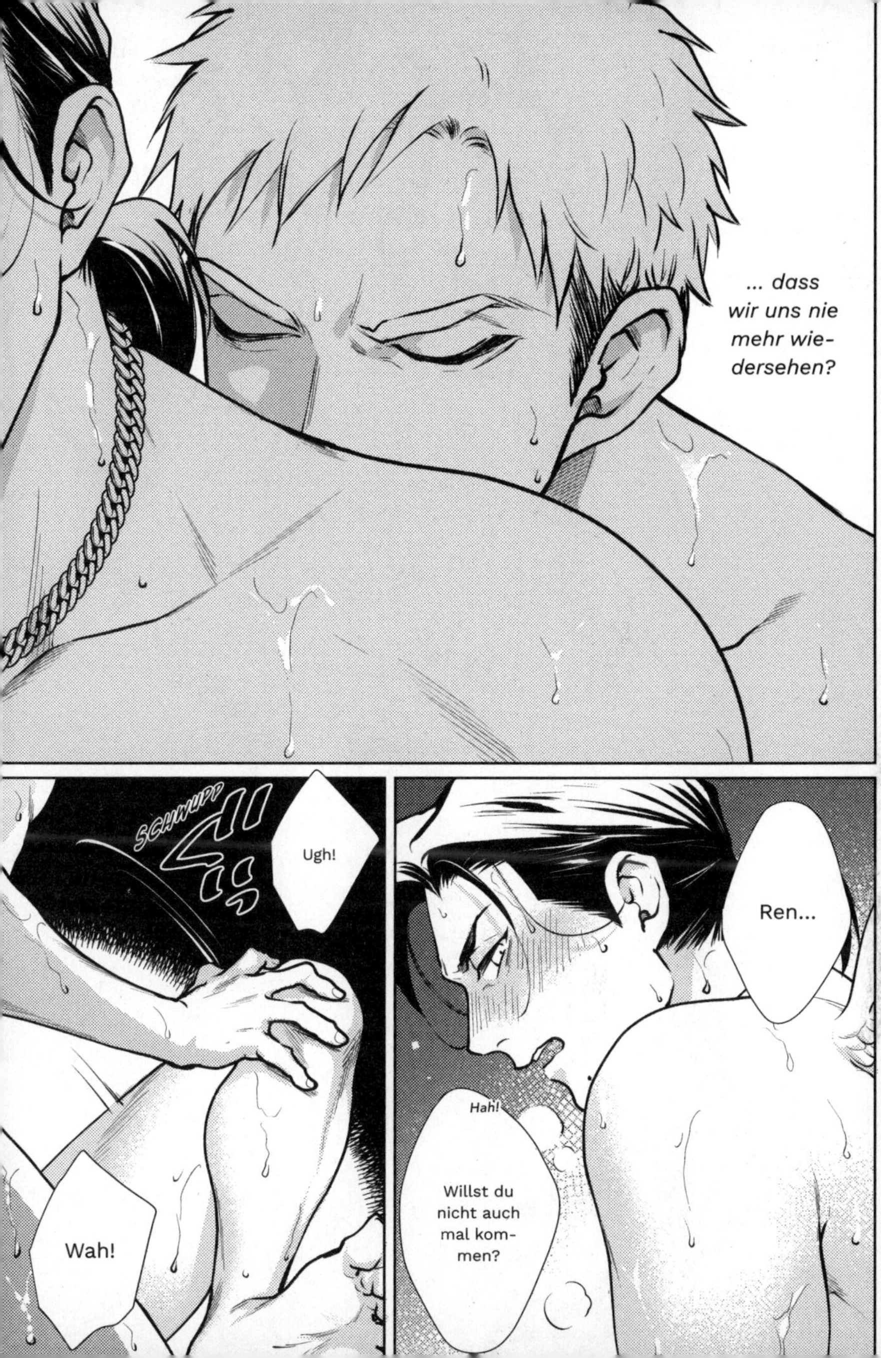
... dass wir uns nie mehr wie-dersehen?
Ugh!
SCHWUPP
Ren...
Hah!
Willst du nicht auch mal kom-men?
Wah!

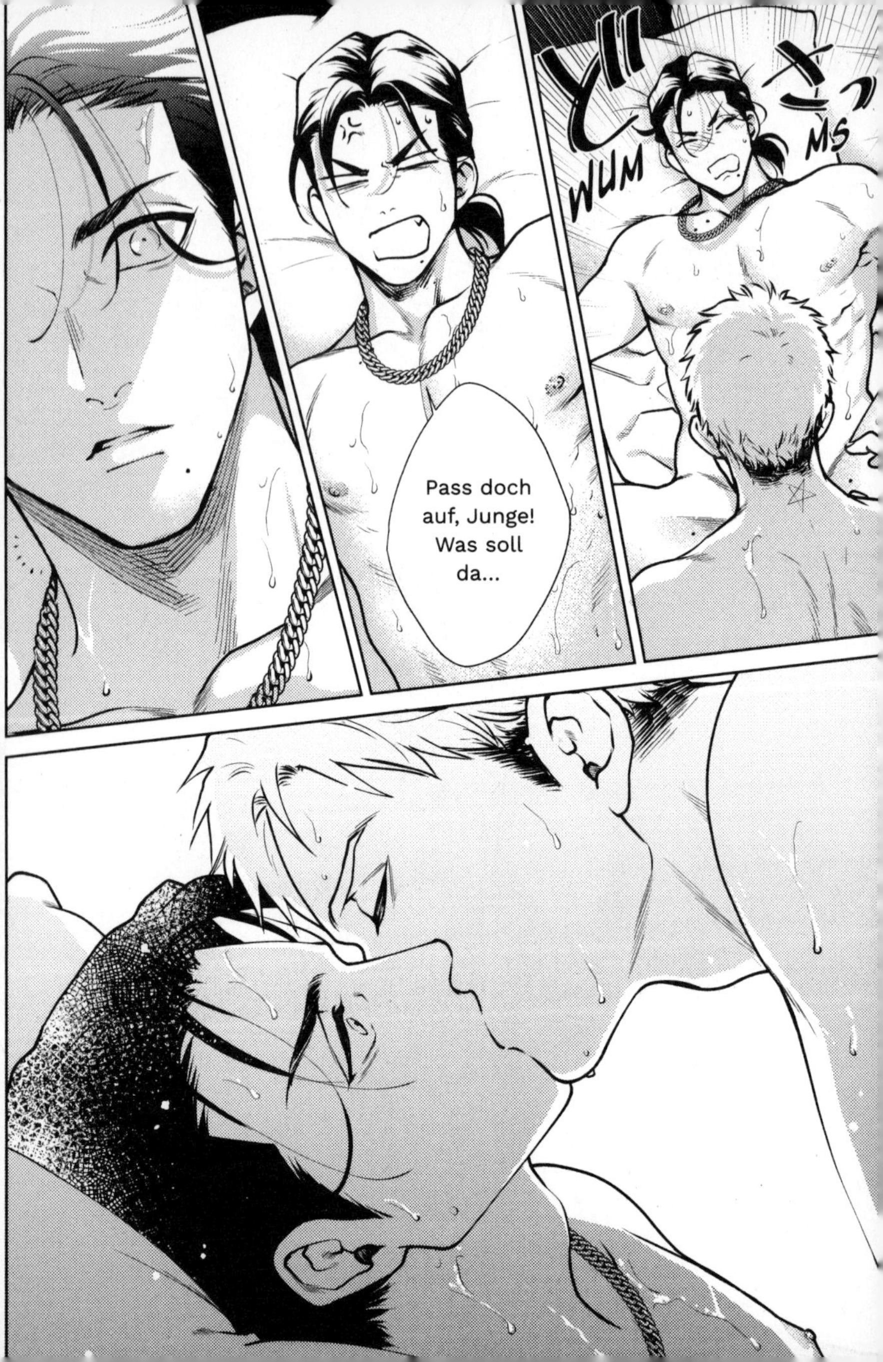
どさっ
WUM
MS
Pass doch auf, Junge! Was soll da...

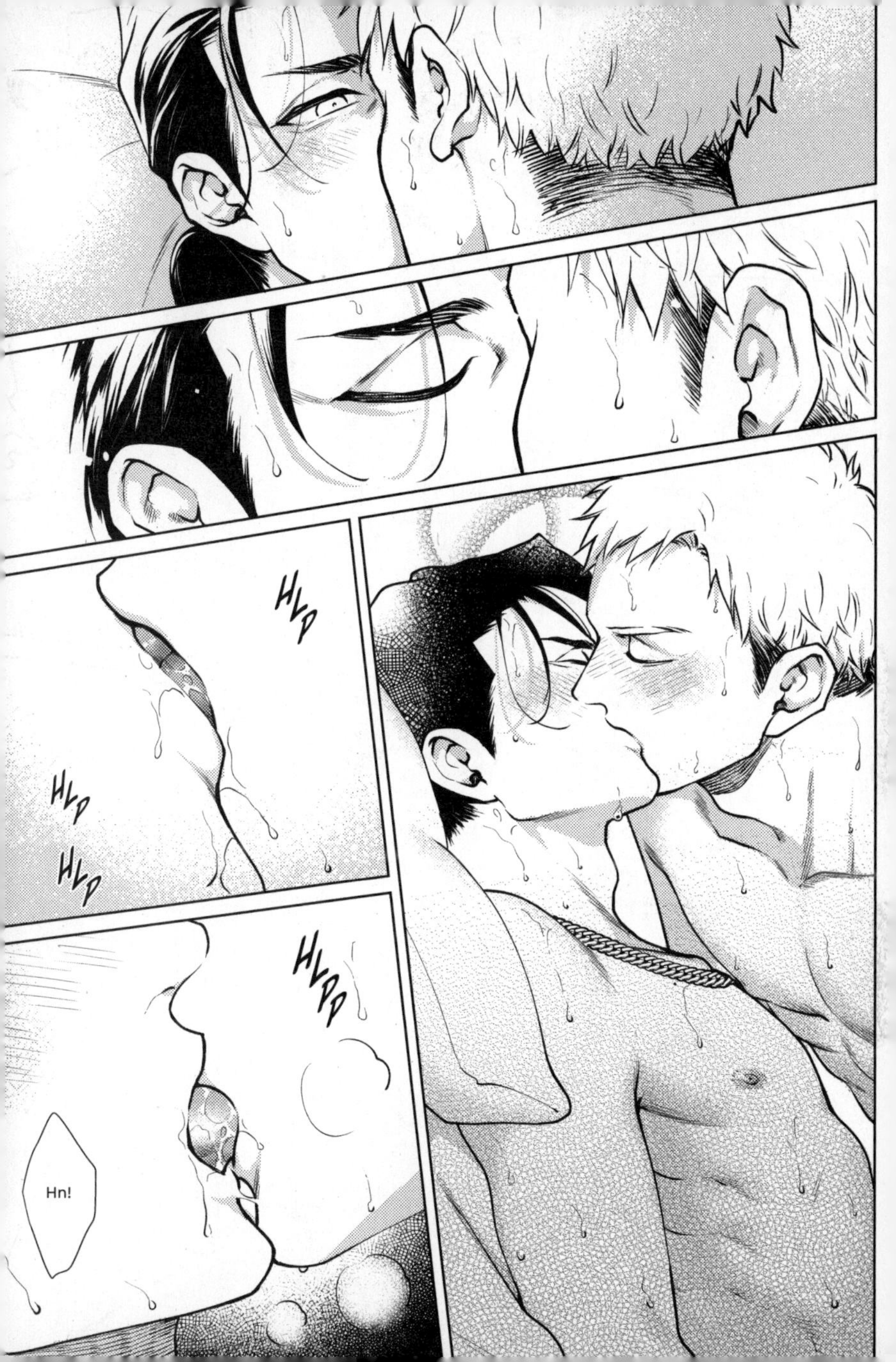
HUP
HUP
HUP
HUPP
Hn!

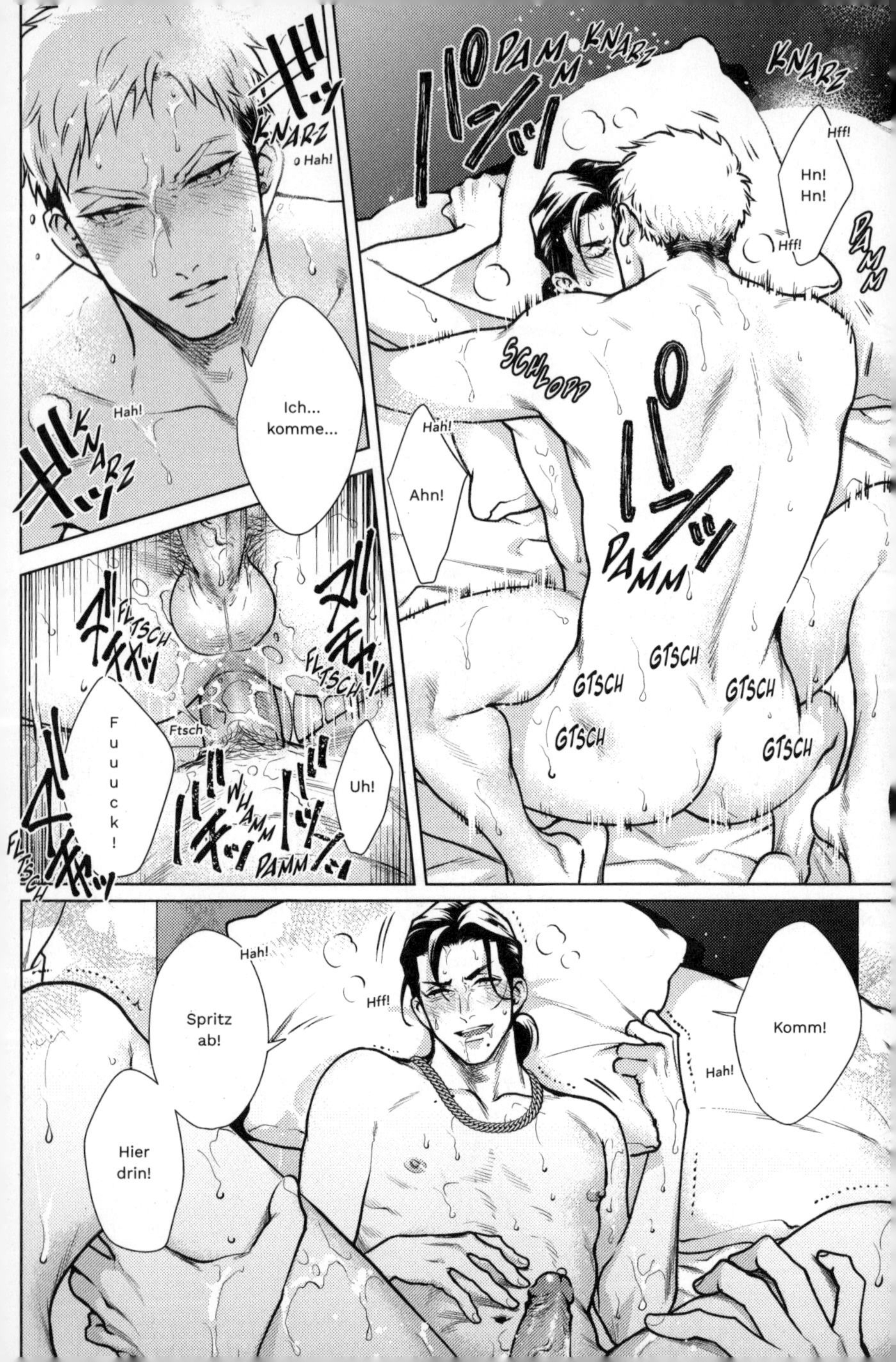
DAMM
KNARZ
KNARZ
Hff!
Hn! Hn!
Hff!
DAMM
SCHLOPP
Hah!
Ahn!
DAMM
GTSCH
GTSCH
GTSCH
GTSCH
GTSCH
KNARZ
Hah!
Ich... komme...
Hah!
KNARZ
FLTSCH
FLTSCH
Uh!
WHAMM
DAMM
Ftsch
Fuuuck!
FLTSCH
Komm!
Hah!
Hff!
Hah!
Spritz ab!
Hier drin!

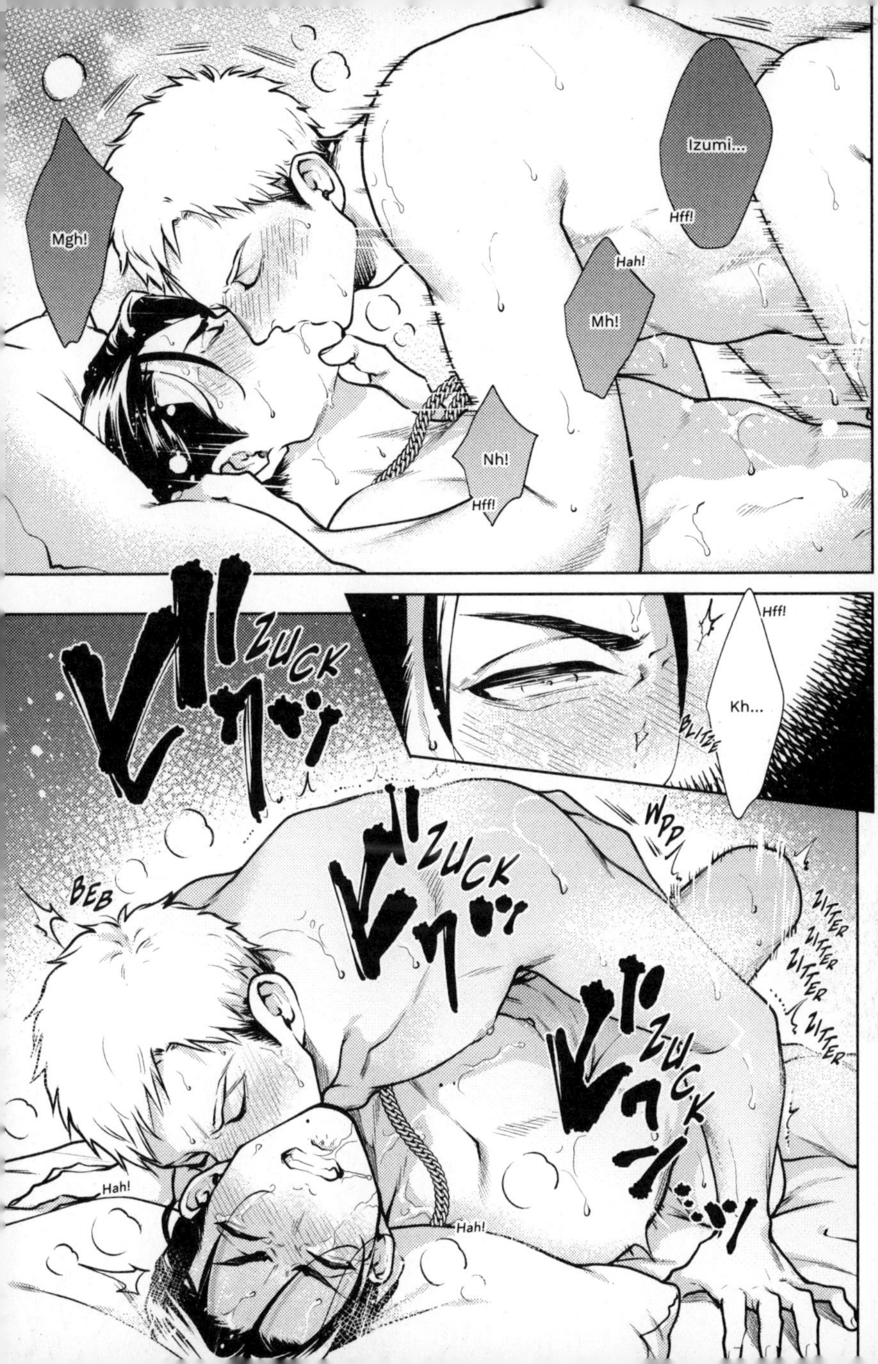
Izumi...
Hff!
Hah!
Mh!
Nh!
Hff!
Mgh!
Hff!
Kh...
ZUCK
ZUCK
ZITTER
ZITTER
ZITTER
ZITTER
ZUCK
Hah!
Hah!

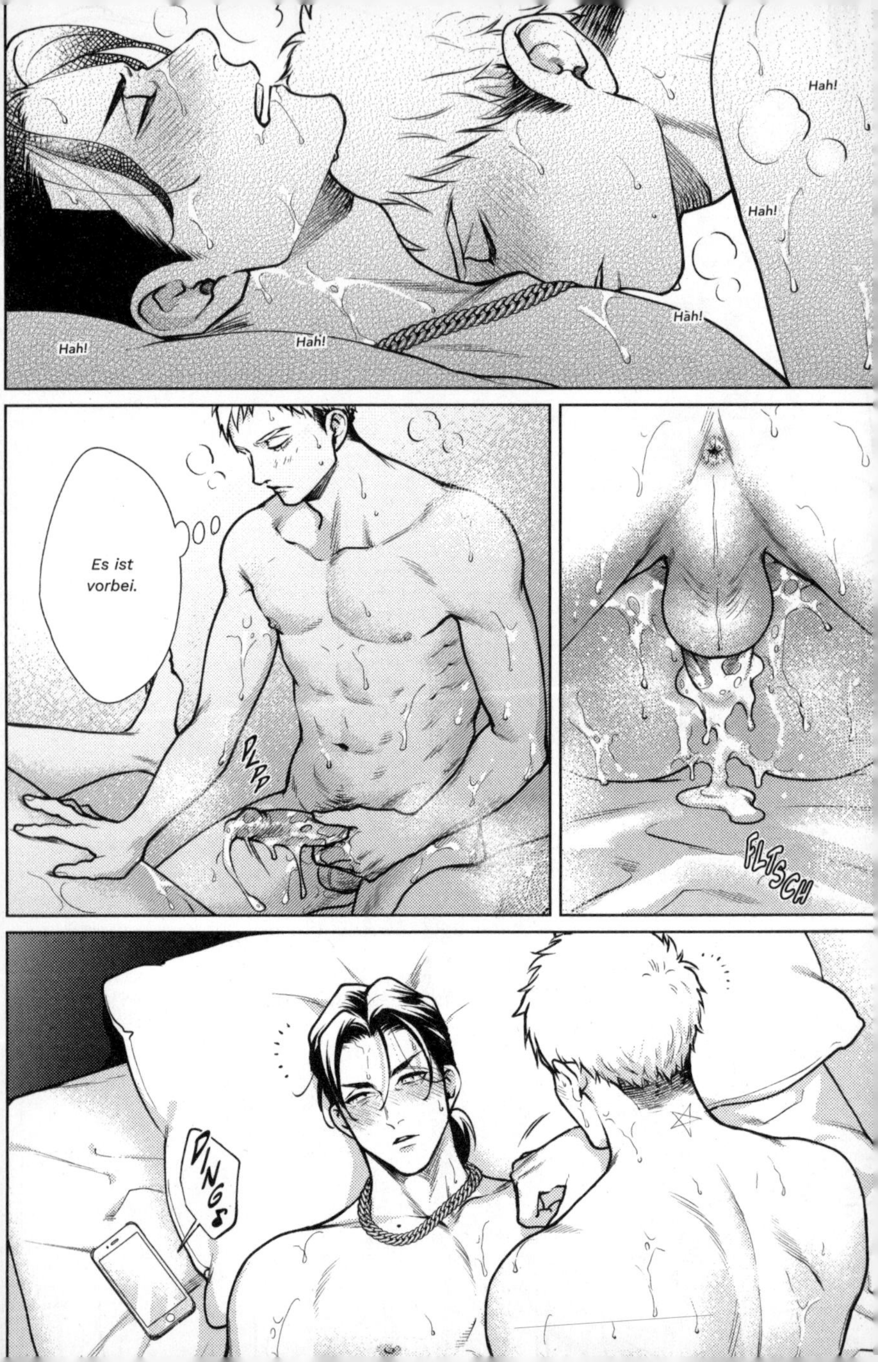
Hah!
Hah!
Häh!
Hah!
Hah!
FLTSCH
Es ist vorbei.
DLPP
DINGS

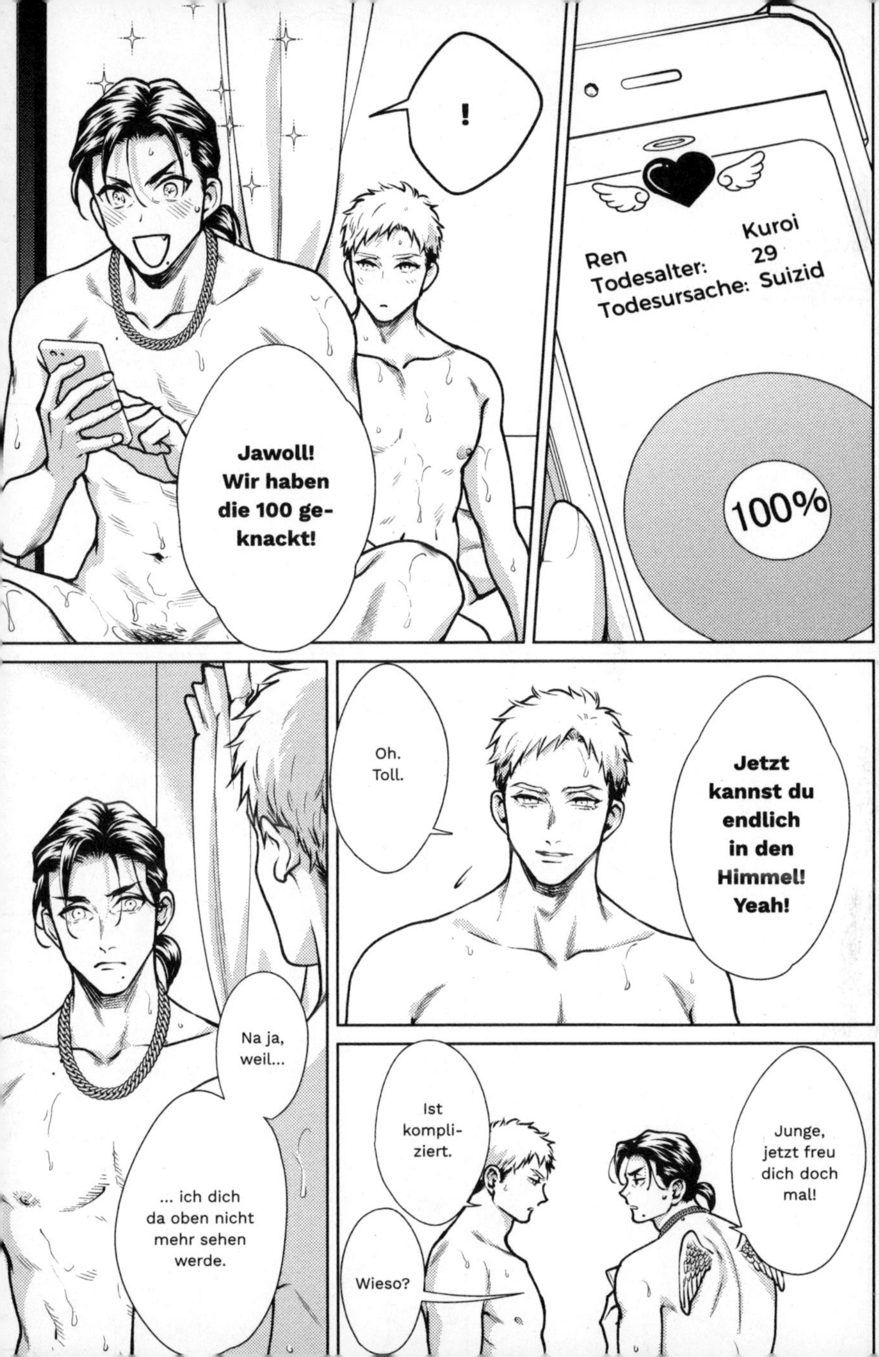

Ren Kuroi
Todesalter: 29
Todesursache: Suizid
100%
!
Jawoll! Wir haben die 100 geknackt!
Jetzt kannst du endlich in den Himmel! Yeah!
Oh. Toll.
Junge, jetzt freu dich doch mal!
Ist kompliziert.
Wieso?
Na ja, weil...
... ich dich da oben nicht mehr sehen werde.

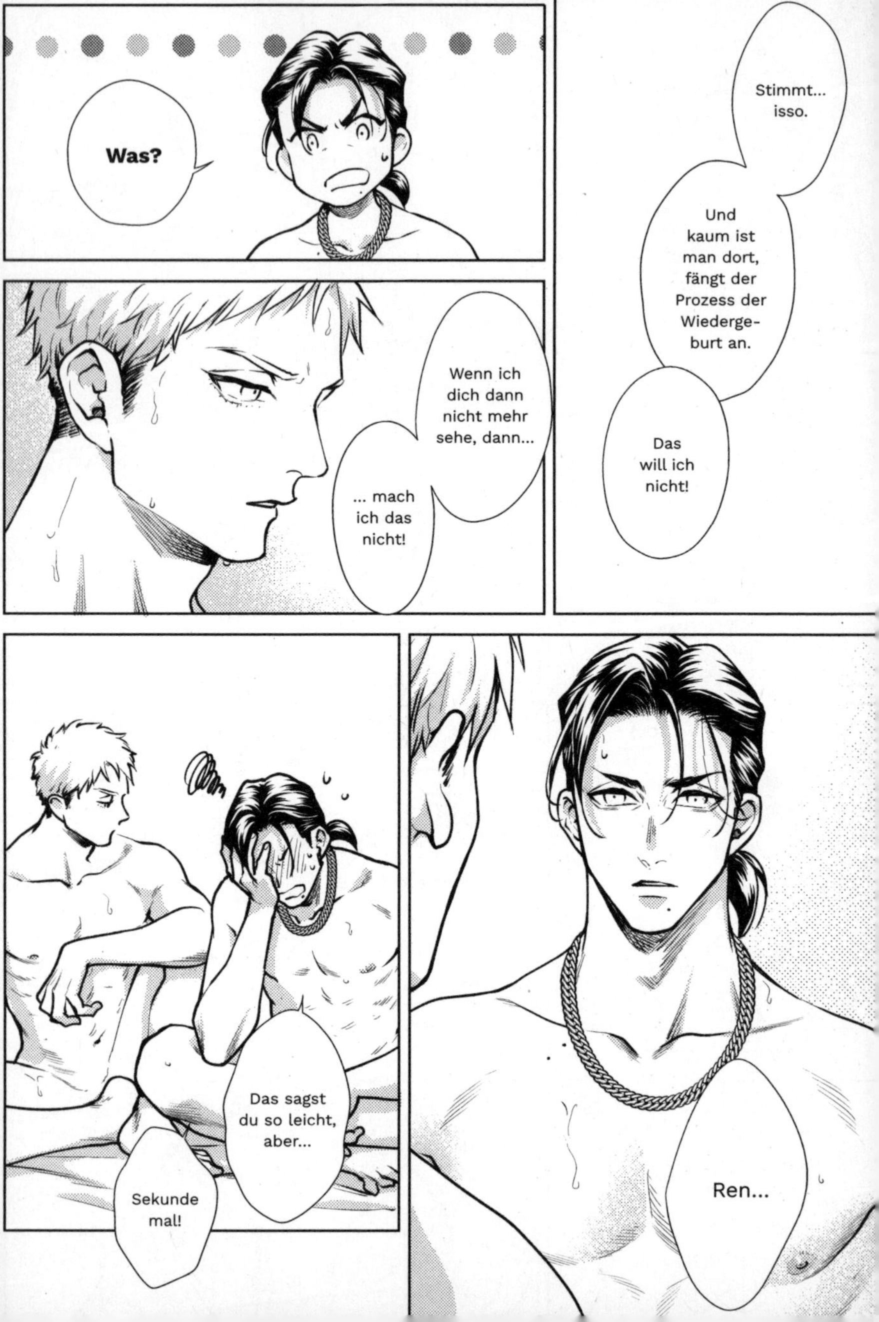
Stimmt... isso.
Und kaum ist man dort, fängt der Prozess der Wiederge-burt an.
Das will ich nicht!
Was?
Wenn ich dich dann nicht mehr sehe, dann...
... mach ich das nicht!
Ren...
Das sagst du so leicht, aber...
Sekunde mal!

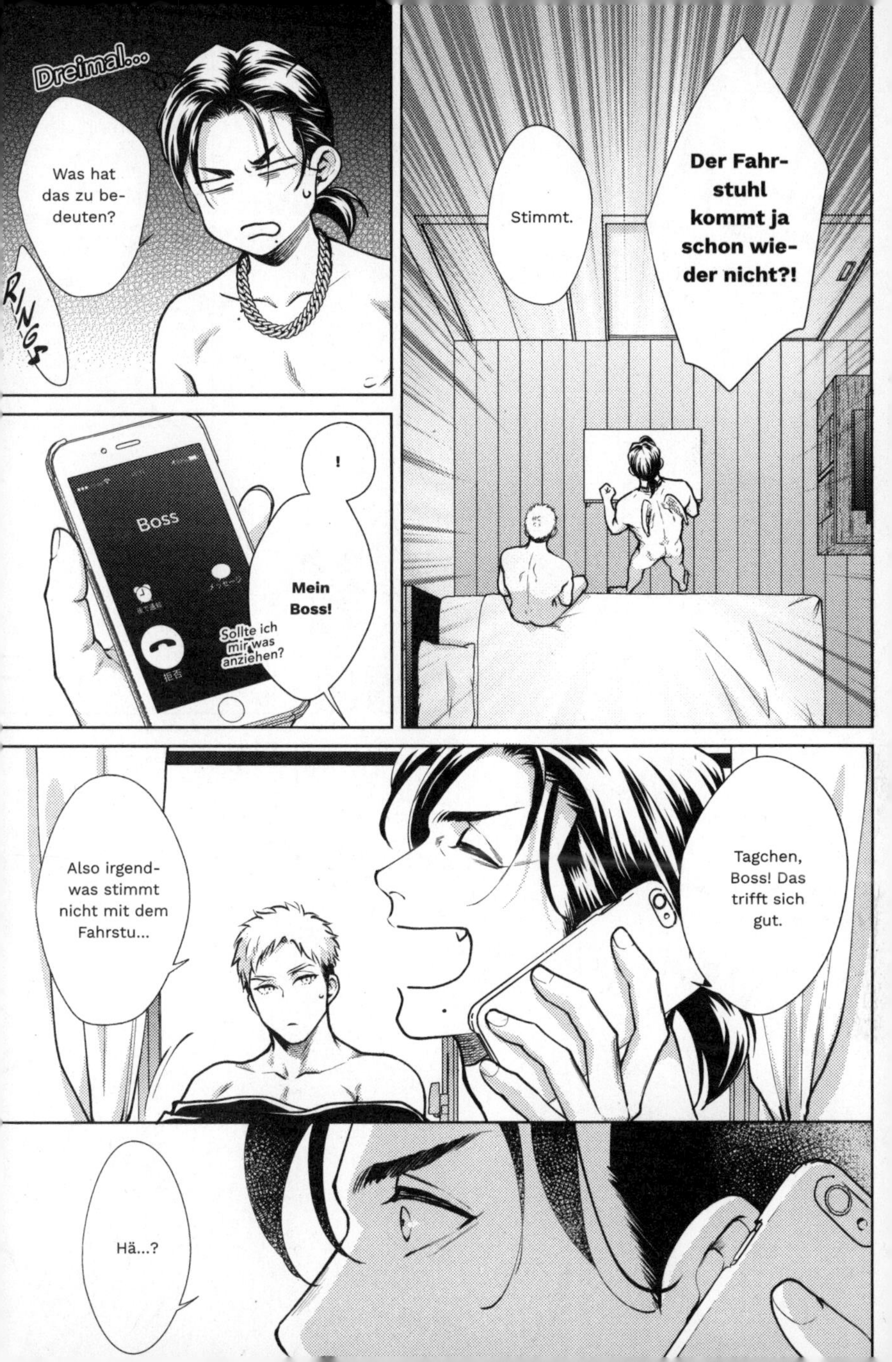
Der Fahr-
stuhl
kommt ja
schon wie-
der nicht?!
Stimmt.
Dreimal...
Was hat das zu be- deuten?
RINGS
Boss
!
Mein Boss!
Sollte ich mir was anziehen?
Tagchen, Boss! Das trifft sich gut.
Also irgend- was stimmt nicht mit dem Fahrstu...
Hä...?

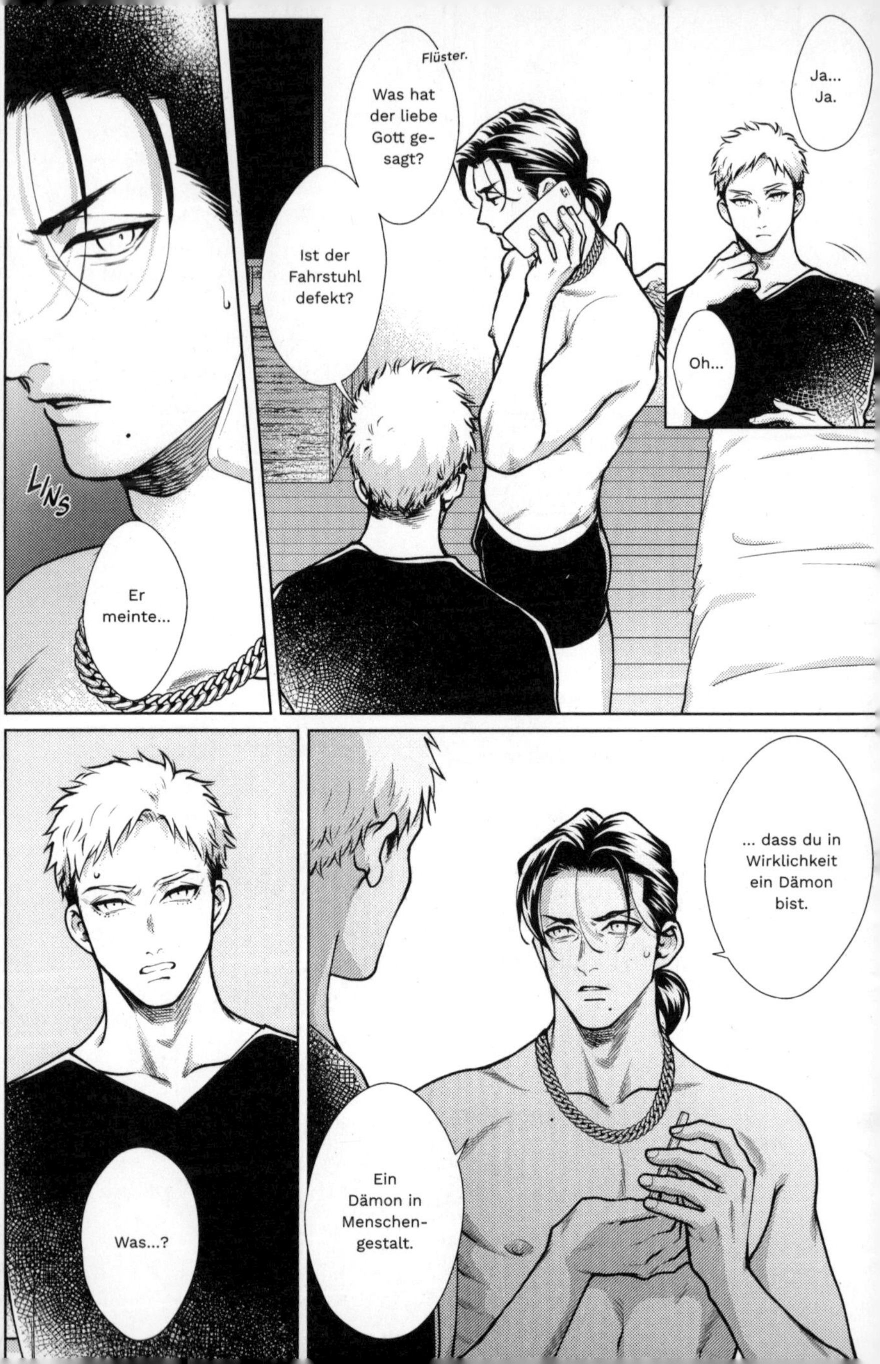
Ja... Ja.
Oh...
Flüster.
Was hat der liebe Gott gesagt?
Ist der Fahrstuhl defekt?
LINS
Er meinte...
... dass du in Wirklichkeit ein Dämon bist.
Ein Dämon in Menschengestalt.
Was...?

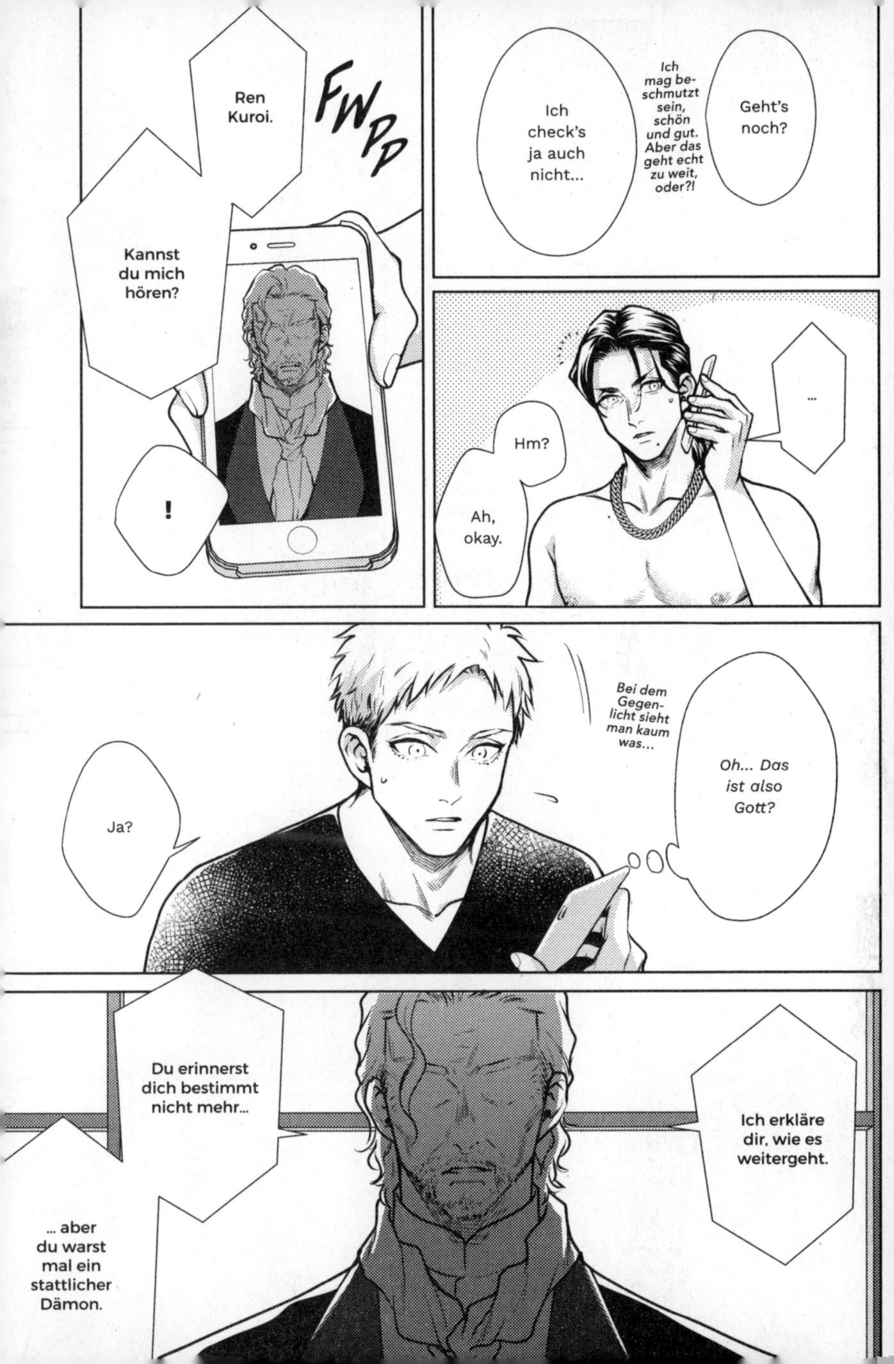
Geht's noch?
Ich mag beschmutzt sein, schön und gut. Aber das geht echt zu weit, oder?!
Ich check's ja auch nicht...
...
Hm?
Ah, okay.
Ren Kuroi.
FWPP
Kannst du mich hören?
!
Oh... Das ist also Gott?
Bei dem Gegenlicht sieht man kaum was...
Ja?
Ich erkläre dir, wie es weitergeht.
Du erinnerst dich bestimmt nicht mehr...
... aber du warst mal ein stattlicher Dämon.

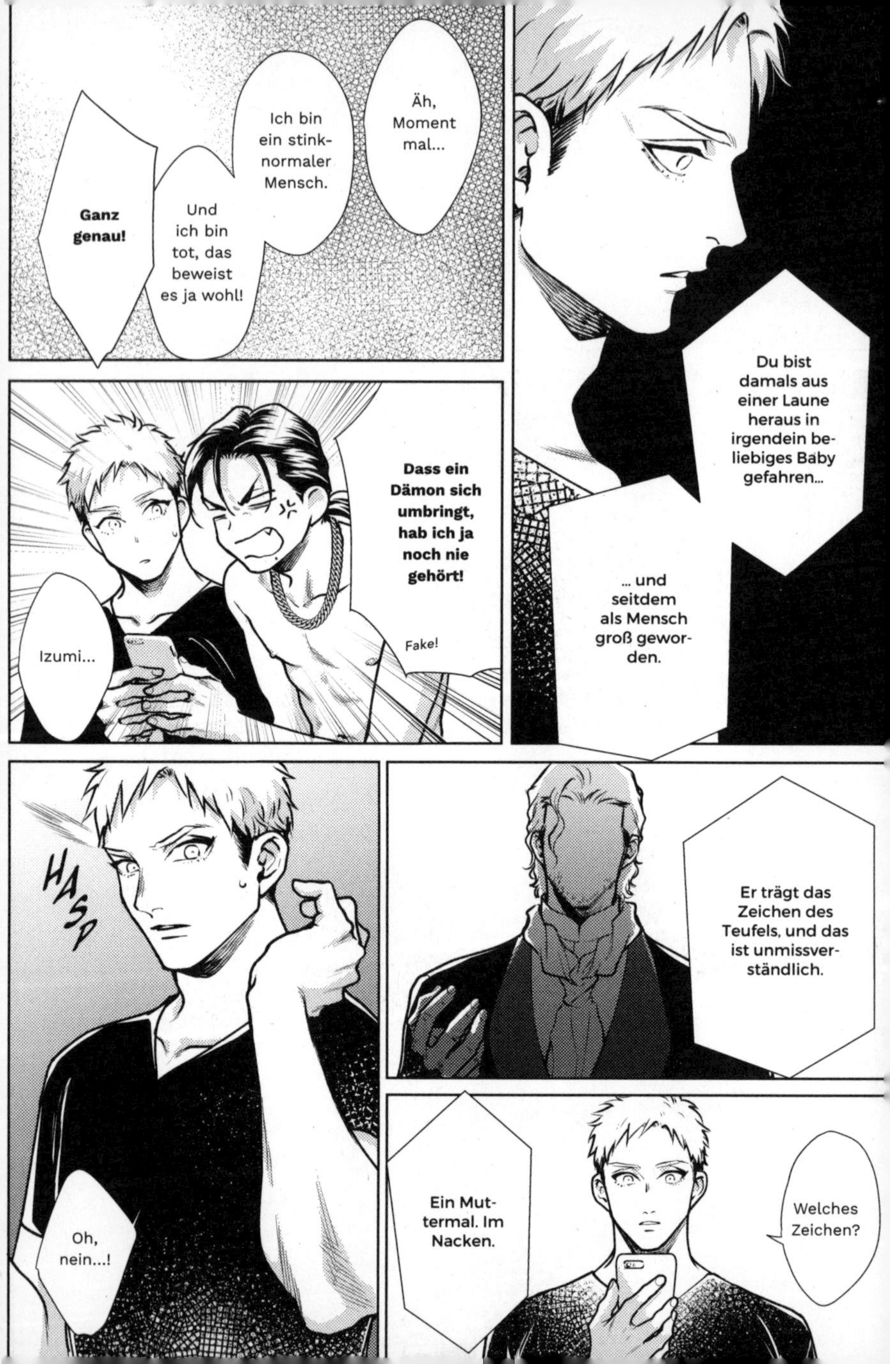

Du bist damals aus einer Laune heraus in irgendein beliebiges Baby gefahren...
... und seitdem als Mensch groß geworden.
Äh, Moment mal...
Ich bin ein stinknormaler Mensch.
Und ich bin tot, das beweist es ja wohl!
Ganz genau!
Dass ein Dämon sich umbringt, hab ich ja noch nie gehört!
Fake!
Izumi...
Er trägt das Zeichen des Teufels, und das ist unmissverständlich.
Welches Zeichen?
Ein Muttermal. Im Nacken.
HASP
Oh, nein...!

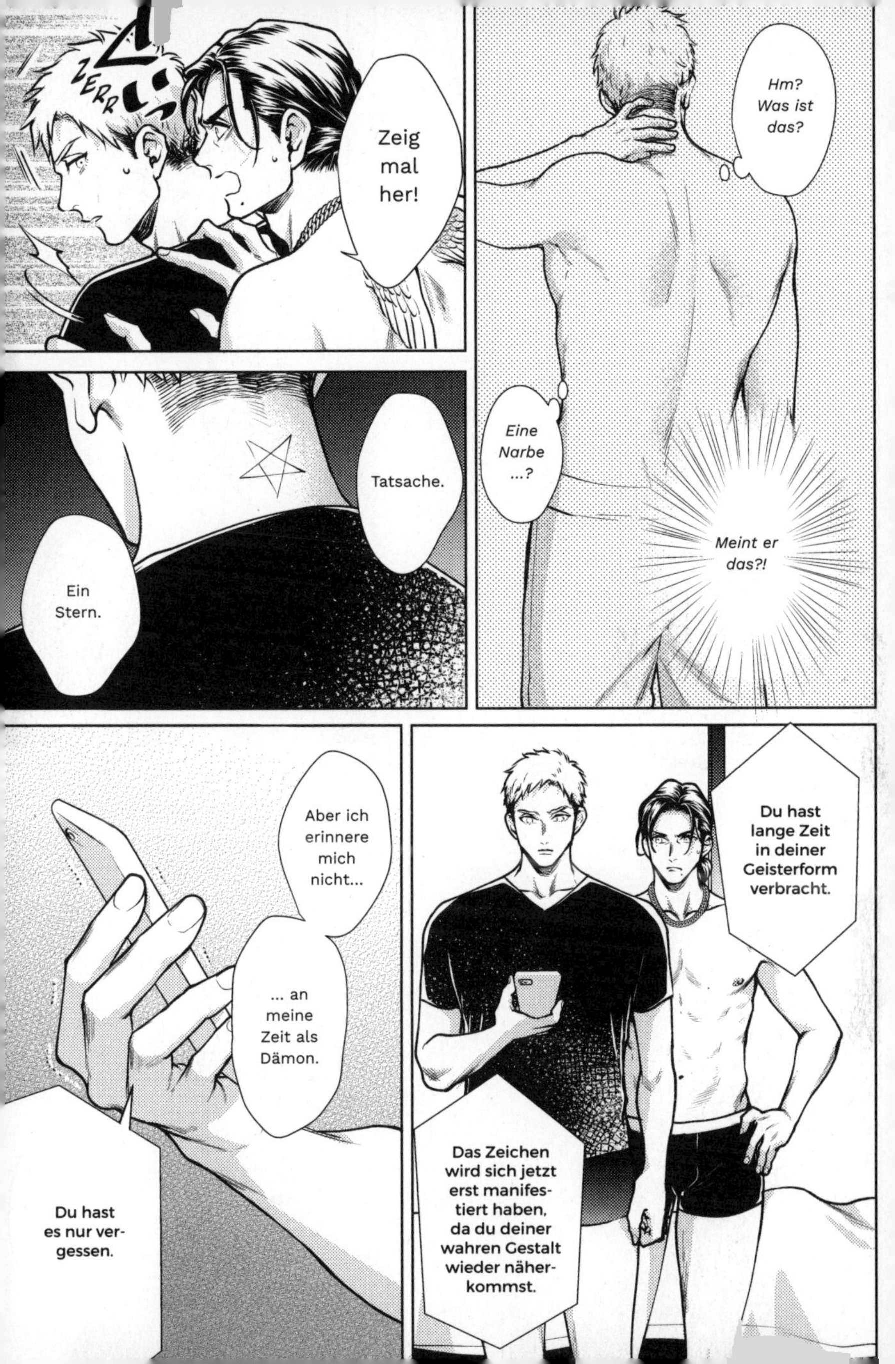
Hm? Was ist das?
Eine Narbe ...?
Meint er das?!
ZERR
Zeig mal her!
Tatsache.
Ein Stern.
Du hast lange Zeit in deiner Geisterform verbracht.
Das Zeichen wird sich jetzt erst manifestiert haben, da du deiner wahren Gestalt wieder näherkommst.
Aber ich erinnere mich nicht...
... an meine Zeit als Dämon.
Du hast es nur vergessen.

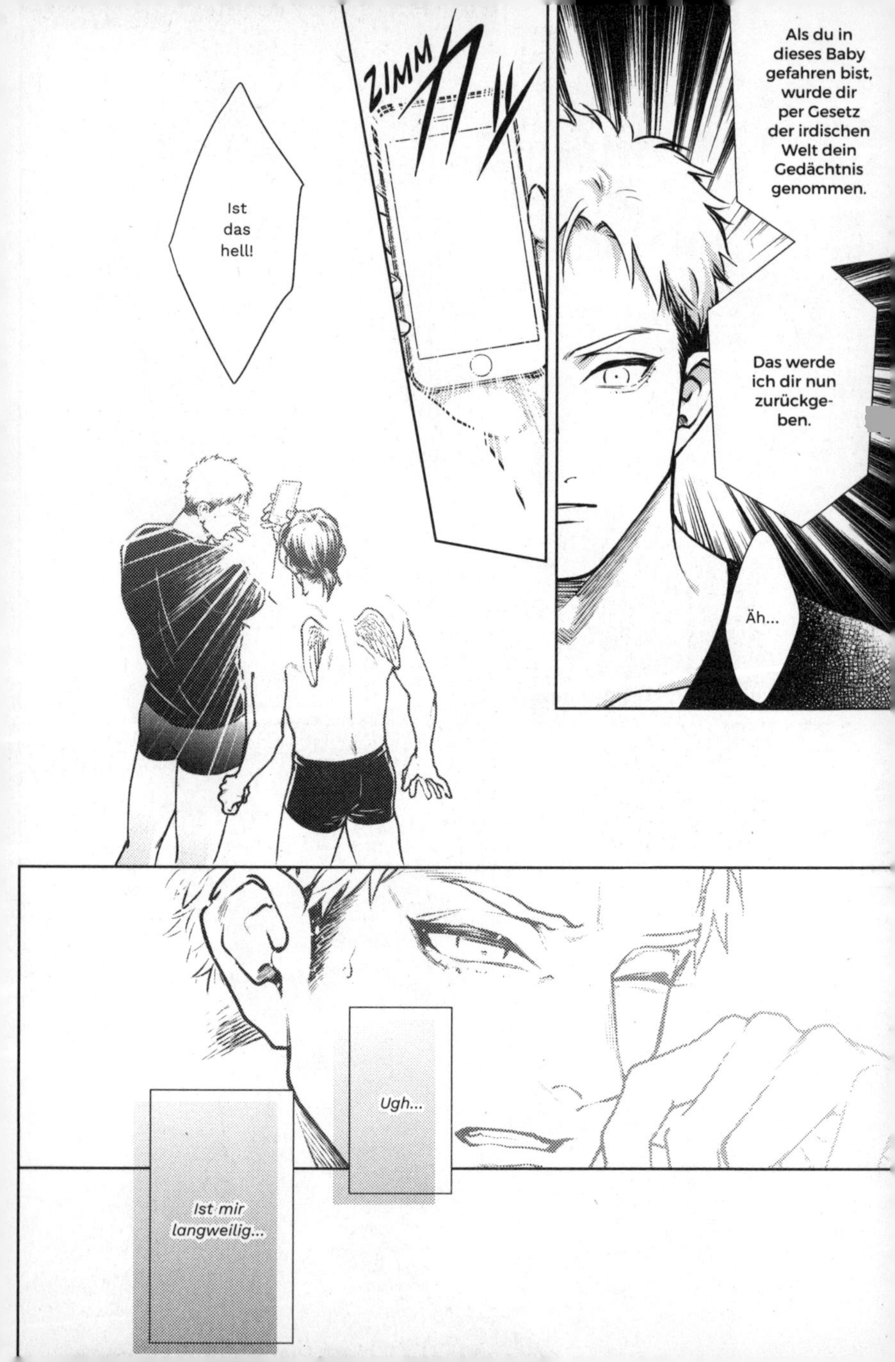
ZIMM
Als du in dieses Baby gefahren bist, wurde dir per Gesetz der irdischen Welt dein Gedächtnis genommen.
Das werde ich dir nun zurückgeben.
Äh...
Ist das hell!
Ugh...
Ist mir langweilig...

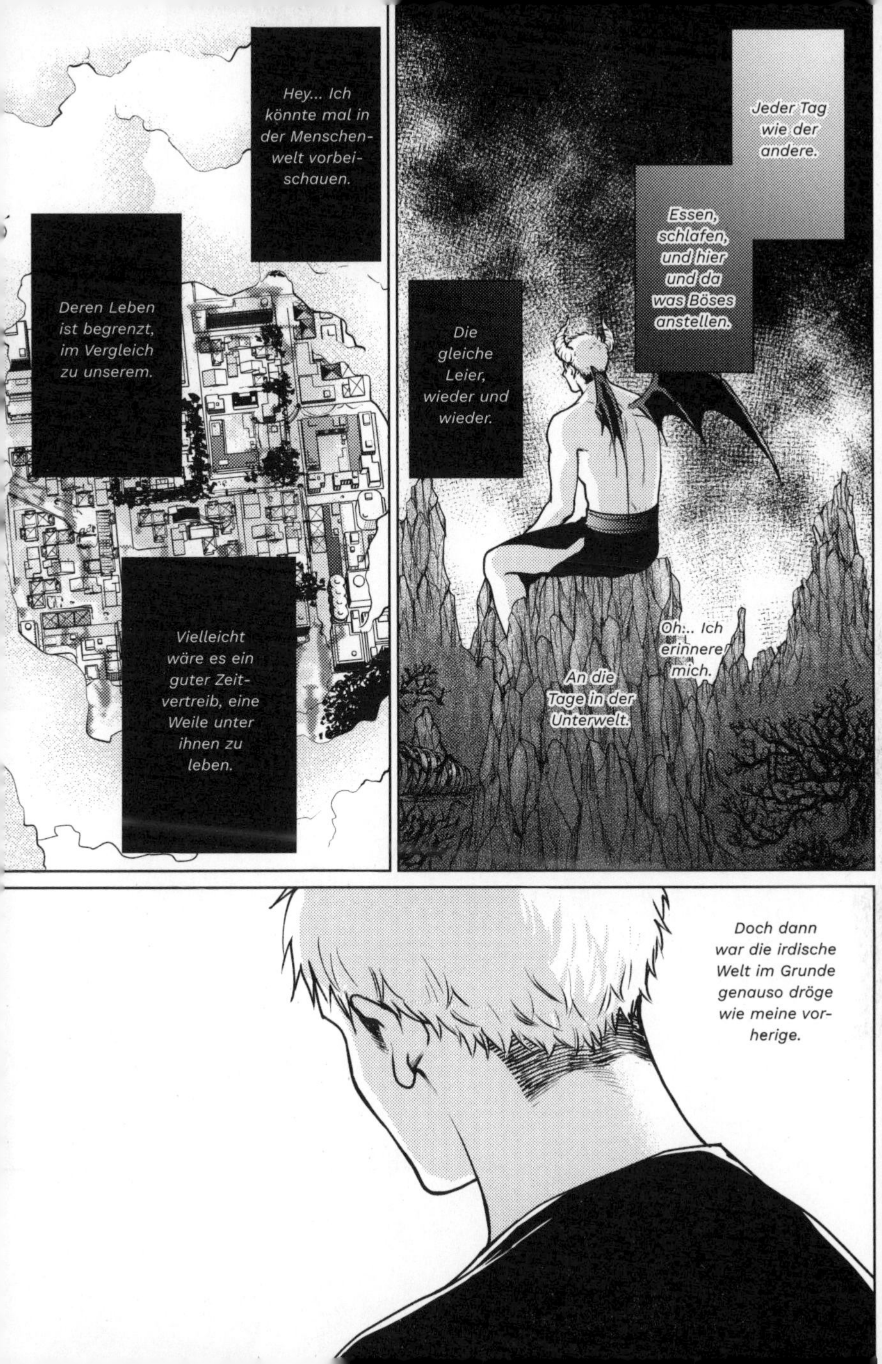
Oh:.. Ich erinnere mich.
An die Tage in der Unterwelt.
Jeder Tag wie der andere.
Essen, schlafen, und hier und da was Böses anstellen.
Die gleiche Leier, wieder und wieder.
Hey... Ich könnte mal in der Menschen-welt vorbei-schauen.
Deren Leben ist begrenzt, im Vergleich zu unserem.
Vielleicht wäre es ein guter Zeit-vertreib, eine Weile unter ihnen zu leben.
Doch dann war die irdische Welt im Grunde genauso dröge wie meine vor-herige.

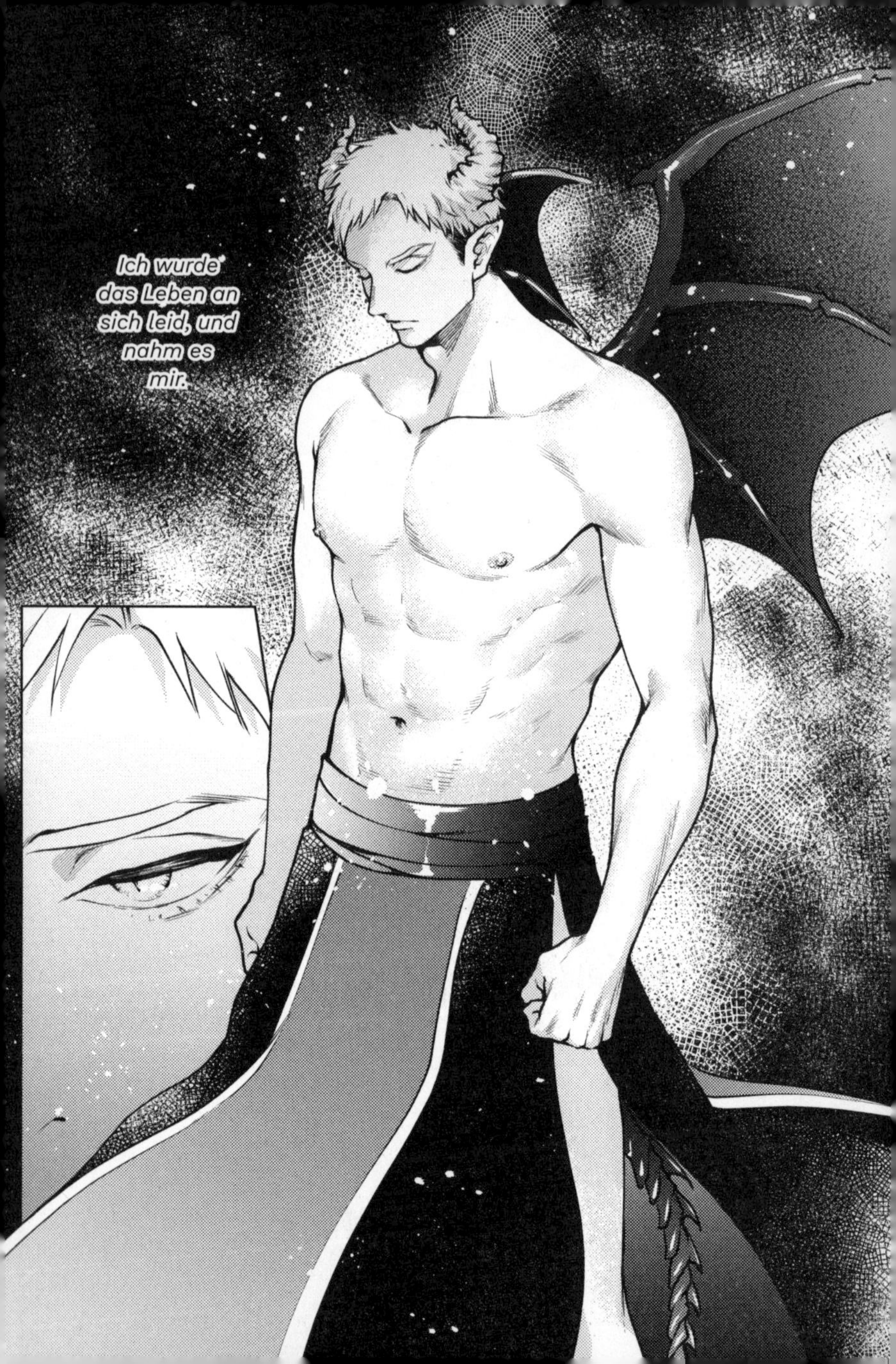
Ich wurde das Leben an sich leid, und nahm es mir.

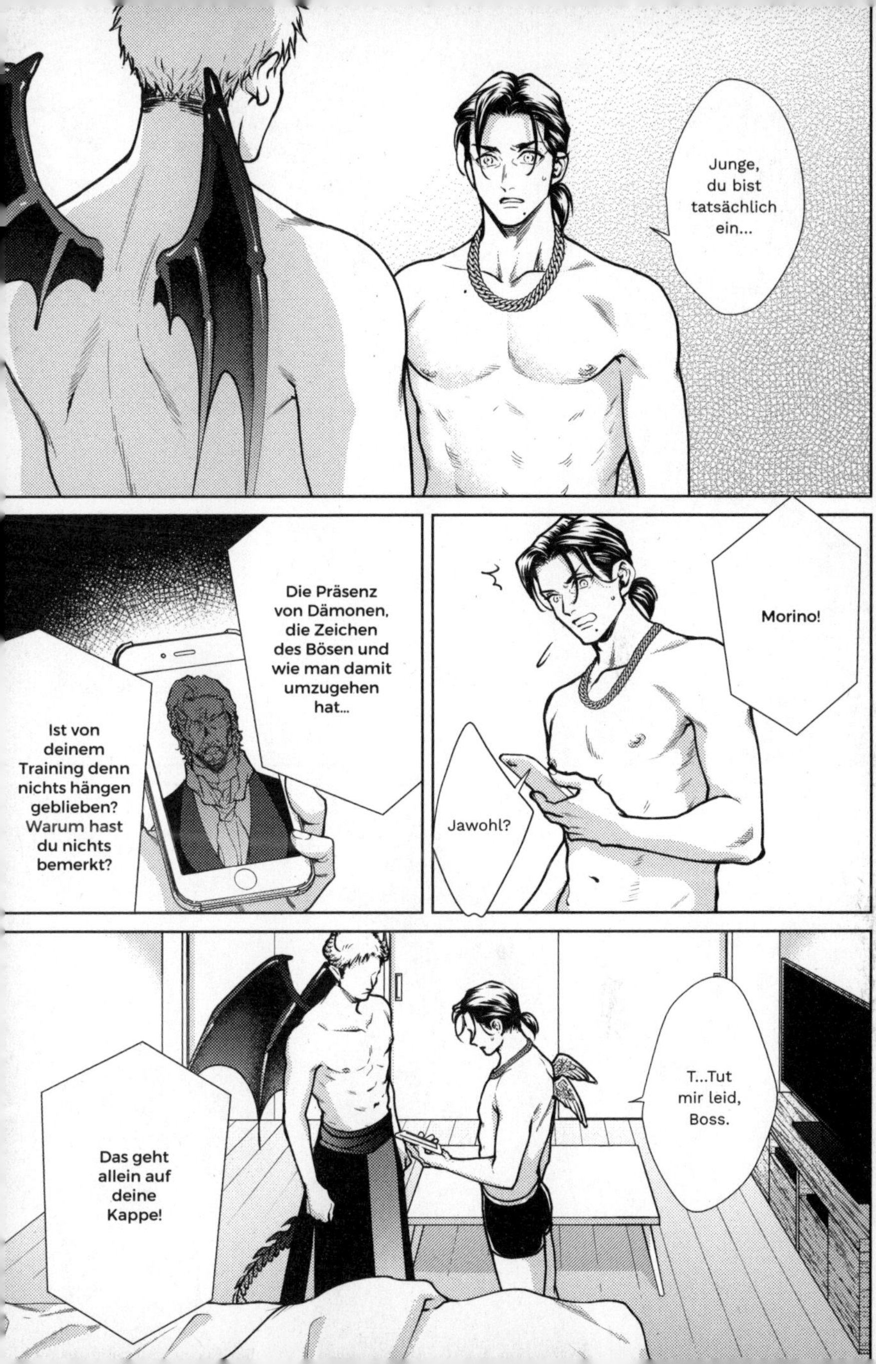
Junge, du bist tatsächlich ein...
Morino!
Jawohl?
Die Präsenz von Dämonen, die Zeichen des Bösen und wie man damit umzugehen hat...
Ist von deinem Training denn nichts hängen geblieben? Warum hast du nichts bemerkt?
T...Tut mir leid, Boss.
Das geht allein auf deine Kappe!

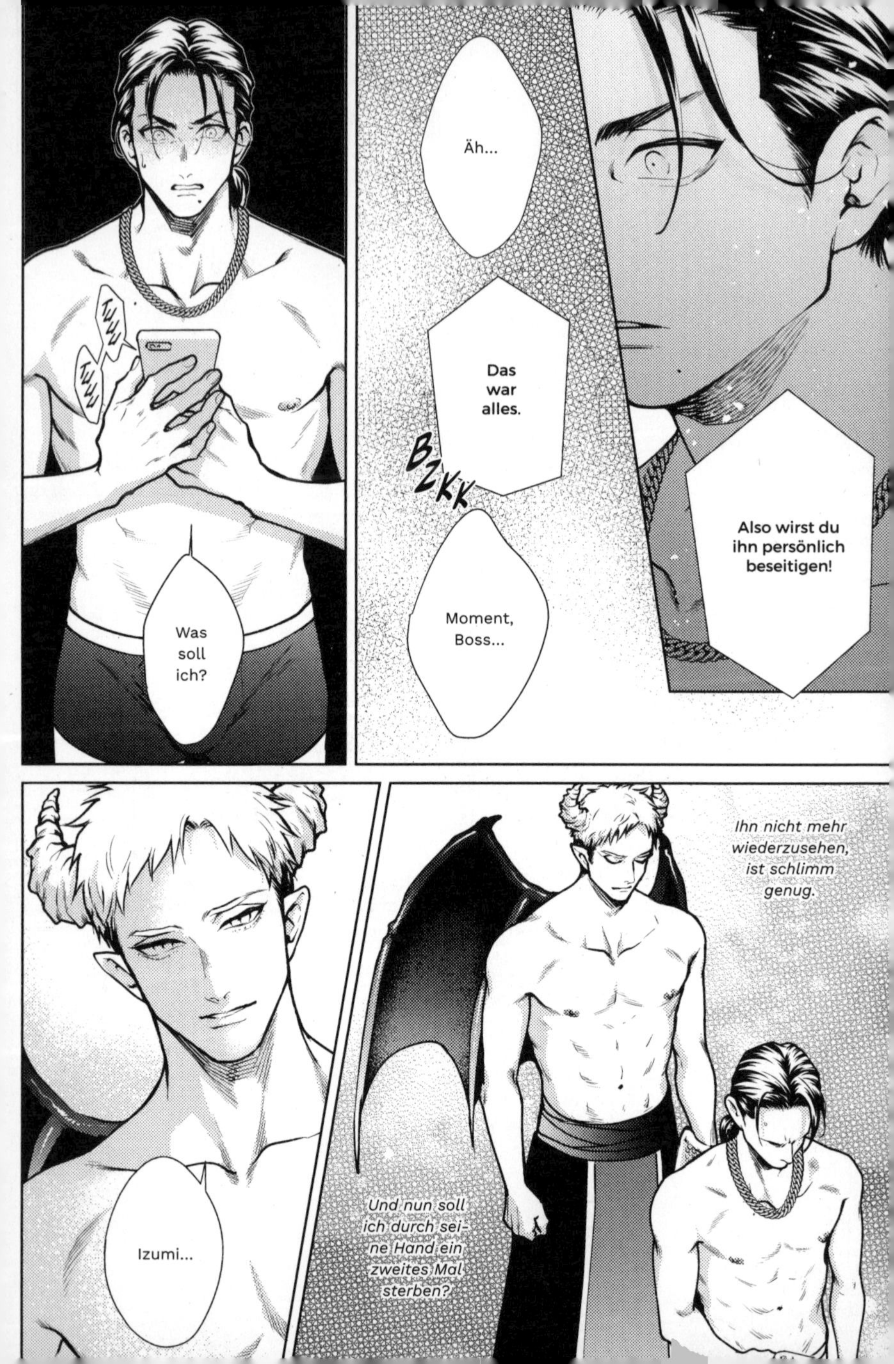
Also wirst du ihn persönlich beseitigen!
Äh...
Das war alles.
BZKK
Moment, Boss...
TUUU
TUUU
Was soll ich?
Ihn nicht mehr wiederzusehen, ist schlimm genug.
Und nun soll ich durch seine Hand ein zweites Mal sterben?
Izumi...

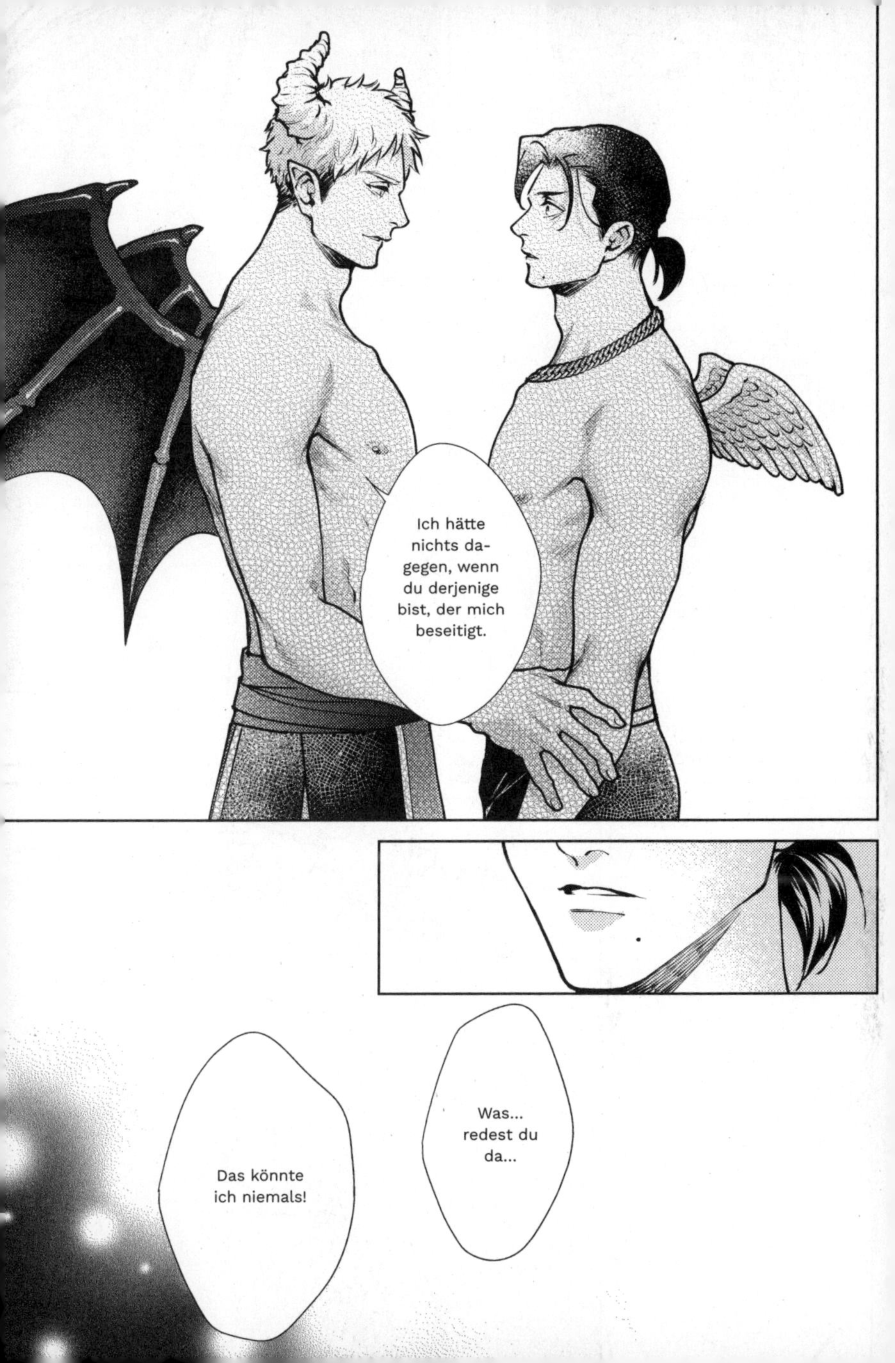
Ich hätte nichts dagegen, wenn du derjenige bist, der mich beseitigt.
Was... redest du da...
Das könnte ich niemals!

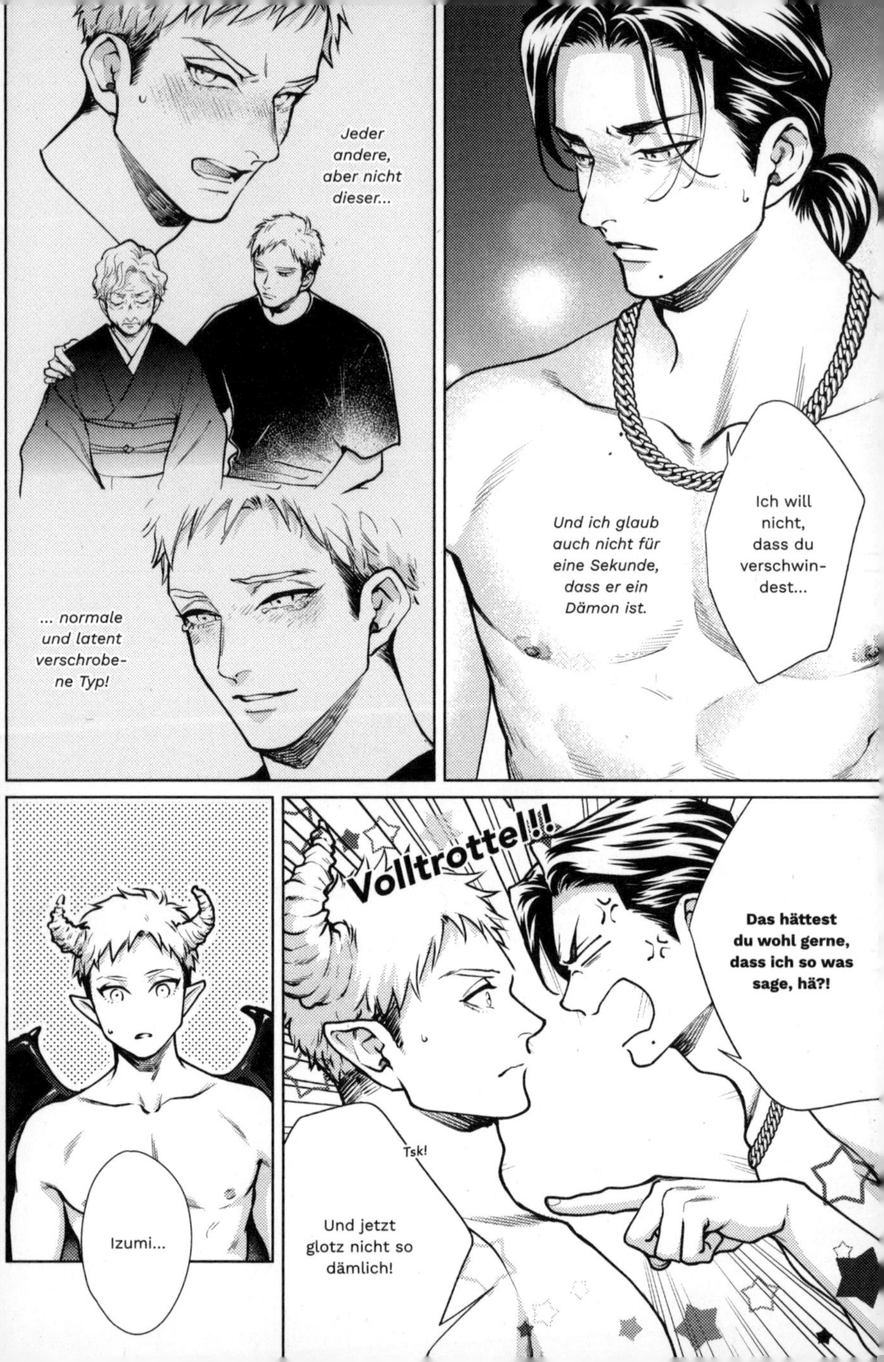
Jeder andere, aber nicht dieser...
... normale und latent verschrobe-ne Typ!
Ich will nicht, dass du verschwin-dest...
Und ich glaub auch nicht für eine Sekunde, dass er ein Dämon ist.
Izumi...
Volltrottel!!
Das hättest du wohl gerne, dass ich so was sage, hä?!
Tsk!
Und jetzt glotz nicht so dämlich!

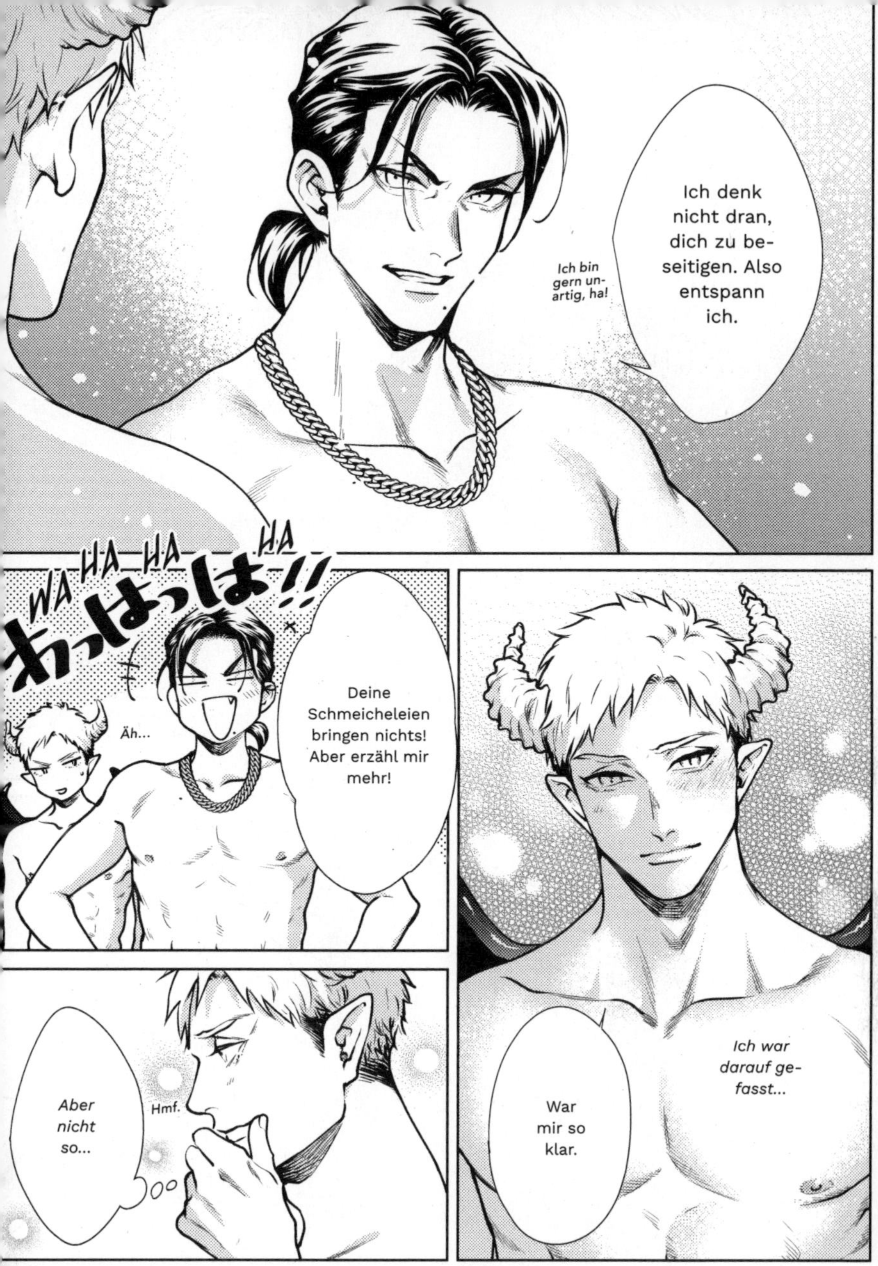
Ich denk nicht dran, dich zu beseitigen. Also entspann ich.
Ich bin gern unartig, ha!
WA HA HA HA
わっはっは!!
Äh...
Deine Schmeicheleien bringen nichts! Aber erzähl mir mehr!
Ich war darauf gefasst...
War mir so klar.
Hmf.
Aber nicht so...

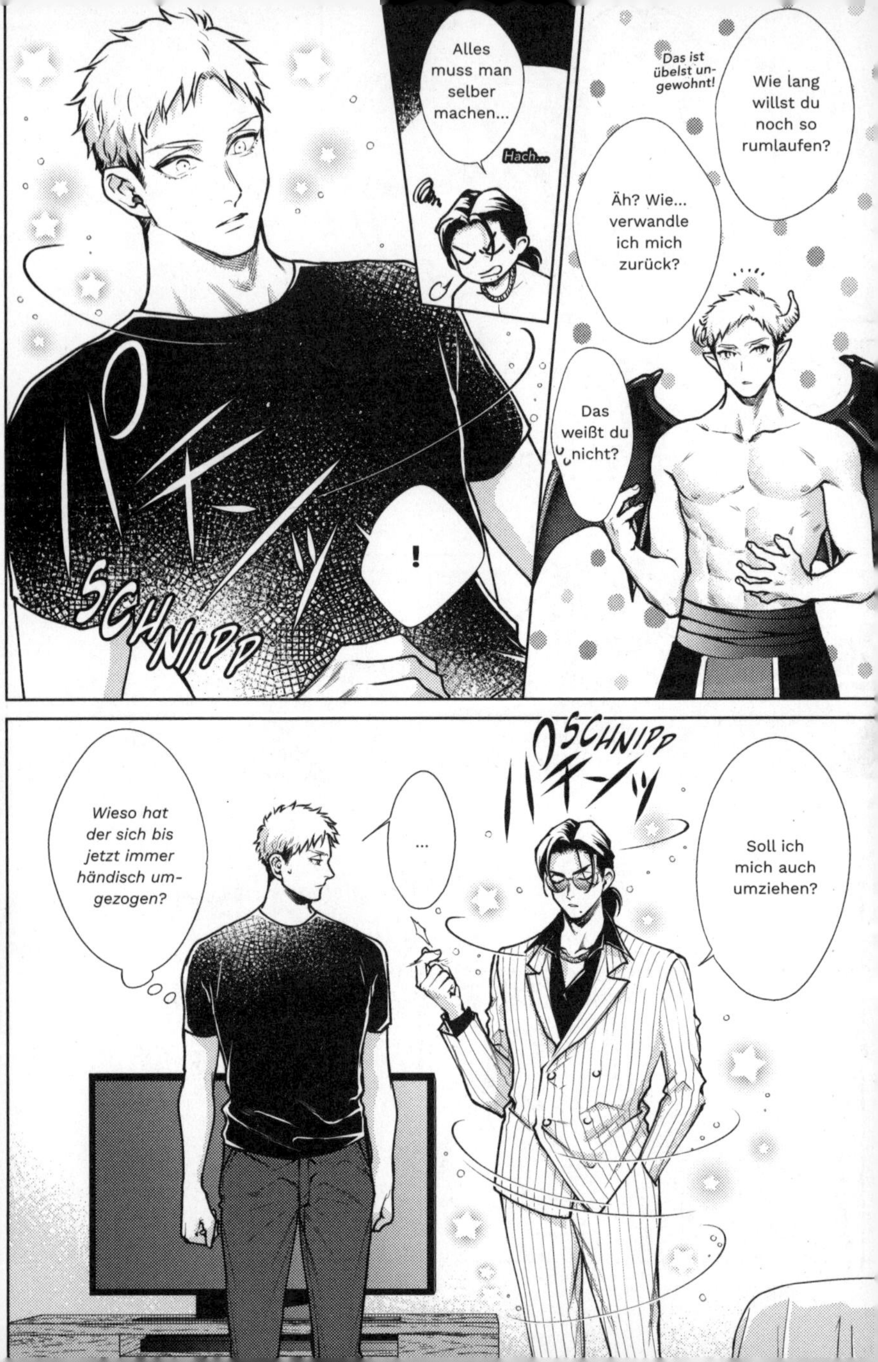
Wie lang willst du noch so rumlaufen?
Das ist übelst ungewohnt!
Äh? Wie... verwandle ich mich zurück?
Das weißt du nicht?
Alles muss man selber machen...
Hach...
SCHNIPP
!
Soll ich mich auch umziehen?
SCHNIPP
...
Wieso hat der sich bis jetzt immer händisch umgezogen?

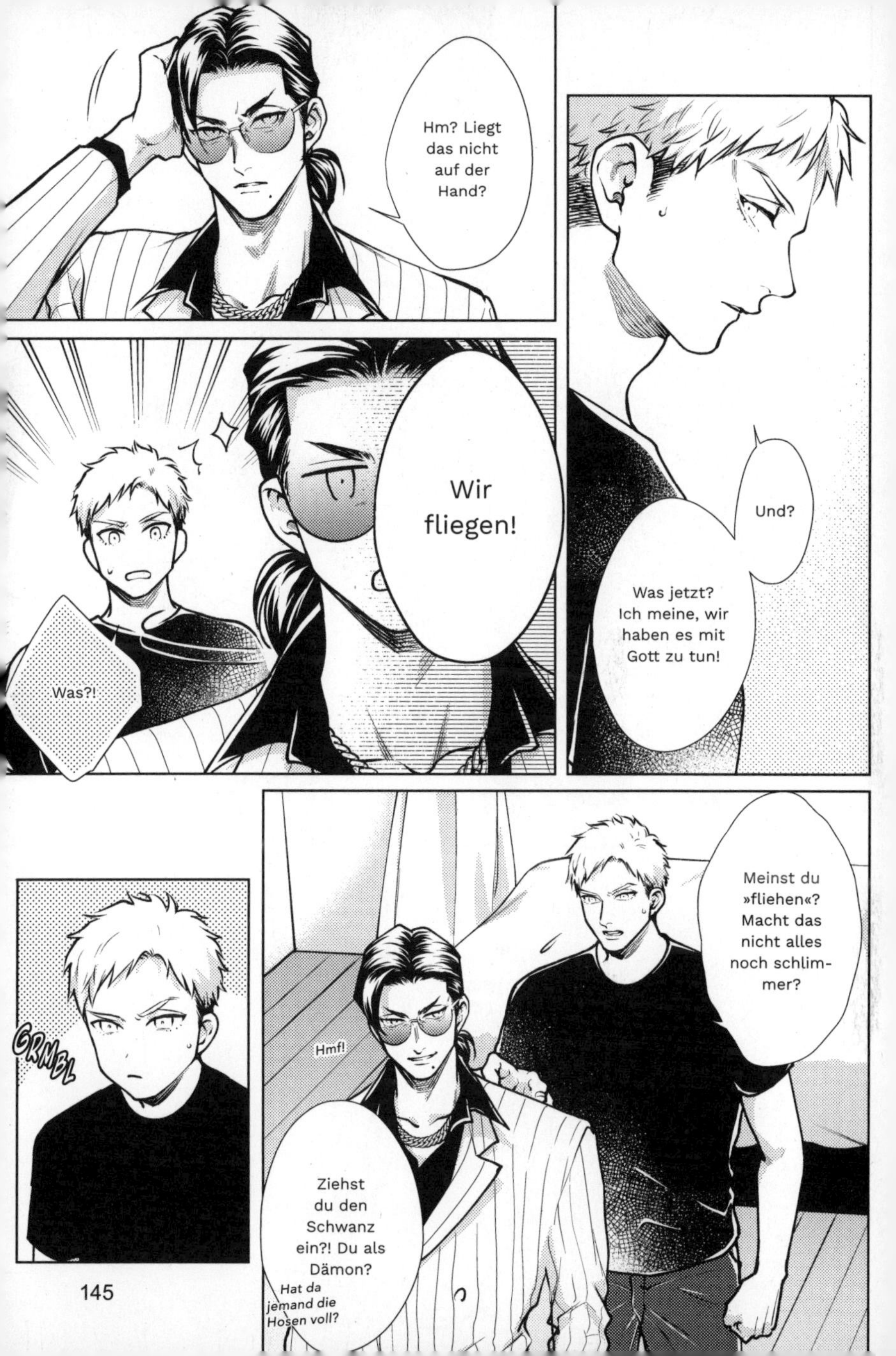
Und?
Was jetzt? Ich meine, wir haben es mit Gott zu tun!
Hm? Liegt das nicht auf der Hand?
Wir fliegen!
Was?!
Meinst du »fliehen«? Macht das nicht alles noch schlim-mer?
Hmf!
Ziehst du den Schwanz ein?! Du als Dämon?
Hat da jemand die Hosen voll?
GRMBL

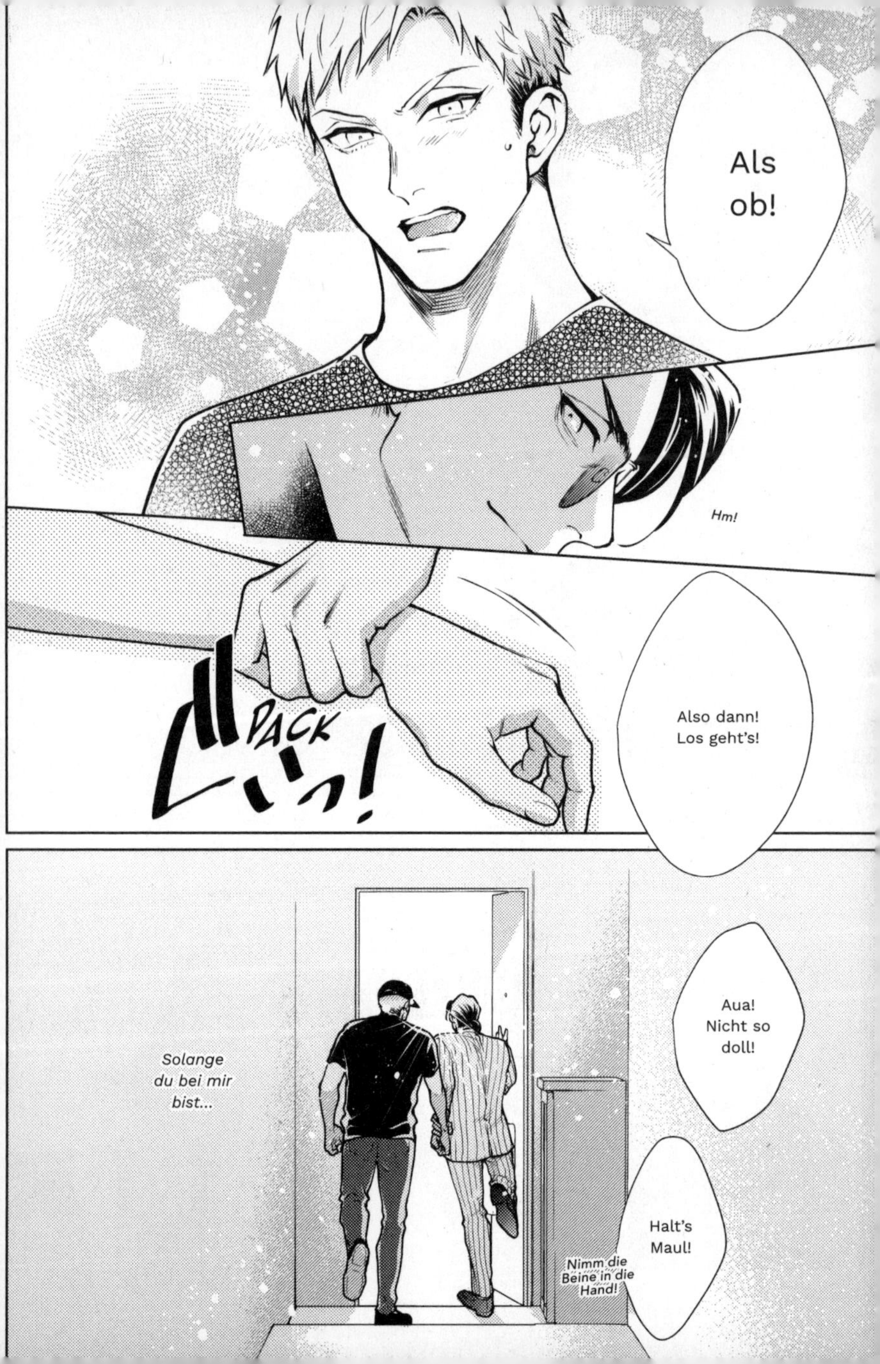
Als ob!
Hm!
Also dann! Los geht's!
PACK
Aua! Nicht so doll!
Halt's Maul!
Nimm die Beine in die Hand!
Solange du bei mir bist...

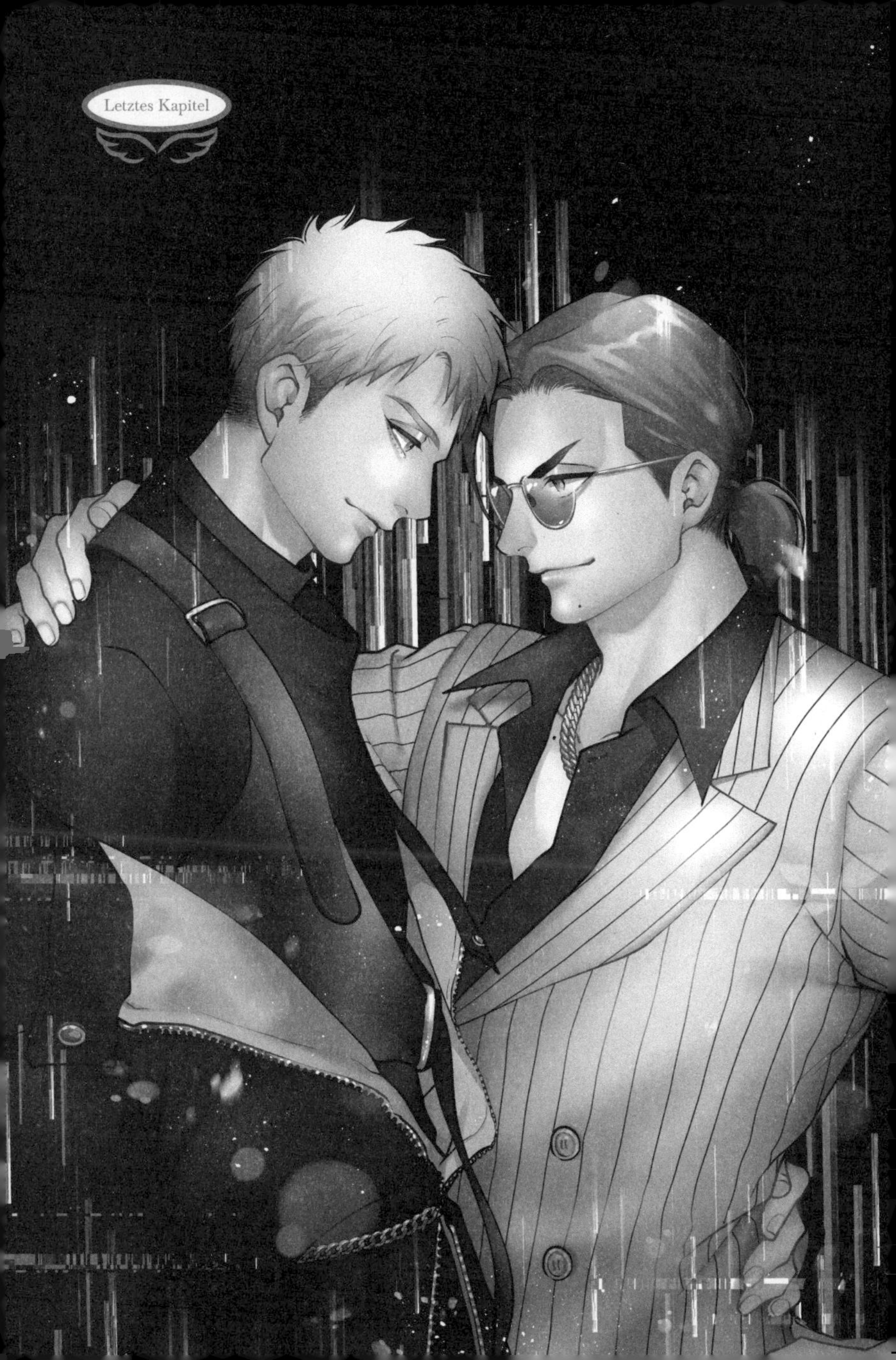
Letztes Kapitel

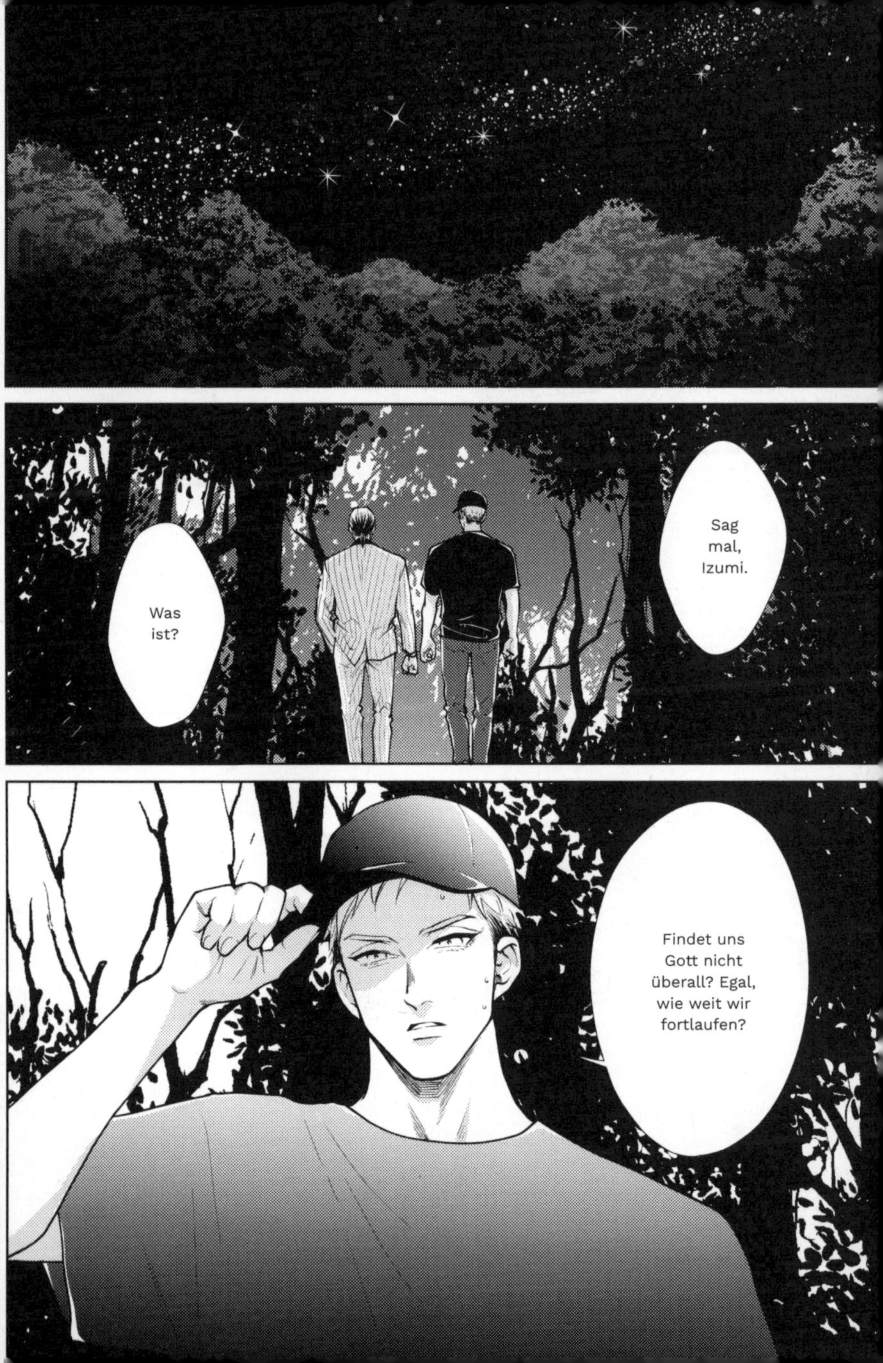
Sag mal, Izumi.
Was ist?
Findet uns Gott nicht überall? Egal, wie weit wir fortlaufen?

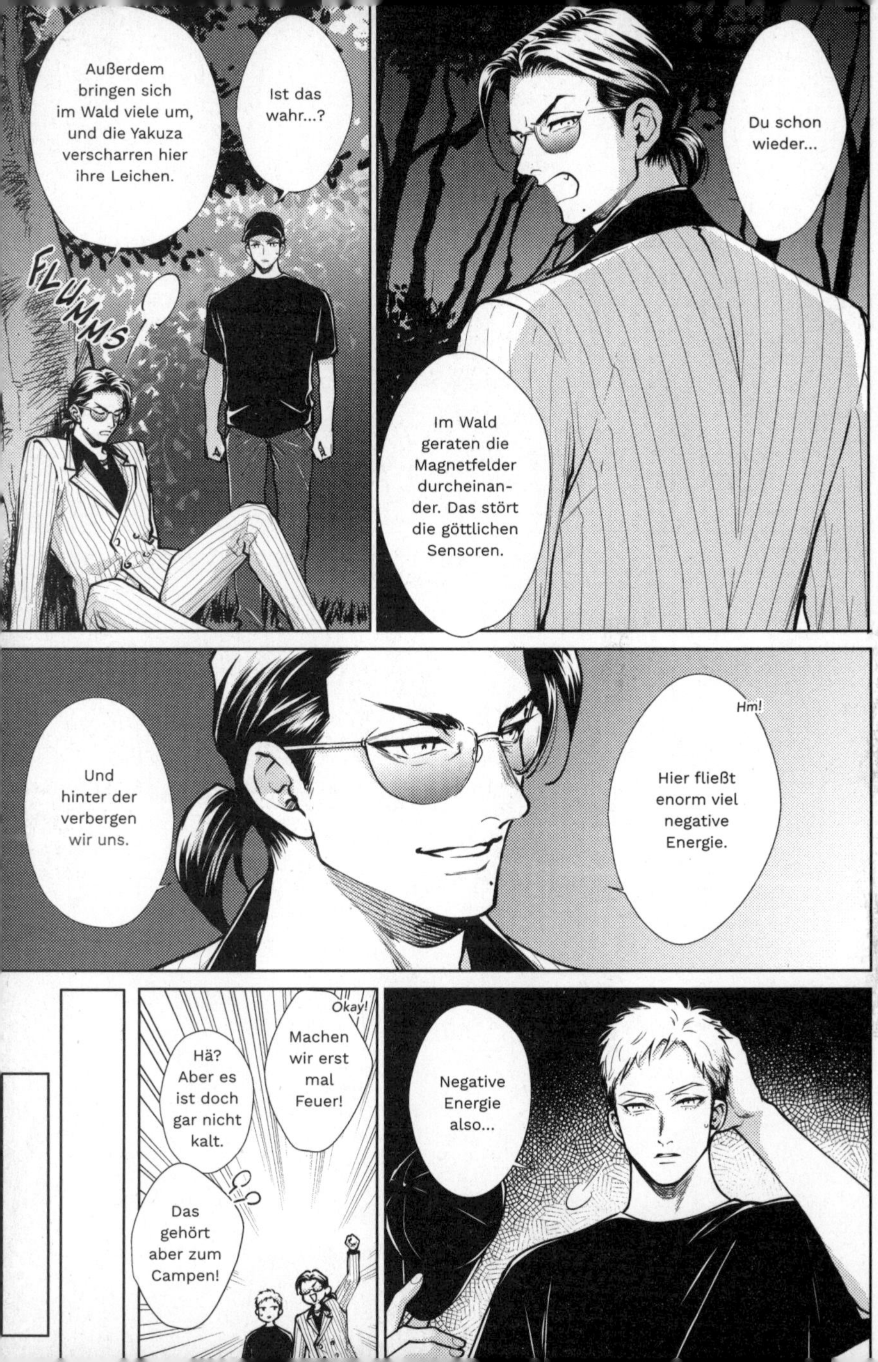
Du schon wieder...
Ist das wahr...?
Außerdem bringen sich im Wald viele um, und die Yakuza verscharren hier ihre Leichen.
FLUMMS
Im Wald geraten die Magnetfelder durcheinander. Das stört die göttlichen Sensoren.
Hm!
Hier fließt enorm viel negative Energie.
Und hinter der verbergen wir uns.
Negative Energie also...
Okay!
Machen wir erst mal Feuer!
Hä? Aber es ist doch gar nicht kalt.
Das gehört aber zum Campen!

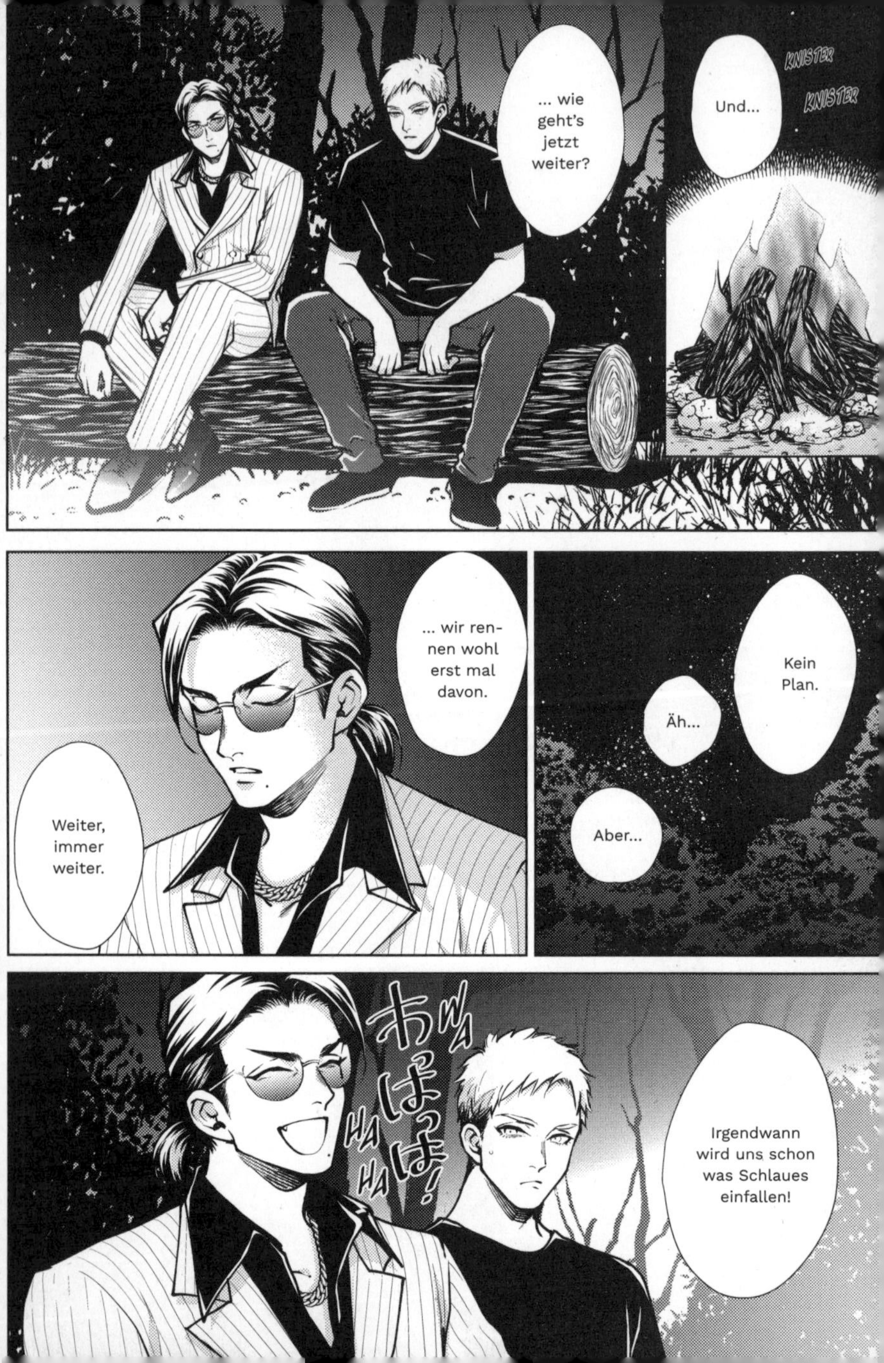
KNISTER
KNISTER
Und...
... wie geht's jetzt weiter?
Kein Plan.
Äh...
Aber...
... wir rennen wohl erst mal davon.
Weiter, immer weiter.
Irgendwann wird uns schon was Schlaues einfallen!
WA HA HA HA
わはっは!

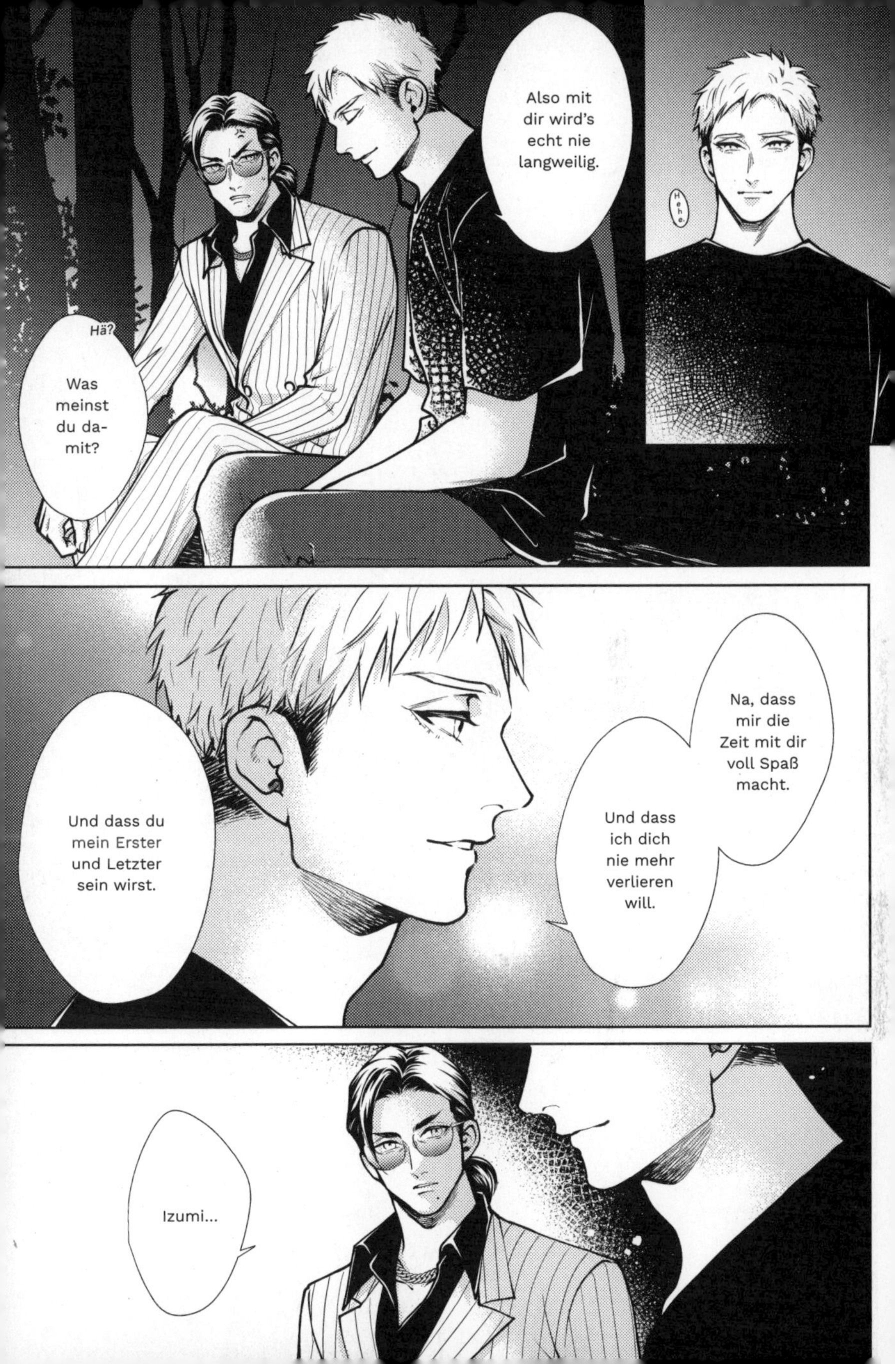
Hehe.
Also mit dir wird's echt nie langweilig.
Hä?
Was meinst du damit?
Na, dass mir die Zeit mit dir voll Spaß macht.
Und dass ich dich nie mehr verlieren will.
Und dass du mein Erster und Letzter sein wirst.
Izumi...

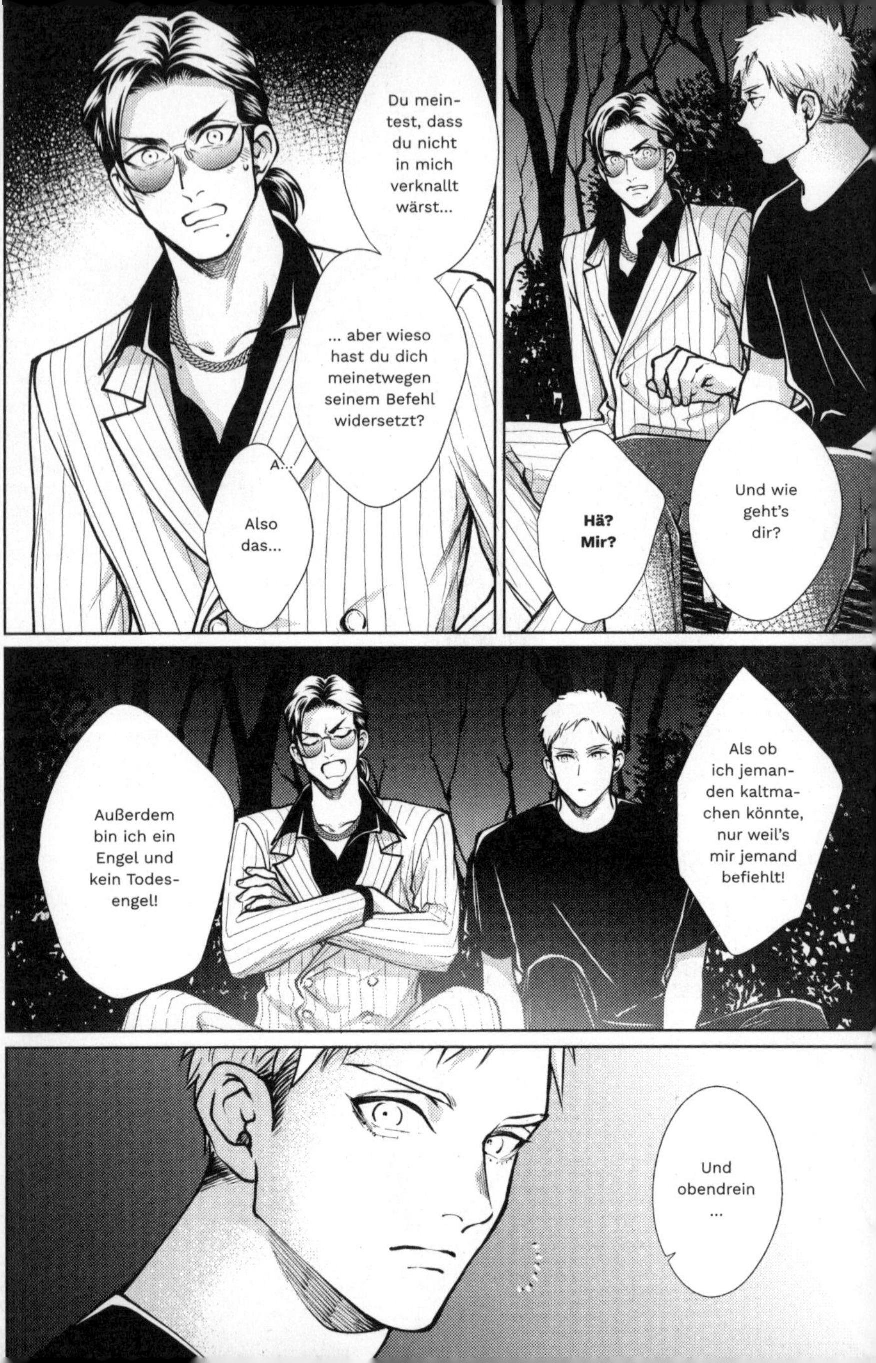
Und wie geht's dir?
Hä? Mir?
Du mein-test, dass du nicht in mich verknallt wärst...
... aber wieso hast du dich meinetwegen seinem Befehl widersetzt?
A...
Also das...
Als ob ich jeman-den kaltma-chen könnte, nur weil's mir jemand befiehlt!
Außerdem bin ich ein Engel und kein Todes-engel!
Und obendrein ...

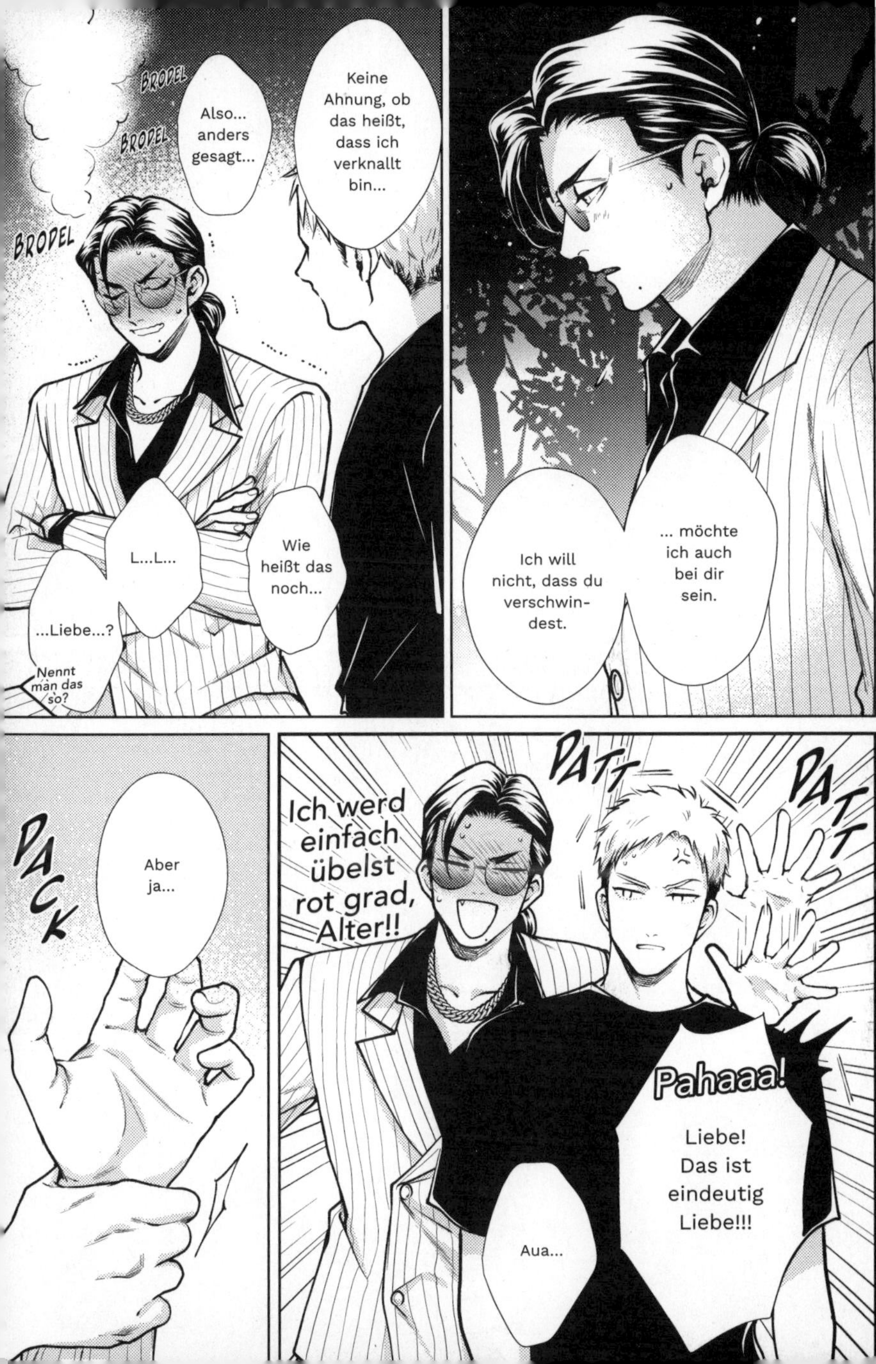
... möchte ich auch bei dir sein.
Ich will nicht, dass du verschwin-dest.
Keine Ahnung, ob das heißt, dass ich verknallt bin...
BRODEL
BRODEL
Also... anders gesagt...
BRODEL
Wie heißt das noch...
L...L...
...Liebe...?
Nennt man das so?
PATT
PATT
Ich werd einfach übelst rot grad, Alter!!
Pahaaa!
Liebe! Das ist eindeutig Liebe!!!
Aua...
DACK
Aber ja...

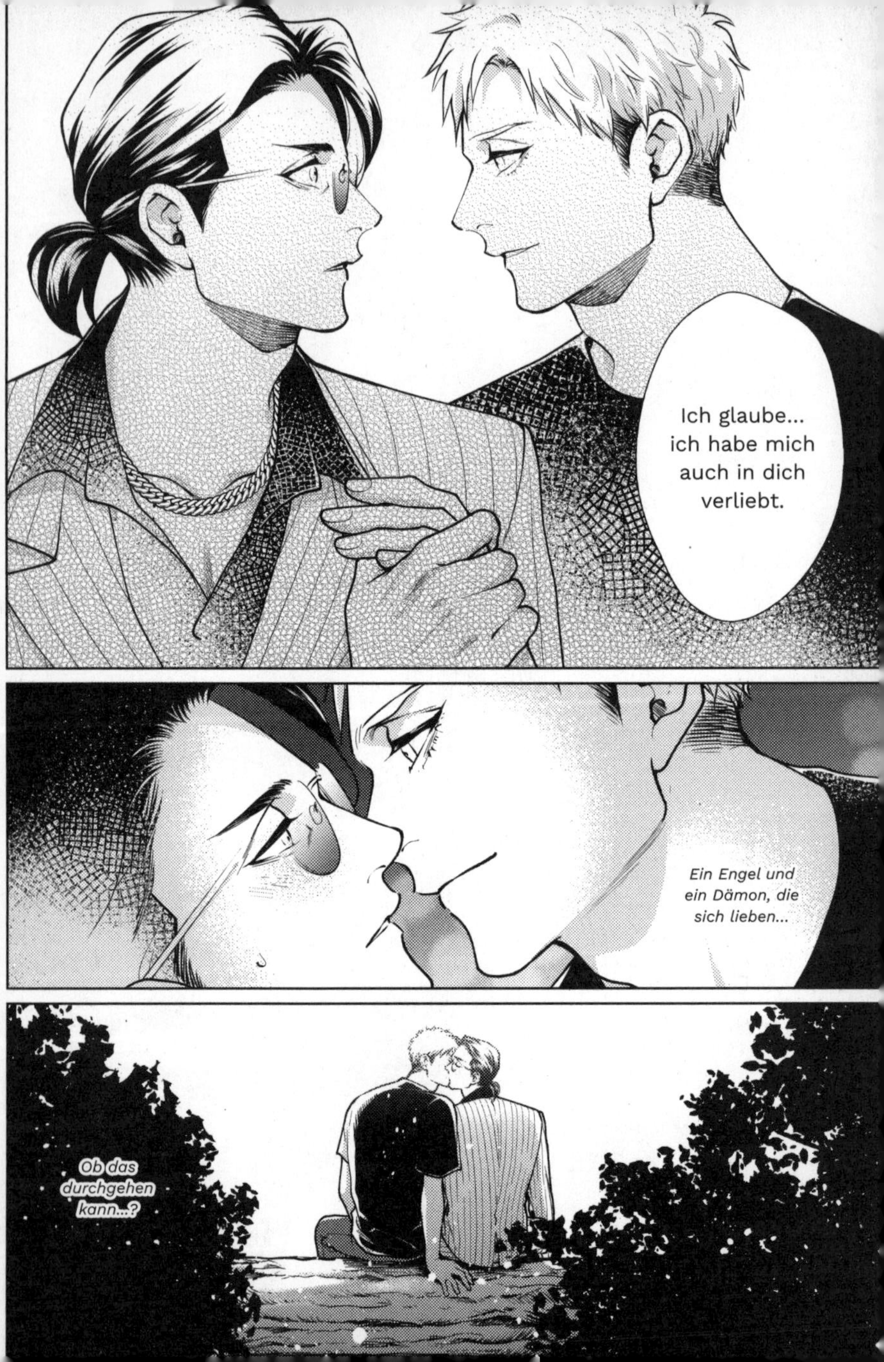
Ich glaube... ich habe mich auch in dich verliebt.
Ein Engel und ein Dämon, die sich lieben...
Ob das durchgehen kann...?

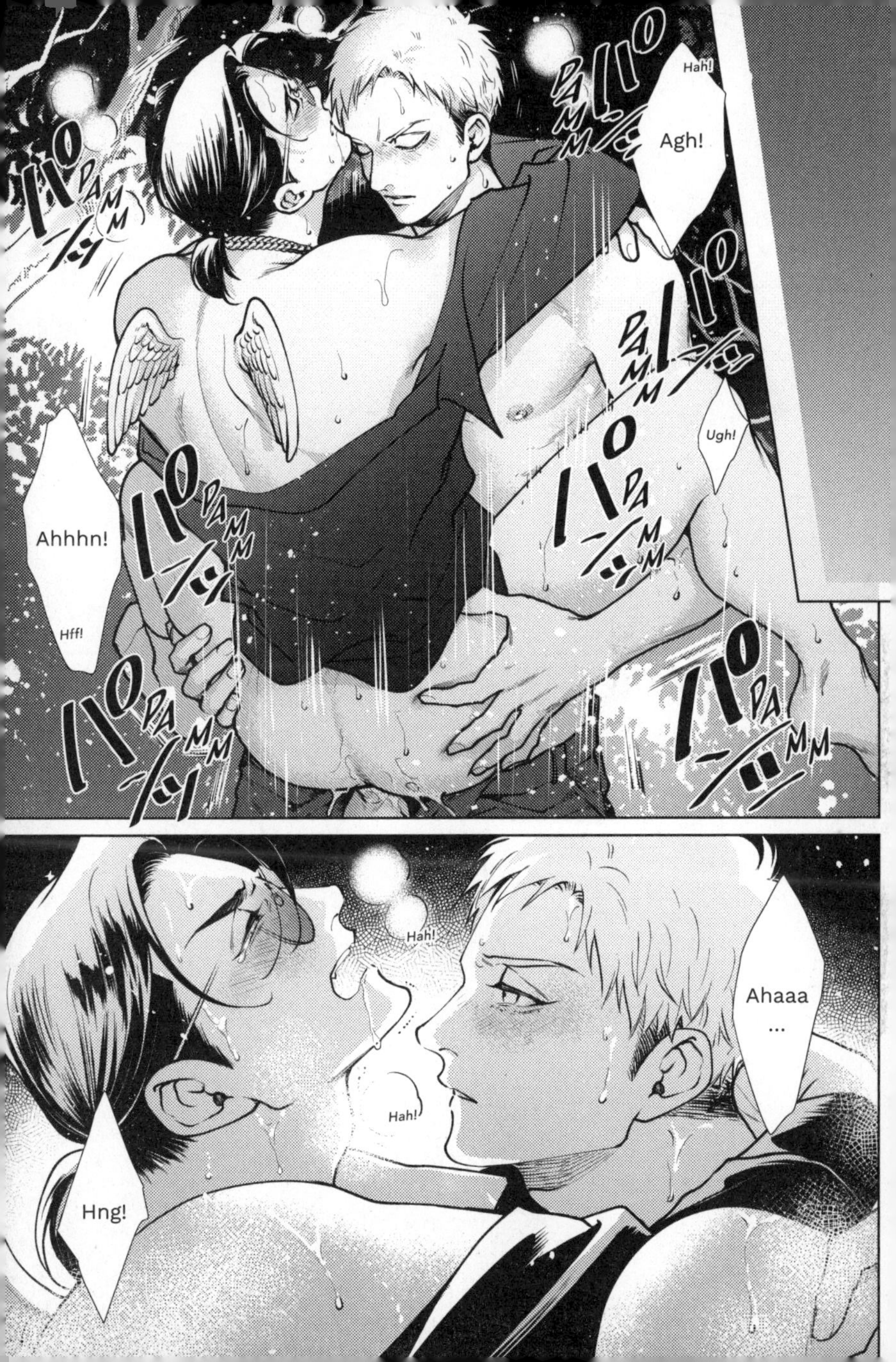
Hah!
Agh!
DAMM
DAMM
Ugh!
DAMM
DAMM
DAMM
Ahhhn!
DAMM
Hff!
DAMM
Ahaaa
...
Hah!
Hah!
Hng!

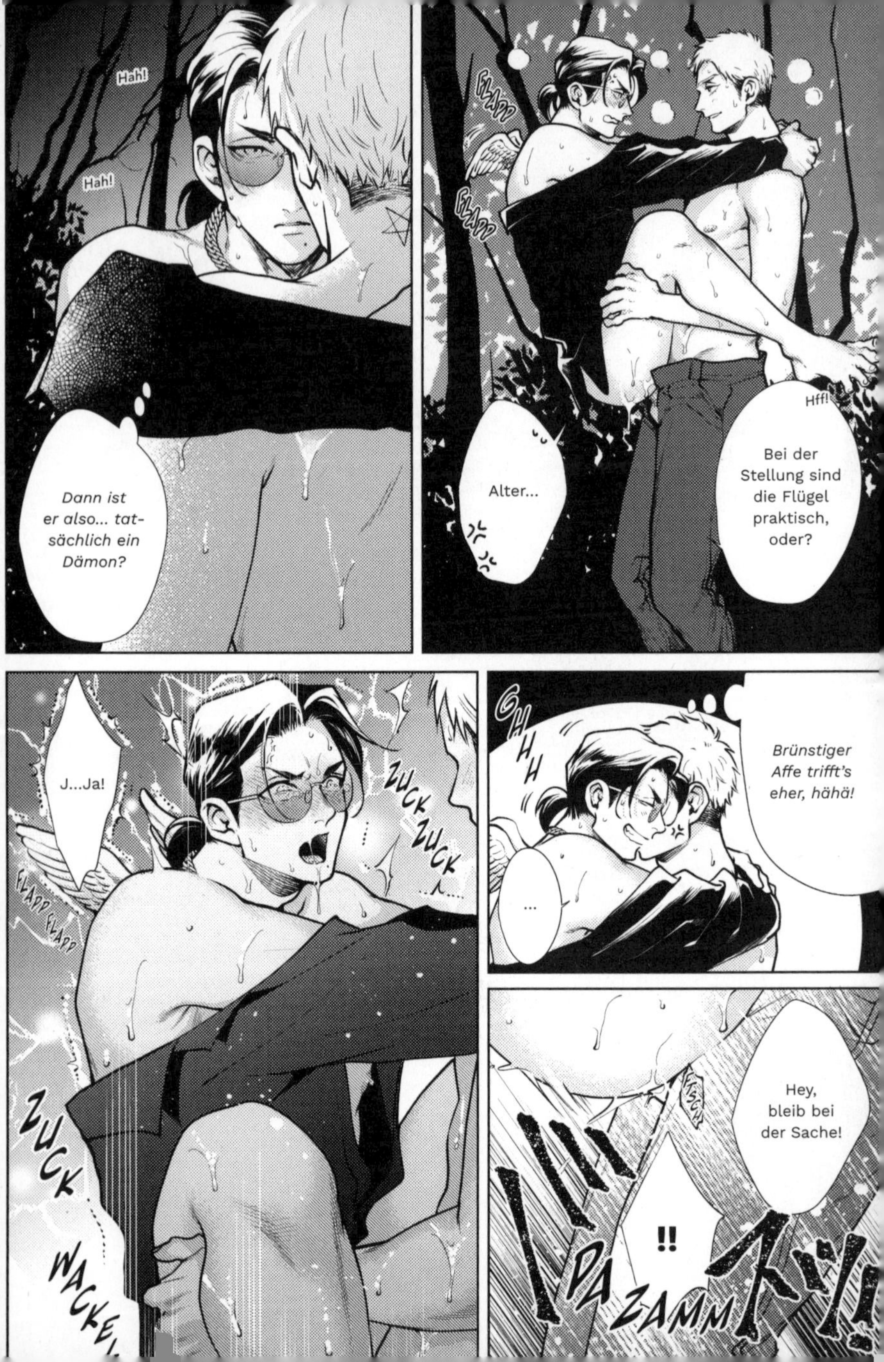
FLAPP
FLAPP
Hff!
Bei der Stellung sind die Flügel praktisch, oder?
Alter...
Hah!
Hah!
Dann ist er also... tatsächlich ein Dämon?
Brünstiger Affe trifft's eher, hähä!
...
Hey, bleib bei der Sache!
!!
DAZAMM
J...Ja!
ZUCK ZUCK
FLAPP FLAPP
ZUCK

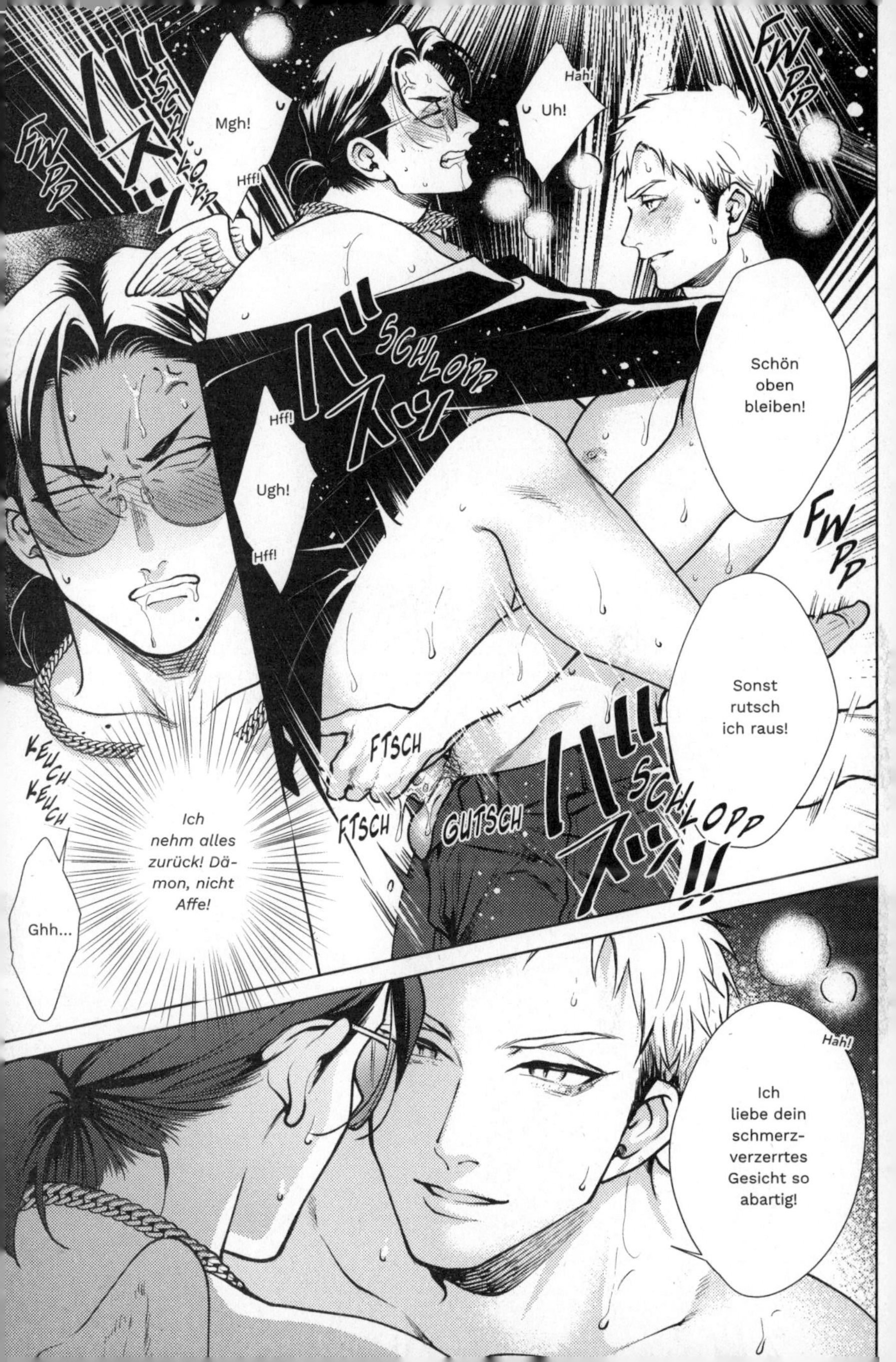
FWPP
Hah!
Uh!
Mgh!
Hff!
SCHLOPP
FWPP
Schön oben bleiben!
SCHLOPP
Hff!
Ugh!
Hff!
FWPP
Sonst rutsch ich raus!
SCHLOPP!!
GUTSCH
FTSCH
FTSCH
Ich nehm alles zurück! Dämon, nicht Affe!
KEUCH KEUCH
Ghh...
Hah!
Ich liebe dein schmerzverzerrtes Gesicht so abartig!

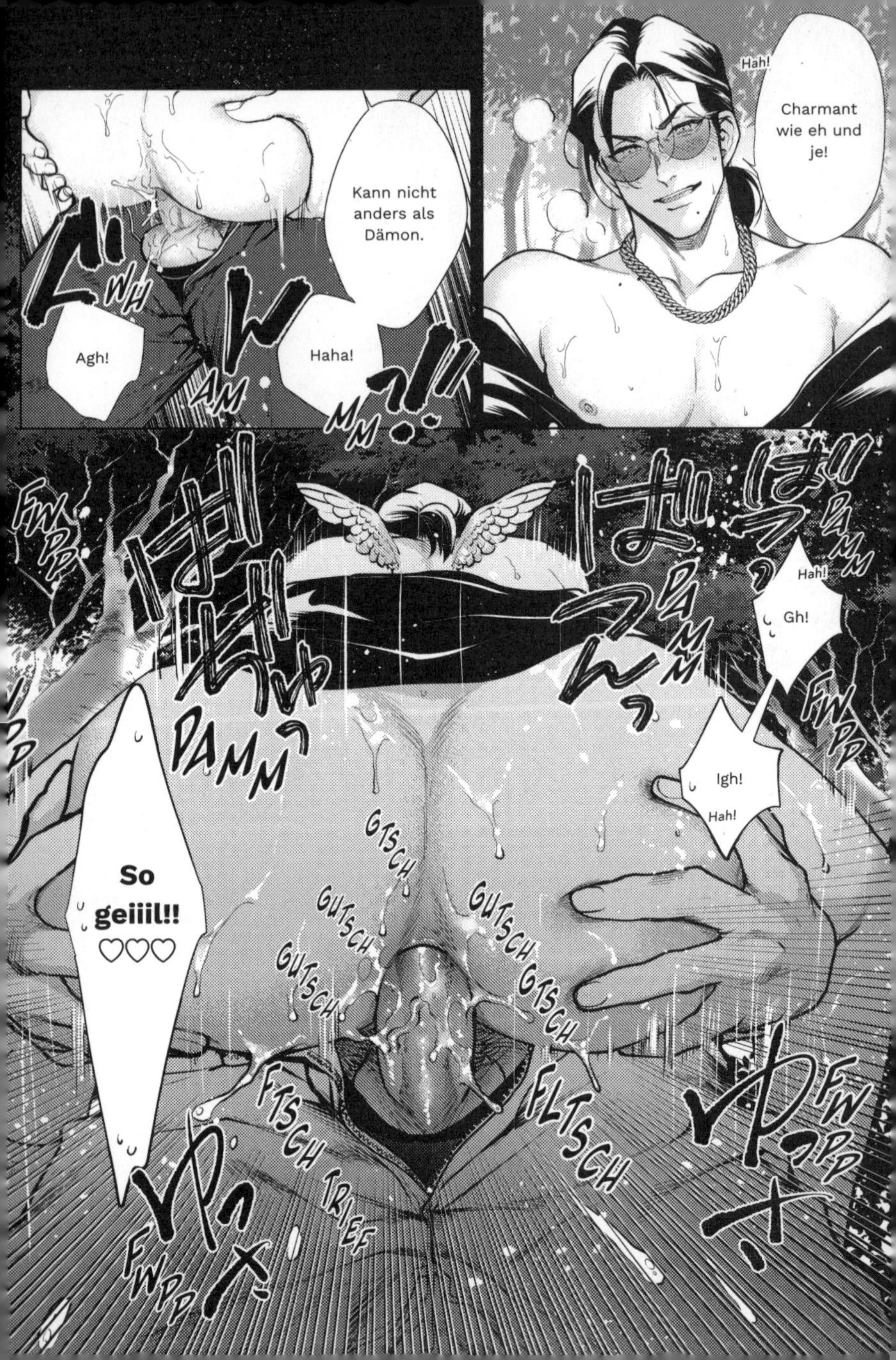
Hah!
Charmant wie eh und je!
Kann nicht anders als Dämon.
Haha!
Agh!
WH
AM
MM
FWPP
DAMM
DAMM
DAMM
Hah!
Gh!
FWPP
DAMM
Igh!
Hah!
So geiiil!! ♡♡♡
GTSCH
GUTSCH
GUTSCH
GUTSCH
GTSCH
FLTSCH
FLTSCH
TRIEF
FWPP
FWPP

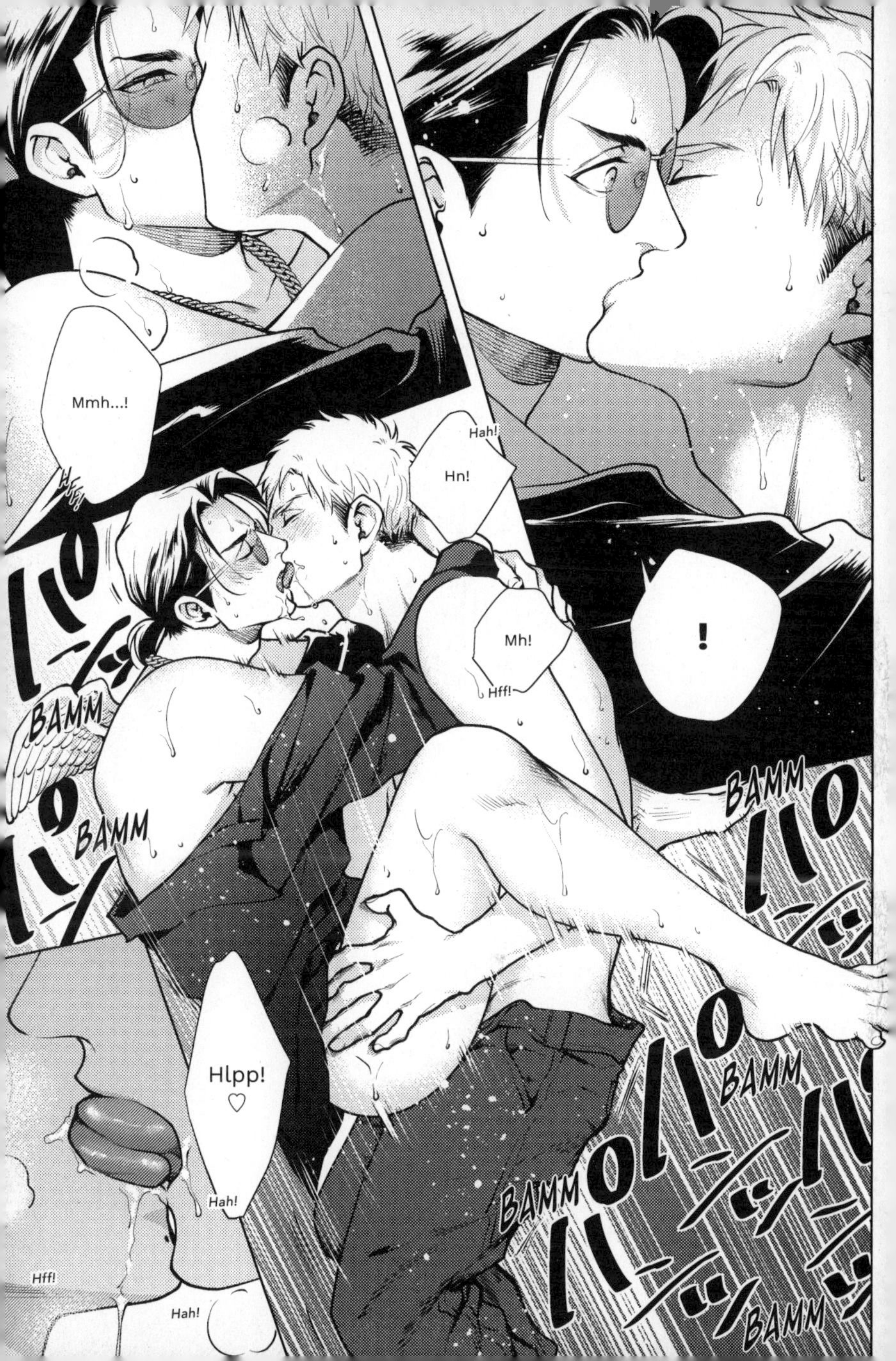
!
Mmh...!
Hff!
Hah!
Hn!
Mh!
Hff!
BAMM
BAMM
BAMM
BAMM
BAMM
BAMM
Hlpp! ♡
Hah!
Hff!
Hah!
BAMM

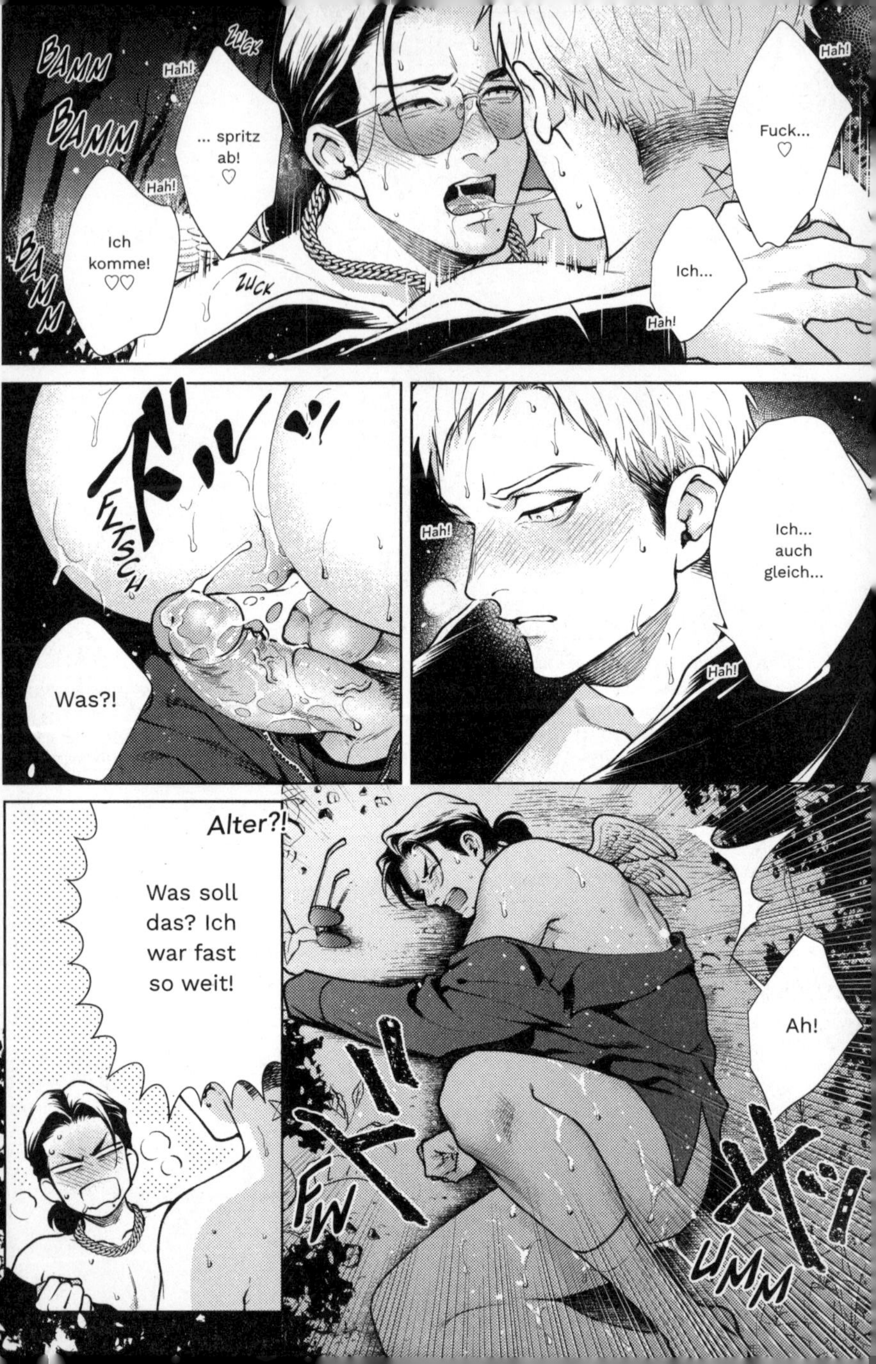
Hah!
Fuck... ♡
Ich...
Hah!
ZUCK
Hah!
... spritz ab! ♡
Hah!
Ich komme! ♡♡
ZUCK
BAMM
BAMM
BAMM
Hah!
Ich... auch gleich...
Hah!
FLUTSCH
Was?!
Ah!
UMM
FW
Alter?!
Was soll das? Ich war fast so weit!

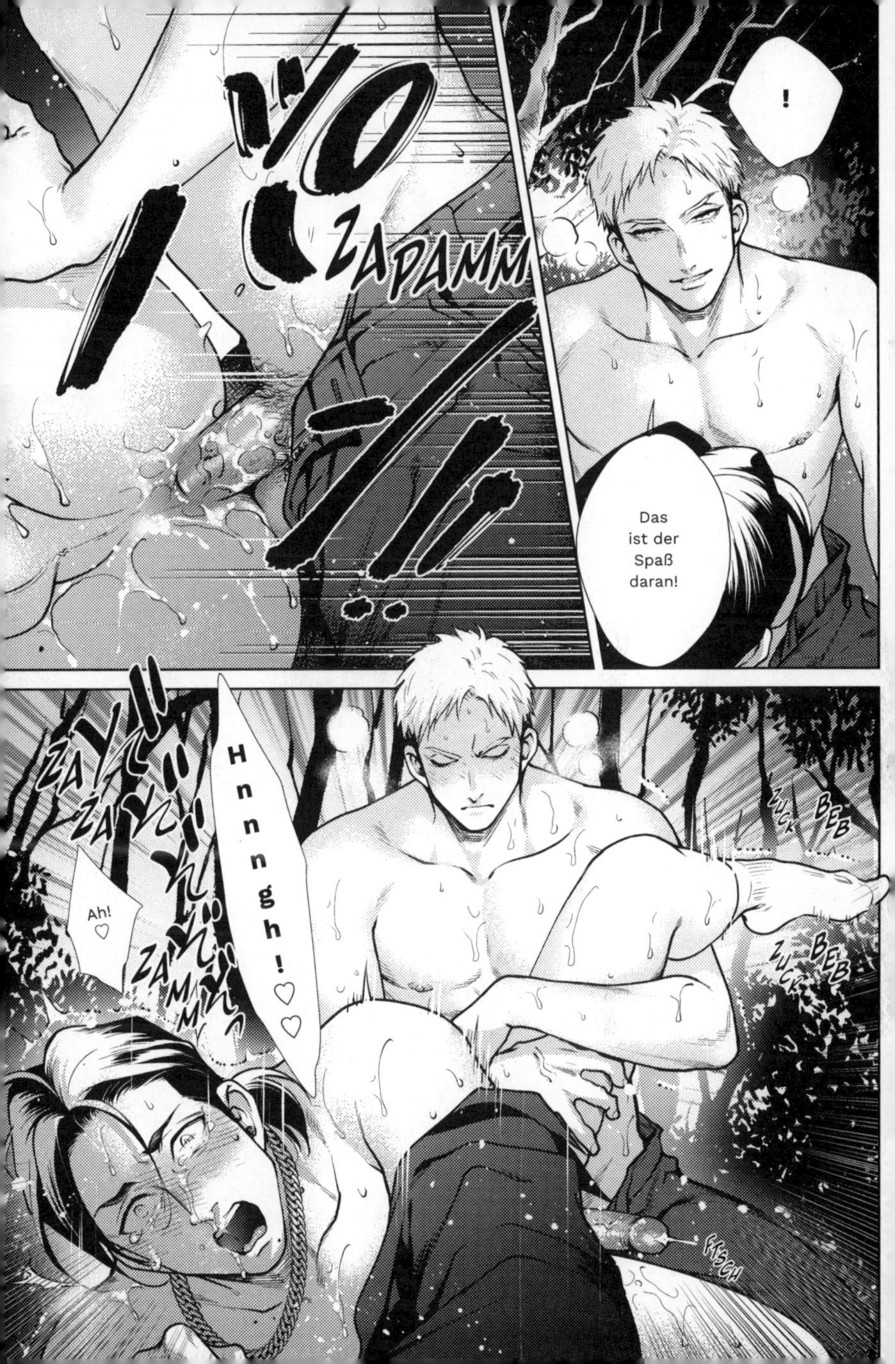
!
Das ist der Spaß daran!
ZAPAMM
ZUCK
BEB
ZUCK
BEB
Hnnngh! ♡♡
Ah! ♡
ZAMM

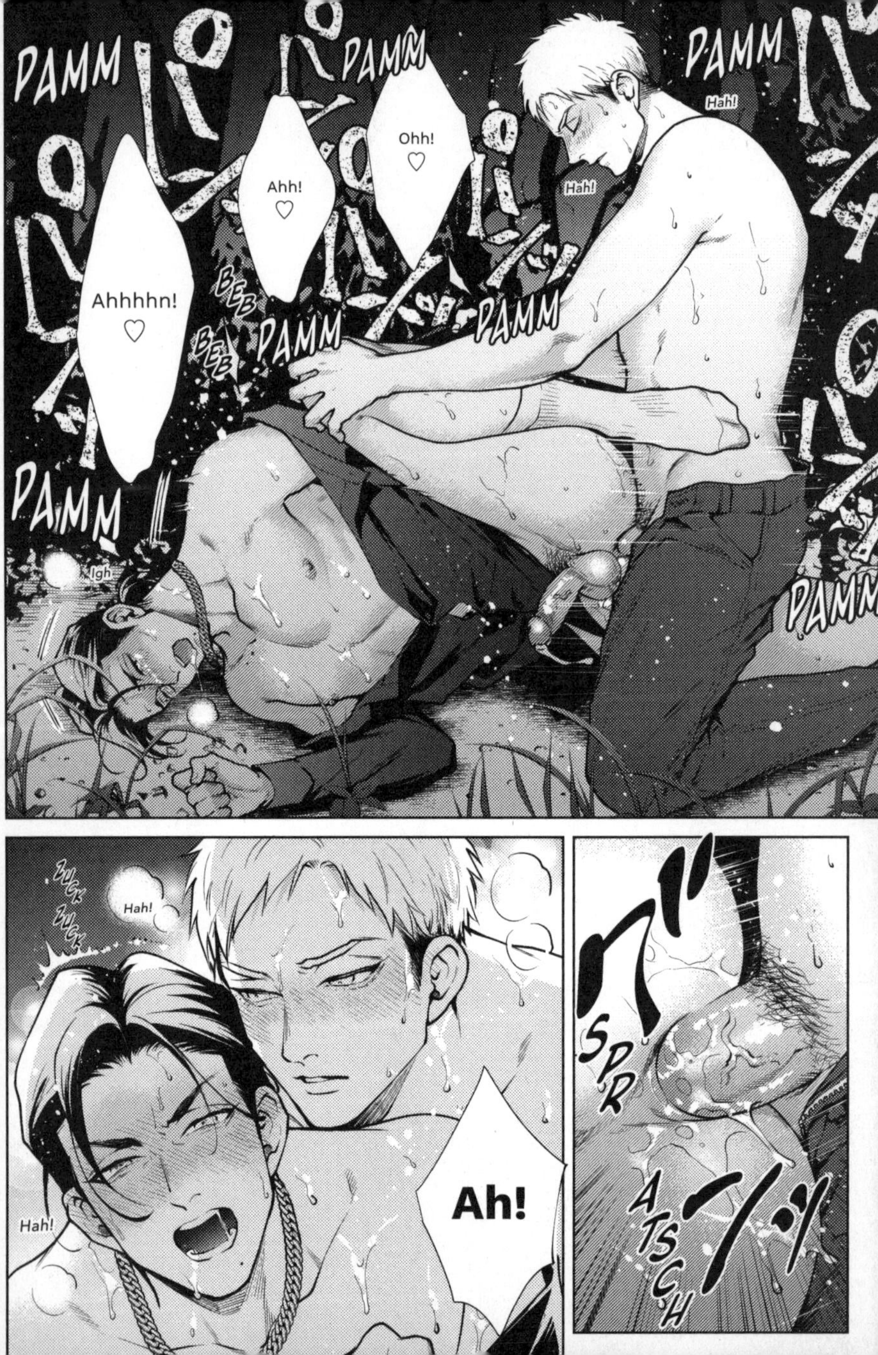

PAMM
Hah!
Hah!
Ohh! ♡
PAMM
Ahh! ♡
PAMM
Ahhhhn! ♡
PAMM
BEB
BEB
PAMM
PAMM
PAMM
Igh
SPR
ATSCH
ZUCK
ZUCK
Hah!
Ah!
Hah!

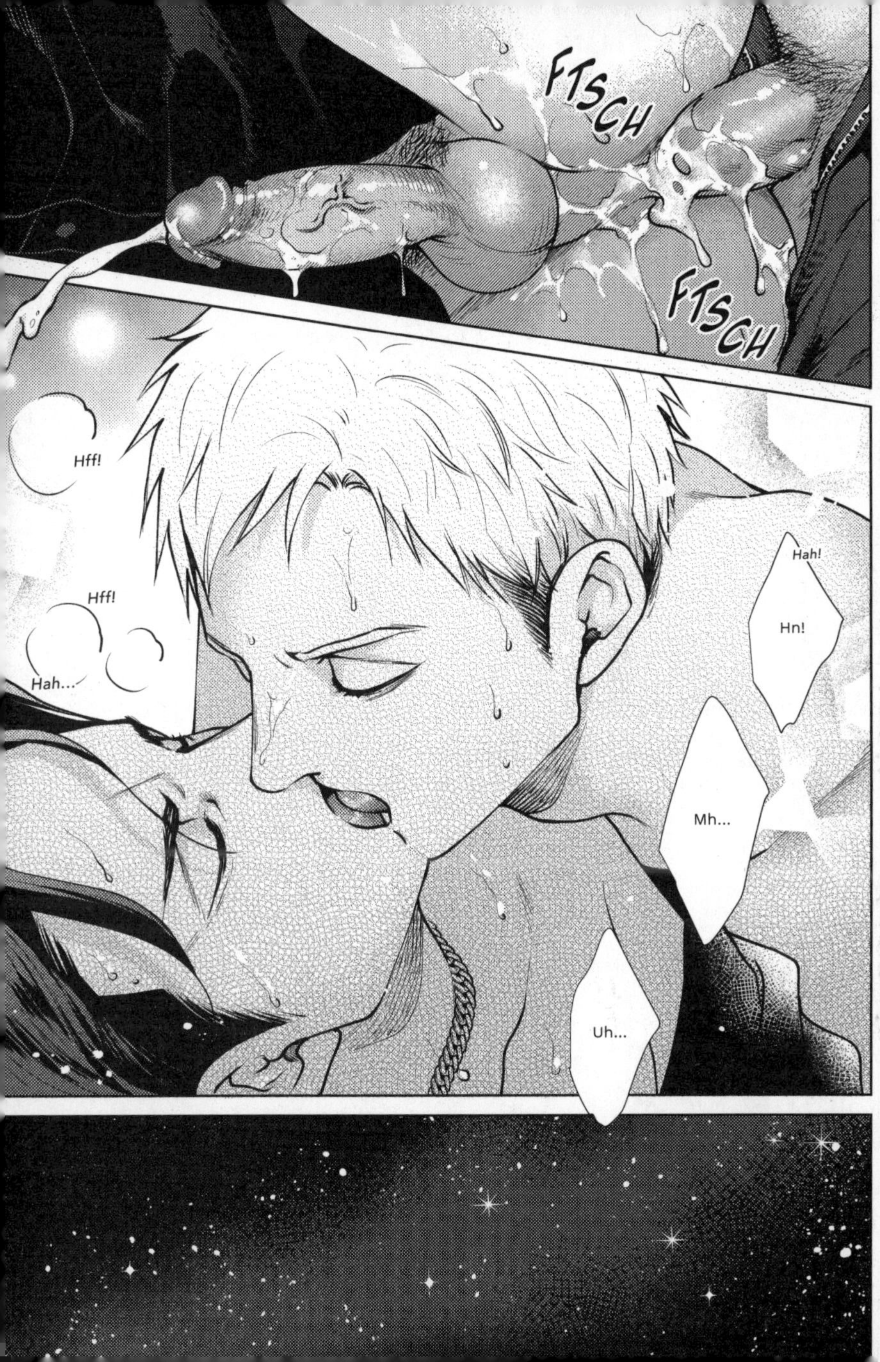

FTSCH
FTSCH
Hah!
Hn!
Mh...
Uh...
Hff!
Hff!
Hah...

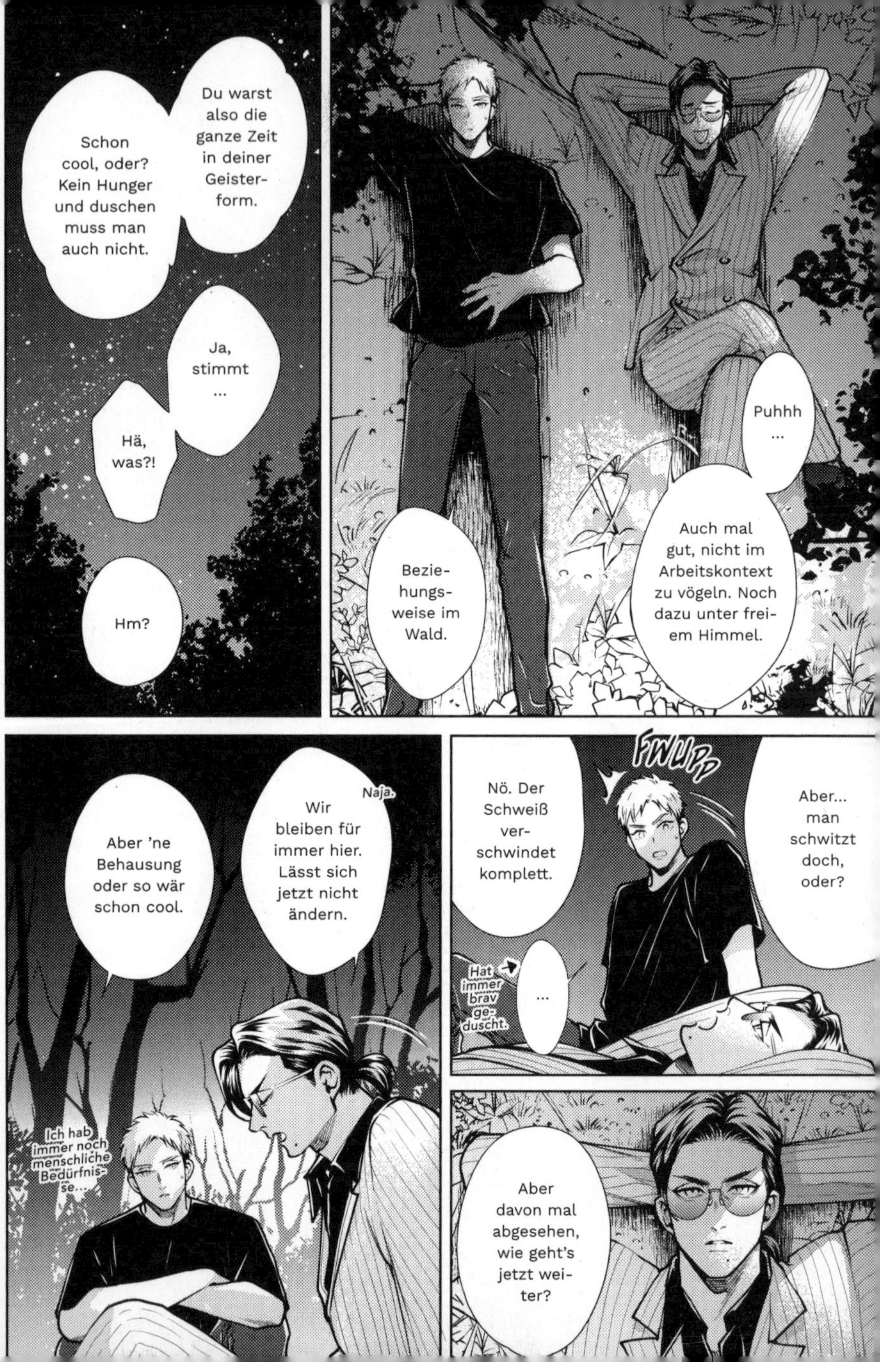

Puhhh ...
Auch mal gut, nicht im Arbeitskontext zu vögeln. Noch dazu unter freiem Himmel.
Beziehungsweise im Wald.
Du warst also die ganze Zeit in deiner Geisterform.
Schon cool, oder? Kein Hunger und duschen muss man auch nicht.
Ja, stimmt ...
Hä, was?!
Hm?
Aber... man schwitzt doch, oder?
FWUPP
Nö. Der Schweiß verschwindet komplett.
...
Hat immer brav geduscht.
Aber davon mal abgesehen, wie geht's jetzt weiter?
Naja.
Wir bleiben für immer hier. Lässt sich jetzt nicht ändern.
Aber 'ne Behausung oder so wär schon cool.
Ich hab immer noch menschliche Bedürfnisse...

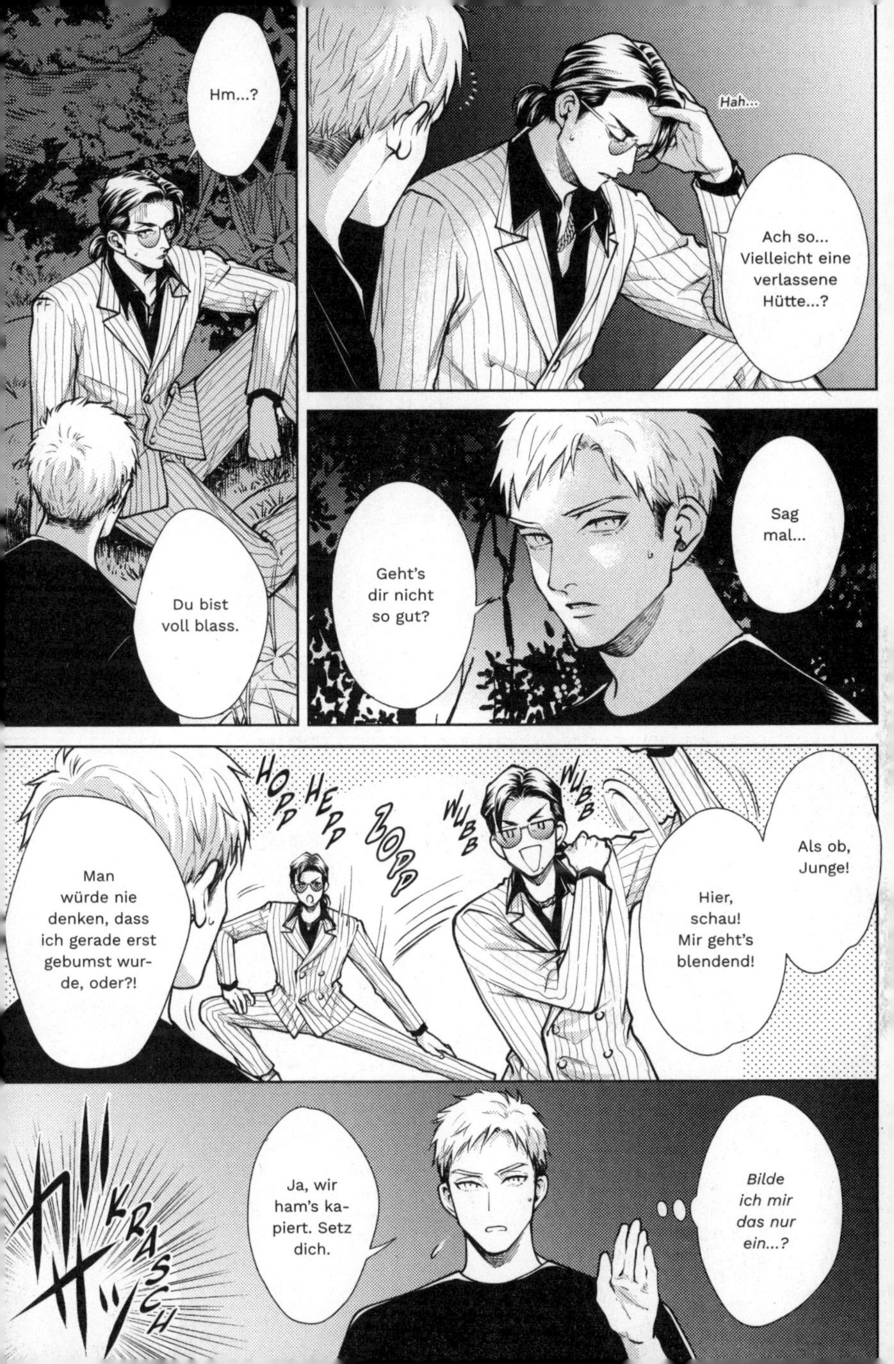

Hah...
Ach so... Vielleicht eine verlassene Hütte...?
Hm...?
Sag mal...
Geht's dir nicht so gut?
Du bist voll blass.
Als ob, Junge!
Hier, schau! Mir geht's blendend!
WUBB
WUBB
ZOPP
HEPP
HOPP
Man würde nie denken, dass ich gerade erst gebumst wurde, oder?!
Bilde ich mir das nur ein...?
Ja, wir ham's kapiert. Setz dich.
KRASCH

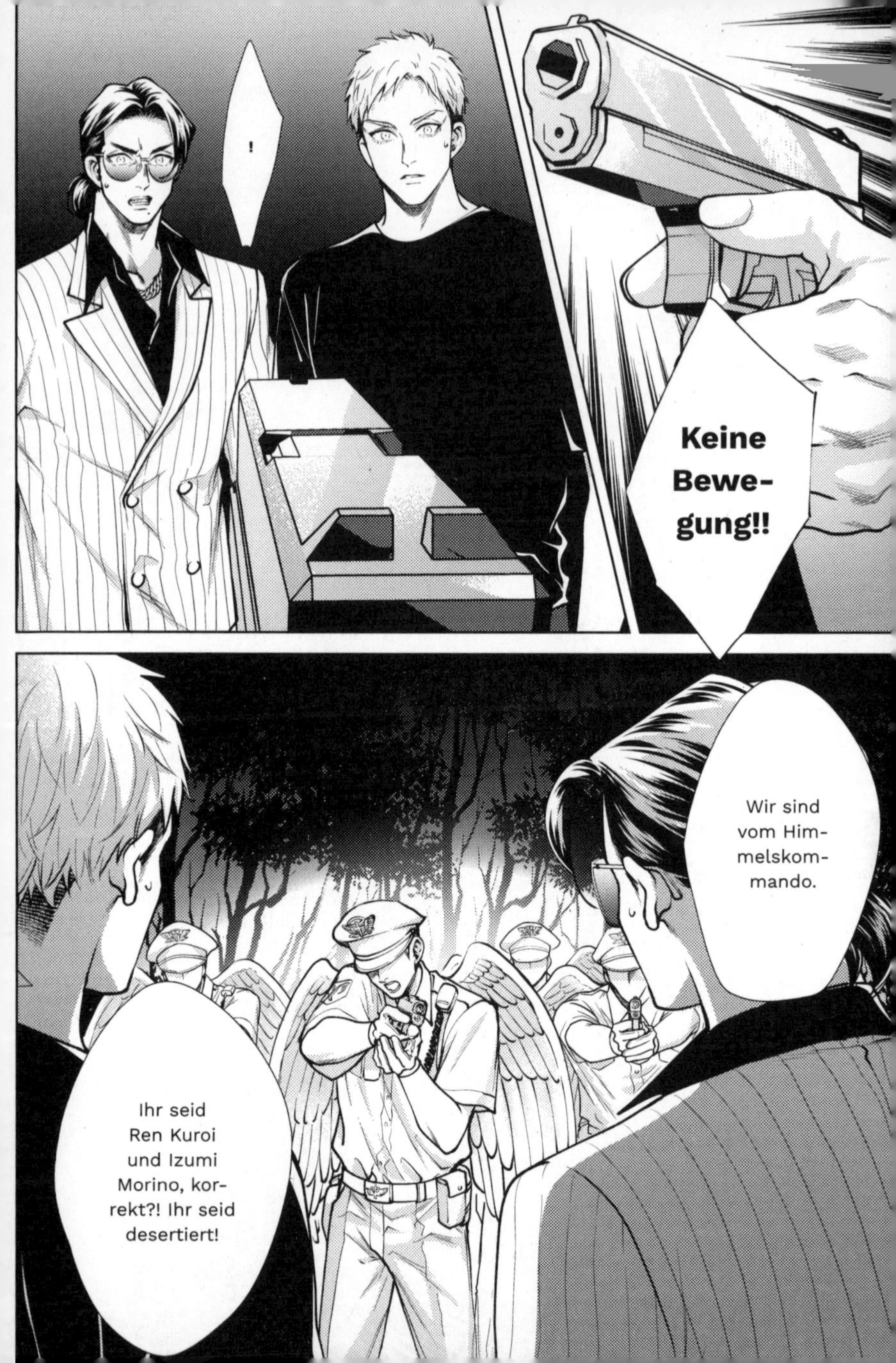
Keine Bewe-gung!!
!
Wir sind vom Him-melskom-mando.
Ihr seid Ren Kuroi und Izumi Morino, kor-rekt?! Ihr seid desertiert!

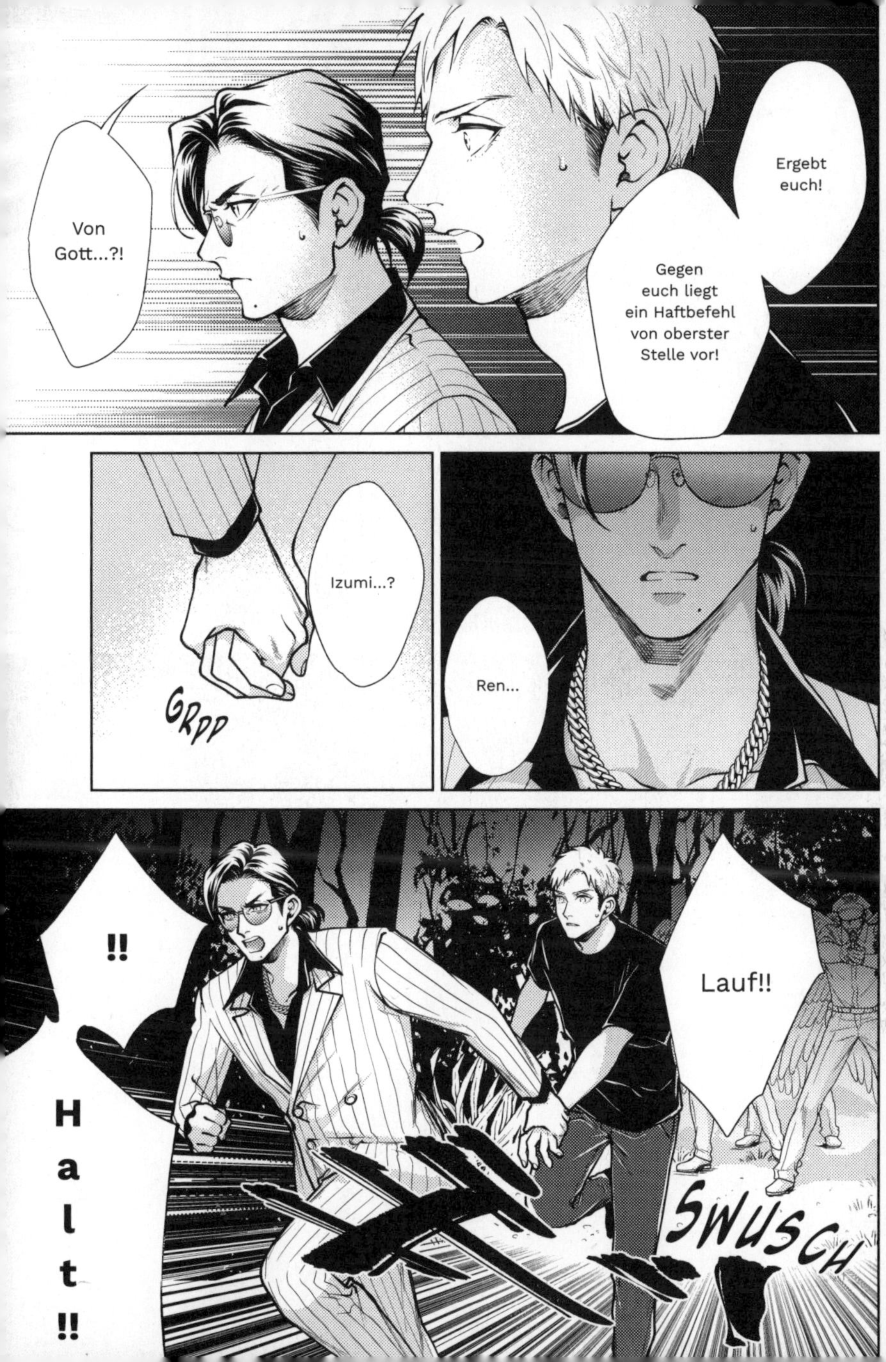
Ergebt euch!
Gegen euch liegt ein Haftbefehl von oberster Stelle vor!
Von Gott...?!
Ren...
Izumi...?
GRPP
Lauf!!
SWUSCH
!!
Halt!!

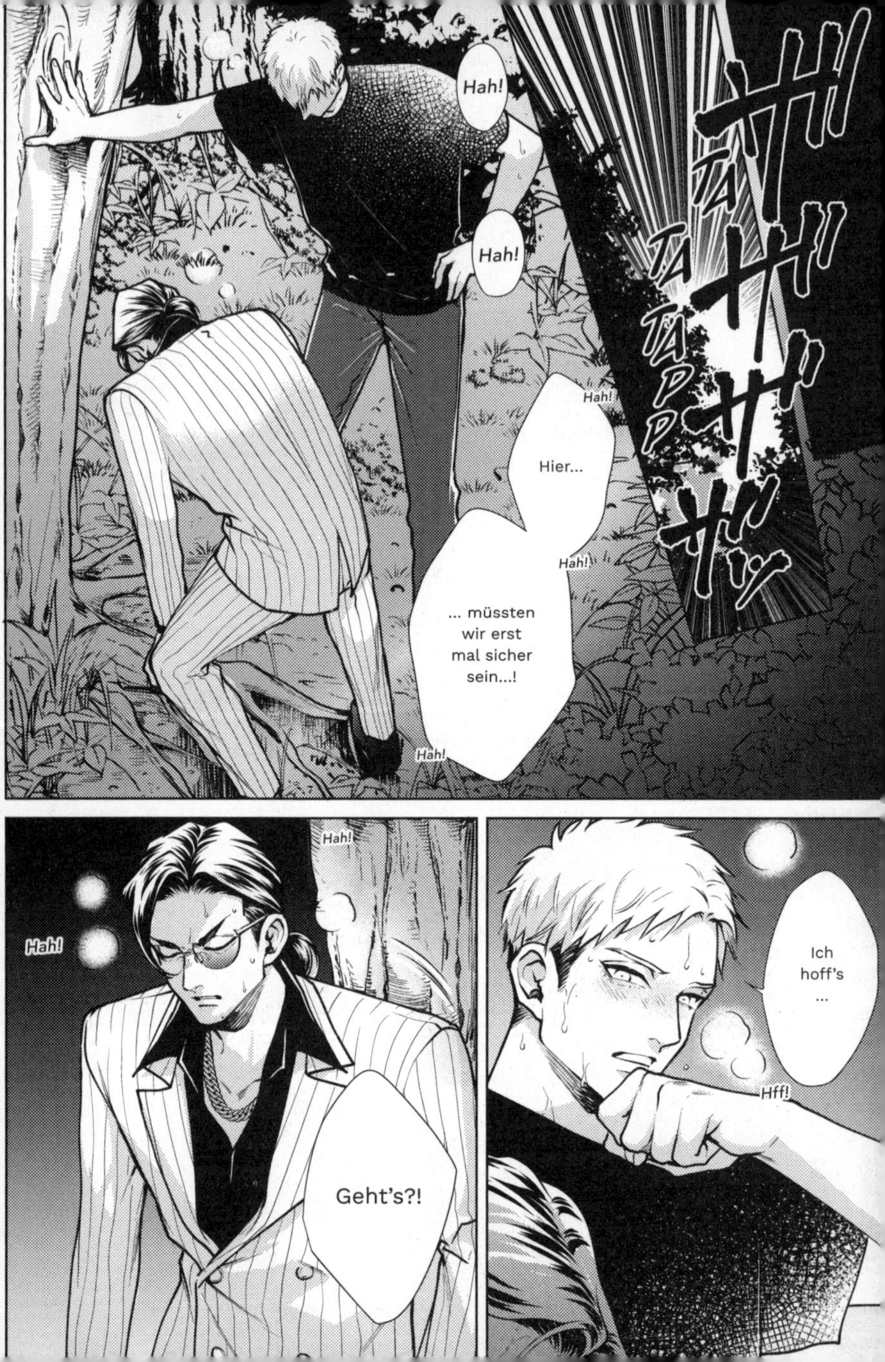
TA
TA
TAPP
Hah!
Hah!
Hah!
Hier...
Hah!
... müssten wir erst mal sicher sein...!
Hah!
Ich hoff's ...
Hff!
Hah!
Hah!
Geht's?!

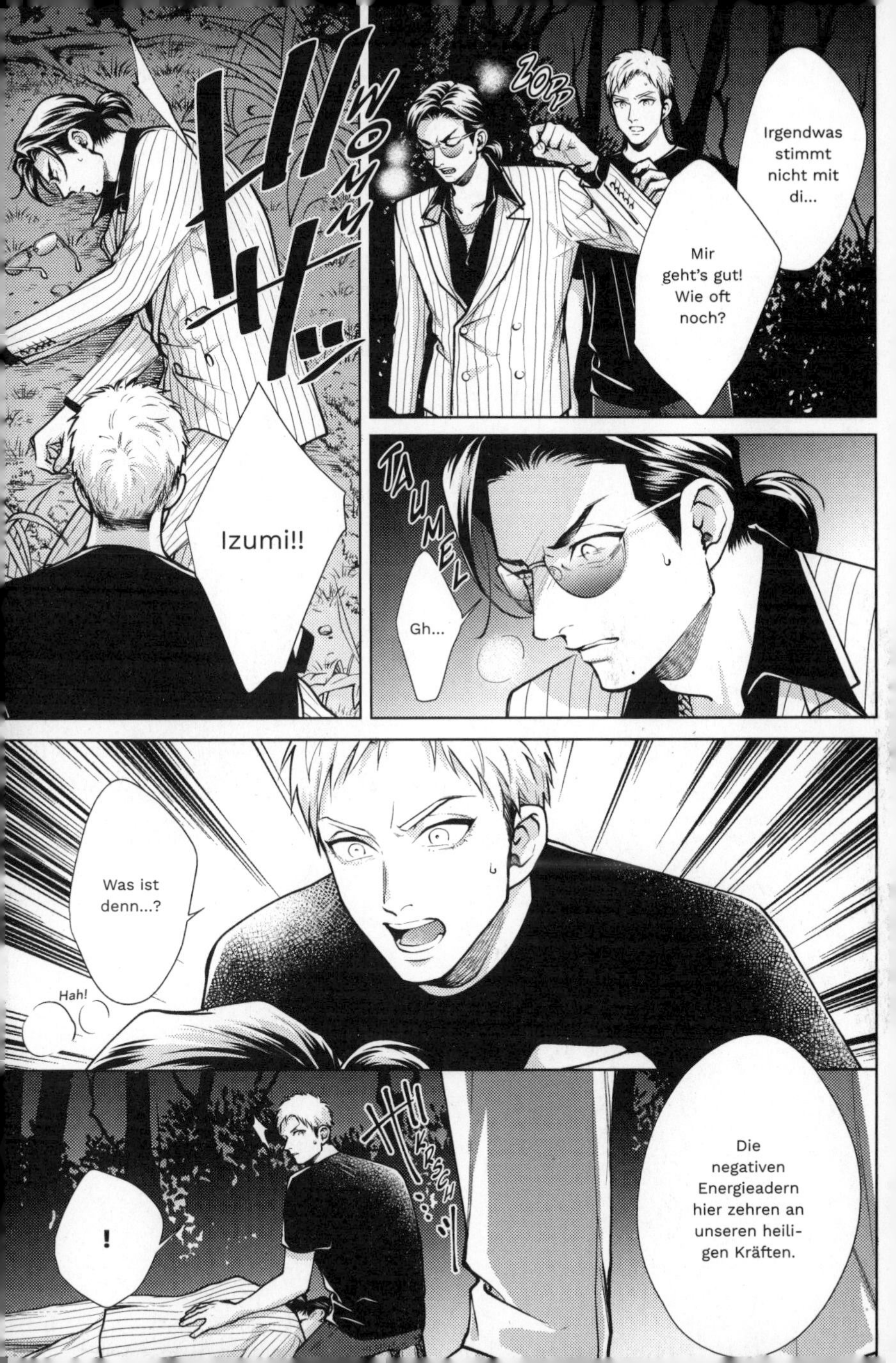
ZOPP
Irgendwas stimmt nicht mit di...
Mir geht's gut! Wie oft noch?
TAUMEL
Gh...
WOMM
Izumi!!
Was ist denn...?
Hah!
Die negativen Energieadern hier zehren an unseren heili-gen Kräften.
!

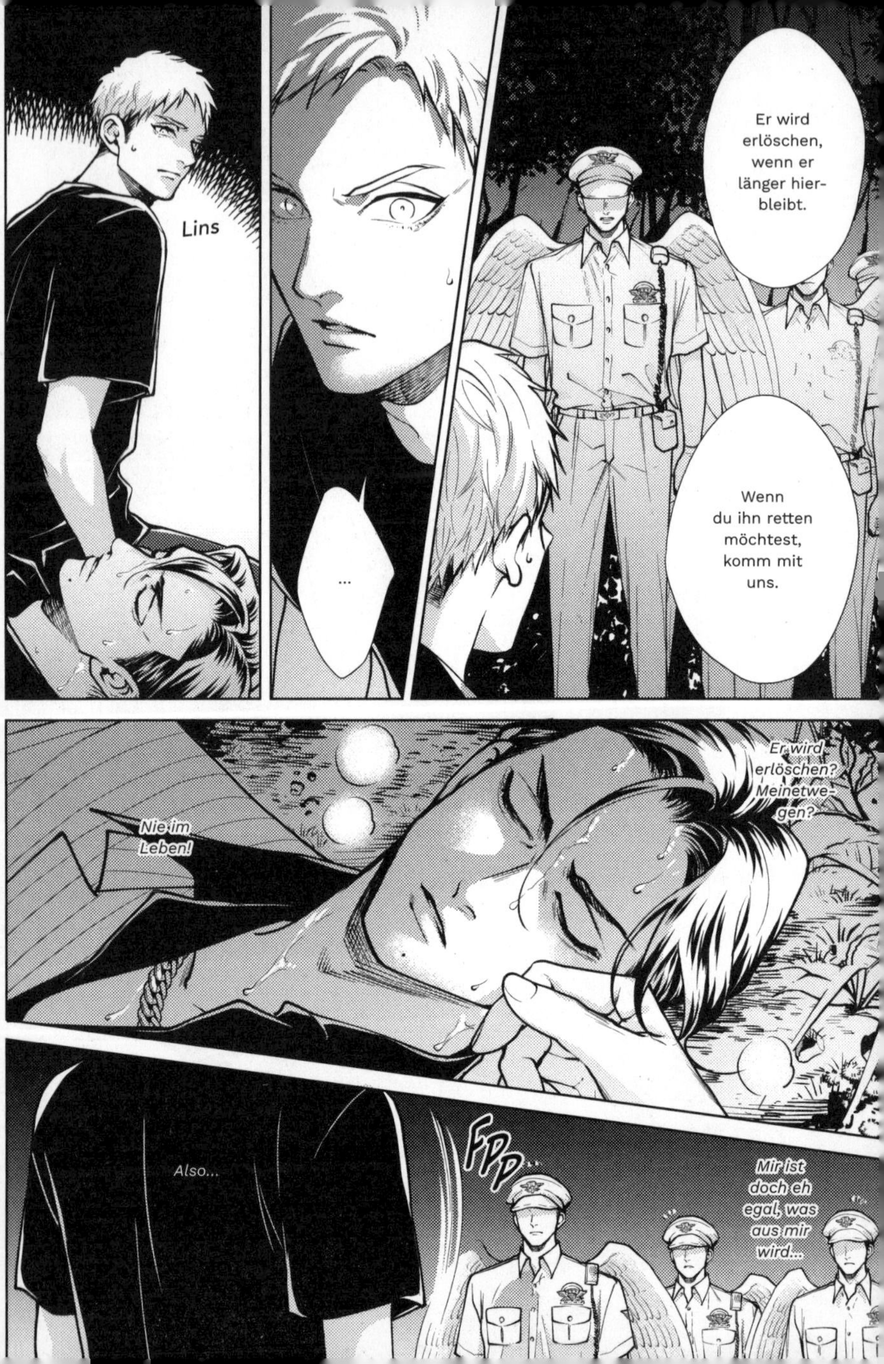
Er wird erlöschen, wenn er länger hierbleibt.
Wenn du ihn retten möchtest, komm mit uns.
...
Lins
Er wird erlöschen? Meinetwegen?
Nie im Leben!
Mir ist doch eh egal, was aus mir wird...
FPP
Also...

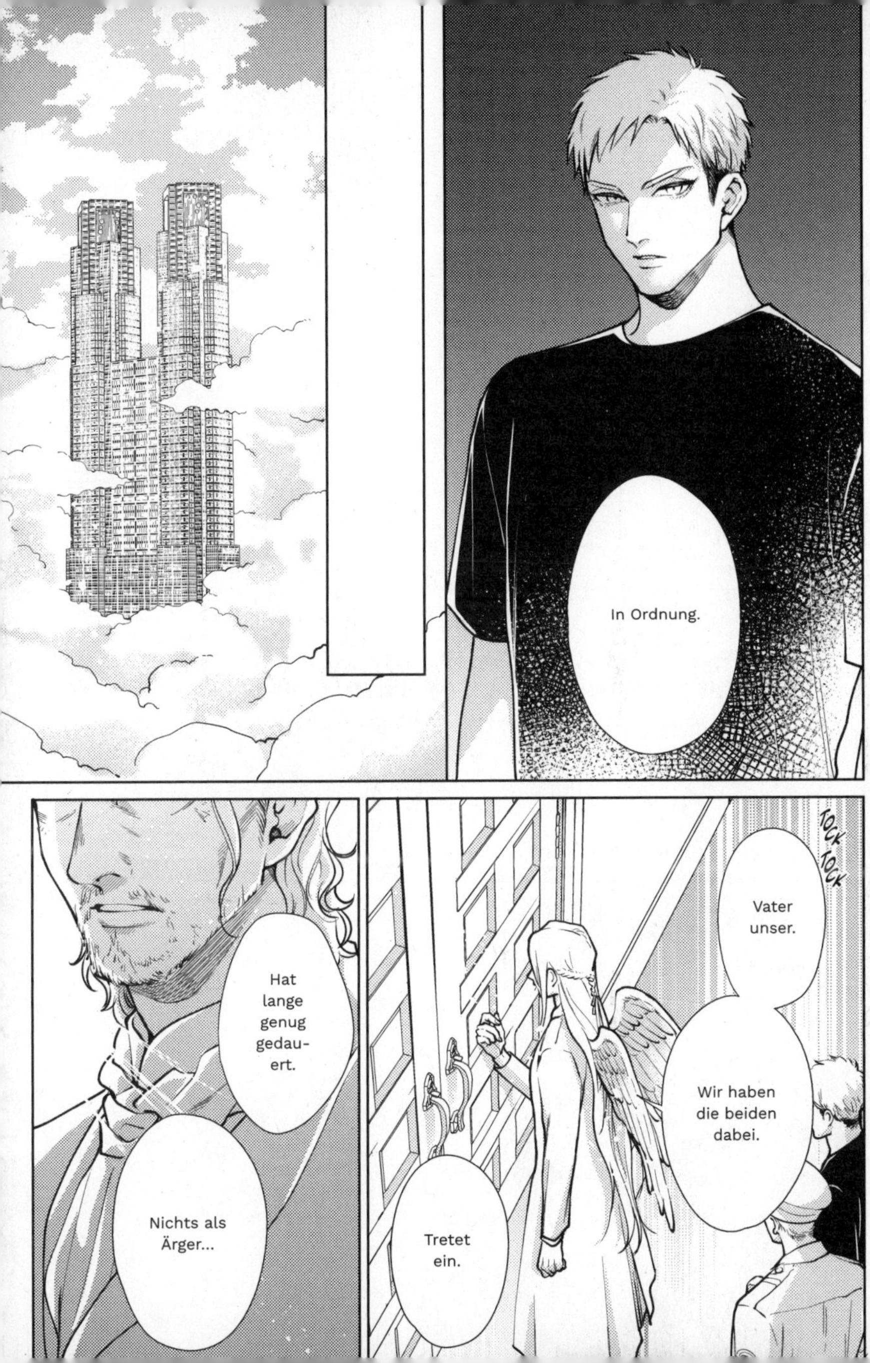
In Ordnung.
TOCK TOCK
Vater unser.
Wir haben die beiden dabei.
Tretet ein.
Hat lange genug gedauert.
Nichts als Ärger...

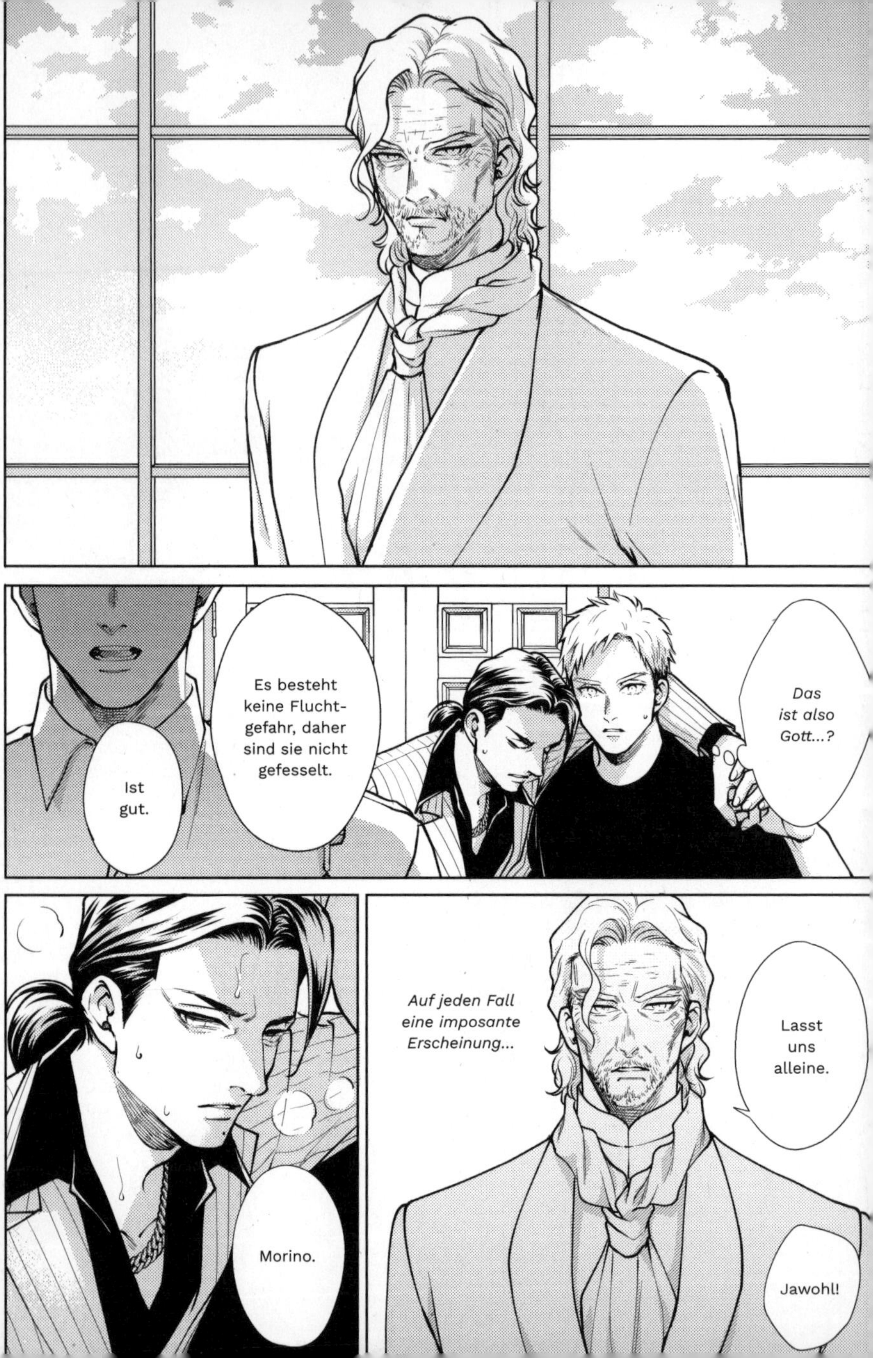
Das ist also Gott...?
Es besteht keine Fluchtgefahr, daher sind sie nicht gefesselt.
Ist gut.
Lasst uns alleine.
Auf jeden Fall eine imposante Erscheinung...
Jawohl!
Morino.

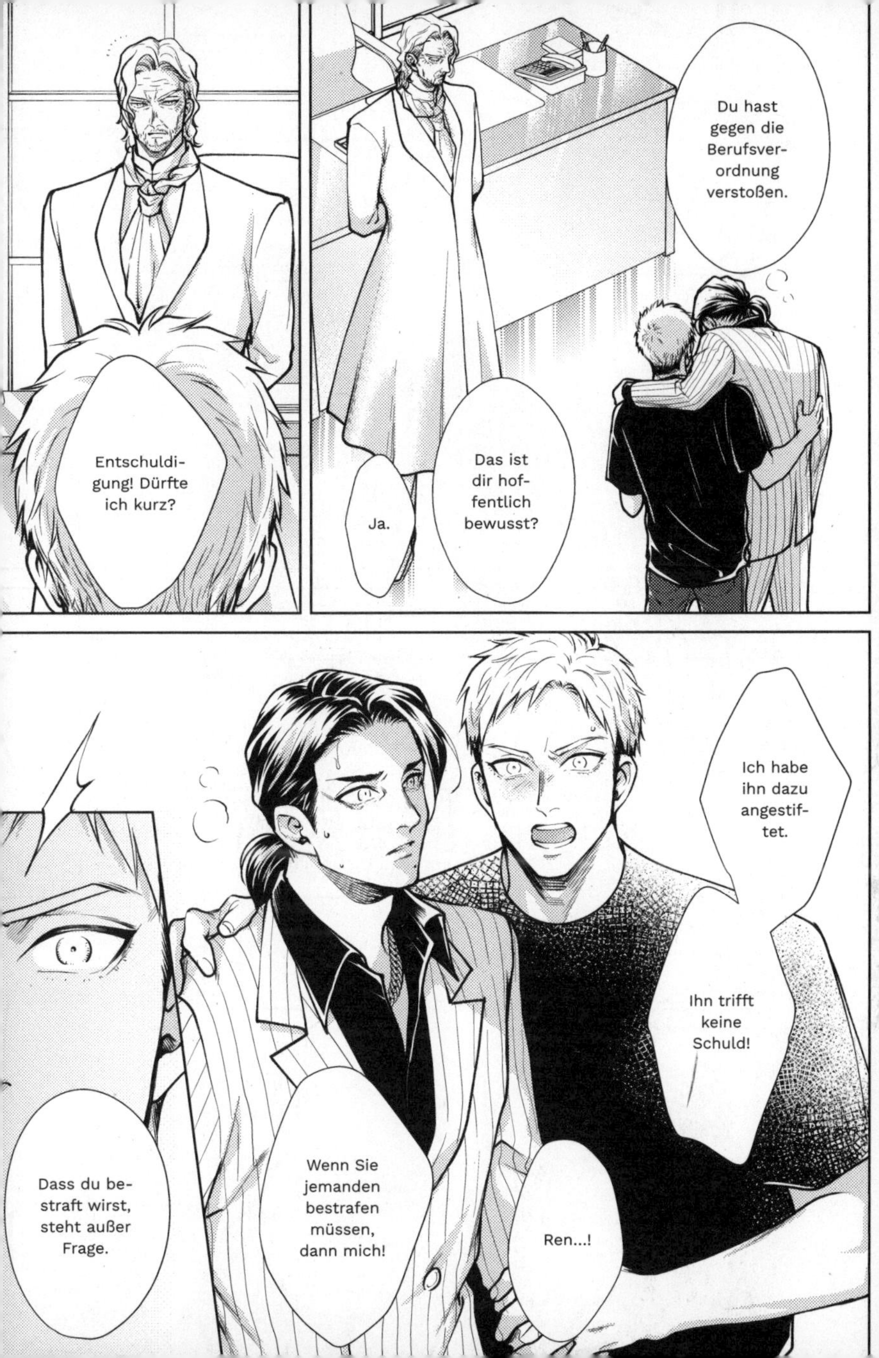
Du hast gegen die Berufsverordnung verstoßen.
Das ist dir hoffentlich bewusst?
Ja.
Entschuldigung! Dürfte ich kurz?
Ich habe ihn dazu angestiftet.
Ihn trifft keine Schuld!
Ren…!
Wenn Sie jemanden bestrafen müssen, dann mich!
Dass du bestraft wirst, steht außer Frage.

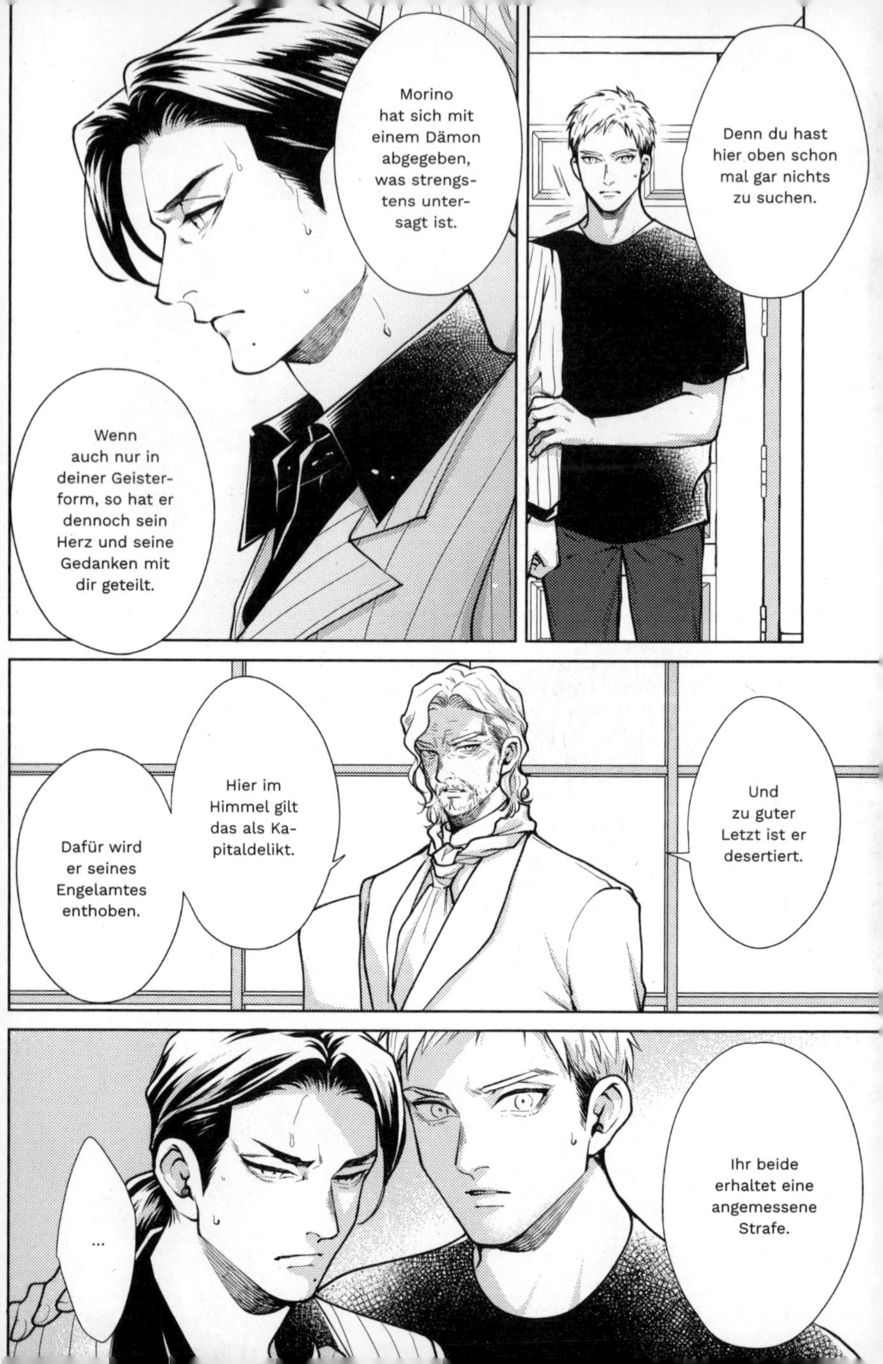
Denn du hast hier oben schon mal gar nichts zu suchen.
Morino hat sich mit einem Dämon abgegeben, was strengstens untersagt ist.
Wenn auch nur in deiner Geisterform, so hat er dennoch sein Herz und seine Gedanken mit dir geteilt.
Und zu guter Letzt ist er desertiert.
Hier im Himmel gilt das als Kapitaldelikt.
Dafür wird er seines Engelamtes enthoben.
Ihr beide erhaltet eine angemessene Strafe.
...

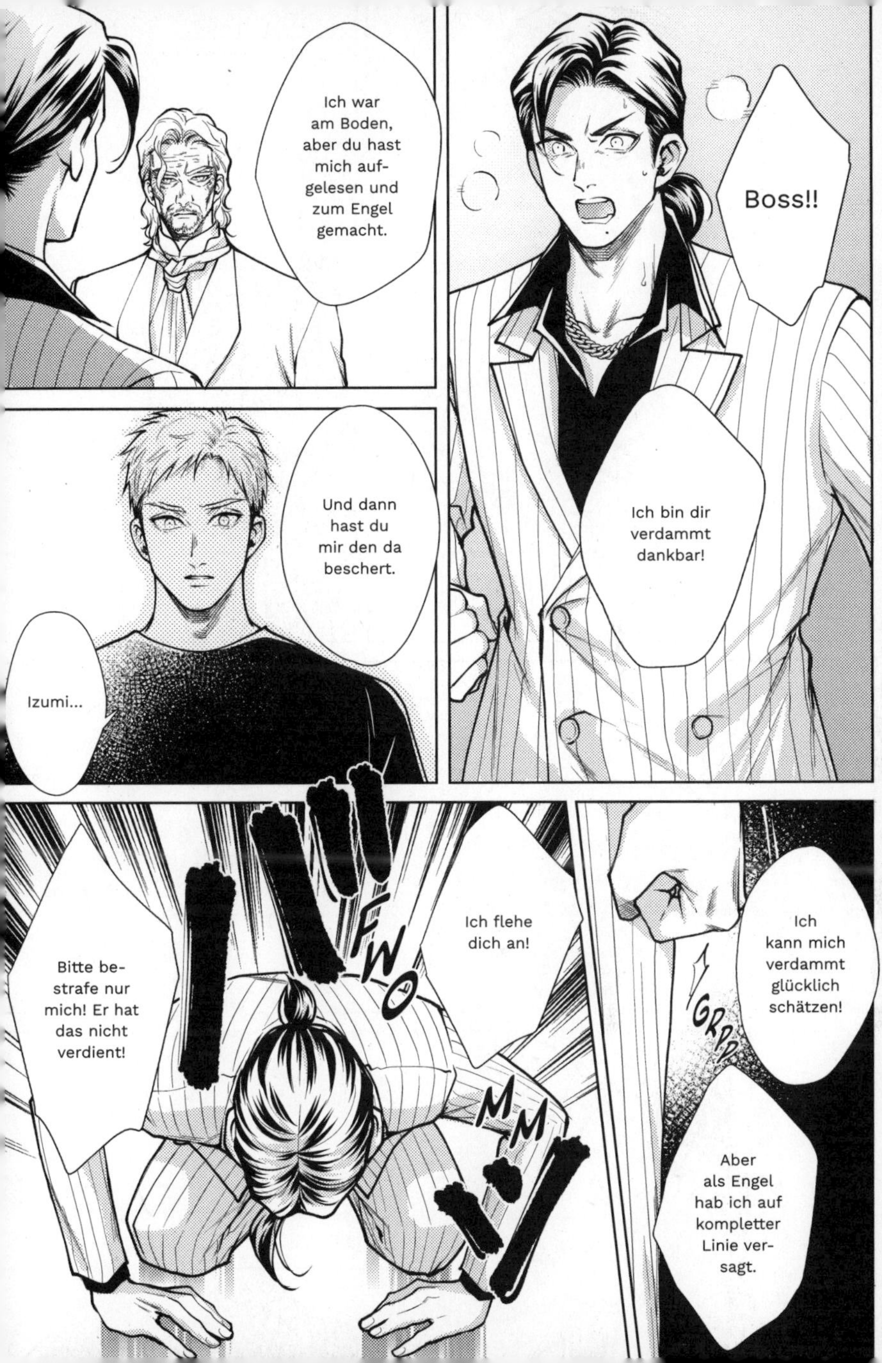
Boss!!
Ich bin dir verdammt dankbar!
Ich war am Boden, aber du hast mich aufgelesen und zum Engel gemacht.
Und dann hast du mir den da beschert.
Izumi...
Ich kann mich verdammt glücklich schätzen!
GRPP
Aber als Engel hab ich auf kompletter Linie versagt.
Ich flehe dich an!
FWO
Bitte bestrafe nur mich! Er hat das nicht verdient!
MM

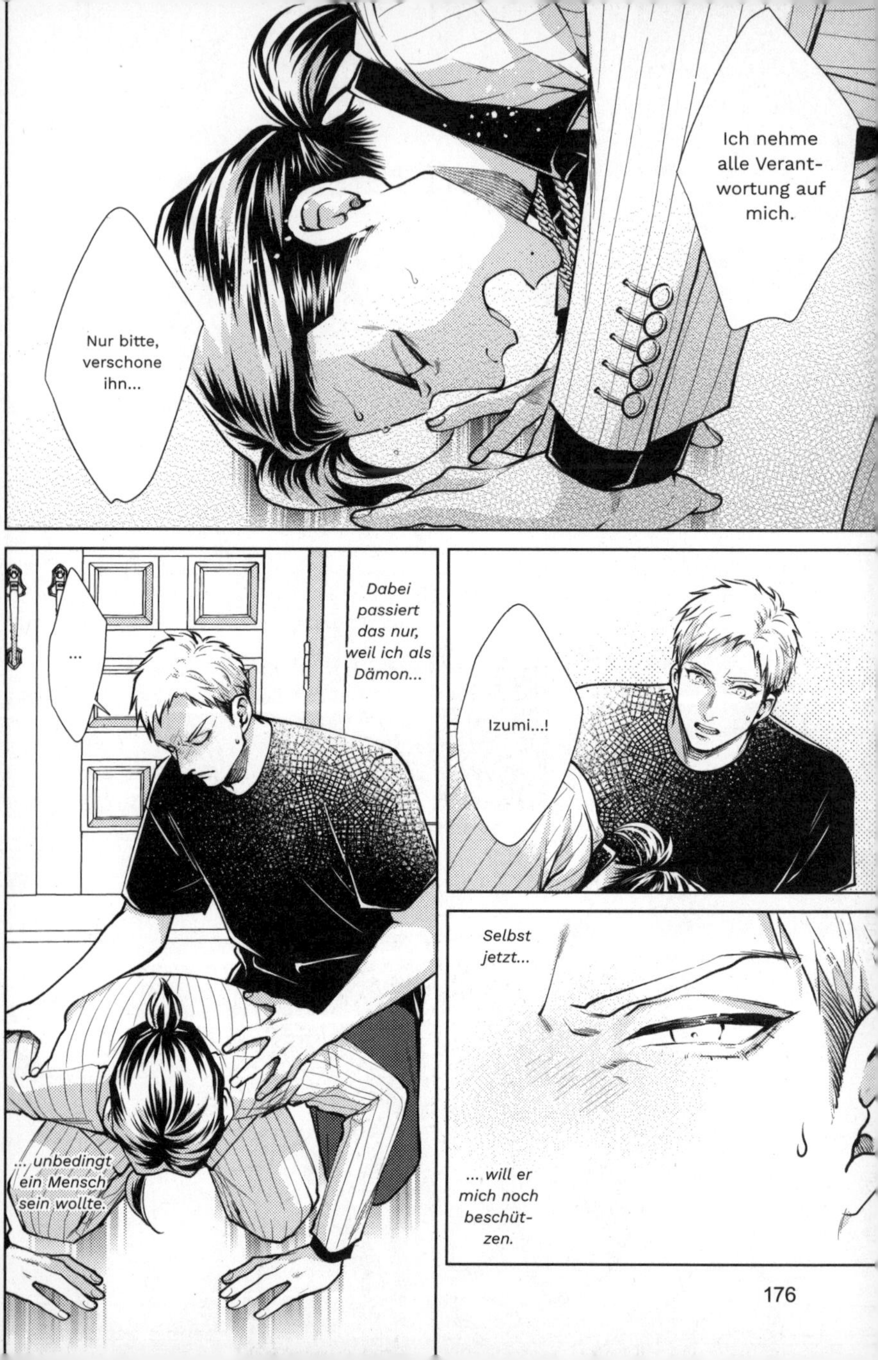
Ich nehme alle Verantwortung auf mich.
Nur bitte, verschone ihn...
Izumi...!
Selbst jetzt...
... will er mich noch beschützen.
...
Dabei passiert das nur, weil ich als Dämon...
... unbedingt ein Mensch sein wollte.

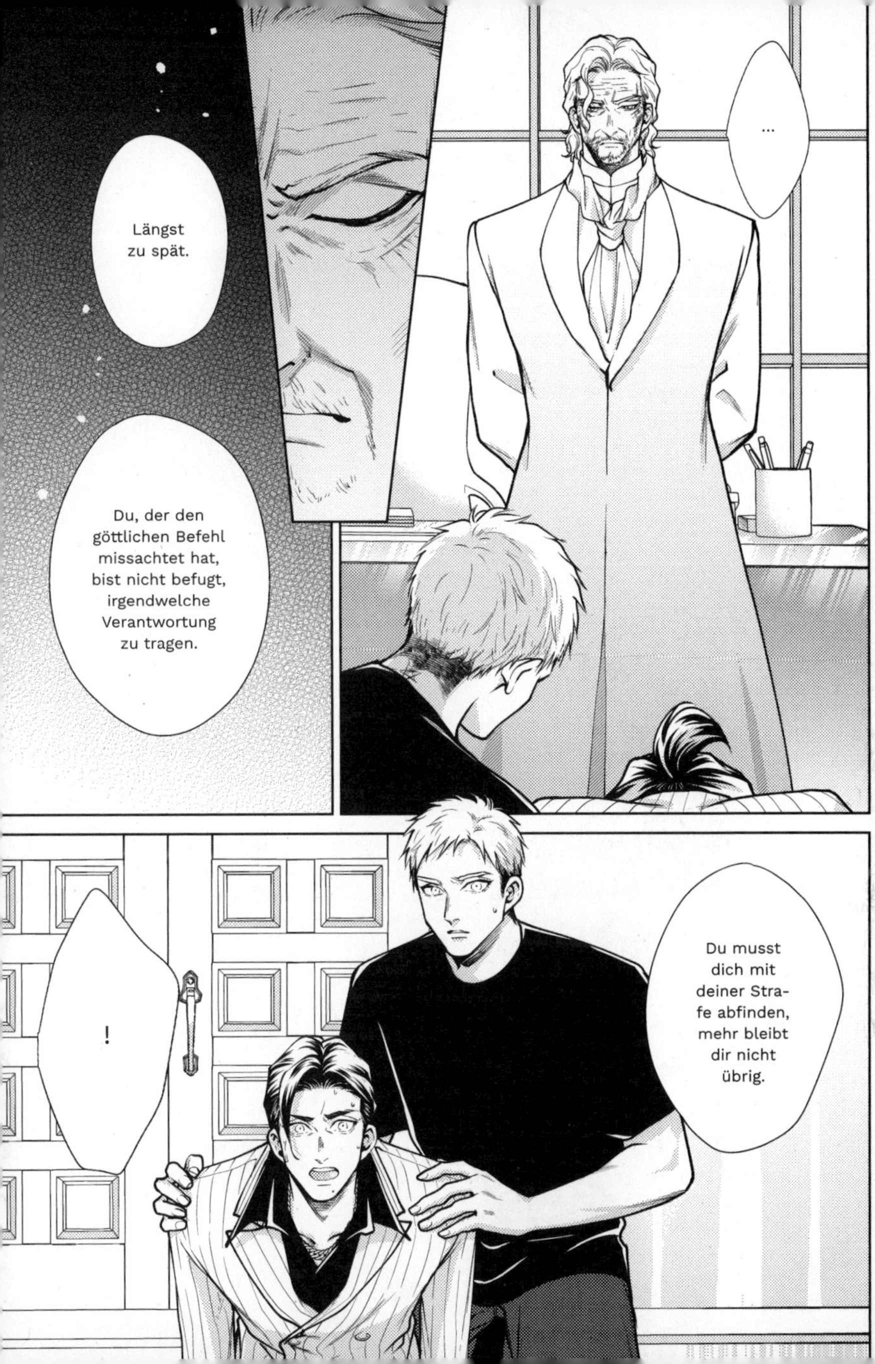
...
Längst zu spät.
Du, der den göttlichen Befehl missachtet hat, bist nicht befugt, irgendwelche Verantwortung zu tragen.
Du musst dich mit deiner Strafe abfinden, mehr bleibt dir nicht übrig.
!

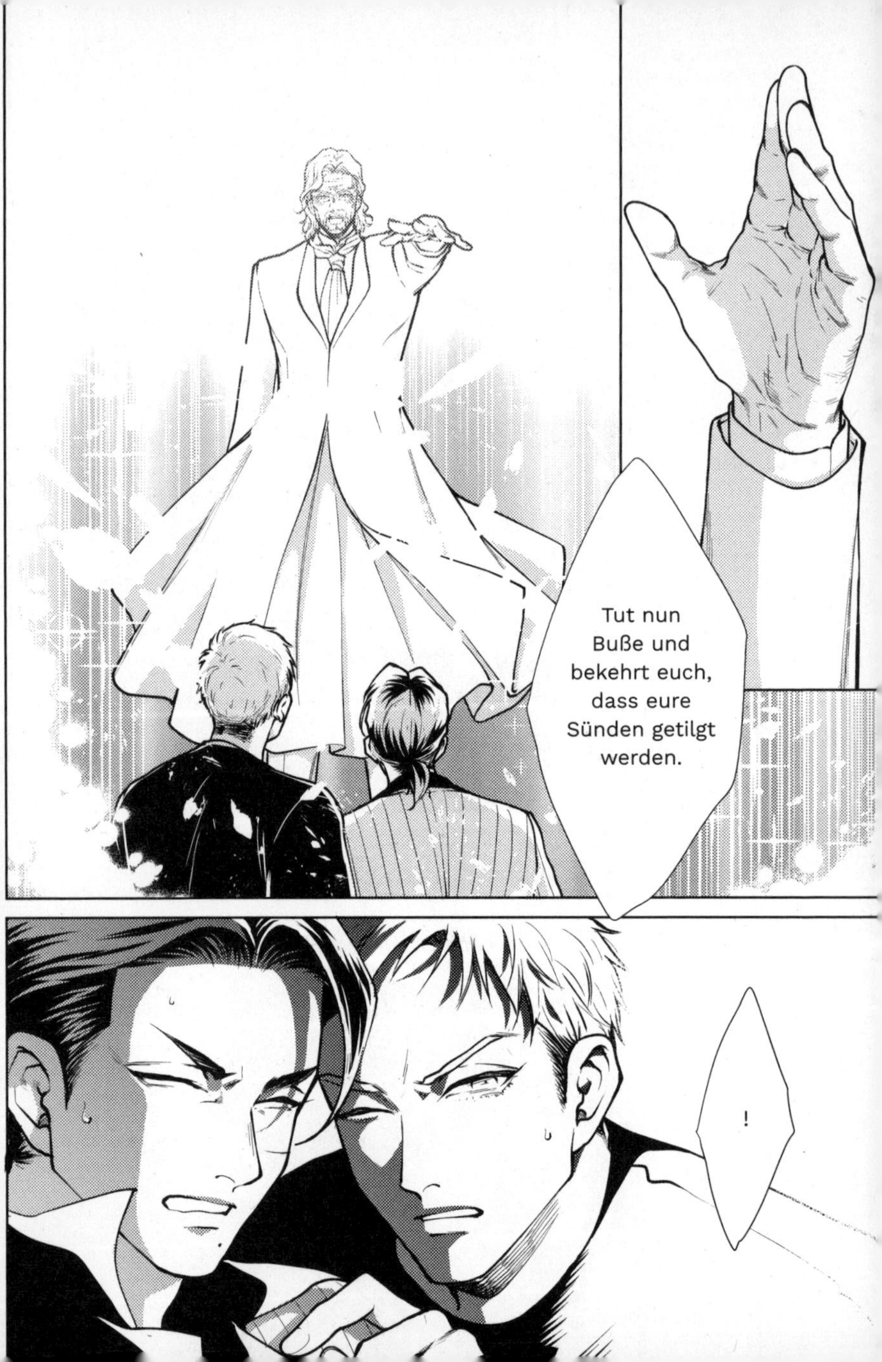
Tut nun Buße und bekehrt euch, dass eure Sünden getilgt werden.
!

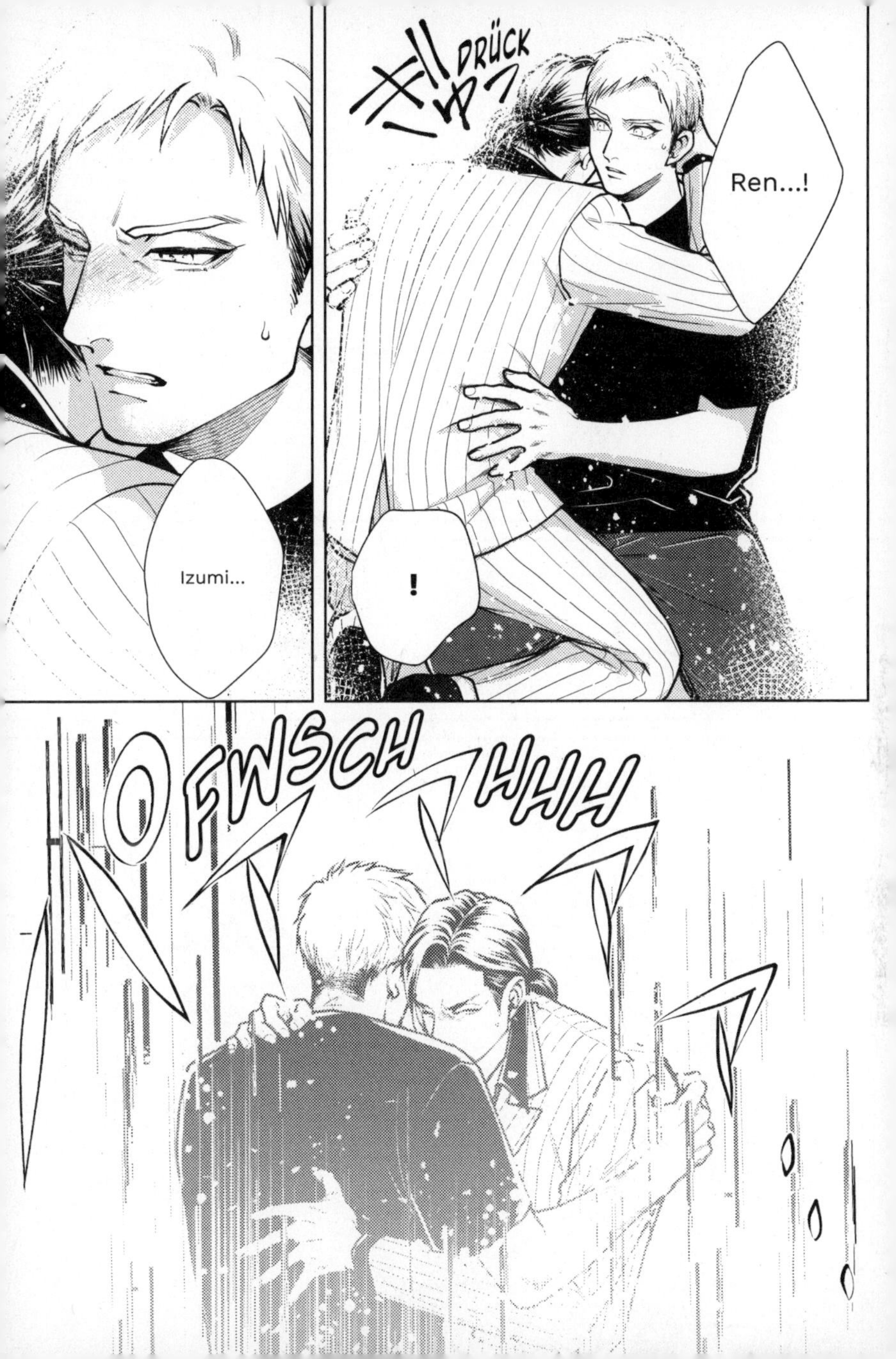
DRÜCK
Ren...!
!
Izumi...
FWSCHHHH

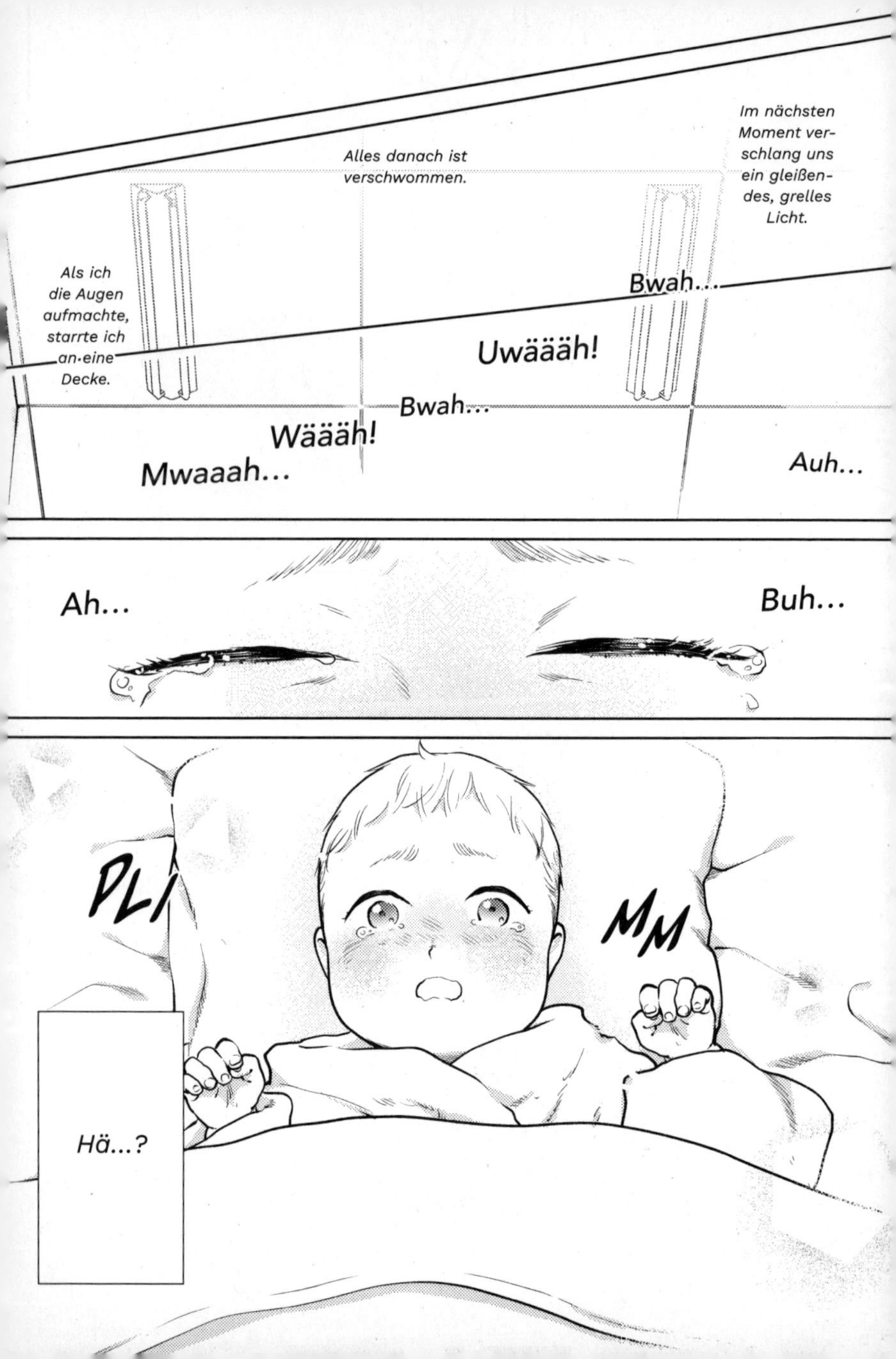

Im nächsten Moment verschlang uns ein gleißendes, grelles Licht.
Alles danach ist verschwommen.
Als ich die Augen aufmachte, starrte ich an eine Decke.
Auh...
Bwah...
Uwääääh!
Bwah...
Wääääh!
Mwaaah...
Buh...
Ah...
PLIMM
Hä...?

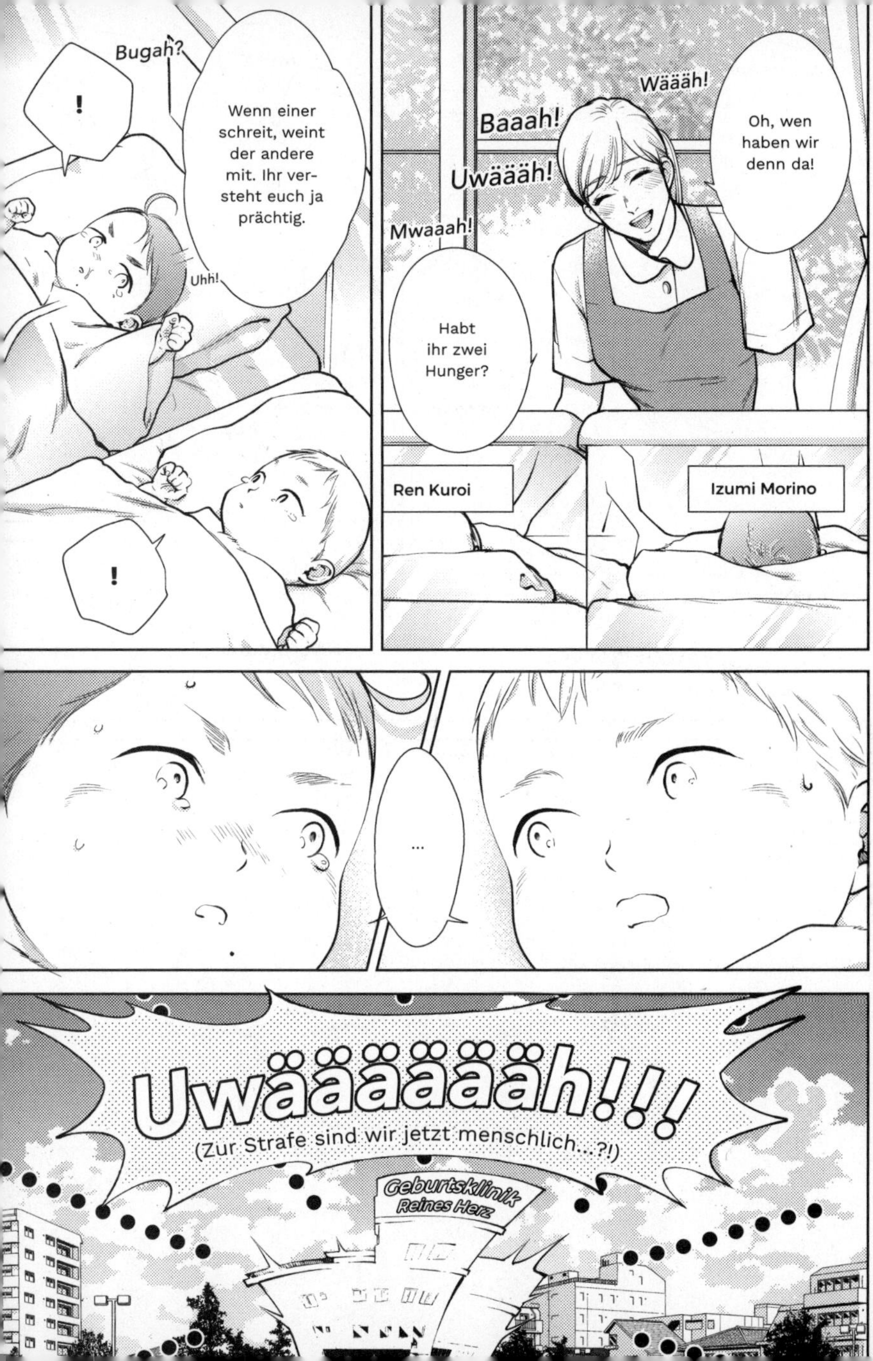
Wäääh!
Oh, wen haben wir denn da!
Baaah!
Uwäääh!
Mwaaah!
Habt ihr zwei Hunger?
Izumi Morino
Ren Kuroi
Bugah?
!
Wenn einer schreit, weint der andere mit. Ihr versteht euch ja prächtig.
Uhh!
!
...
Uwäääääääh!!!
(Zur Strafe sind wir jetzt menschlich...?!)
Geburtsklinik Reines Herz

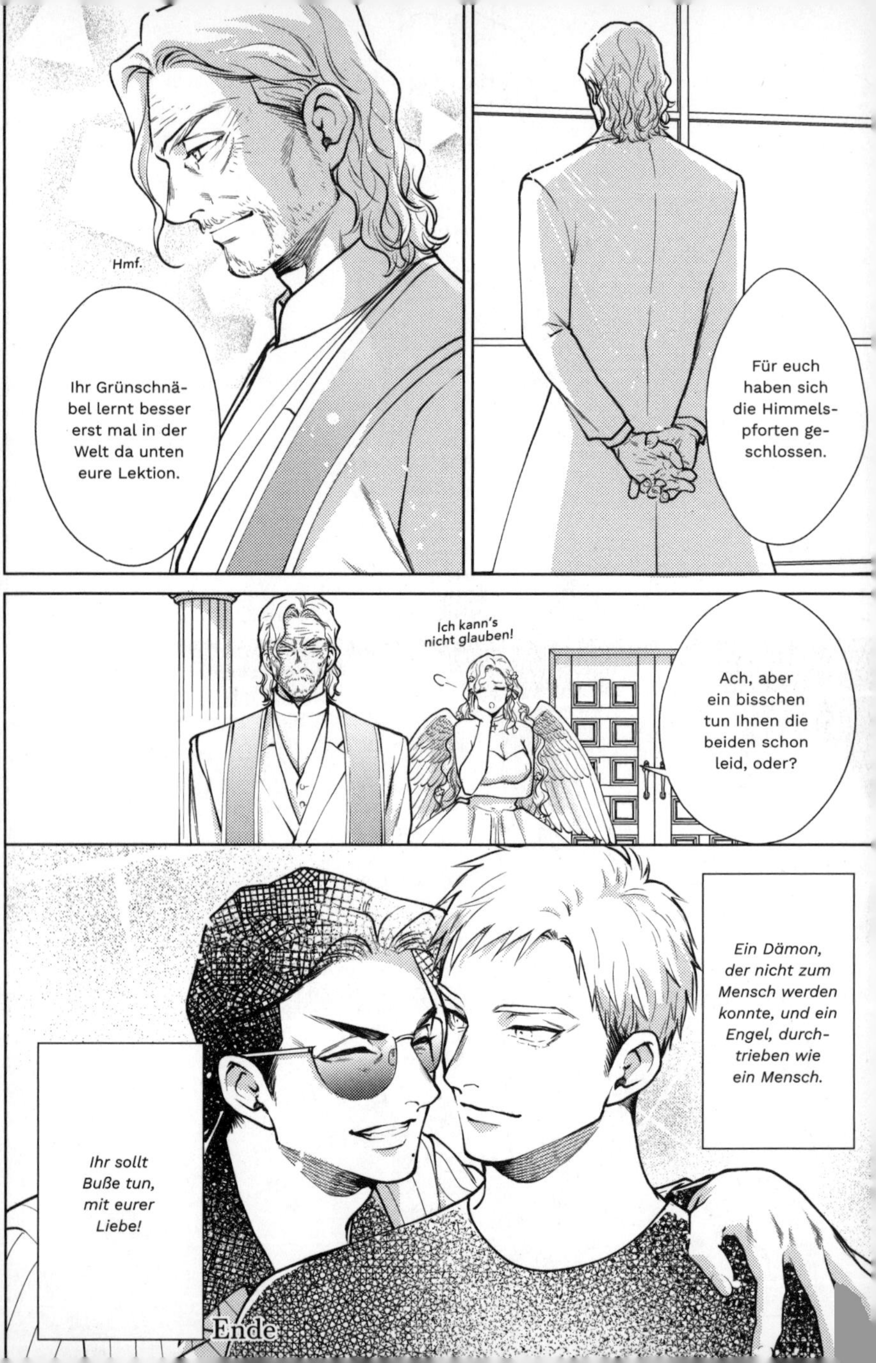
Hmf.
Ihr Grünschnäbel lernt besser erst mal in der Welt da unten eure Lektion.
Für euch haben sich die Himmelspforten geschlossen.
Ach, aber ein bisschen tun Ihnen die beiden schon leid, oder?
Ich kann's nicht glauben!
Ein Dämon, der nicht zum Mensch werden konnte, und ein Engel, durchtrieben wie ein Mensch.
Ihr sollt Buße tun, mit eurer Liebe!
Ende

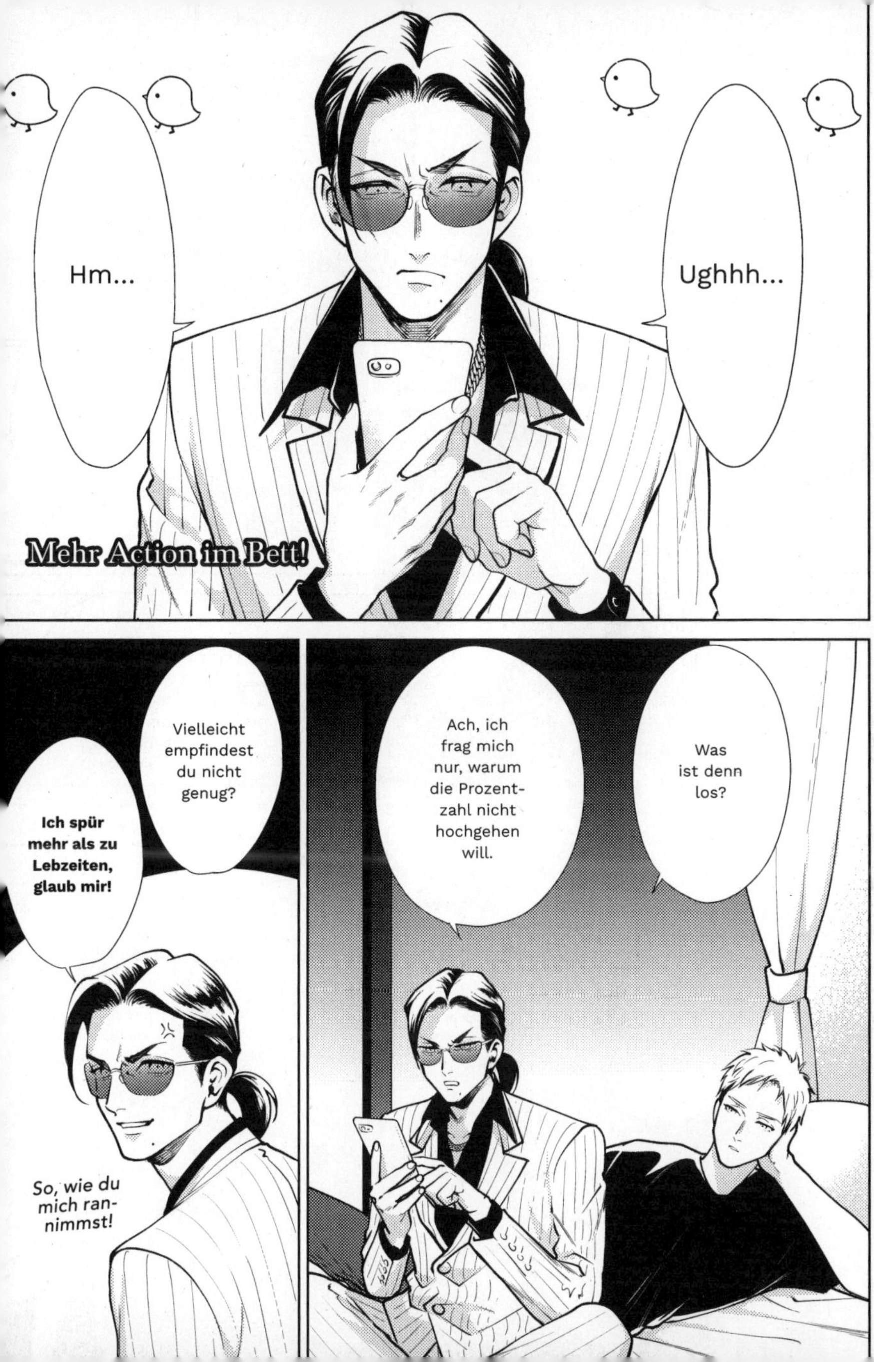
Ughhh...
Hm...
Mehr Action im Bett!
Was ist denn los?
Ach, ich frag mich nur, warum die Prozentzahl nicht hochgehen will.
Vielleicht empfindest du nicht genug?
Ich spür mehr als zu Lebzeiten, glaub mir!
So, wie du mich rannimmst!

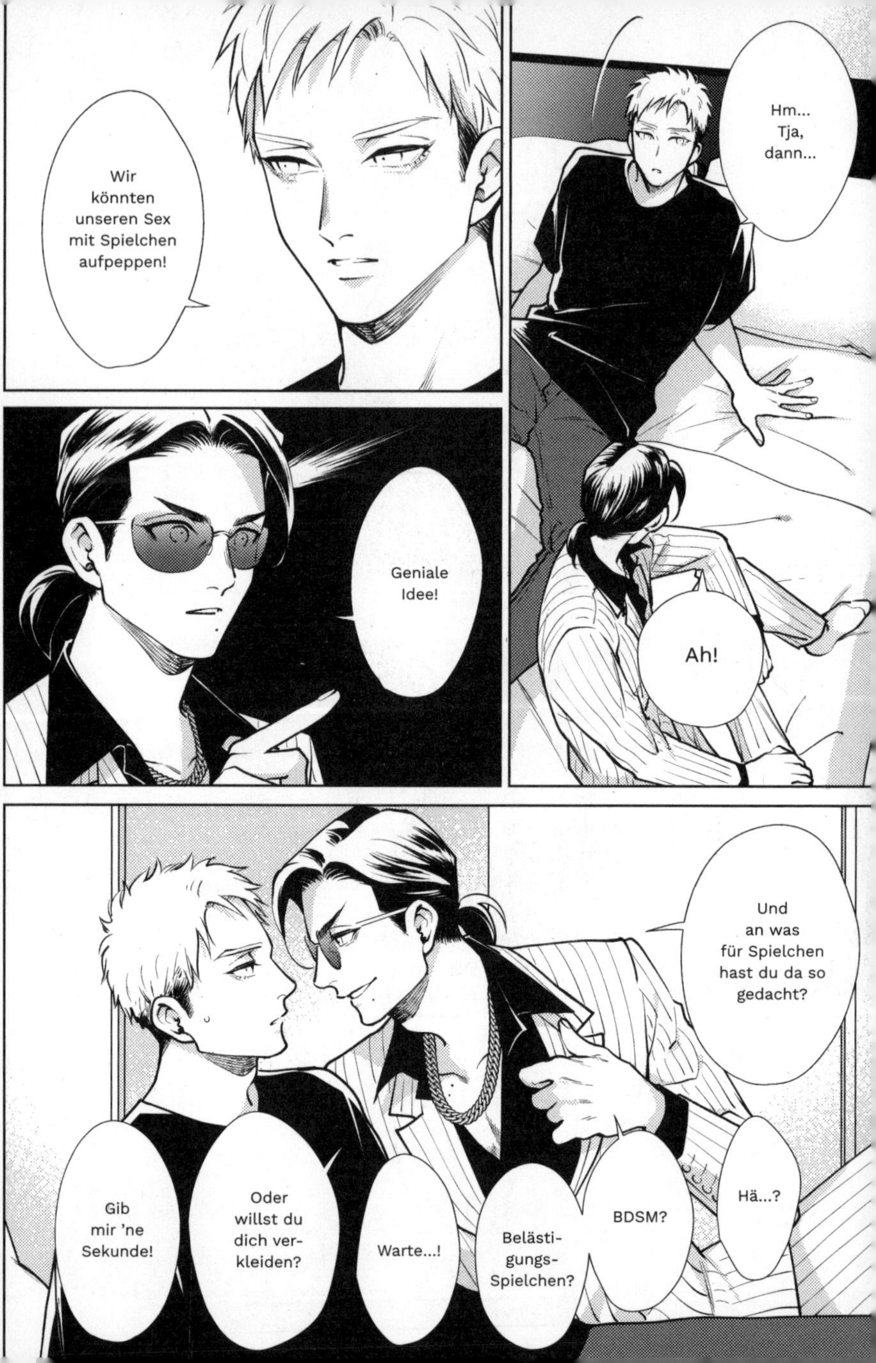
Hm... Tja, dann...
Ah!
Wir könnten unseren Sex mit Spielchen aufpeppen!
Geniale Idee!
Und an was für Spielchen hast du da so gedacht?
Hä...?
BDSM?
Belästi-gungs-Spielchen?
Warte...!
Oder willst du dich ver-kleiden?
Gib mir ’ne Sekunde!

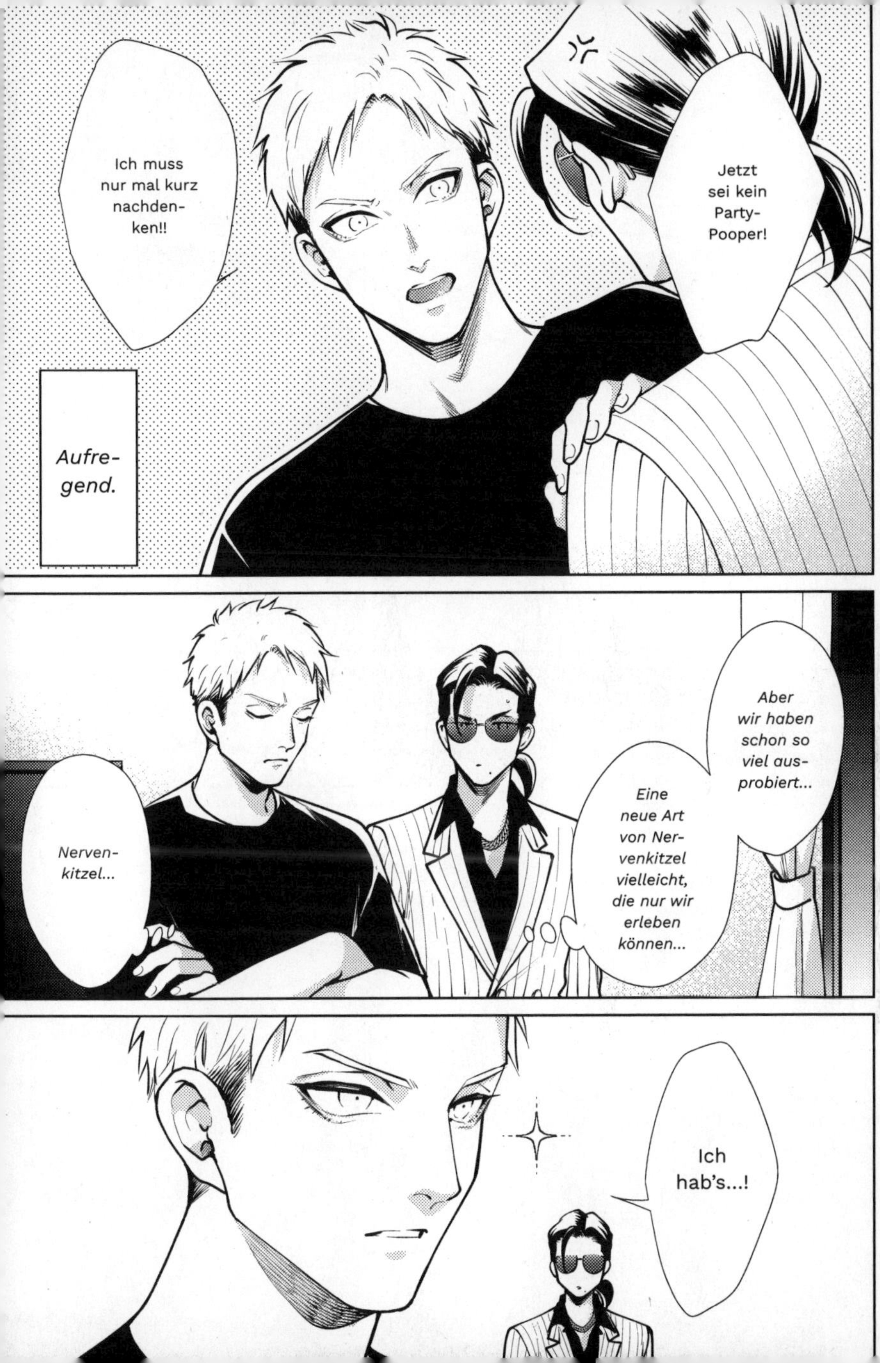
Jetzt sei kein Party-Pooper!
Ich muss nur mal kurz nachdenken!!
Aufregend.
Aber wir haben schon so viel ausprobiert...
Eine neue Art von Nervenkitzel vielleicht, die nur wir erleben können...
Nervenkitzel...
Ich hab's...!

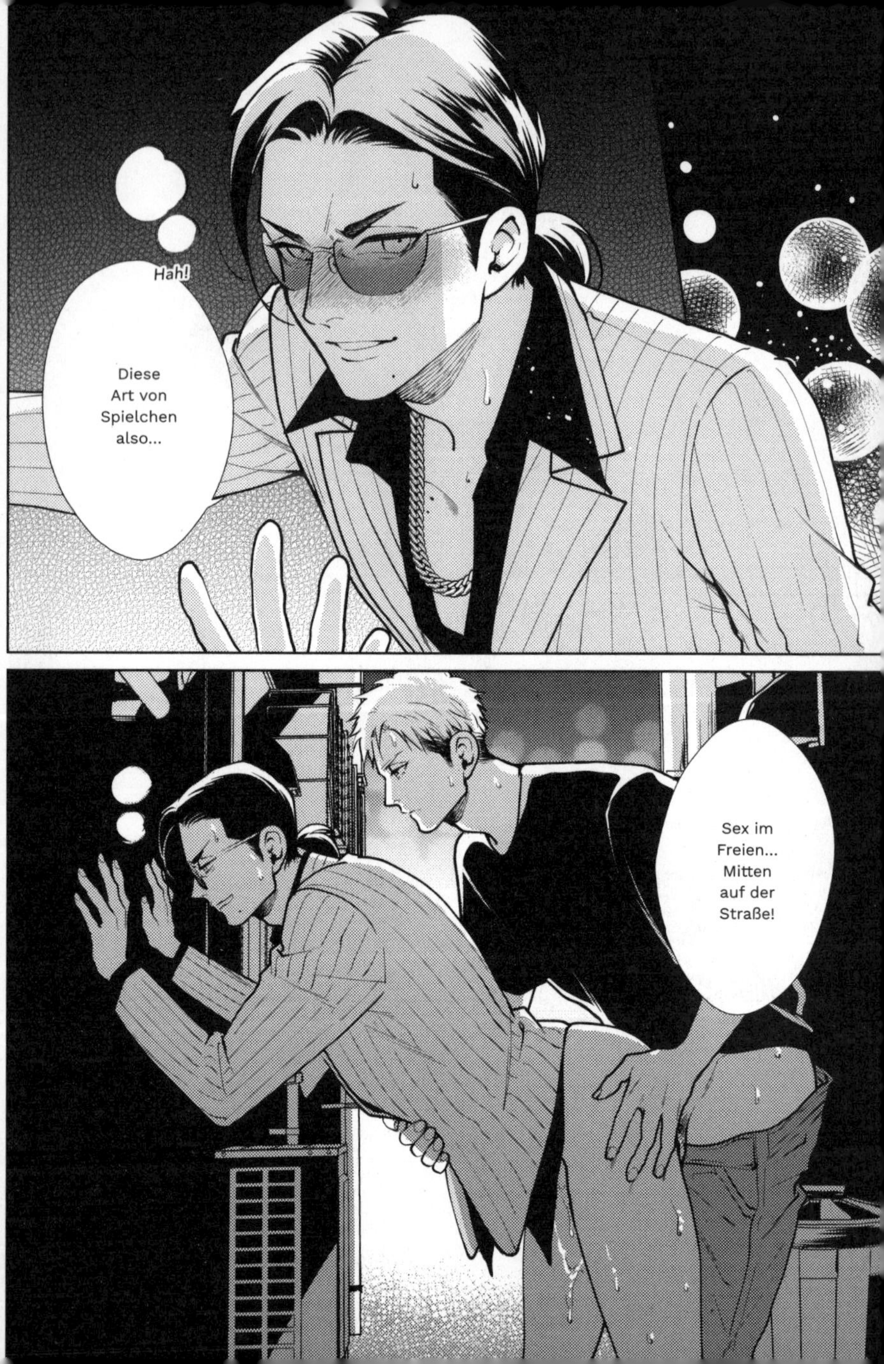
Hah!
Diese Art von Spielchen also...
Sex im Freien... Mitten auf der Straße!

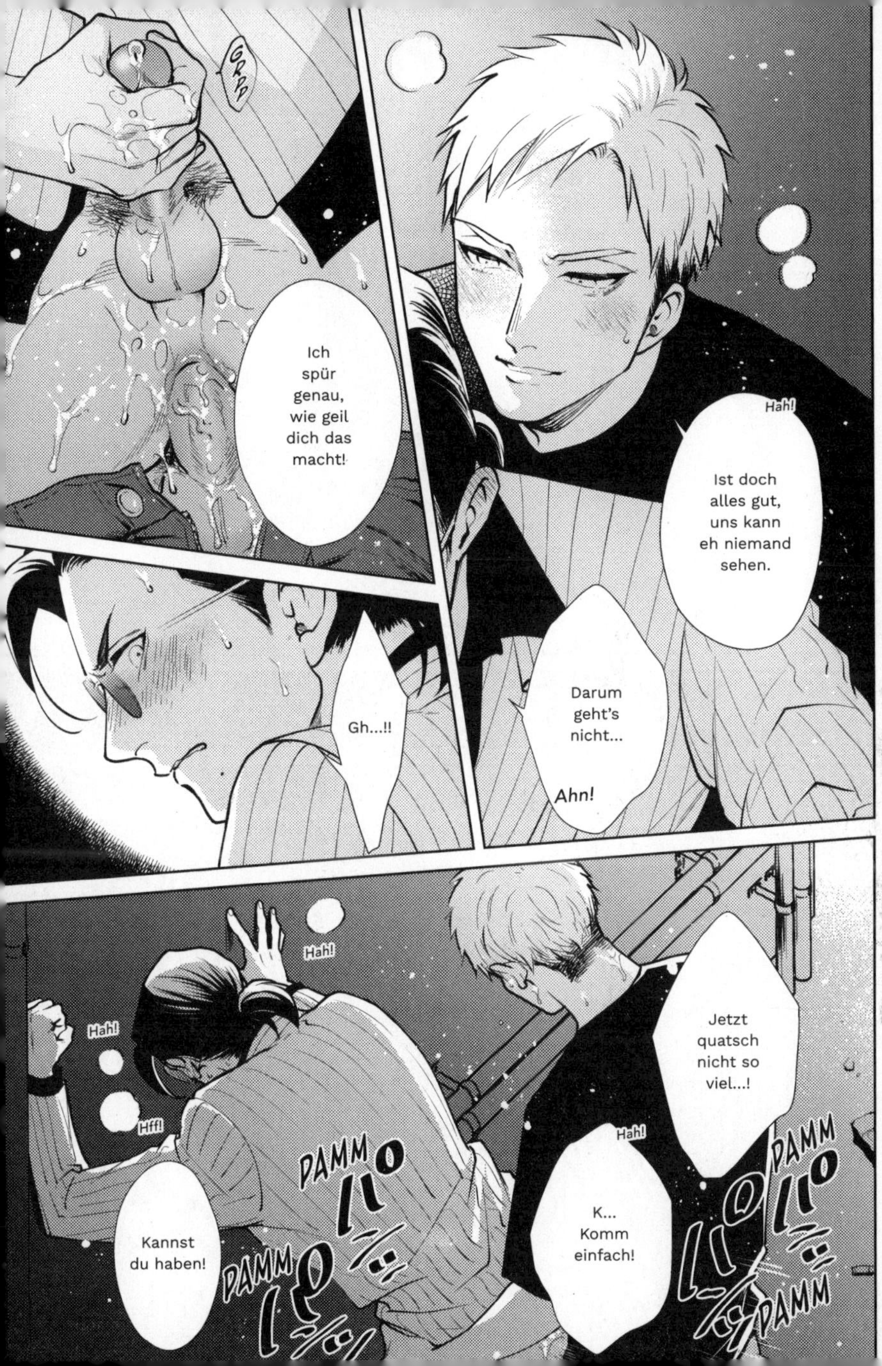
Hah!
Ist doch alles gut, uns kann eh niemand sehen.
Ich spür genau, wie geil dich das macht!
Darum geht's nicht...
Ahn!
Gh...!!
Jetzt quatsch nicht so viel...!
DAMM
DAMM
Hah!
K... Komm einfach!
Hah!
Hah!
Hff!
DAMM
DAMM
Kannst du haben!

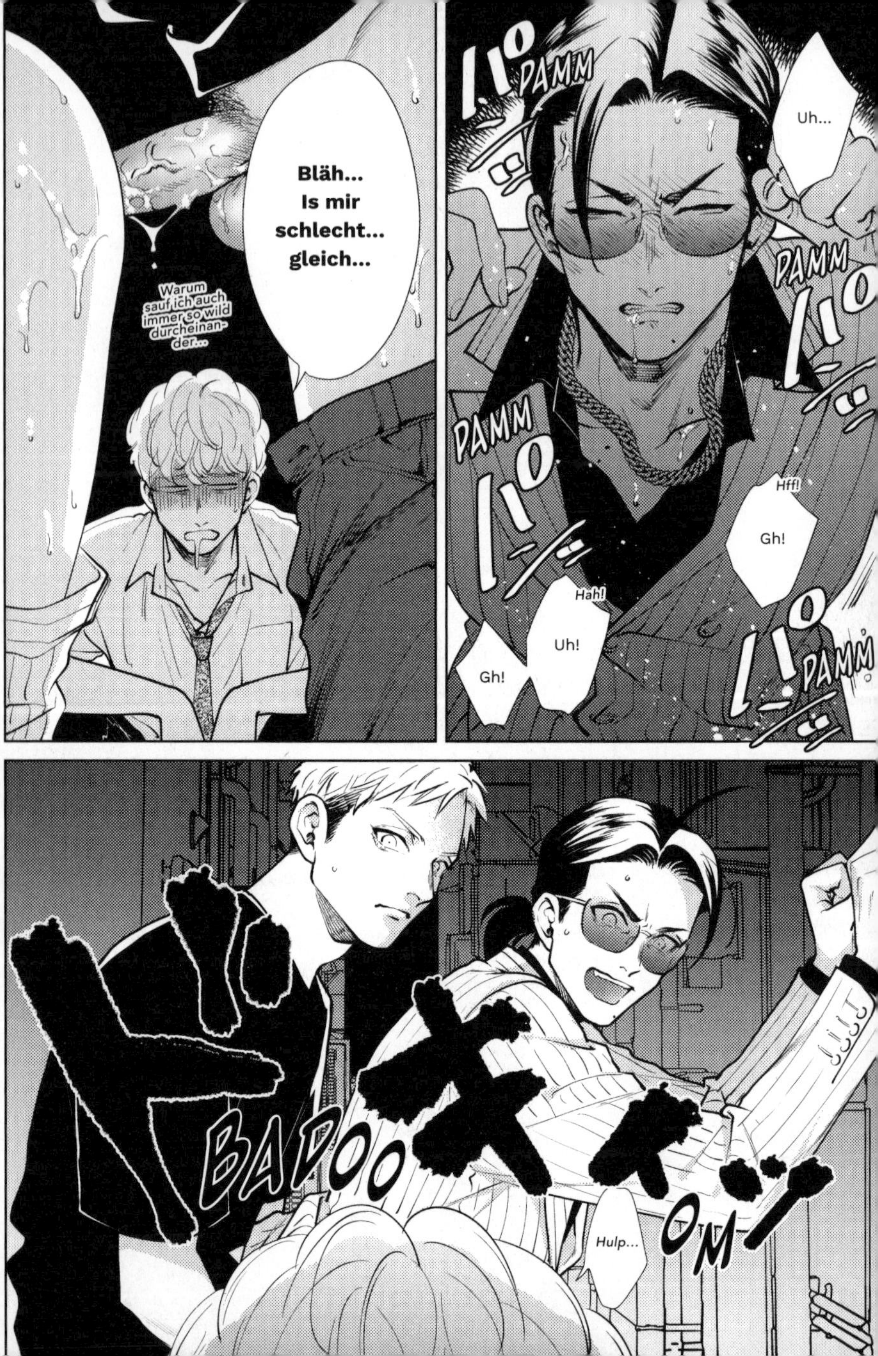

PAMM
Uh...
PAMM
PAMM
Hff!
Gh!
Hah!
Uh!
Gh!
PAMM
Bläh... Is mir schlecht... gleich...
Warum sauf ich auch immer so wild durcheinander...
BADOOOM
Hulp...

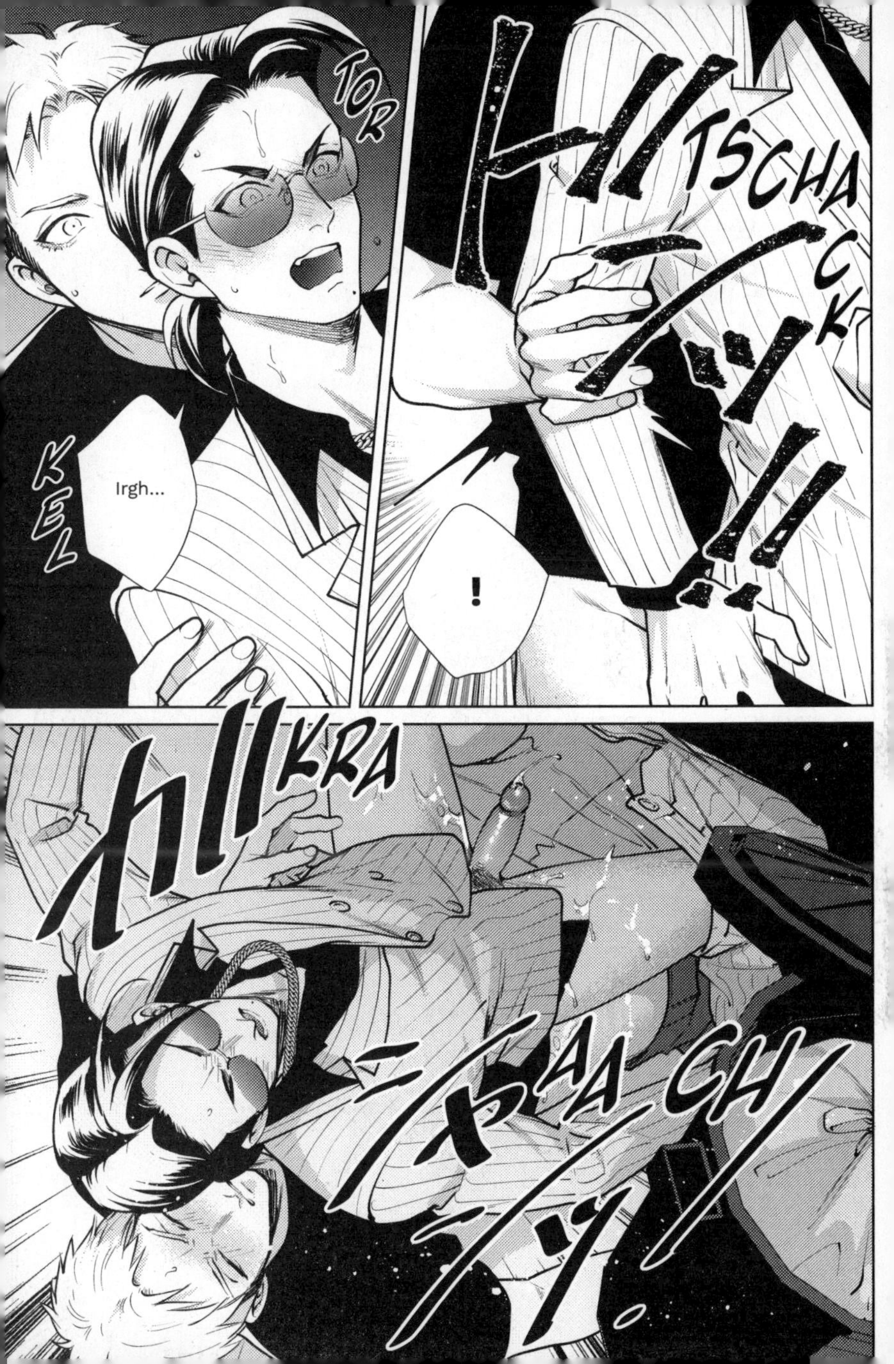

TSCHACK
!
TOR
KEL
Irgh...
KRA
AA CH

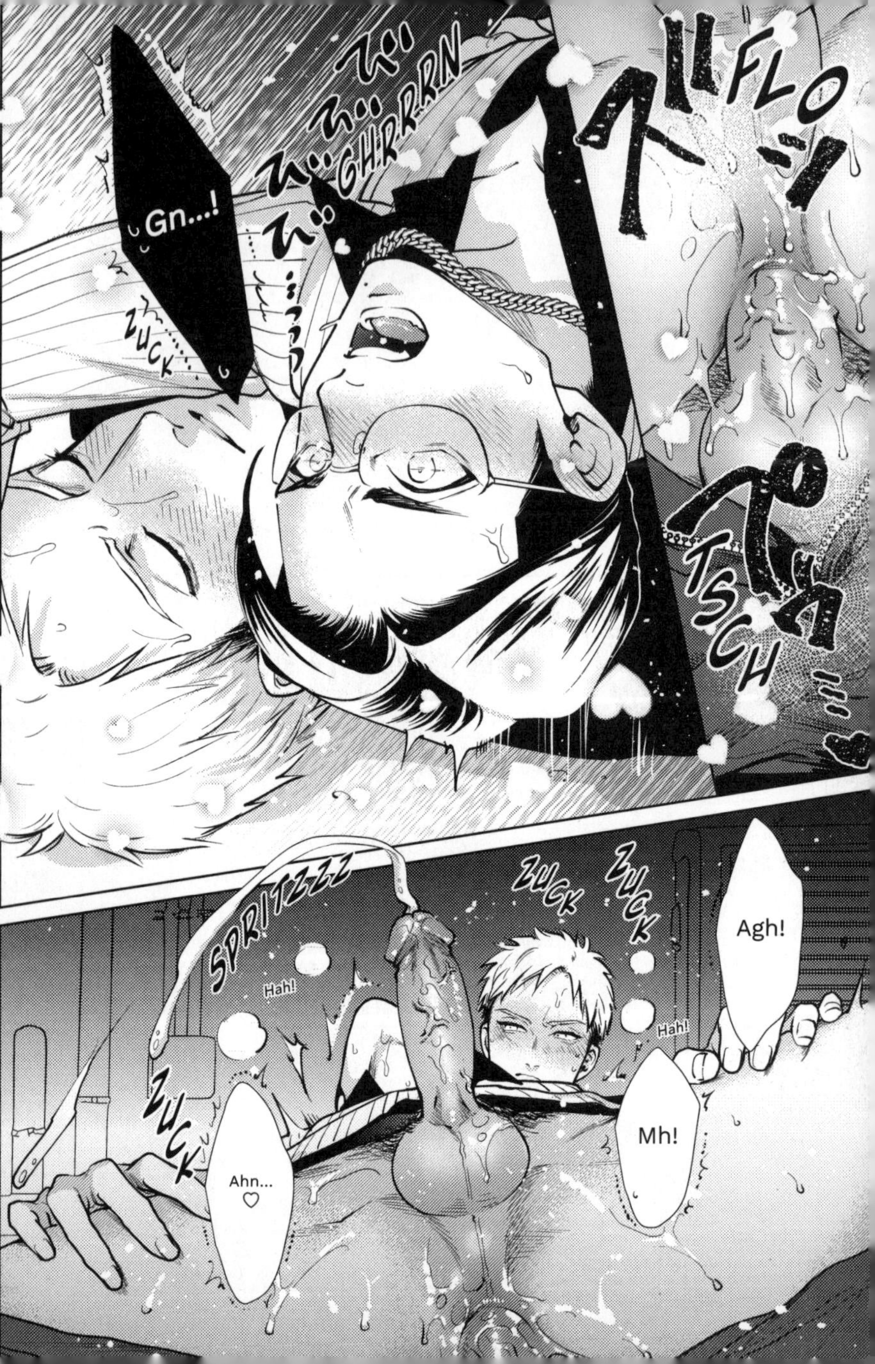
FLO
TSCH
GHRRRN
Gn...!
ZUCK
Agh!
ZUCK
ZUCK
SPRITZZZ
Hah!
Hah!
Mh!
ZUCK
Ahn... ♡

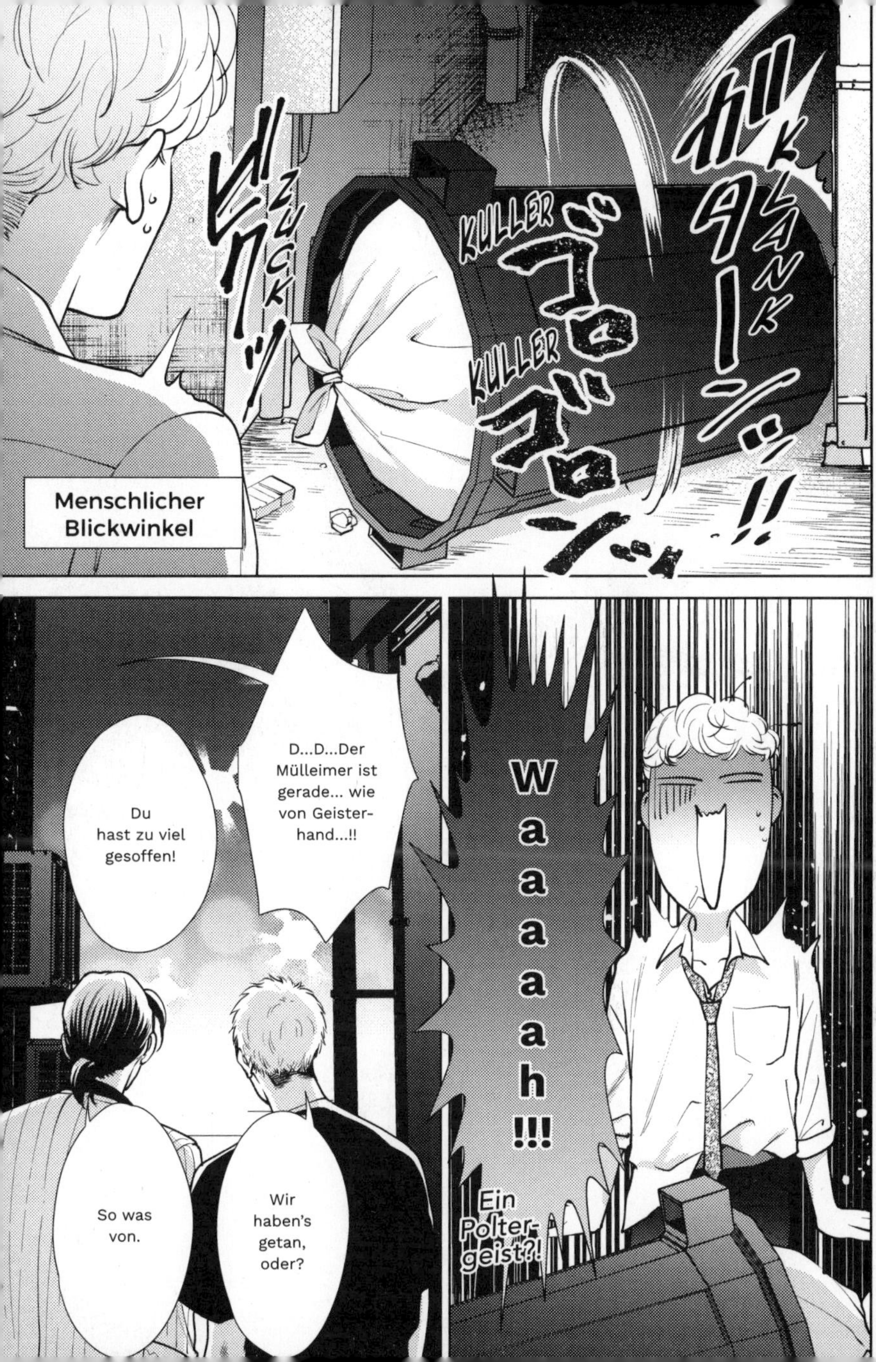
KLANK
KULLER
KULLER
ZUCK
Menschlicher Blickwinkel
Waaaaaah!!!
Ein Polter-geist?!
D...D...Der Mülleimer ist gerade... wie von Geister-hand...!!
Du hast zu viel gesoffen!
Wir haben's getan, oder?
So was von.

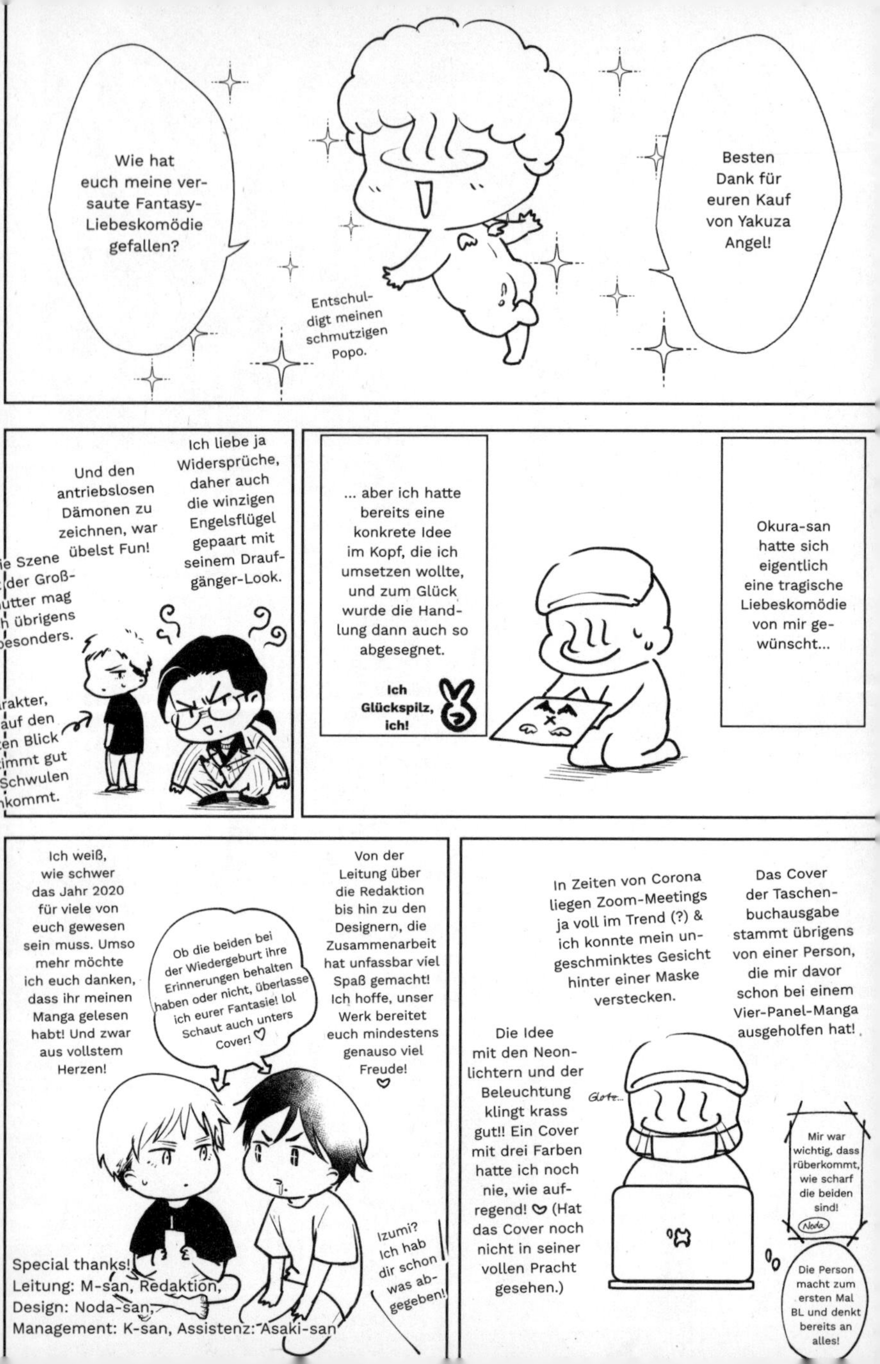
Besten Dank für euren Kauf von Yakuza Angel!
Wie hat euch meine versaute Fantasy-Liebeskomödie gefallen?
Entschuldigt meinen schmutzigen Popo.
Okura-san hatte sich eigentlich eine tragische Liebeskomödie von mir gewünscht…
… aber ich hatte bereits eine konkrete Idee im Kopf, die ich umsetzen wollte, und zum Glück wurde die Handlung dann auch so abgesegnet.
Ich Glückspilz, ich!
Ich liebe ja Widersprüche, daher auch die winzigen Engelsflügel gepaart mit seinem Draufgänger-Look.
Und den antriebslosen Dämonen zu zeichnen, war übelst Fun!
Die Szene it der Großmutter mag ich übrigens besonders.
arakter, r auf den sten Blick stimmt gut i Schwulen ankommt.
Das Cover der Taschenbuchausgabe stammt übrigens von einer Person, die mir davor schon bei einem Vier-Panel-Manga ausgeholfen hat!
In Zeiten von Corona liegen Zoom-Meetings ja voll im Trend (?) & ich konnte mein ungeschminktes Gesicht hinter einer Maske verstecken.
Die Idee mit den Neonlichtern und der Beleuchtung klingt krass gut!! Ein Cover mit drei Farben hatte ich noch nie, wie aufregend! (Hat das Cover noch nicht in seiner vollen Pracht gesehen.)
Glotz…
Mir war wichtig, dass rüberkommt, wie scharf die beiden sind!
Noda
Die Person macht zum ersten Mal BL und denkt bereits an alles!
Von der Leitung über die Redaktion bis hin zu den Designern, die Zusammenarbeit hat unfassbar viel Spaß gemacht! Ich hoffe, unser Werk bereitet euch mindestens genauso viel Freude!
Ob die beiden bei der Wiedergeburt ihre Erinnerungen behalten haben oder nicht, überlasse ich eurer Fantasie! lol Schaut auch unters Cover!
Ich weiß, wie schwer das Jahr 2020 für viele von euch gewesen sein muss. Umso mehr möchte ich euch danken, dass ihr meinen Manga gelesen habt! Und zwar aus vollstem Herzen!
Izumi? Ich hab dir schon was abgegeben!
Special thanks!
Leitung: M-san, Redaktion,
Design: Noda-san,
Management: K-san, Assistenz: Asaki-san

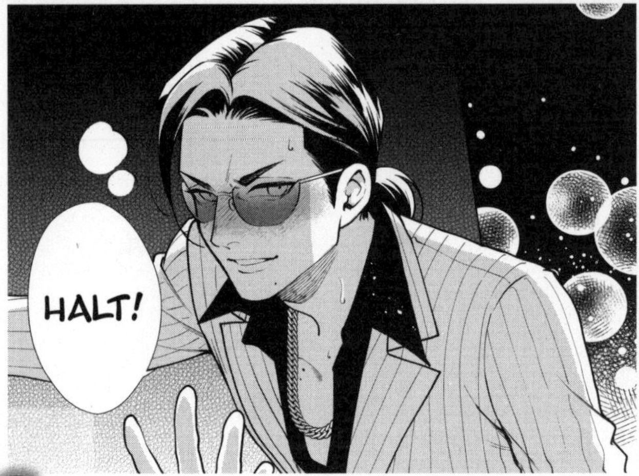

Yakuza Angel

ist ein japanischer Manga, der originalgetreu von »hinten« nach »vorne« und von rechts nach links gelesen wird! Schlagt das Buch also »hinten« auf und blättert Seite für Seite nach »vorne« weiter!
Auch die Bilder und Sprechblasen werden von rechts oben nach links unten gelesen, wie es in der Grafik gezeigt wird!
HAYABUSA wünscht gute Unterhaltung!

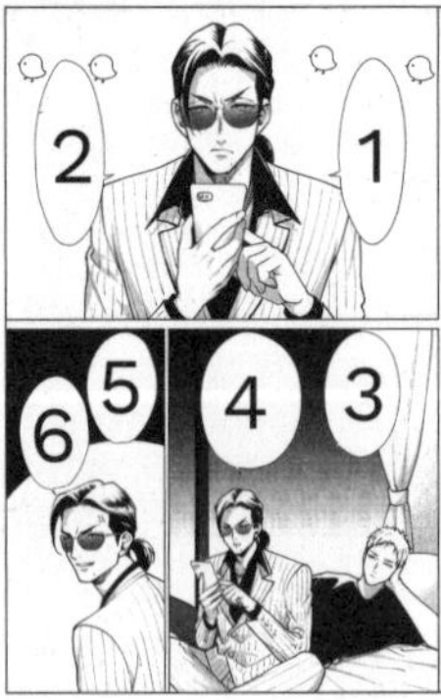

HAYABUSA
2024 Carlsen Verlag GmbH · Völckersstraße 14-20 · 22765 Hamburg
Aus dem Japanischen von Gandalf Bartholomäus
MESARE YAGARE!

Redaktion: Germann Bergmann
Herstellung: Maria Niemann

ISBN: 978-3-551-62143-6

FOLLOW THE FALCON
www.hayabusa-manga.de
www.carlsen.de
hayabusa_manga
HayabusaTweets

FSC
www.fsc.org
MIX
Papier | Fördert gute Waldnutzung
FSC® C083411